이야기
미국사

이야기 미국사

보급판 1쇄 인쇄 · 2020. 8. 15.
보급판 1쇄 발행 · 2020. 9. 1.

지은이 · 이구한
발행인 · 이상용 이성훈
발행처 · 청아출판사
출판등록 · 1979. 11. 13. 제9-84호
주소 · 경기도 파주시 회동길 363-15
대표전화 · 031-955-6031   팩시밀리 · 031-955-6036
E - mail · chungabook@naver.com

Copyright ⓒ 청아출판사, 2020
저자의 동의 없이 내용의 일부를 인용하거나 발췌하는 것을 금합니다.

ISBN 978-89-368-1166-2 04900
　　　978-89-368-1158-7 04900 (세트)

* 값은 뒤표지에 있습니다.
* 잘못된 책은 구입한 서점에서 바꾸어 드립니다.
* 이 책에 대한 문의사항은 이메일을 통해 주십시오.

The History of United States of America

이야기 미국사

|태초의 아메리카부터 21세기의 미국까지|

이구한 지음

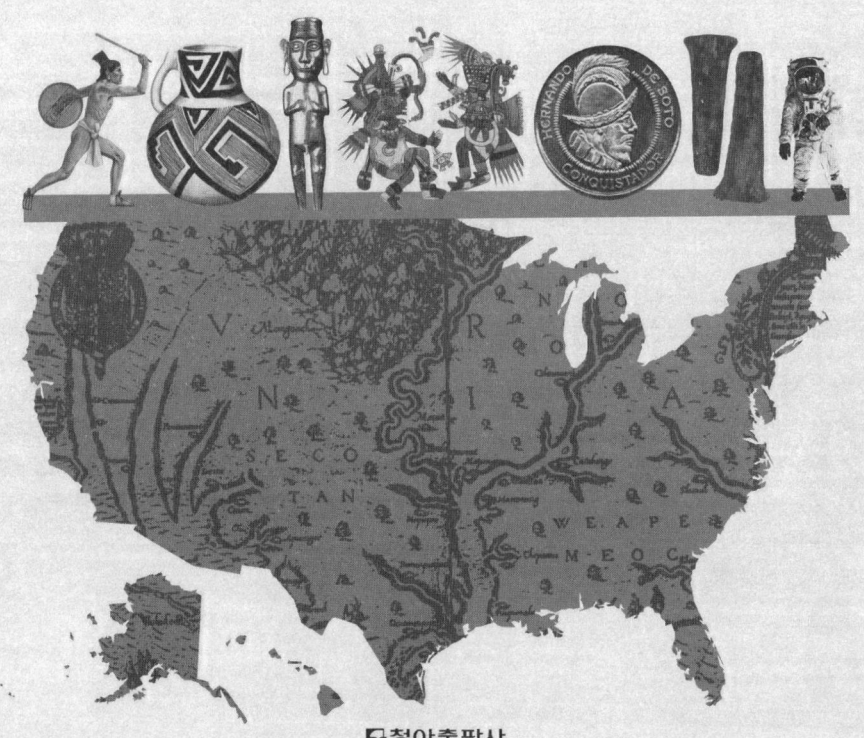

청아출판사

머리말

 역사의 길고 짧음에 관계없이 우리보다 앞서가고 있는 나라의 역사를 통해 우리는 우리의 현재를 알 수 있으며 나아가 미래를 예측할 수 있다. 이런 점에서 우리와 가장 밀접한 관계를 맺고 있고, 우리가 가장 많이 닮아온 나라들 중의 하나이며, 소련의 붕괴와 더불어 세계 패권 국가로서의 위상을 확보한 미국의 역사를 알아두는 것은 여러모로 유익하리라 생각된다.

 이에 이 책은 미국의 역사를 가능한 한 시간적 순서대로 배열하여 보다 쉽게 전체 윤곽을 그려볼 수 있도록 하였다. 또 이야기 형식으로 서술하여 책을 읽는 데 따른 부담감을 덜기 위해 노력했다.
 그러다 보니 적지 않은 부분에 무리가 가해지기도 했고, 한 국가의 방대한 역사를 보다 입체적으로 한 권에 담으려다보니 빠진 부분도 적지 않아 아쉽게 생각한다. 모쪼록 이 책이 그간 미국의 역사에 대해 비교적 무관심했던 많은 사람들로 하여금 새로운 관심을 갖게 하고 나아가 우리에게 밀물처럼 밀려오는 미국의 여러 문물들을 이해하는 데 조금이나마 도움이 되길 바란다.

끝으로 이 책을 내기까지 여러모로 도와주신 청아출판사 사장님과 직원 여러분, 이주영 교수님, 동료, 후배 그리고 아내에게 진심으로 깊은 감사를 드린다.

이구한

차례

004　머리말

1 콜럼버스 이전의 아메리카

017　최초의 아메리카인 인디언
019　아메리카에 상륙한 바이킹족
021　자연을 숭배한 인디언
023　북아메리카 인디언의 문명
023　—코치스 문화
025　—모고욘 문화
026　—바구니 문화
026　—아나사지 문화
027　—푸에블로 문화
028　—우드랜드 문화
029　올멕족의 계승자 마야 문명
029　—재규어 숭배
030　—피라미드 축조
031　—신관의 힘
033　—제정 분리
034　인디언 문화의 절정, 아즈텍 문명
041　군사 문화 잉카 문명

2 식민과 독립의 시대

- 051 새로운 무역로의 개척
- 057 식민지 시대의 개막
- 057 —아즈텍족 정복
- 061 —잉카족 정복
- 062 —기타 지역 정복
- 064 프랑스의 아메리카 대륙 진출
- 067 영국의 아메리카 식민지 건설
- 067 —실패의 쓴맛
- 071 —식민지 정책의 변화와 위기
- 074 —담배와 인두권 제도
- 076 —노예제와 식민지인의 저항
- 080 —자유와 자치를 위한 실험장
- 080 북부 뉴잉글랜드 지방의 식민지
- 087 중부 펜실베이니아 식민지
- 091 대립과 갈등
- 098 발전이 남긴 상처
- 101 서부의 토지 문제
- 106 대표 없는 과세 없다
- 112 타운센드법이 만든 사건들
- 116 보스턴 차 사건이 빚은 새로운 국면
- 121 혁명 전야
- 125 혈전의 시작
- 131 독립선언
- 134 독립 전쟁
- 141 프랑스의 개입과 독립 전쟁의 변화
- 147 평화 협상과 새로운 공화국의 탄생
- 151 총사령관 워싱턴의 귀향
- 154 파리 평화조약 이후의 사회적 변화
- 157 위기가 준 교훈

3 대륙국가 형성

- 165 연방헌법 제정
- 172 헌법 비준을 둘러싼 대립
- 176 워싱턴 행정부의 출범
- 180 알렉산더 해밀턴의 활약
- 184 위스키 반란
- 186 프랑스 혁명과 중립 선언
- 190 에드몽 쥬네의 반발
- 192 당파 간의 대립과 워싱턴의 고별사
- 194 존 애덤스 행정부
- 199 최고의 평화주의자
- 204 제퍼슨의 영토 확장
- 208 매디슨 행정부의 출범과 미·영 전쟁
- 214 화해의 시대
- 220 '미국적' 문화
- 224 애덤스와 잭슨의 대결
- 228 1828년을 겨냥한 잭슨의 선거 운동
- 234 잭슨 민주주의의 서곡
- 242 잭슨의 재선과 공황
- 246 현대적인 정당의 출현
- 248 불운한 대통령 마틴 반 뷰렌
- 252 텍사스 합병과 멕시코 전쟁
- 261 1850년의 타협
- 264 타협 이후의 위기
- 267 캔자스·네브래스카법

4 민주화·산업화 시대

- 273 남북 전쟁과 재건
- 273 —링컨의 등장
- 276 —링컨의 대통령 당선
- 277 —링컨의 턱수염
- 279 —섬터 요새의 포성
- 283 —제1차 불런 전투
- 285 —고집쟁이 매클랜 장군
- 287 —노예해방 선언
- 292 —게티즈버그의 결전
- 301 —리치먼드 공략 작전
- 303 —링컨의 재선
- 307 —남부연합의 항복
- 313 —암살된 링컨
- 317 —전쟁이 휩쓸고 간 뒤
- 318 —존슨의 유화 정책
- 320 —해방 노예의 선택
- 323 —급진파의 반발
- 324 —남부 백인들의 비밀공작
- 326 —대통령 탄핵 소동
- 327 —변화된 남부
- 329 대서부의 개척
- 329 —원시 그대로의 서부
- 330 —대평원의 숨결
- 332 —토지에 대한 열기
- 334 —광부들의 행진
- 335 —서부의 광산 거리
- 336 —카우보이의 세상

338	—농민의 진출	369	—농민동맹과 인민당의 창설
339	—대서부와 인디언	371	—산업주의 시대의 정치
341	—카스터 연대의 전멸	373	혁신주의 시대
343	—최후의 반항자 아파치족	373	—진정한 민주 사회로
345	—프런티어의 소멸	374	—그늘진 사람들을 위하여
346	산업 국가로의 등장	376	—정치개혁 운동
346	—정부의 친기업 정책	379	—시어도어 루스벨트의 등장과 트러스트 해체
348	—대륙횡단철도		
350	—독점과 통합의 시대	381	—루스벨트의 노동 정책
352	—존 데이비슨 록펠러	383	—루스벨트의 재선 준비
354	—앤드루 카네기	384	—규제 조치의 확대
356	—도시로 밀려드는 물결	386	—자연자원은 국민 모두의 것
358	—노동자들의 저항	387	—공화당의 분열
360	—노사 간의 대충돌	389	—새로운 자유
361	—급변하는 농촌 경제	390	—윌슨의 개혁 정책
363	—농업의 전문화	391	—은행 제도의 개혁
366	—농민들의 동요	393	—독점 사업에 종지부를 찍어라
367	—농민의 정치 운동		

5 열전 시대

399	제1차 세계대전과 미국	455	―나에게 할 일을
399	―윌슨의 밀사 하우스 대령	457	―100일간의 입법
401	―세계대전의 발발과 미국	458	―테네시 계곡 개발공사
402	―참는 데도 한계가 있다	459	―푸른 독수리
406	―미군의 투입	462	―농업조정법
408	―미국 해군의 활약	463	―사회보장 입법
410	―윌슨의 14개조 원칙	466	―노동조합
412	―파리 평화회의	469	―뉴딜의 의의
414	―베르사유 조약과 국제연맹	470	제2차 세계대전
417	―부결된 국제연맹 비준	470	―방아쇠는 당겨지고
418	―외국의 모든 것을 거부한다	474	―격동 중의 선거
420	―빨갱이 소동	475	―영국에게 무기를
422	―흑인들의 수난	477	―분노의 폭발
424	―무능한 하딩 대통령	480	―전세는 연합국으로 기울고
426	―캘빈 쿨리지 행정부	482	― 전쟁이 낳은 기적
429	―기술의 발전과 자동차	483	―전시 외교
430	―헨리 포드	485	―노르망디 상륙작전
435	―번영의 그늘	489	―4선 대통령 루스벨트
436	― 사회가 병들어가고 있다	490	―얄타 회담
438	―금주 운동	492	―무조건 항복
440	―현대판 K.K.K.단		
441	―스콥스 재판		
444	―허버트 후버 대통령		
446	대공황과 뉴딜 정책		
446	―어두운 목요일		
448	―극복될 수 없는 위기		
452	―불경기와의 씨름		

6 발전과 긴장의 시대

497	전후 미국과 냉전
497	―우리 생애 최고의 해
499	―실질 생계비를 달라
501	―물의를 일으킨 법
503	―트루먼 독트린
504	―마셜 플랜
506	―트루먼의 재선과 페어딜
508	―냉전의 시작
509	―냉전의 격화
511	―한국 전쟁
515	아이젠하워 시대
515	―공화당의 20년 만의 부활
518	―당파를 초월한 정치
519	―매카시 선풍
521	―흑백차별을 철폐하라
524	―덜레스 외교와 대량보복
527	―해빙의 조짐
530	―해빙무드의 와해
532	존 F. 케네디와 린든 B. 존슨 시대
532	―야망을 꿈꾸는 케네디
534	―케네디의 승리
536	―뉴 프런티어 정책
537	―흑·백 그 두꺼운 벽

540	—케네디의 대외 정책	564	—음울한 출발
542	—아까운 죽음	567	—국제적 안정의 추구
546	—전용기 안에서의 취임 선서	569	—경기 회복을 위한 포드의 안간힘
548	—위대한 사회	570	새로운 출발을 추구하는 미국
549	—빈곤과의 전쟁	570	—미국 정계의 새 얼굴
551	—베트남전과 빈곤퇴치 사업	572	—목표 부재
552	—청년들의 반항	573	—석유의 횡포
555	닉슨과 포드 시대	576	—카터의 사면초가
555	—승리가 안겨준 문제	578	—1980년 선거
557	—되살아난 반전의 열기	578	—로널드 레이건
558	—화해의 시대	582	—화려한 출발
561	—베트남전의 종결	582	—레이건 암살 미수 사건
562	—워터게이트 사건	586	—강력한 미국을 만들기 위하여

587	—레이거노믹스	610	찾아보기
589	—제네바 정상회담		
591	—핵 감축의 시대 열리다		
592	—레이건이 남긴 것들		
594	—1988년 대통령 선거		
596	—조지 허버드 워커 부시		
598	—외교 우선주의		
599	—걸프 전쟁		
603	—부시 · 옐친 정상회담		
604	—1992년 대통령 선거		
607	미국의 역대 대통령과 부통령		

1
콜럼버스 이전의 아메리카

태초의 아메리카

아메리카 대륙에서의 인간의 역사는 콜럼버스나 그 밖의 탐험가가 발견하기 훨씬 전부터 시작되었다. 인류의 여명기에 북아시아로부터 이주해온 몽골리안들은 아메리카 대륙 곳곳에서 씨족이나 부족 사회를 형성하여 집단 생활을 하였으며 콜럼버스 시대까지 계속되었다.

그 과정에서 북아메리카 인디언의 문명, 마야 문명, 아즈텍 문명, 그리고 잉카 문명 등 이른바 아메리카 고대 문명이 형성되었다.

최초의 문명인 북아메리카 인디언의 문명은 수렵·채취 생활에서 농경 생활로 완만한 발전을 이루었으며 문화적 색채 또한 온건했다. 반면 중앙아메리카의 마야 문명이나 아즈텍 문명은 이미 농경 단계에 있던 이웃 민족의 영향을 받아 호전적이면서도 화려한 문화를 형성했다. 이들의 문화는 급속한 번영을 이루며 도시를 형성하는 단계까지 발전함으로써 상당 기간 문화 부족으로서의 생활을 영위했다.

한편 남아메리카의 잉카 문명은 수준 높은 원주민을 정복하여 그 바탕 위에 형성되기 시작했다. 잉카 문명은 고대 문명 중 가장 강력한 군대 조직과 전쟁을 통하여 거대한 세력권을 형성함으로써 국가 운영과 문화 면에서 놀라운 수준까지 이르렀다.

이처럼 아메리카의 고대 문명들은 각기 다른 환경 속에서 출발하여 각기 다른 양상으로 발전했다. 그러나 정치·사회·문화적으로 분열된 상태와 신앙의 형태, 비교적 낮은 기술 수준 그리고 외부 세력의 침입에 문화적 독립성을 상실해갔다는 공통점도 갖고 있었다.

최초의 아메리카인 인디언

아메리카 대륙에는 콜럼버스가 서인도 제도를 발견하기 수천 년 전부터 이미 사람들이 살고 있었다. 그들은 갈색 피부에 거칠고 윤기 나는 검은 머리, 툭 튀어나온 광대뼈, 검은 눈동자를 갖고 있는 것으로 보아 몽골로이드계의 인종으로 추측된다. 그렇다면 그들은 과연 어디서 건너온 것일까?

이에 대한 학설은 구구하지만 일반적인 학설은 다음과 같다.

처음 그들의 활동 지역은 시베리아 북동부의 초원 지대였다. 그러나 갑작스런 기후 변화로 생활터전인 초원 지대가 고갈되었다. 그들로서는 살아남기 위해 새로운 터전을 찾아나서야만 했다. 그것은 엄청난 위험이었으며 모험이었다. 그들은 험한 산맥이 가로막힌 길을 피해 베링 해협으로 발길을 옮겼다. 베링 해협은 1년의 반 정도는 얼음으로 뒤덮여 있기 때문에 이동이 가능했다. 그러나 살을 에이는 듯한 북극의 추위는 그들을 쉽게 보내주지 않았다.

온통 눈과 얼음뿐인 세계, 혹독한 추위와 휘몰아치는 눈보라는 희생을 강요하는 악마와 같은 것이었다. 날이 갈수록 얼어 죽는 사람의 수는 점점 늘어만 갔다.

"이대로 가다간 모두가 죽고 말 것이오. 차라리 되돌아가 다른 방법을 찾아보는 것이 좋을 것 같소."

"아니오. 되돌아가 살 곳이 있다면 애당초 이런 모험을 할 필요가 어디 있었겠소. 우리가 살 수 있는 길은 오직 전진하는 것뿐이오. 머지 않아 새로운 초원 지대가 나타날 것이오. 나를 믿어주시오!"

인솔대장은 이탈하려는 자들을 달래고 용기를 북돋으며 앞으로 앞으로 걸음을 옮겼다. 그들은 전진하는 동안에도 불안감에 가득 차 있었다.

"초원 지대를 찾을 수 없을지도 모른다. 그렇다면 결국 우리는 추위 속에서 이렇게 죽어가야 하는 것일까?"

그들이 출발지로부터 약 90킬로미터 정도 전진하고 있을 때 대열 속에서 숨을 몰아쉬며 누군가가 외쳤다.

"대장님! 대장님! 저기를 보십시오. 저 멀리 산 밑에 푸른 초원이 있는 것 같습니다!"

"무엇이, 푸른 초원이 보인다구!"

일행은 사나이가 가리키는 곳을 바라보았다. 그곳에는 커다란 산이 우뚝 서 있었고, 그 기슭에는 어렴풋이 푸른 기운이 감돌고 있었다. 그것은 그들이 베링 해협을 지나 알래스카에 들어와 있음을 의미하는 것이었다. 대열 속에서 환호성이 터져나왔다. 얼마 가지 않아 그들은 고대하던 새로운 초원 지대에 도착할 수 있었다.

아메리카 대륙에 발을 들여 놓은 몽골리안 중에는 알래스카에 정착한 사람들도 있었지만, 대부분은 더 좋은 생활터전을 찾아 이동을 멈추지 않았다. 그리고 이동 과정에서 생활에 필요한 기술들을 발전시키며 서서히 문명권을 형성해갔다.

6~12세기 중남미에는 1천5백만 명 정도 살고 있었고, 북미에는 약 1백만 명 정도가 살고 있었다.

유럽인들은 이들을 가리켜 인디언Indians이라고 불렀다. 아메리카가 발견될 당시 유럽인들은 대서양 서쪽에 인도India가 있다고 믿었기 때문이었다.

아메리카에 상륙한 바이킹족

인디언의 뒤를 이어 아메리카 대륙으로 건너온 사람들은 노르만족으로서 발트 해의 거센 파도를 넘나들며 약탈을 일삼던 바이킹Viking족이었다. 그들은 11세기경 리프 에릭슨의 인솔하에 북아메리카 동북부 지역을 탐험했다. 10여 일에 걸쳐 이루어진 초기 탐험으로 그들이 발견한 것이라곤 처음 보는 낯선 식물들과 암석들 그리고 몇몇 짐승들이 고작이었다. 그래서 그들은 내심 자신들이 그곳에 온 최초의 사람이라고 생각했다.

"여보게, 기름진 땅을 찾아보세. 이젠 이 모든 땅이 우리 것일세. 여긴 우리들밖에 아무도 없지 않은가."

그들은 흥분된 어조로 이렇게 수군거리곤 했다.

그러던 어느 날 난데없이 돌덩이가 날아오고 나무로 만든 창이 여기저기에 사정 없이 꽂혔다.

"누구냐?"

"아니, 이 창이 어디서 날아온 거지?"

"그렇다면 우리 말고 또 누군가가 있단 말인가!"

바이킹족들은 당황하며 어쩔 줄을 몰랐다. 그들을 공격한 사람들은 이곳에 먼저 터를 잡았던 원주민 인디언들이었다.

이때부터 쌍방 간의 충돌은 그칠 줄 모르고 계속되었다. 그러나 해상 생활에만 익숙해 있는데다 수적으로도 부족했던 바이킹족은 시간이 지날수록 점점 불리해졌다. 싸움이 시작된 지 1년이 가까워오자 에릭슨은 결단을 내렸다.

"여러분, 더 이상의 싸움은 무고한 희생자만 늘릴 뿐입니다.

바이킹족의 배 바이킹족이 사용한 배는 작은 갤리선으로 길이는 보통 14~23미터에 이르고 선체에는 판자를 겹붙였다. 한쪽에 최대 10개의 노와 가로돛 하나를 갖췄으며 50~60명을 태울 수 있었다. 거친 바다에서도 잘 견딘다는 점이 특징이다.

아쉽지만 일단 고향으로 돌아갑시다."

바이킹족은 1년여에 걸쳐 가꾸어오던 포도밭을 포기한 채 '포도의 땅'이라는 의미의 바인랜드Vineland라는 지명만을 남기고 고향으로 돌아갔다.

자연을 숭배한 인디언

시베리아에서 아메리카 대륙으로 건너온 인디언들의 생활상은 다양했다. 유목민이 있는가 하면 미시시피 강 유역에서 매머드나 들소 사냥을 하며 살아가는 종족도 있었다. 뿐만 아니라 북대서양 연안에는 반농반어의 생활을 하는 종족도 있었고, 멕시코와 페루 일대에는 고도로 발달된 도시 생활을 영위하는 종족도 있었다. 이들은 사용하는 언어도 각기 달라 수천 가지에 이르렀다고 하며, 멕시코에는 오늘날에도 30여 종의 인디언 언어가 통용되고 있다.

이처럼 아메리카 인디언들은 부족과 지역마다 많은 차이점을 가지고 있었다. 하지만 그들 사회 모두가 민주적이고 자주적인 씨족 제도를 바탕으로 부족 공동체를 형성하고 있다는 공통점도 있었다. 그들은 부족을 중심으로 토지를 공동 소유했을 뿐만 아니라, 이용 및 관리도 공동으로 했다. 생계를 유지하는 방법은 부족마다 다소 차이가 있었으나 대개는 사냥, 고기잡이, 목축, 농사 등을 통하여 생활을 꾸려 나갔다. 부족의 경제 생활은 전체의 이익을 위한 것이었기 때문에 정치 형태도 민주적이었다.

문화인류학자인 루이스 헨리 모건(1818~1881년)은 북아메리카 이로쿼이족에 관하여 다음과 같은 말을 했다.

"그 부족의 모든 구성원들은 자유인이었으며 서로의 자유를 지킬 의무가 있었다. 그리고 공적인 권리나 개인적인 권리에 있어서는 모두 평등했다. 따라서 추장이나 족장이라고 해도 다른 사람들보다 우위에 있다고 생각하지 않았다. 즉 그들은 피로 맺어진 형제 관계를 이루고 있었으며, 성문화되지는 않았지만, 자유, 평

루이스 헨리 모건 문명의 기원과 사회 발전에 대해 과학적 이론을 내세운 미국 인류학자이다.

등, 박애가 씨족 생활의 근본 원리였다."

모건의 이러한 설명은 계급 제도가 존재했던 미시시피 강가의 나체즈족이나 영국령 콜롬비아의 북부 해안 등을 제외한다면 거의 모든 아메리카 인디언들에게 나타났다. 하지만 유럽인들이 아메리카 대륙에 갔을 무렵에는 아즈텍족이나 잉카족은 이미 씨족 안팎에서 계급이 분화되고 있었다. 그러나 왕국이었던 아즈텍족이나, 제국이었던 잉카도 본질적으로는 민주적이며 자주적인 부족공동체였다.

인디언들의 문화가 다른 여러 문화들과는 명확히 구분되는 공통적인 특징은 부족 상호 간의 경계를 초월한 독자적인 종교관, 자연관, 그리고 우주관에 뿌리를 두고 있다는 것이다. 아메리카 대륙의 모든 인디언들은 자연계에 존재하는 모든 것이 영혼을 갖고 있다고 믿었다. 그리고 그러한 자연계로 구성된 우주는 선한 영혼과 악한 영혼의 두 힘에 의해 움직이고 있다고 생각했다. 따라서 그들은 자연과의 조화를 중시했으며 자연과 인간을 하나로 보려는 경향이 강했다.

이러한 생각은 그들의 생활 속에 그대로 나타났다. 그들은 사냥감을 향하여 "신이시여, 제가 저 먹이를 잡지 않으면 안 됨을 용서하소서."라고 기도한 뒤 행동한다. 나무 열매를 따면서도 "너의 몸이 나를 살찌우니 나의 땀은 너를 배부르게 하리라."라고 독백하였다.

북아메리카 인디언의 문명

코치스 문화

북아메리카에는 기원전 1만 년경부터 수렵 · 채집 생활을 하던 인디언들이 있었다. 그들은 주로 애리조나, 뉴멕시코, 텍사스 그리고 미시시피 등지에 거주하면서 독특한 수렵 문화인 '코치스Cochise 문화'를 이룩했다.

　코치스인들은 사막이나 고 지대 계곡에서 식물성 식량을 채집하거나 대초원 지대에서 수렵 생활을 했다. 북아메리카의 기후는 캐나다에서 차가운 빙하 바람이 불어대던 수천 년간은 한랭하고 습기가 많았다. 따라서 풀들이 무성하게 자랄 수 있었고 많은 무리의 초식 동물들이 있었다. 그러던 중 기원전 7000년경부터 빙하가 후퇴하여 기후가 건조해졌다. 기원전 5000년경에는 하천이 마르고 사막이 넓어지면서 풀과 숲 대신 선인장이 무성하게 자라났고, 동물의 수가 점점 줄어들어 심지어 완전히 사라진 것도 있었다. 이러한 기후 변화는 북아메리카 남서부에서 특히 심하게 나타나 그 지역 인디언들의 생활을 바꾸어 놓았다.

　"여러분 이제 우리가 먹을 수 있는 식량이라곤 선인장과 아주 작은 동물들이 전부입니다. 우리가 먹을 것을 얻을 수 없을 때를 대비하여 좋은 방법을 생각해 봅시다!"

　이제 이들은 이전의 매머드나 들소를 잡아 수주일씩 먹었던 식습관을 바꾸어 열매나 씨 같은 식용식물을 효과적으로 저장하는 방법을 익히기 시작했다.

　다행히 북아메리카 텍사스의 레드 강 남부와 콜로라도 강 초

클로비스 석기

원 지대에서는 서부 지역과 같은 기후 변화는 없었다. 그러므로 이곳의 인디언들은 예전 방식대로 대형 동물을 수렵하며 살았다.

그렇다면 인디언들이 어떻게 대형 동물들을 사냥할 수 있었을까?

그들은 무리를 이루어 매머드 같은 대형 짐승들을 사냥했다. 일단 사냥감이 나타나면 재빨리 포위대형을 갖추었고 포위망을 좁혀 가능한 한 가까이 접근했다. 그런 다음 대장이 "창을 투척하라."고 지시하면 일제히 고함을 지르며 창을 던져 큰 상처를 입히며 계속 쫓아다녔다. 사냥감이 피를 많이 흘려 빈사 상태가 되면 비로소 급소를 강타해 쓰러뜨렸다. 이러한 사냥법은 아프리카의 피그미족이 코끼리 사냥할 때 아직까지 사용하고 있다.

또 다른 방법은 연못이나 늪지에 커다란 들짐승을 몰아넣은 뒤 창으로 공격하거나, 절벽으로 몰아 떨어뜨리는 것이 있었다.

그들이 사용하는 창은 10센티미터 안팎의 돌을 얇게 갈아 윗부분의 끝을 유선형으로 뾰족하게 하고 밑은 말굽모양으로 움푹 패게 한 첨두석기이다. 이것은 '클로비스 석기' 라고도 한다. 인디언들은 이것을 나무로 만든 자루 끝에 동물의 힘줄로 묶어 창으로 사용했다.

사냥이 끝나면 모두가 함께 먹었고, 부족할 때를 대비하여 약간의 고기를 햇볕에 말렸다. 남은 가죽으로는 옷, 신발, 배 등을 만들고 뿔과 힘줄은 숟가락과 활을 만들어 사용했다. 이런 코치스들의 생활은 1,000년 이상 계속되었다.

코치스 문화가 전성기에 이르렀을 때에도 이들은 농경 단계로 접어들지 않아 오랜 세월 두드러진 발전이 없었다. 그 후 기원전 3500년경 멕시코로부터 옥수수가 도입되어 농경 생활을 시작했다. 기원전 3000년경에는 당시 북아메리카인 상당수가 먹을 수 있을 정도로 생산량이 증가했다. 그리고 훨씬 뒤인 기원전 300년경에는 신종 옥수수가 등장하면서 북아메리카 인디언들 대다수가 농경 생활을 했다.

모고욘 문화

기원후부터 수세기 동안은 질그릇을 가진 모고욘 Mogollon 문화가 번성했다. 처음에는 식물 줄기나 뿌리를 엮어 그릇을 만들어 사용했다. 그런데 이런 그릇들은 엮음새가 엉성하여 작은 열매나 낱알들이 쉽게 빠져 나왔다. 이런 불편을 해소하려고 진흙으로 그릇을 빚어 사용했다. 처음에는 햇볕에 말리는 정도였으나 높은 온도로 가열했을 때 단단해지고 오래 견딘다는 것을 알게 되었다.

가열한 그릇은 비록 단단하기는 했지만 물과 액체를 보관하기에는 불편했다. 질그릇 자체가 액체를 흡수하거나 오래 넣어둘 경우 균열이 생기는 단점이 있었다. 이런 단점을 보완하기 위해

가열된 그릇 표면에 나뭇잎을 문지르는 방법을 생각해 냈다. 그 결과 질그릇 표면에는 고무 같은 수액이 칠해졌고 부분적으로 방수처리가 됐다.

"이것 좀 보세요! 물을 며칠 동안 담아 두었는데도 물이 한 방울도 흐르지 않았어요!"

"아니 그게 정말이오!"

한 젊은 부부가 그릇을 들여다보며 신기해했다.

질그릇이 처음 제작된 이후 기술은 계속 발전되었다. 그렇지만 나무줄기나 뿌리 등으로 만든 초기 그릇들이 완전히 사라진 것은 아니었다.

바구니 문화

모고욘 질그릇 모고욘 질그릇을 스케치한 것

900년경에는 단순하긴 하지만 바구니가 제작되었다. 이 바구니에 예술적인 요소가 가미되어 '바구니 공예'가 나타났다. 바구니 공예가들은 마호가니 나무를 비롯한 여러 종류의 나무 뿌리에서 검은색, 붉은색 등의 물감을 채취하여 버드나무나 뽕나무 껍질에 칠했다. 이렇게 만들어진 바구니들은 독특한 무늬로 장식되어 여러 종류가 제작되었다.

아나사지 문화

바구니 공예가 약간 진화되어 아나사지Anasazi 문화가 나타났다. 아나사지 문화는 특히 건축

에 뛰어났다. 이들은 건물을 지을 때 절벽을 하나의 벽으로 삼았으며, 그 옆에 통나무로 골격을 만들었다. 그 골격에 돌과 흙을 섞어 쌓아 상자 모양의 건물을 완성했다.

아나사지 건축물 애리조나·뉴멕시코·콜로라도·유타 접경 지역에서 발견되는 아나사지 문화의 건축물

푸에블로 문화

아나사지 문화인들의 건축술이 계승되어 이른바 푸에블로Pueblos라는 가옥 형태가 발생했다. 푸에블로란 스페인어로 가옥을 뜻하며, 수백 개의 거실과 창고로 만들어진 거대한 건물을 의미한다. 건축 방법상으로는 아나사지 문화와 유사했다.

내부 설계는 훨씬 발전하여 종교적 행사나 집회 장소로 쓰이

푸에블로 멧돌 미국 남서부에서 발달한 푸에블로 문화는 옥수수를 중심으로 하는 농경을 바탕으로 주거가 훌륭한 촌락인 〈푸에블로〉를 건설하였다. 사진은 옥수수를 조리하는 도구이다.

는 원형의 대형방이 있고, 그 주위에 거실과 창고가 마주보게 설계되어 있다.

개인 소유 거실은 창문 없이 출입구 하나만 만들었고, 거실 한구석에는 돌로 만든 맷돌이 붙어 있었다. 천장은 개방되어 통풍구 구실을 했다. 필요에 따라서는 풀이나 종려 잎 같은 간단한 것들로 지붕을 만들었다.

이런 가옥에서 생활하던 푸에블로 문화인들은 상당히 우수한 관개기술을 갖추고 옥수수를 비롯한 농작물들을 다량 재배했다. 뿐만 아니라 마을마다 칠면조를 키웠다.

우드랜드 문화

기원전 1000~700년경까지 북아메리카 동부에서는 오하이오 강 유역과 미시시피 강을 중심으로 작물재배를 주로 하는 우드랜드 Woodland 문화가 번성했다.

여러 가지 형식의 도기와 거대한 분묘총이 특색인 우드랜드 문화는 분묘의 거대함으로 미루어 마을 사람들 사이에 상하관계가 존재했음을 짐작할 수 있다. 거대한 토목공사에 수천 명을 동원할 수 있는 강력한 지도자가 사회를 다스렸다.

이 우드랜드 문화는 기원전 1000년 이후에는 운모 장식품과 구리 귀걸이로 유명한 아데나Adena인들에게 계승·발전되었다. 기원전 400년 이후에는 신전총으로 유명한 호프웰Hopewell인들이 계승해 절정기를 이루었다.

아데나 문화 유물 이 석기 가공품들은 오하이오 지방에서 발달한 아데나 문화에 의해 만들어진 것이다.

이처럼 북아메리카의 인디언들은 이후에 등장할 멕시코나 안데스 산맥 일대의 인디언들처럼 높은 수준의 문명은 아니었으나 북아메리카 대륙에 그 빛을 발할 문명의 씨앗을 뿌려 놓았다.

올멕족의 계승자 마야 문명

북아메리카 대륙에서 우드랜드 문화가 등장할 무렵인 기원전 1000년경 중앙아메리카의 멕시코 만 기슭에서는 올멕Olmec족이라는 인디언들이 수수께끼 같은 문명을 형성하기 시작했다.

재규어 숭배
이미 농경 생활이 정착되고, 훌륭한 도기와 무명베까지 생산했던

올멕족이 만든 석조
멕시코 베라크루스 주(州) 출토. 환조(丸彫)이다. 기원전 800~100년. 올멕인은 납작한 코와 두툼한 입술을 지닌 흑인적 용모의 거석인두(巨石人頭)나, 박력 있는 역사(力士), 운동 선수 등을 만들었다.

이 문명은 전반적으로 재규어Jaguar*의 테마가 흐른다는 점이 특징이다.

이 문명권에서는 재규어를 연상케 하는 수많은 그림과 재규어를 사실적으로 묘사한 조각상들이 있었다. 이들 중에는 절반은 재규어의 모습을, 그리고 나머지 절반은 인간의 모습을 지닌 야릇한 그림들도 있다.

이러한 재규어 신과 올멕부족들 사이에 중계 역할을 하던 신관은 자연히 최고의 힘을 갖게 되었고, 여기서 올멕족 특유의 종교를 중심으로 하는 지배체제가 확립되었다.

그러면서 나름의 그림문자를 만들어 급속도로 넓은 지역에 영향을 미쳐 가까운 이웃 부족은 물론 남쪽 과테말라의 마야족에게도 재규어 숭배를 비롯한 올멕족의 여러 풍습이 전해졌다.

이러한 문화를 바탕으로 300년경에는 마야 문명이 시작되었고, 마야 문명이 최초로 개화한 곳은 현재 과테말라의 페텐 주와 멕시코의 치아파스 주에 걸쳐 있는 우림의 저 지대였다.

* 재규어(Jaguar) : 표범의 일종

피라미드 축조

마야족은 저 지대에서 생활했기 때문인지 흙을 높이 쌓아 피라미드를 세웠다. 그들은 피라미드의 본체를 쌓기 전에 항상 일정 기간을 두고 소형 피라미드를 먼저 세우고, 그것이 어느 정도 견고해지면 다시 재료를 겹쳐 피라미드 본체를 완성하는 특이한 방법을 썼다. 따라서 급경사의 피라미드 본체 안쪽에는 항상 먼저 세워진 작은 피라미드가 숨어 있었다.

　마야족의 피라미드는 이집트 피라미드와는 달리 정상이 평평했다. 정상에는 신전을 세워 그 안에 작은 방을 많이 만들었고, 외부에는 올멕족의 그림문자를 발전시킨 신성문자를 빽빽하게 그리거나 재규어를 연상케 하는 그림이나 뱀 혹은 새의 형상을 닮은 이상한 동물들을 새겼다. 이렇게 세워진 피라미드 신전들은 장대한 계단들로 연결됐다.

신관의 힘

피라미드가 완성되면 신관들은 "우리의 태양신께 제사를 올리자!", "깃달린 뱀신께 제사를 올리도록 하라!"는 등 제사 의식을 명령했다. 그러면 각지에서 피라미드 신전이 있는 코판이나 팔렌

마야의 피라미드 과테말라 페텐 주의 북서부 열대우림 정글에 위치한 티칼에 유적지가 남아 있다.

마야의 신관 조각 마야의 신관은 막강한 권력을 가지고 백성들을 다스렸다.

크로 몰려들었다. 가까운 촌락지에서 온 귀족, 농민들도 있었고 멀리서 온 상인들도 있었다.

　제사의식은 비취옥, 청옥, 새 깃털로 장식된 제복을 입은 대신전의 신관들이 주관했다.

　"이제 신전 꼭대기에 있는 그 림문자책을 꺼내 오도록 하라."

　제사는 신관이 이렇게 명령하면서 시작됐고, 신비로운 책에 준하여 진행되었다. 마야족은 제삿날 모든 의식이 잘 끝나 신들이 기뻐했다면 행복한 생활이 계속될 수 있다고 믿었고, 반대로 신이 노했다면 큰 화를 입게 될 것이라고 생각했다. 신의 감정이 의식을 주도하는 신관의 입을 통해 판명되었기 때문에 자연히 신관은 막강한 힘을 갖게 되었다.

　마야의 신관들이 권력을 독점할 수 있었던 또 하나의 이유는 그들이 교양이나 지적인 면에서 다른 부류의 사람들보다 월등했기 때문이다. 그들은 나무껍질로 책을 만들어 사용했고 계산도 할 줄 알았다.

　그들은 0_{zero}이라는 개념도 생각해냈는데 그것은 유럽인들이 동양에서 그 개념을 도입하기 훨씬 전에 착안한 것이었다. 뿐만 아니라 오랜 기간에 걸쳐 천체도 관측했다. 그 결과 태양, 달, 금성의 운행도 비교적 정확하게 예측하였으며, 1년의 길이를 소수점 이하까지 산출했다. 이를 바탕으로 주요 건축물에 정확한 건축 날짜까지 새겨 넣었다.

제정 분리

600년경에 마야 문명은 절정에 달했다. 이때부터 주요한 의례 중심지는 신관뿐만 아니라 부와 세습적 권력을 가진 귀족 집단의 본거지가 되었다. 메소포타미아의 경우처럼 종교와 정치가 서로 분리되었다. 왕들은 화려하고 위엄있는 왕궁을 지었고, 사원 또한 종교를 내세워 그 웅장함과 화려함을 더해갔다.

한편, 이즈음에는 전쟁이 강조되었는데 단순히 영토에 관한 경쟁적인 욕심 때문만이 아니라 인구의 계속적인 증가와 함께 농경지의 부족, 치열한 교역 경쟁이 그 이유였다.

이처럼 여러 분야가 발전, 변화했음에도 불구하고 그들의 사회적·종교적 풍습은 수세기 동안 거의 변하지 않았다. 원시적인 도구와 기술에 의존한 건축기법 역시 장식이 약간 변했고, 숫자만 늘었을 뿐 오랜 세월에 걸쳐 이렇다 할 진전은 보이지 않았다.

멕시코 문명 지대에 500년 넘게 밀어닥친 이민족의 물결이 마야 문명권에도 강하게 미치기 시작했다. 마야 문명은 800년경부터 저 지대를 중심으로 쇠퇴해 900년에는 일부 북부 유카탄 지역에서만 유지됐다.

인디언 문화의 절정, 아즈텍 문명

마야 문명이 암흑기로 빠져들면서 혼란의 시대가 찾아왔다. 신관의 지배하에 비교적 평화롭게 살던 여러 도시에는 방벽이 세워졌고, 온건했던 종교의 성격도 점차 거칠어졌다.

대변화의 원인은 치치멕이라고 불리는 호전적인 북방 민족이었다. 그들은 깃털과 물감으로 몸을 꾸미고 평화로운 도시들을 마구 공격했다.

"이곳의 모든 것들은 내 것이다!"

그들은 닥치는 대로 가축을 죽이고 약탈을 자행했으며, 아름다운 여자를 보면 노예로 삼았다. 그들이 나타나는 곳에는 공포가 소용돌이쳤고 도시는 아수라장이 되었다. 하지만 그들이 포악스럽게 공격을 해왔다고 해서 모든 도시들이 단번에 정복되거나 완전히 짓밟힌 것은 아니었다.

멕시코 분지의 도시들 중에는 치치멕을 지배자로 맞아들여 보호를 받는 곳도 있었고, 상당 기간 저항한 도시들도 있었다. 멕시코 분지 밖에 있었던 몇몇 도시들은 고도로 발달한 자신들의 문화를 완고하게 지키며 후대 사람들에게 강한 영향을 미쳤다.

이러한 호전적인 도시 중 치치멕의 피를 이어받은 톨텍족의 도시 툴라는 이루 말할 수 없이 잔악했다. 툴라는 신관에 의해 지배되고 있던 멕시코의 다른 도시들과는 달리 전사들의 도시였다. 군사 지도자는 도시를 약탈하기 전에 위엄 있는 목소리로 병사들에게 소리쳤다.

"피에 굶주린 신들을 숭배하라! 그리고 너희들은 가능한 한

많이 약탈하여 그 물건들을 너희들 생활에 쓰도록 하라!"

툴라를 중심으로 한 톨텍족의 사회는 군대 조직을 근간으로 일사불란하게 움직였고 그 분위기는 잔학할 정도였다.

톨텍족의 문명은 1100년경 멸망하기까지 유카탄 반도일대는 물론 북아메리카의 미시시피 강 유역까지 영향을 끼쳤다. 특히 야만스런 유랑민 집단인 아즈텍족에게 그 전반적인 생활이 전해져 아즈텍족이 멕시코의 패자로 성장하는 기틀을 마련해 주었다. 톨텍족에 관한 전설도 전해진다.

톨텍족의 믹스코아틀 왕에게는 토필진이라는 아들이 있었다.

전사입상 멕시코시티 북방 80킬로미터에 있는 톨텍의 도읍지 툴라에 있다(1000년경). 높이 4.6미터. 4개의 돌을 기둥꼴로 쌓아 올린 것으로 케찰코아틀 신전의 주석(柱石)이었다. 한쪽 손에 투석기(投石器)를 들고, 다른 한쪽 손에는 코우펄 향(香) 주머니를 들었다. 가슴에는 톨텍 특유의 나비 문장(紋章)이 있다.

콜럼버스 이전의 아메리카

왕은 어린 토필진에게 이렇게 말했다.

"너는 장차 왕이 될 사람이니 공부하는 것을 게을리하지 말아라."

토필진은 청년 시절에 신관이 되기 위해 학문에 매진한 끝에 학문과 기예의 신인 케찰코아틀을 모시는 대신관이 되었다. 그 후 아버지의 뒤를 이어 왕위에 올랐다. 그리고 이름을 고치겠노라고 선포했다.

"자, 오늘부터 짐을 케찰코아틀이라고 하라!"

그것은 신관에 모셔진 신의 이름을 왕의 이름으로 부르던 당시 관습에 의한 것이다.

950년경, 그는 톨텍족의 수도를 멕시코 분지의 북단으로부터 툴라까지 확장시켰고, 온갖 문명의 이기를 전파했다. 그러던 어느 날 그는 신하를 불러 명령했다.

"이제 싸움의 신인 테스카틀리포카보다 온화하고 자비로우신 케찰코아틀을 주된 신으로 섬기도록 하라."

그러자 분노를 참지 못한 테스카틀리포카가 소리쳤다.

"무엇이라고? 그런 무엄한 말을 입 밖에 내다니 용서할 수 없다! 너에게 벌을 내리고야 말겠노라."

어느 날 밤, 테스카틀리포카는 신통력을 써 노인으로 둔갑한 뒤 토필진을 찾아갔다.

"자, 그대 토필진이여 마음껏 취하라. 그리고 흥분하라!"

토필진은 만취했다. 그러자 테스카틀리포카는 토필진의 누이 동생 케찰페틀라틀을 토필진과 한방에 두고 떠나버렸다.

다음날 아침 토필진은 동정을 잃고 돌이킬 수 없는 부끄러운 짓을 했음을 깨달았다. 토필진에게는 하늘이 무너지는 순간이었

케찰코아틀 신전 마추 픽추의 유적. 페루의 쿠스코 서방 우루밤바 강 부근에 있다. 신대륙의 유적에서 가장 유명한 것의 하나. 자연미가 뛰어나서 볼 만하고 뒤에는 와이나 피추라고 불리는 암산(岩山)이 있다.

다. 그는 신하들을 불러 말했다.

"그대들이여! 그동안 충정에 감사하오. 이제 나는 더 이상 왕위에 앉을 자격이 없소!"

그는 권좌를 내놓고 충실한 신하 몇 명과 유랑을 떠났다.

전설 전반부는 종교 분쟁을 통한 툴라의 분열을 의미한다. 후반부에는 인간 케찰코아틀과 신 케찰코아틀이 혼연일체가 된다. 그리고 툴라를 떠난 토필진은 문화와 종교의 중심지로 유명했던 촐룰라에 20년간 체류하다가 뱀을 서로 얽히게 해서 만든 뗏목을 타고 망망대해로 사라져 버렸다.

케찰코아틀과 테스카틀리포카 왼쪽이 깃털을 꽂은 케찰코아틀, 오른쪽은 테스카틀리포카이다.

"나는 해가 돋는 방향에서 반드시 돌아올 것이다."

한편 톨텍족의 뒤를 이은 아즈텍족은 그들의 선조가 멕시코 북동부의 '아스틀란'이란 동굴에서 발견되었기 때문에 그렇게 불려졌다. 그들은 험난한 생활 속에서도 늘 소중하게 간직하고 있는 것이 있었다. 그것은 무서운 모습의 나무 조각상으로 4명의 신관에 의해 지켜지고 있었다. 부족이 이동할 때면, 마치 옛날 헤브라이인이 모세의 십계판을 담은 상자를 들고 시나이 들판을 헤맨 것과 같이 반드시 나무 조각상도 함께 운반되었다. 그 나무 조각상이 바로 아즈텍족의 신이었다.

전설에 따르면 이 신의 어머니는 과부로서 딸 하나와 수백 명의 아들이 있었다. 어느 날, 거룩한 장소를 정성들여 청소하던 그녀는 불가사의한 힘을 가진 작은 깃털 공을 주워 그것을 가슴에

품었다. 그러자 이상하게도 배가 점점 불러왔다.

"엄마가 이상하다. 저것은 신의 뜻이 절대 아니야! 우리는 너무 수치스러워서 고개를 들고 살 수 없게 되었어!"

"그래! 맞아. 이 수치는 죽음으로써만 보상될 거야!"

자식들이 모두 이렇게 결의하고 한꺼번에 그녀를 죽이려고 다가갔다. 그때 갑자기 그녀의 몸 안에서 불뱀을 손에 든 아이가 튀어나왔다.

"무서워하지 말라."

그리고 그 아이는 무기를 사용하여 덤벼들던 그녀의 자식들을 모조리 죽여버렸다. 이렇게 해서 아즈텍족의 광폭한 싸움의 신인 우이칠로포치틀리가 탄생했다. 문자 그대로 '왼손잡이 벌새'라는 뜻이다. 이름만 볼 때는 전혀 광폭한 느낌이 들지 않지만, 사실은 멕시코의 모든 신들 중에서 이 '왼손잡이 벌새'만큼 인간의 피를 탐한 신은 없었다. 그리하여 아즈텍족은 매년 수백, 수천의 인신제물을 제단에 올려놓을 수밖에 없었다. 그들은 제물을 얻기 위해 타부족들과 전쟁을 자주 치렀다.

"자, 올 7월에는 30명의 부녀자들을 제단에 올려야 합니다.

아즈텍 달력
이 석판은 아즈텍의 주신인 태양신에게 바치기 위해 만들어진 달력이다. 신화와 천문학적인 의미를 동시에 담고 있다. 무게는 거의 25톤에 이르며 지름은 약 365센티미터, 두께는 약 91센티미터이다.

아즈텍의 화폐 아즈텍 사회에서 널리 쓰였다. 구리로 만들어졌는데 모양이 특이해 '괭이 모양 화폐'라고 불렸다. 길이는 약 16.5센티미터, 두께가 1.5밀리미터 정도다.

그러려면 이번 싸움에서 반드시 승리해야 합니다. 그래야 재앙이 없게 됩니다."

아즈텍족이 수도 테노치티틀란에 정착한 것은 1325년경이었다. 초기에는 물고기, 오리, 개구리 등을 옥수수나 콩, 그리고 건축 재료인 석재 등과 물물교환하면서 살았다. 그러나 전쟁이 일어나면 마치 성난 맹수처럼 용맹스럽게 싸웠다. 그들은 다른 여러 지방들로부터 도망자, 반역자, 모험가 등 갖가지 유형의 사람들을 받아들여 인구를 증가시켰다. 이를 기반으로 주위의 여러 부족들을 정복하고 정복민들을 포로로 삼았다.

그들의 정치 조직은 형제나 모계에서 가장 가까운 사람이 왕

아즈텍 전사와 무기

방패 타부족들과 전쟁이 잦았던 아즈텍 문명의 전사들은 용맹할 수 밖에 없었다.

위를 계승하였다. 최고 통수권자인 왕의 명령이면 제국 전체의 힘이 한곳으로 집중될 수 있을 정도로 왕의 힘은 막강했다.

한편 토지는 기본적으로 부족 단위의 공동 소유였으며, 부족 평의회가 하급의 각 씨족에게 다시 분배했다. 이 과정에서 땅이 없는 자들도 많았다. 그들은 세습된 사유지나 반사유지의 고용노동자가 되기도 했고, 빚으로 인해 노예가 되는 경우도 있었다.

아즈텍족의 여러 도시에서는 상품을 교환하는 장이 자주 열렸다. 큰 장이 서면 식물, 의복, 흑요석 제품 등 갖가지 상품들이 거래되었고, 금이나 옥돌, 새의 깃털 등으로 만든 장식품들도 선을 보였다.

그들은 천문학과 수학에서도 마야인 못지않은 빼어난 소질을 가졌었다. 1년을 365일로 잡고 윤년에는 윤일을 두는 정확한 달력을 사용했고, 20진법에 입각한 실용적인 기수법을 사용하였다.

이러한 아즈텍 문명이 15세기 초에 밀어닥친 외부의 물결에 그렇게 쉽게 무너진 이유는 무엇일까? 그것은 우선, 그들 사회가 피정복민을 기반으로 이루어졌다는 점이다. 그리고 종교와 관습이 사실상 무너지기 쉬운 약점들을 갖고 있었으며, 무기 역시 유럽인들과는 상당한 수준 차이가 있었다.

군사 문화 잉카 문명

멕시코 남쪽 파나마지협 건너 남아메리카 페루 일대에는 잉카 제국이 있었다. 질서정연한 군대조직을 가진 이 잉카족들은 전쟁을

마추픽추 고대 잉카 제국의 수도인 마추픽추는 중남미 페루의 안데스 산맥에 위치해 있다.

일삼았고, 도로 건설에 뛰어난 솜씨가 있었다. 그들이 국가적 기반을 구축한 것은 스페인이 그곳에 나타나기 500여 년 전의 일이었다. 잉카족들은 남북으로 콜롬비아에서 칠레에 이르는 수천 마일의 땅과 태평양 연안 지대를 지배하여 실로 '제국'이라는 이름에 걸맞는 거대한 문명을 형성했다. 수도는 페루의 쿠스코였고,

제국의 중심부는 해발 1만 피트가 넘는 안데스의 고원 지대에 있었다.

잉카 문명의 기원에 관해서는 몇 가지 전설이 전해지고 있다. 그중 가장 유력한 전설에 따르면 태양신의 자녀인 네 형제와 네 자매가 현재 쿠스코 시의 남동쪽 약 30킬로미터 되는 곳의 동굴에서 나왔다는 것이다. 맏형인 망코 카팍은 나머지 형제들 중에서 특히 아야르 카치를 무서워했다.

어느 날 망코 카팍이 밖에 나왔다가 우연히 아야르 카치가 투석기로 돌을 던지는 것을 보았다. 그가 던진 돌은 언덕을 패어 골짜기를 만들 정도로 엄청난 위력이 있었다. 이를 본 망코 카팍은 놀라움과 두려움에 휩싸였다.

잉카 문명의 유물 손재주가 좋은 잉카인들은 특히 금속 세공 기술에 뛰어났다.

'음, 아야르 카치의 힘은 너무 강하다. 저 녀석을 그대로 놔두었다간 내가 무슨 화를 당할지 모른다. 언젠가는 그를 죽여 없애고 말테다.'

기회를 노리던 망코 카팍은 어느 날 아야르 카치를 불렀다.

"형님! 무슨 일로 저를 다 부르셨나요?"

"너는 힘이 장사이니, 오늘 우리들이 나왔던 그 동굴로 들어가서 거룩한 라마를 데려오도록 하여라."

"형님, 그거야 어려운 일이 아니죠. 곧 그렇게 하도록 하겠습니다."

아야르 카치는 형님의 명을 좇아 동굴로 들어갔다. 그러자 망코 카팍은 입구를 돌로 완전히 막으라고 명령했다. 얼마 후 이 사실을 알게 된 나머지 두 형제는 크게 분노했다.

"저런 못된 형 밑에서 사느니 차라리 돌이 되리라."

혼자가 된 망코 카팍은 잉카족의 초대 지배자가 되었고, 누이동생인 마마 오클로를 아내로 삼았다. 그들 사이에서 신치 로카가 태어났는데 그가 바로 잉카 제국의 제2대 왕이었다.

망코 카팍이 처음에 이끌고 온 소부족은 토지도 없는 유랑민이었다. 그들은 비옥한 쿠스코의 계곡을 목표로 삼아 황금 지팡이로 토양의 깊이를 재면서 생활터전을 넓혀 나갔다. 그러나 그곳에는 이미 정착한 사람들이 있었기 때문에 싸움이 벌어졌다.

이때 망코 카팍의 누이 중 한 사람이 당당하게 나섰다.

"오빠 걱정하지 마세요! 제가 저들을 혼내주고 오겠어요."

그녀는 재빠르게 뛰어나가 한 사나이를 돌로 쳐서 죽이고 그의 폐를 도려냈다. 이 무서운 광경을 지켜 본 주민들은 두려움에 떨며 소리쳤다.

"마녀다! 마녀야! 마녀가 우리를 죽이려 한다!"

이때부터 쿠스코를 중심으로 잉카 문명이 형성됐다.

잉카 제국은 잉카의 9대 왕인 파차쿠티 시대에 이르러 폭발적으로 팽창하기 시작했다. 파차쿠티는 원정에 앞서 우선 쿠스코 근방에 산재해 있는 적들을 일소했다. 이어 군대를 이끌고 고지에서 내려와 아마존의 산림 지대에 인접한 우루밤바 강 하류를 점령했다. 또 안데스를 따라 계속 군대를 이동시켜 북방의 카하마르카 부족들을 복속시키며 전진해갔다. 계속 남하한 군대는 티티카카 호 부근의 아이마라족까지 공격했다.

이러한 파차쿠티의 원정은 단순히 전리품을 획득하기 위한 침략이 아니었고, 페루 민족을 통일하기 위해 사전에 철저하게 준비된 것이었다. 그러나 전쟁만으로 통일을 이룰 수는 없었다. 파차쿠티는 신하를 불러 명령하였다.

"통일을 위해서는 전쟁만이 능사가 아니라 언어를 통합시켜야 한다. 그러니 쿠스코 지방의 언어인 케추아어를 보급시켜 익히게 하라."

"그리고 우리에게 적대 의식이 남아 있는 듯한 놈들은 다른 지역으로 이주시키고 그곳에는 순순히 복종하는 사람들을 보내도록 하라! 그래야 위험을 줄일 수가 있을 것이다."

이러한 강제이주는 '마티마'라고 불려졌으며 통일 목적으로 시행되었다.

제국이 확대됨에 따라 도로망도 확충되었다. 오래전에 건설된 채 각기 떨어져 있는 도시들은 서로 연결되었고, 사람들이 많이 사는 지역의 도로에는 양쪽에 벽을 세우거나 가로수를 심었다. 연도에는 일정한 간격을 두고 '탐보'라고 불리는 역을 설치하였다. 이 역에는 오두막이 몇 개 있는 간단한 경우도 있었으나, 대개는 군대의 보급품을 넣어두는 창고나 여행자들을 위한 숙박시설이 갖춰진 훌륭한 건물들이 대부분이었다. 그리고 주요 도로에는 2~3킬로미터마다 '차스키'라고 불리는 파발꾼의 부대가 있었다. 이 차스키 부대는 당시로서는 세계에서 가장 빠른 통신망이었다. 이 차스키 부대를 통해 잉카 군대는 먼 지방에 있어도 중앙의 지시를 신속히 받을 수 있었다. 차스키는 군사적으로 매우 유용하게 이용되었다.

한편, 15세기 말에 이르자 잉카 제국은 파차쿠티의 아들인 토파 잉카가 그 대권을 이었다. 왕좌에 오른 토파잉카는 잉카 주민들뿐만 아니라 정복당한 사람들에게도 선정을 베풀기로 결심했다. 이를 실행하기 위해 자신의 뜻이 담긴 포고문을 전국에 지시했다.

잉카 문명 유적지 눈부신 문명을 이룩한 잉카 문명은 16세기 스페인의 침략으로 멸망하였다.

    첫째, 전국 각지에 곡물을 저장하여 기근에 대비할 것, 둘째, 정복한 부족 중에서 재능 있고 유능한 청년들은 잉카의 교육을 받도록 할 것, 셋째 그들도 잉카 제국의 관리가 될 수 있도록 할 것 등 매우 관대한 조치가 내려졌다.

    잉카에서는 전국 각지에 수년마다 관리가 파견되어 10세 전후의 소녀들을 모았다. 그들 중에서 가장 영리해 보이고 가장 예쁜 아가씨를 뽑아 쿠스코나 지방 수도의 수녀원 같은 학교에서 교육을 받도록 하였다. 이른바 '선택된 여자'로 알려진 이 소녀들은 그곳에서 요리, 베짜기, 예절, 종교 등 여자로서 갖추어야 할 것을 교육받았다.

몇 년 뒤에는 두 번째 선발이 이루어졌다. 선발을 맡은 관리는 그들을 학교 운동장에 불러놓고 이렇게 명령했다.

"오늘로써 여러분은 여자가 갖추어야 할 모든 것을 배웠습니다. 이제부터 여러분이 갈 길은 서로 다릅니다. 지금 부르는 사람들은 신전의 무녀나 시녀가 될 사람들입니다. 그러니 죽을 때까지 순결을 지켜야만 할 것입니다. 나머지 사람들은 왕이나 귀족의 측실로 들어가게 될 터이니, 몸가짐을 조심하도록 하시오."

잉카에서는 종교가 중요했지만, 멕시코의 아즈텍족과는 달리 생활 전반에 큰 영향을 미치지는 않았다. 잉카 제국에는 국교 비슷한 것이 있었다. 그것은 쿠스코 지방에서 옛날부터 전해지는 지방신으로부터 시작되었으며, 최고의 존재는 창조의 신 '비라코차'였다. 그러나 실제로는 태양의 신, 달의 신, 별의 신, 번개의 신과 농민들이 숭배하는 풍요의 신 등이 더 큰 영향력을 갖고 있었다. 잉카인들은 이 모든 신들이 비라코차의 하인으로서 인간계의 모든 일을 주관한다고 믿었다. 특히 태양의 신은 잉카 왕가의 조상으로 숭배되었다. 따라서 지배자인 왕은 살아 있는 신으로 간주되었고, 태양과 동일시되었다. 잉카의 왕들은 이러한 것들을 사실로 믿게 하려고 주민들을 세뇌시켰다.

"왕은 신이기에 잘못을 저지를 수가 없도다. 또한 왕의 소원은 곧 법이니라."

이렇게 해서 그들은 국가와 종교 사이에 일어난 갖가지 문제들을 솜씨 있게 처리할 수 있었다.

그러나 잉카족의 과학, 특히 천문학은 아즈텍족에는 미치지 못했고, 문자 역시 마찬가지였다. 그들이 남긴 업적으로는 이른바 '결승문자'가 있다. 이것은 새끼줄의 종류, 매는 방법, 색깔 등으로 계산하고 기록하는 정도에 불과했다. 하지만 금속 세공 기술은 천재적이라고 할 만큼 뛰어났고, 석재를 이용한 건축이나 공예에도 탁월한 솜씨를 나타냈다. 특히 쿠스코의 거대한 태양 사원과 같은 건축물은 오늘날에도 대단한 평가를 받고 있다.

2
식민과 독립의 시대

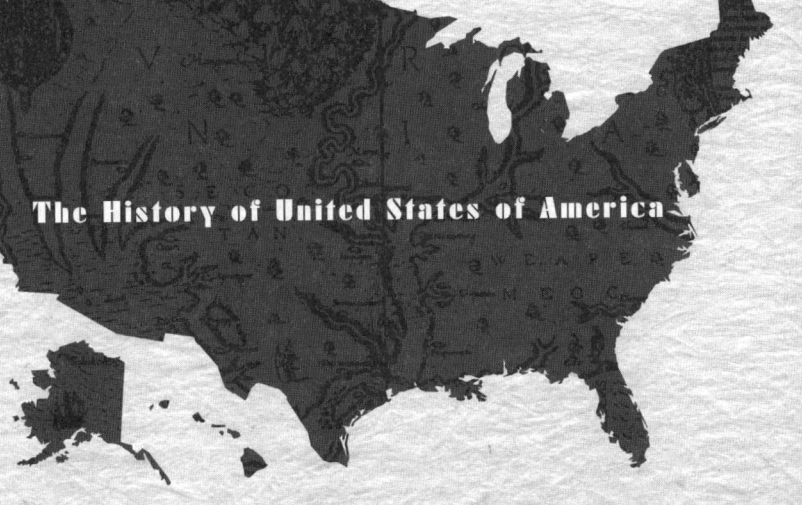

The History of United States of America

식민과 독립의 시대

15세기 말 콜럼버스의 아메리카 대륙 발견은 아메리카 대륙의 개막을 예고한 것이었다. 16세기로 접어들자 가장 먼저 스페인의 식민 활동이 시작되었다. 그들은 방화, 약탈을 수단으로 아즈텍·잉카 문명을 정복하였고, 막대한 은을 유럽으로 들여와 왕실의 부를 축적했다.

스페인에 이어 프랑스와 네덜란드가 식민 활동에 뛰어들었으나 큰 성과를 거두지 못했다. 이런 상황에서 아메리카 식민 활동의 판도를 바꾼 것은 영국이었다. 영국의 스페인 무적 함대 격파를 계기로 수많은 영국인들이 아메리카에서 식민 활동을 시작하였다. 수십 년에 걸쳐 메릴랜드 식민지, 매사추세츠 식민지, 펜실베이니아 식민지 등이 잇따라 건설되었다. 그리고 이 과정에서 아메리카인들은 경제적 번영과 자유·평등의 맛을 느끼기 시작하였다.

18세기로 접어들자 영국 정부의 식민지 간섭에 대한 반감이 고조되었고, 이 무렵 영국과 프랑스의 아메리카 지배권 싸움인 프렌치-인디언 전쟁이 발발하였다. 이 사건은 사실상 아메리카의 제2의 탄생을 부추기는 결과를 가져왔다.

영국은 전후 파리 조약을 체결함으로써 광대한 영토를 획득할 수 있었으나 영토 관리상 어려움이 많았다. 1773년의 보스턴 차 사건이 터지면서 새로운 국면이 전개되었고, 마침내 아메리카인들이 영국에 대해 반기를 들었다. 2차에 걸친 대륙회의를 통해 독립선언이 이루어졌고 곧바로 대대적인 전쟁이 발발하였다. 1784년 파리 평화조약의 체결로 아메리카인들은 정치적 독립을 이룩했다. 그리고 그것은 아메리카의 13개 주가 개별 국가가 되느냐 하나의 통합된 국가가 되느냐 하는 새로운 문제의 시발점이 되었다.

새로운 무역로의 개척

아메리카 대륙에서 아즈텍 문명과 잉카 문명이 번영하고 있을 무렵인 15세기경 유럽에서는 커다란 변화가 일었다. 십자군 운동 이후 유럽과 중동 지방과의 접촉이 빈번해지면서 이른바 '상업의 부활'이 일어났다.

동양으로부터 이탈리아, 터키, 아라비아 상인들의 손을 거쳐 들어오는 향료, 은, 염료, 직물 등은 그들의 호기심을 자극해 점차 수요가 급증하고 가격 또한 폭등세를 보였다. 이럴 때 중간 상인들의 횡포를 막고 보다 싼 가격으로 상품을 사기 위해서는 동양과의 직접적인 교역이 필요했으며, 이로써 '새로운 무역로의 개척'이 시작되었다.

이 시기 숱한 항해 중에서도 가장 극적인 것은 두말할 것도 없이 1492년의 크리스토퍼 콜럼버스의 항해라 할 수 있다.

콜럼버스는 제노바에서 직물공의 아들로 태어났다. 그는 북이탈리아인답지 않게 빨간 머리카락을 갖고 있었다. 정식 교육을 받지는 못했으나, 자기보다 사회적 신분이 훨씬 높은 신부와 친교를 맺고 지낼 정도로 매우 총명하고 인상적인 청년이었다. 어려서부터 바다에 대한 애착심이 많아 지중해와 대서양에서 해상경험을 쌓았으며, 특히 마르코 폴로가 쓴 인도

크리스토퍼 콜럼버스의 초상 1893년 시카고에서 콜럼버스의 아메리카 발견 400주년을 기념해 열린 콜럼버스 박람회를 위해 그려진 포스터

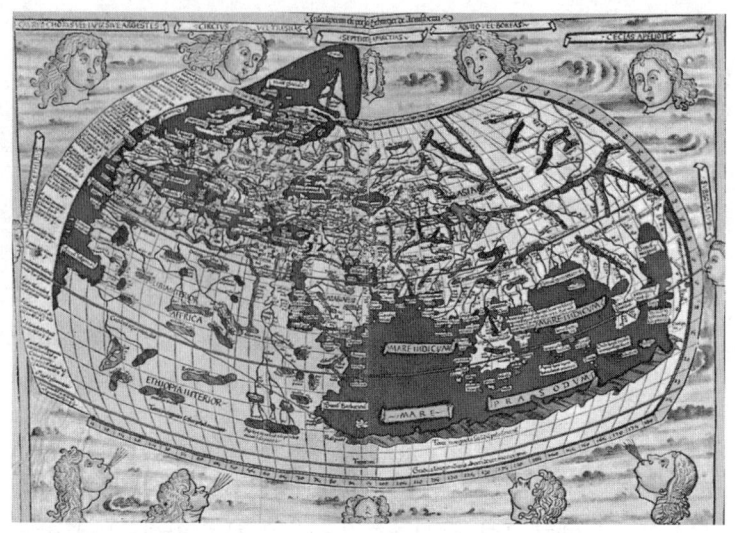

콜럼버스 시대의 세계 지도 15세기의 유럽인들이 널리 믿던 세계 지도는 150년 프톨레마이오스가 그리스·로마 시대의 지리적 지식을 집대성하여 만든 지도였다. 프톨레마이오스의 세계 지도는 몇 가지 지리적 오류는 있으나 경·위도선을 고안하여 평면에 투영했다는 점에서 최초의 근대적 지도로 여겨지고 있다.

제국의 보물들에 관한 글을 탐독하면서 꿈을 키웠다.

"대서양에서 서쪽으로만 항해하면 아마 인도에 도달할 수 있을 거야!"

그는 자신의 생각을 좀 더 구체적으로 확인하기 위해 몇 가지 항해에 관한 서적들을 정독하였다. 그중에서도 오늘날까지 남아 있는 4권의 책에는 그가 고심한 흔적을 여기저기서 찾아볼 수 있다. 그는 스페인령인 카나리아 제도에서 항해를 시작하면 인도에 도달할 수 있다는 근거를 찾아냈다.

또한 의사이며 아마추어 지리학자였던 파올로 토스카넬리의 연구 내용들을 통해 유럽에서 중국까지의 거리가 그리 멀지 않다고 추측하였다.

"나는 꼭 인도에 가고야 말겠어."

콜럼버스는 자신이 연구한 여러 가지 자료들을 종합하여 인도까지의 거리를 5,600여 킬로미터로 잡았다. 이러한 준비작업이

10년 가까이 되던 어느 날, 그는 포르투갈 궁정으로 달려가고 있었다.

"야! 이 정도면 이 계획은 성공적이라고 할 수 있겠다. 어서 이 '인도 탐험 계획'을 궁정에 제출해야지!"

그러나 당시 포르투갈 왕실은 아프리카 식민지 계획에만 열중했기 때문에 그의 계획에는 도무지 무관심하였다. 콜럼버스는 다시 스페인 왕에게 그의 계획을 건의하였다. 스페인의 페르난도 왕과 이사벨 여왕은 콜럼버스를 궁으로 불러들였다.

"콜럼버스여! 그대의 계획에 찬동하노라! 그대에게 세 척의 카라벨형 쾌속범선을 내리겠노라! 부디 탐험에 성공하고 돌아와 나를 기쁘게 해다오."

그는 뛸 듯이 기뻐하며 그 즉시 스페인 남서부의 팔로스 항으로 달려가 항해 준비를 서둘렀다. 1492년 8월 3일, 콜럼버스는 이탈리아인, 스페인인, 영국인, 그리고 유태인으로 구성된 120명의 선원들과 3척의 배로 역사적인 항해를 시작했다.

그가 탄 배는 100톤 규모의 산타마리아호였고, 50톤 규모의 핀타호는 형 마르틴 핀슨이, 그리고 나머지 한 척인 40톤 규모의 니나호는 동생인 비센테 핀슨이 선장을 맡았다.

콜럼버스의 선단은 팔로스 항을 빠져 나와 뱃머리를 남서쪽으로 돌려 최초 목적지인 카나리아 제도로 배를 몰았다. 이 섬은 콜럼버스가 전진하려는 위도상에 있었으며, 그는 그곳에는 이 시기마다 서쪽을 향해 무역풍이 분다는 것을 알고 있었다. 그러나 선원들은 이런 사실을 알 턱이 없었다. 배가 남서쪽으로 간다는 것을 알게 된 선원들은 강력히 항의했다.

"선장님, 지금 우리가 가고 있는 방향은 서쪽이 아닙니까? 도

대체 어디로 가는 겁니까."

출발한 지 3일째 되는 날 핀타호의 선원들은 항해를 중단시키려고 키를 부러뜨렸다. 그러나 경험 많은 콜럼버스는 별 동요없이 선원들을 설득하였다.

"아니 키를 부러뜨리다니! 우리가 파도 속에서 살아남기 위해서는 이것이 가장 소중한 것이다. 배를 잠시 저쪽 섬에 대도록 하라."

카나리아 제도의 한 섬에 배를 정박시킨 그는 그곳에서 약 3주일 동안 체류하면서 핀타호의 키를 고치게 하고 9월 6일에 다시 카나리아 제도를 출발하였다. 콜럼버스 일행은 얼마 가지 않아 무역풍대에 들어섰다. 이때부터 수주일 동안은 비교적 순탄한 항해가 계속되었다. 그러나 항해가 여러 날 계속되면서 선원들의 피로는 누적되었고 육지는 나타날 기미조차 없었다. 그러자 콜럼버스의 명령을 거역하는 선원들마저 생겨났다.

"아무리 항해를 해도 육지는 보이지 않는군. 이러다가 우리는 이 망망대해에서 상어밥이 되고 말 것이오. 그러니 다시 스페인으로 되돌아갑시다!"

이러한 선원들의 불만을 진정시키는 것이 콜럼버스의 가장 중요한 일거리가 됐다. 이런 가운데 그의 선단은 어느덧 콜럼버스가 지팡구(황금의 섬)를 발견할 수 있을 거라고 예상한 곳 가까이에 접근했다.

10월 7일, 동이 틀 무렵 핀타호의 한 선원이 소리쳤다.

"저기 해상에 갈대와 풀잎이 둥둥 떠다녀요! 이제 곧 육지에 도착할 것 같습니다."

선원들은 일제히 환호성을 지르며 기대에 부풀었다. 이때를 놓치지 않고 콜럼버스는 선원들에게 말하였다.

"육지를 제일 먼저 발견하는 사람에게는 스페인 왕과 여왕이 약속한 1만 마라베디*와 명주옷을 주겠노라!"

* 마라베디 : 11~12세기의 스페인 금화

그러자 각 선상에서는 환호성이 터지며 기대감이 어우러진 긴장이 고조되었다. 그로부터 5일 후, 1492년 10월 12일 아침녘에 선원들은 일제히 환호성을 질렀다.

"육지다 육지야! 드디어 도착했다."

그들은 서로 얼싸안고 육지에 발을 들여 놓았다. 콜럼버스는 선원들과 함께 감사의 눈물을 흘리면서 신께 기도를 드렸다.

"신이시여, 무사히 상륙하게 해주셔서 감사합니다."

콜럼버스는 대지에 입을 맞추며 큰소리로 말했다.

"이곳은 우리에게 너무나도 거룩하고 소중한 땅이다. 그러므로 이곳을 산살바도르*라고 부르도록 하라!"

* 산살바도르 : 거룩한 구세주라는 뜻

이 섬이 바로 콜럼버스가 동양의 어느 한 지점으로 착각한 바하마 군도*의 한 섬이었다.

* 바하마 군도 : 오늘날의 서인도 제도

콜럼버스 일행이 상륙한 곳에는 산림이 무성했고 원주민들이 살고 있었다. 그들은 벌거벗은 채 아무런 무기도 없이 콜럼버스 일행에게 다가왔다. 콜럼버스 일행은 그들을 경계하며 소리쳤다.

"저 원주민들의 피부색을 보시오! 희지도 검지도 않아요. 게다가 경계하는 빛이 조금도 없으니 참으로 희한한 일이 아니오!"

그들은 다름 아닌 아즈텍 문명권의 한 부족이었다. 이 원주민들이 산타마리아호에 올라왔을 때 콜럼버스는 그들에게 자신이 갖고 있던 긴 칼을 주었다. 또한 유리구슬과 방울장식을 주고 대신 식량과 교환하였다.

후에 콜럼버스는 그들을 쉽게 기독교도로 만들 수 있을 것 같

신대륙을 본 콜럼버스 일행 장기간의 항해로 지친 선원들이 육지를 발견하고 기뻐하고 있다.

다고 기록했지만, 사실 그는 그곳에 오래 머물지는 않았다.

이틀 후 다시 항해를 시작하여 두 번째로 발견한 섬이 오늘날의 쿠바였으며, 세 번째로 발견한 섬이 아이티였다. 이렇게 서인도 제도 일대를 탐사한 콜럼버스는 1493년 3월, 포르투갈의 수도인 리스본으로 돌아왔다. 자신의 발견성과를 발표해 많은 사람들로부터 존경을 받았다. 하지만 자신이 발견한 땅이 인도의 서쪽부분이라고 믿었던 점에서는 커다란 착각을 하고 있었다. 결국 그는 그곳이 신대륙의 일부라는 것을 끝내 알지 못했고, 그 후에도 1504년까지 세 차례에 걸쳐 멕시코 만 남단을 두루 탐험하였지만 그곳이 인도의 서쪽이라는 확신에는 변함이 없었다.

그러나 아메리고 베스푸치는 1499년부터 2년 동안 중남미 일대를 두루 탐험하고, '신세계'라는 제목의 보고서를 통해 그곳이 신대륙이라는 사실을 밝혔다.

"내가 탐험한 곳은 서인도가 아닙니다. 그곳은 바로 새로운 대륙입니다!"

그리고 이 보고서를 책으로 출간하였다. 그때까지 콜럼버스가 인도를 발견한 것으로만 알고 있었던 전 유럽인들은 놀랐다. 아메리고의 글은 지리학 교수인 마르틴 뮐러의 저서 《세계 지리 입문》에 전재되었다. 그 책에서 처음으로 아메리고 베스푸치가 발견한 대륙을 그의 이름을 따서 '아메리카'로 부르는 것이 옳다는 의견이 제시되었다. 결국 신대륙은 아메리카로 불려지게 되었다.

아메리카 대륙의 원주민을 만난 아메리고 베스푸치 아메리고 베스푸치는 아메리카 대륙을 샅샅이 탐험한 뒤 서인도라고 알려져 있던 곳이 신대륙임을 발견했다.

그 후 1513년에 발보아가 파나마 지협을 도보로 횡단한 끝에 태평양을 발견함으로써 아메리카가 신대륙이라는 사실이 재확인되었다.

식민지 시대의 개막

아즈텍족 정복

콜럼버스가 아메리카 대륙을 발견한 때는 탐험의 시대이면서 식민지 시대이기도 했다. 대륙의 발견은 단지 발견했다는 그 사실만으로 끝난 것이 아니라 새로운 시장과 식민지라는 매력적인 요인도 있었다.

아메리카 대륙이 발견된 뒤 아메리카에는 정복자들이 몰려오기 시작했다. 그들은 수익을 올리기 위하여 교역 시장을 개설하였다. 그 결과 아메리카는 정복자들의 식민지로 변했다.

하지만 아메리카 대륙에서 16세기 식민 활동은 17세기와 많은 차이점이 있었다. 16세기 식민 활동은 군사적 식민지의 건설을 중심으로 전개되었다. 초기 정복자들은 아메리카 대륙에 영구적인 정착지를 건설할 생각이 없었다. 그들은 비교적 짧은 기간에만 식민지에 머물다가 본국으로 돌아가기를 원했다.

이에 반해 17세기 식민 활동은 영구적인 국외 이주였다. 이때의 정복자들은 일확천금이 아니라 소박하게나마 식민지에서 땅을 갖고 가정을 이루며 생활하기를 원했다.

아메리카 대륙에서 16세기 초에 시작된 식민 활동의 주역은 스페인 사람들이었다. 그들은 콜럼버스가 만든 유럽인의 첫 식민지 산토도밍고를 기지로, 1509년에는 푸에르토리코를 정복하였고, 1514년에는 쿠바를 정복해 그곳 인디언들을 노예로 삼았다.

이러한 행위는 만연되는 질병의 확산과 더불어 인디언들에게는 크나큰 시련이 아닐 수 없었다. 인디언들 중에는 멀리 도망치는 자들도 있었고, 병들어 죽거나 고통에 못 이겨 자살하는 자까지 있었으며 심지어는 학살당한 자들도 있었다.

그 결과 산토도밍고, 푸에르토리코, 쿠바에 거주하던 50여만 명의 인디언들 대부분이 자취를 감추었다. 이러한 서인도 제도의 상황에 대해 스페인의 수도사인 데 라스 카사스는 다음과 같이 말했다.

"산토도밍고에서 바하마 제도로 가는 배는 나침반이 필요 없다. 왜냐하면 바다에 둥둥 떠 있는 시체만 따라가면 그곳을 무난히 항해할 수 있기 때문이다."

이렇듯 스페인인들은 서인도 제도 일대를 첫 식민 활동의 무대로 삼아 그곳을 발판으로 북아메리카 본토에 상륙하였다.

1519년에는 탐험가 피네다가 아메리카 동부 해안에 도착하여 그곳의 인디언들이 황금으로 된 장식물들을 달고 있는 것을 발견했다. 1528년에는 나르바에스라는 탐험가가 플로리다 지방에서 금을 발견하였고, 그의 부하인 데바카는 텍사스 평원과 북멕시코를 횡단했다.

이 밖에도 1536년부터 약 3년간에 걸쳐 몇몇 스페인인은 북아메리카 탐험을 계속했다. 그러나 북아메리카 동부 지역에서 이뤄졌던 스페인인들의 탐험은 실질적인 성과는 거두지 못하였다. 그러나 멕시코와 남아메리카 일대에서는 실질적인 성과를 거두었으며, 특히 멕시코의 정복은 스페인인들의 아메리카 대륙에 대한 여러 정복 활동 중에서도 중대한 사건이었다.

에르난 코르테스 초상
스페인인 에르난 코르테스는 아즈텍 제국을 멸망시켰다.

정복 활동의 주인공은 에르난 코르테스였다. 그는 귀족 출신으로 산토도밍고와 쿠바 일대에 대농장을 갖고 있었다. 1519년 4월, 그는 500여 명의 부하들을 데리고 멕시코의 베라크루스에 상륙해 아즈텍족의 수도인 테노치티틀란을 공격하였다. 그러나 처음으로 인디언들과 접하는 그로서는 신중을 기하지 않을 수 없었다. 그는 우선 가장 영리하고 민첩한 병사 몇 명을 선발하였다.

"너희들은 지금부터 테노치티틀란의 방어 형

테노치티틀란을 공격하는 스페인 군사들 코르테스는 아즈텍 원주민을 무자비하게 살육했다.

태와 병력, 그리고 무기에 관하여 가능한 한 상세히 알아오도록 해라."

얼마 후, 정찰 보고를 받은 에르난 코르테스는 미소를 지었다. 아즈텍족 내부에 이민족 간의 극심한 알력이 존재한다는 것을 보고받았기 때문이었다.

그는 이 점을 교묘하게 이용했다. 우선 공격을 조금 늦추고, 그 대신 테노치티틀란 내에 거주하는 인디언들 중에 불만이 많은 인디언들을 회유하였다. 그 결과 그에게 협력할 것을 맹세한 인디언의 수가 수십만 명에 이르렀다. 이렇게 해서 에르난 코르테스는 별 힘을 들이지 않고 테노치티틀란을 손에 넣었다.

제대로 싸워보지도 못한 채 수도를 함락당한 아즈텍 왕 몬테주마는 곧 폐위되었다. 그 후 아즈텍족은 왕국을 구하겠다는 일념에서 쿠아우테목을 왕으로 추대하여 총공격을 감행했으나 수만 명이 전사하자, 더 이상 힘을 발휘할 수 없게 되었다. 전쟁에서 패하자 왕은 '반역자'라는 죄목으로 교수형에 처해졌고, 1521년 5월 아즈텍 왕국은 최후를 맞이하고 말았다.

코르테스의 대승리는 유럽 전역에 스페인의 국위를 드높였을 뿐 아니라 스페인이 아메리카 대륙에 뿌리를 내리는 기초를 마련했다. 그리고 코르테스군이 테노치티틀란에서 약탈한 보물들은 그들로 하여금 정복욕을 부채질하는 계기가 되었다. 그 결과 북으로는 현재의 북아메리카 남부까지 그 세력이 확장되었고, 남으로는 중앙아메리카를 지나 파나마에 이르게 되었다.

잉카족 정복

멕시코 일대를 정복한 후 고무된 스페인은 두 번째로 남아메리카의 페루를 정복하였다. 페루를 정복한 사람은 프란시스코 피사로였다.

그는 페루 정복의 꿈을 안고 스페인 왕 카를 5세를 찾아가 180명의 병사와 30여 필의 말을 얻었다. 그 정도 병력으로 대제국 잉카를 공격한다는 것은 자살 행위나 다름 없었다. 그러나 그의 일행이 니카라과에 도착한 이후부터 행운이 따르기 시작하였다.

그는 100여 명의 병사와 50여 필의 말을 거느리고 있던 에르난도 데 소토와 합류하는 데 성공했다. 게다가 그가 페루에 도착할 무렵 잉카 제국에서는 아타우알파와 우아스카르라는 이복형제가 왕위를 둘러싸고 치열한 싸움을 벌이고 있었다.

프란시스코 피사로 페루를 정복한 프란시스코 피사로의 초상

피사로는 이런 혼란을 이용하여 당시 통치권자인 아타우알파에게 회담을 요청하였다. 백인인 피사로를 처음 본 아타우알파는 이렇게 생각했다.

'이제 나에게 신이 오셨구나! 이제껏 얼굴이 이토록 흰 사람은 본 적이 없었는데 말이야…. 이는 분명 신일 것이다.'

그러나 그것이 잉카 제국을 멸망의 늪으로 빠뜨릴 줄은 전혀 몰랐다. 완전 무장한 병사들의 호위를 받은 피사로와 승려들만을 대동하고 나타난 아타우알파와의 회담은 페루의 카하마르카 시내 광장에서 이루어졌다. 회담이 시작되자 피사로의 종군 목사인 발베르데가 아타우알파에게 다가가 말했다.

"왕이시여! 지금 이 성서에 그리스도와 스페인에 대한 충성을 맹세하도록 하시오! 이것은 이 회담을 시작하기에 앞서 꼭 해야 할 일이오."

뜻밖의 요구에 치욕감을 느낀 아타우알파는 벌떡 일어나 소리쳤다.

"뭣이라고, 나더러 그리스도와 스페인에 대해 충성을 맹세하라고! 나는 그런 모욕적인 일은 할 수 없소!"

그러면서 성서를 땅바닥에 내동댕이쳤다. 이때를 놓칠세라 피사로의 병사들은 아타우알파를 체포하고 많은 잉카족을 학살하였다. 그들은 며칠 사이에 카하마르카 시내를 아수라장으로 만들어 놓았다. 쿠스코 거리에는 비명소리와 시체들이 수북히 쌓였다.

한편 체포된 아타우알파는 마지막 조건을 제시했다.

"나를 풀어주시오. 그러면 그대들에게 많은 황금을 주겠소!"

그러나 그들은 황금만 받은 후 그를 교수형에 처했다. 이렇게 하여 잉카 제국은 1533년에 멸망하고 말았다.

기타 지역 정복

페루에서 피사로가 승리를 거둔 후 스페인의 정복자들은 10여 년에 걸쳐 에콰도르, 볼리비아, 칠레, 콜롬비아, 베네수엘라 등지로 그들의 지배권을 넓혀 나갔다.

또 '은의 강'이라고 일컬어진 라플라타 강 일대에 금이 많다는 소문을 듣고 동남쪽으로 그 세력을 펼쳐 파라과이에서는 오늘날의 수도인 아순시온, 아르헨티나에서는 부에노스아이레스를 건설했다.

에르난데스 데 소토 기념주화 스페인의 정복자 에르난데스 데 소토, 황금을 찾기 위해 1539년 플로리다에 도착하여 600명의 스페인 원정대를 이끌었다. 기념주화는 그가 지금의 미국 플로리다 브란덴톤을 탐험한 것을 기념하여 1968년에 만들어졌다.

그러나 라플라타 지방에는 금이나 은은 없었고, 곡물을 재배할 수 있는 대평원이 펼쳐져 있었다. 이 평원이야말로 이 지방의 진정한 보물임을 알게 된 것은 정복 시대가 끝난 뒤의 일이었다.

스페인의 탐험은 여기서 그치지 않고 북아메리카에도 탐험대를 보냈다. 에르난도 데 소토를 대장으로 한 북아메리카 탐험대는 최초로 플로리다 지방에 발을 들여놓았다. 그 후 약 4년에 걸쳐 북동쪽으로는 조지아, 사우스캐롤라이나, 노스캐롤라이나를 답사했으며, 북서쪽으로는 앨라배마, 테네시, 아칸소, 미시시피에 이르는 광대한 지역을 답사했다.

그러나 그들은 꿈꾸던 황금은커녕 놀라움과 경이로움에 빠진 인디언들 외에는 아무것도 발견할 수 없었다. 오로지 황금에만 눈이 멀었던 에르난도 데 소토는 미시시피 강을 끼고 전진하던 중 숨지고 말았다. 그러자 일행들은 그의 시체를 버리기로 하였다.

"탐험 대장이 죽었다. 대장의 죽음을 인디언들에게 절대 들키지 말아야 한다. 그러니 시체를 인디언 몰래 밤중에 버리도록 하자."

그들은 결국 시체를 버리고 본거지로 귀환하였다.

이와 같이 아메리카 대륙의 광대한 지역을 정복한 스페인은 정복지를 식민지가 아닌 본국의 직할지로 관리하였다. 즉 정복지를 스페인인들이 직접 관할했던 것이다. 그러나 인디언들에게도 어느 정도 자치는 허용되었다. 그들은 교회를 통해 스페인인들로부터 유럽식 건축법, 농사 기술, 가축 사육법 및 생활필수품의 제조법 등을 배우면서 생활 수준을 향상시켰다. 뿐만 아니라 교회가 인디언들에게 제공한 신은 그들이 그동안 모셔온 신과는 달랐다.

"이제 우리는 제물을 바치지 않아도 된다! 정말이지 그동안 너무나 두렵고 끔찍했어. 이제는 그런 공포에서 벗어나자!"

이처럼 새롭게 유입된 기독교는 인디언들을 개종시켰다.

인디언들은 스페인 지주들에게 착취를 당했으나 스페인인들은 고도로 발달된 인디언의 문명을 이해하고 있었고, 많은 사람들이 인디언 여자들과 결혼했다. 또한 그들은 그리스도의 복음을 전파한다는 자부심도 갖고 있었기 때문에 원주민을 학대하지는 않았다.

프랑스의 아메리카 대륙 진출

스페인이 아메리카 식민지를 건설하고 나서 100여 년이 지나도록 프랑스는 아메리카 대륙에 식민지를 갖지 못했다. 그러나 식민지를 건설하려는 그들의 끈질긴 노력은 여러 차례 시도되었다.

스페인이 최초로 푸에르토리코를 정복한 후 20여 년이 지난 1534년, 프랑스는 처음으로 카르티에라는 탐험가를 북아메리카로 보내 센트로렌스 만을 탐험하게 했다. 1541년에는 로베르발이

1600년대의 캐나다 온타리오주 지도 당시의 캐나다는 당시 프랑스령임을 나타내고 있다.

라는 탐험가가 오늘날 퀘벡 북방 12마일 지점에 처음으로 프랑스 식민지를 건설했다.

프랑스는 아메리카 식민지 건설 초기에는 인도로 진출하기 위한 전진기지를 건설하고 황금을 찾을 목적을 세웠다. 그러나 카르티에도, 로베르발도 캐나다의 혹독한 추위를 이겨내지 못하고 임무를 완수하지 못했다. 그 결과 프랑스의 식민 활동은 기후 조건이 좋은 지역들로 방향을 전환하였다.

1555년에는 기독교인 드빌리아농이 브라질 해안 근처의 섬에 식민지를 건설했으며, 1562년에는 장리보가 플로리다 반도에 상륙했다. 2년 뒤인 1564년에는 로드니엘이 플로리다에 카롤린 요새를 건설했다. 그러나 플로리다의 경우는 일찍부터 스페인이 영토권을 주장하고 있었기 때문에 쌍방 간에 마찰을 피할 수 없었다. 스페인은 그곳에 산토아구스틴 요새를 건설하여 프랑스와 대립하였다. 스페인이 이곳에서 프랑스와 대립한 이유는 플로리다

여행의 백과사전에 수록된 삽화들 1796년에 발간된 《여행의 백과사전》에 수록된 아메리카 원주민 삽화. 프랑스인 판화가 자끄 그라쎄가 1796년에 그렸다.

가 멕시코와 쿠바에서 긁어모은 보물을 실은 스페인 선박이 본국으로 가는 길목에 있었기 때문이었다. 스페인의 강경 정책을 눈치챈 프랑스 식민자들은 나름대로 계획을 진행시켰다.

"자 여러분, 산토이구스틴 요새가 완공되기 전에 그것을 없애야 합니다! 이제 우리는 원정대를 편성하여 떠납시다. 빠르면 빠를수록 좋으니까!"

그러나 프랑스 원정대는 중간에서 허리케인을 만나 많은 사상자를 냈으며, 그나마 살아남은 300여 명의 병사들마저도 스페인 병사들에게 살해되고 말았다. 결국 프랑스가 플로리다에 건설한 카롤린 요새는 붕괴되었다.

이후 프랑스는 거의 20여 년 동안 아메리카 대륙에 진출하지 않았다. 프랑스 국민들의 관심이 40년 가까이 지속된 위그노 전쟁이라는 종교 전쟁에 쏠려 있었기 때문이었다.

그러나 기회가 완전히 사라진 것은 아니었다. 종교 전쟁이 진압되고 프랑스 후작인 라로시가 1584년에 북아메리카 원정을 감행하면서 프랑스인들의 관심은 다시 북아메리카 북부 지방으로 쏠리기 시작했다.

1598년에는 라로시가 두 번째 원정대를 파견하여 그 일행들이 노바스코시아에 상륙하였다. 또 1599년에는 앙리 4세가 캐나다를 식민지화한다는 조건으로 쇼뱅에게 모피거래 독점권을 주었다. 역시 1603년에는 앙리 4세의 명령으로 그라베와 샹플랭이 원정대를 파견했다. 그 결과 1604년, 아메리카의 첫 식민지 로이얼 항이 건설되었다.

이와 같이 프랑스는 오늘날의 미국과 캐나다의 경계선에서 그리 멀지 않은 센트로렌스 강을 따라 식민지를 건설하기 시작했고, 연이어 오대호 지방으로 세력을 확장했다. 1609년에 이르러서는 퀘벡에 식민지가 건설되었고 남부에서는 미시시피 강 어귀의 뉴올리언스를 중심으로 식민지를 확장해 나갔다.

프랑스인들이 실제로 관심을 둔 것은 정착이 아니라 모피무역이었다. 그렇다고 결코 식민지 건설이 중단된 것은 아니었다. 프랑스 내에 있는 여러 회사들에 의해 식민지 건설은 계속되었고, 식민지는 당시 절대주의 시대의 제도들을 모방하여 중앙집권적으로 운영되었다.

다시 말하면 프랑스인은 아메리카 식민지에 프랑스의 봉건 제도를 옮겨 놓은 것이다. 프랑스 정부로부터 영지를 받은 영주가 소작인들에게 토지사용료를 받아내는 식으로 식민지를 운영했다. 그러나 아메리카 대륙은 토지가 워낙 풍부한 데다가 모피무역이 성행함으로써 이런 방식의 식민지 운영은 잘 시행되지 못했다.

영국의 아메리카 식민지 건설

실패의 쓴맛

영국은 15세기 말부터 아메리카 대륙과 관련을 갖게 되었으나 식민지 건설을 위한 실질적인 진출은 15세기 중엽 헨리 7세 때 이루

엘리자베스 1세의 초상 1600년 아이작 올리버가 그린 여왕의 초상

어졌다.

"흠! 우리 영국의 장래는 바로 해상권의 장악에 있지! 그러기 위해선 함대와 조선소를 건설해야겠어."

그는 특히 모험적인 영국 상인들을 보호하기 위해 계획을 실

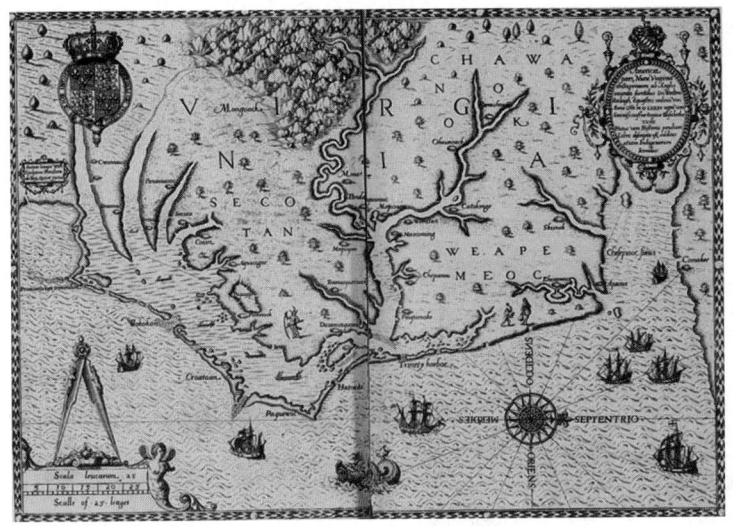

버지니아 해변 지도

천했다. 그러면서 1497년에 이탈리아인인 존 캐봇을 파견해 아메리카 대륙을 탐사토록 하였다. 그 결과 캐나다, 뉴펀들랜드, 래브라도 등지에 소유권을 확보하였다.

그러나 당시 영국은 국력이 약했고, 국민들의 관심이 주로 국내 문제에 쏠려 있었기 때문에 캐봇의 탐험은 실질적인 효과를 거두지 못했다. 대신 '바다의 매'라고 불린 영국 해적들이 아메리카 대륙에서 금은보화를 가득 싣고 유럽으로 귀환하는 스페인 선박들을 공격해 적지 않은 전리품들을 얻어냈다.

"야! 이건 정말 굉장히 신나는 일이야! 이 보석들을 좀 봐! 번쩍번쩍하지 않는가."

해적들 중에서는 프랜시스 드레이크가 가장 유명했다. 그는 평상시에도 스페인 요새를 공격했을 뿐만 아니라 다리엔 지협에 상륙하여 페루의 보물들을 영국으로 가져왔다. 황금을 가득 실은 스페인 제독의 군선도 빼앗았다. 그리고 나서 자신을 도와준 출자

원주민 마을

자들을 불러들여 상상도 못할 만큼의 금은보석을 나누어줬다.

"여러분, 이제 제가 은혜에 보답할 날이 되었습니다. 이 보석을 받아 주십시오."

이렇듯 영국의 해적들은 크고 작은 전투에서 얻은 많은 노획품들을 거두어들였다. 엘리자베스 여왕은 이 행위를 금지하기는커녕 오히려 해적들을 지원했다.

이에 격분한 스페인은 1588년 132척의 군함으로 조직된 이른바 '무적 함대'를 영국으로 보내 보복하려 했다. 그러나 영국의 반격이 매우 강경한데다, 설상가상으로 폭풍우까지 만나 스페인 함대는 대패하고 말았다.

영국의 엘리자베스 여왕이 이런 약탈사업에만 매달린 것은 아니었다.

"스페인에 맞서는 방법은 오직 한 가지뿐이다! 우리도 스페인처럼 아메리카 대륙에 식민지를 건설하자. 하지만 이미 스페인이 차지하고 있는 땅을 공격하기란 쉬운 일이 아닐 것이다. 무슨 좋은 방법이 없을까?"

그녀는 고민 끝에 스페인이 아직 정복하지 못한 지역에 식민지를 건설해야겠다고 마음먹었다. 이에 따라 1578년과 1583년 두 차례에 걸쳐 존 캐봇이 이미 답사했던 뉴펀들랜드에 길버트 경을 보냈다. 그러나 길버트 경은 식민지를 건설하겠다는 뜻을 이루지 못한 채 귀국 도중에 사망하고 말았다. 그 후 그의 뜻은 월터 롤리 경에게 계승되었다.

1584년 월터 롤리 경의 원정대가 오늘날 노스캐롤라이나의 해안 가까운 섬에 상륙하였다. 그는 상륙의 기쁨을 감추지 못하고 흥분된 어조로 말하였다.

원주민의 춤 원주민의 풍습과 자연환경, 생산물 등에 대해 1585년에 리처드 그레뉼 경이 보낸 자료들로, 후에 해리엇 토마스가 책으로 만들었다.

"이곳이 바로 우리가 깃발을 꽂을 아메리카 대륙입니다. 이 모든 것이 여왕의 뜻이니 이곳을 여왕을 찬양하는 뜻으로 버지니아라고 이름 붙여야겠습니다."

1587년에도 역시 롤리 경에 의해 노스캐롤라이나의 로아녹 섬에 여자 17명을 포함한 이민자 150여 명이 남게 되었다. 그렇지만 4년 뒤 식량을 실은 배가 다시 그곳을 방문했을 때는 이미 사람의 흔적을 찾을 수 없었다.

아메리카 대륙에 식민지를 건설하려던 영국인의 초기 노력은 모두 실패로 끝났다.

식민지 정책의 변화와 위기

영국인들의 초기 식민지 건설 실패는 그들의 눈을 새롭게 했다. 그것은 한 개인의 재산이나 열의만으로는 식민지 건설이 불가능하다는 것이었다. 또한 계속된 실패는 식민 정책의 새로운 방향

모색과 더불어 식민 사업에 대한 국민들의 관심이 매우 중요함을 알깨웠다. 16세기 초에 일확천금을 노리던 식민 활동과 달리 이제는 가족들과 함께 정착하는 착실한 식민 활동이 요구된 것이다.

당시 영국에서 해외 통상 사업을 하려면 1600년에 설립된 동인도회사처럼 국왕으로부터 특허장을 받은 후 여러 사람들이 제공한 자본으로 회사를 설립해 사업을 시작하는 것이 하나의 방식으로 되어 있었다. 이는 식민 사업에도 도입되었다. 그 결과 1606년에는 귀족, 지방 유지, 상인들로 구성된 일단의 사람들이 제임스 1세에게 북아메리카에 식민지를 건설하고자 요청하여 특허장을 받아냈다. 그리고 런던 회사와 플리머스 회사도 조직되었다.

특허장에 따르면 런던 회사는 북위 41~34도 사이의 북아메리카 대서양 연안에, 플리머스 회사는 북위 45~38도 사이의 지역에 식민지를 건설하도록 되어 있었다. 이 지역은 당시 버지니아로 불렸는데 북쪽의 메인으로부터 남쪽의 노스캐롤라이나에 이르는 광활한 지역이었다.

런던 회사는 1606년 크리스마스 무렵에 수잔 콘스탄트 호를 포함한 3척의 배에 143명의 남자를 싣고 식민지로 출항시켰다. 런던 회사는 그들에게 밀봉된 상자를 하나씩 주었는데 그 안에는 현지에 도착한 뒤에 구성될 참의회의 의원 명단이 적혀 있었고, 그중에서 1명을 의장으로 선출하게 되어 있었다. 이것은 곧 자치제에 의한 식민지 경영을 뜻하는 것이었다. 그러나 특허장은 식민지 주민의 소유가 아니라 회사의 소유로 되어 있었다. 이 조건이 앞날에 어떤 변수가 될지는 아무도 알 수 없었다. 또한 버지니아가 중앙아메리카의 여러 지역들과 같이 폭이 좁고 길쭉하게 생긴 곳으로 생각하고 있었다.

"그래, 우리가 그곳을 횡단하기만 하면 우리는 분명히 중국이나 인도로 갈 수 있을 거야!"

그들은 이러한 희망에 부풀었다. 마음 한구석에는 여전히 일확천금의 꿈이 도사리고 있었다.

일행은 오랜 항해 끝에 1607년 4월 오늘날 버지니아와 메릴랜드 근처의 체사피크 만으로 진입하여, 삼나무가 우거진 원시림이 있는 해안에 도착했다. 그들은 그리 멀지 않은 강을 따라 올라가 그 강을 제임스 1세를 찬양하는 의미로 제임스 강이라고 명명하였다.

또한 스페인인들의 기습적인 공격을 예방하기 위하여 수십 마일을 더 들어가 영국 최초의 식민지인 제임스 타운을 건설하였다. 이렇게 시작된 생활은 굶주림의 연속이었고, 말라리아를 비롯한 각종 질병이 번졌다. 반 년 남짓한 기간 동안에 첫 이주민의 반 이상이 사망했다. 더구나 회사가 처음에 기대했던 것과는 달리 이 지역에서는 금이나 은이 나오지 않았기 때문에 수익을 기대할 수도 없었다.

시간이 흐를수록 그들의 생활은 더욱더 처참해졌으며, 이주민들 사이에서는 싸움까지 일어났다. 그러나 이런 위기는 16세기부터 모험 활동을 해온 청년 선장 존 스미스의 지도력이 발휘되면서 서서히 극복되었다. 그는 우선 식량을 얻기 위해 주민들을 격

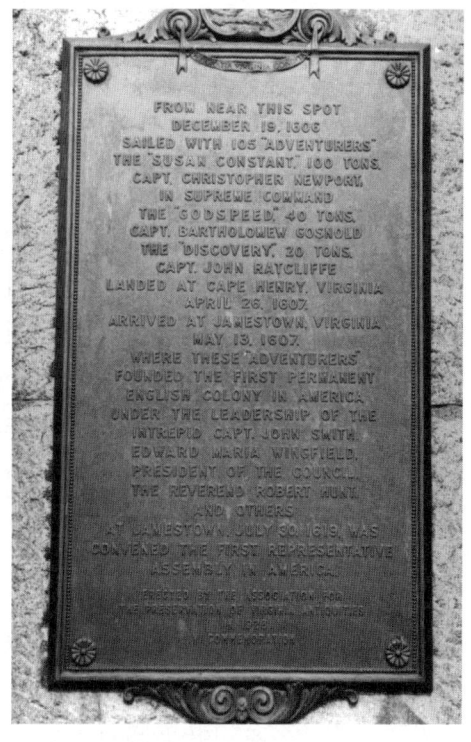

버지니아 정착민들을 위한 기념비 영국 런던에 세워진 초기 버지니아 정착민들을 애도하는 기념비

려했다.

"저에게 장식품이나 담요를 모아 주십시오! 그것과 인디언의 식량을 바꿔야겠습니다. 그리고 병에 걸린 모든 환자들은 집안에 그냥 두시지 말고 격리시켜야 합니다. 그것이 환자와 우리를 구하는 길입니다."

건강한 남자들을 모아 공동으로 서로의 집들을 수리하게 하고 사냥도 시켰다. 이러한 가운데 1609년에 영국으로부터 10여 명의 처녀들이 팔려왔다. 남자들만 있던 제임스 타운의 오두막집에도 이제 밝은 빛이 보이기 시작했다.

처녀들과 총각들은 자연스레 어울려 결혼까지 하게 되었고, 생활은 한층 더 나아졌다. 그러나 이러한 안정도 잠시일 뿐, 겨울이 닥쳐오자 인디언들은 더 이상 그들에게 식량을 주지 않았다. 인디언들도 겨울에 먹을 양식을 비축해야 했기 때문이었다. 게다가 고기잡이나 사냥도 거의 성과가 없었고, 모든 사람들이 기진맥진해 있었다. 당시 그들이 쓴 보고서에는 이렇게 기록되어 있다.

"어망은 온통 찢겨졌고, 사슴들은 자취를 감췄으며, 식량으로 쓸 만한 가축은 한 마리도 없다. 인디언들과 교역마저 끊겼다. 몇몇 사람들은 도망치거나 살해당했으며 남은 사람들은 제임스 강의 고인 물 때문에 질병에 허덕이고 있다."

담배와 인두권 제도

계속되는 생활고 속에서 뜻밖의 변화가 일어났다. 식민지 개척자 중의 한 사람인 존 롤프가 앤틸리즈 군도에서 담배 종자를 수입해 재배에 성공함으로써 담배가 유행하기 시작한 것이다. 1617년에는 1파운드당 12달러에 팔릴 정도로 담배 수요가 급증해 담배 2만 파운드를 영국에 수출하게 되었다.

제임스 타운에서는 도로변에까지 담배를 심었고, 수출이 활기를 띠면서 버지니아의 경제적 토대가 안정되기 시작했다. 그러나 담배농사는 본래 일손이 많이 필요하기 때문에 노동력은 더욱더 필요해졌다. 주민들은 학교 같은 교육기관을 설립하기를 희망했다. 대농장주의 자녀들은 가정교사에게 교육받을 수도 있었고, 영국으로 유학도 갔지만 소농이나 가난한 노동자들의 자녀들은 그런 교육을 받을 수 없었기 때문이었다. 이러한 열망에도 불구하고, 영국 정부는 그들의 요청을 거절했다.

"너희는 담배만 열심히 재배하면 된다."

게다가 버지니아 지사는 노동자들을 자극하는 발언까지 서슴지 않았다.

"학교나 인쇄소가 없다는 것은 참으로 다행스러운 일이다. 한 1백 년쯤 없는 것이 좋겠다. 자고로 사람은 배우면 말을 듣지 않는 법이다."

정말 어처구니없는 말이었다. 이 말을 들은 식민지인들은 불만을 나타내기 시작했다.

이와 때를 같이 하여 런던 회사는 이민을 끌어들이기 위해 회사 주식을 사는 사람에게 1인당 50에이커씩 토지를 주겠다고 발표하였다. 이것이 계기가 되어 이른바 '인두권 제도'가 채택되었다. 아메리카로 오는 모든 사람들에게 무조건 50에이커의 토지를 주는 것은 물론, 인두권을 얻은 자는 가족뿐만 아니라 하인들에게도 인두권을 얻어줄 수 있는 제도였다. 영국에서는 가난하던 사람들도 아메리카에서는 자영농이 되었다.

"우리는 이제 더 이상 가난하지 않다. 우리들의 땅이 있으니 굶주리지 않아도 된다."

부유했던 사람들 또한 매우 만족해했다.

"야! 우리가 대농장의 주인이 되다니…."

이것은 바로 사유재산과 개인의 이윤추구 동기를 기반으로 식민지를 번창하게 하려는 의도에서 비롯된 것이었다.

노예제와 식민지인의 저항

이민을 끌어들이기 위한 인두권 제도가 채택되었다고 해서 금방 이주자들이 몰려온 것은 아니었다. 버지니아에서는 여전히 손이 모자라 담배농장을 비롯한 여러 곳에서 애를 태우고 있었다. 그러자 이를 이용해 돈벌이를 하려는 청부업자들이 나타났다. 그들은 런던 회사와 계약을 맺고 아메리카로 이주할 사람들을 모집하였다. 정치범을 비롯하여 폭동주모자, 절도범 등 갖가지 사람들이 모여들었다. 어떤 때는 청부업자들이 고아들을 강제로 배에 태워 보내는 경우까지 있었다.

영국 정부는 귀찮은 존재들이 영국을 떠나게 되자 내심 좋아했다. 그러나 청부업자들의 범죄가 지속되자 런던에서는 '아메리카'라는 소리만 들어도 거지까지 도망칠 정도로 공포 분위기가 조성되었다.

어떤 방법, 어떤 신분으로 오든 아메리카에서 사회적·경제적 지위는 영국에서보다 한 단계씩 뛰어오르는 것이 보통이었다.

1619년에는 처음으로 네덜란드의 선박이 20여 명의 흑인 노

담배 농장의 대지주와 노예 백인들은 농장의 지주로, 흑인들은 농장의 노예로 그려졌다. 당시 흑백인종의 신분과 계급의 차를 여실히 보여준다.

예를 데려왔다. 그들은 버지니아의 한 담배농장에서 일하게 되었고, 이때부터 흑인들도 일을 할 수 있다는 것이 알려지게 되었다. 그러나 흑인들은 감독하지 않으면 일을 게을리했기 때문에 부득이 백인 감독자를 고용한 상태에서 소수의 흑인들을 고용했다. 그러다 보니 별로 수지가 맞지 않았다. 이왕 백인 감독자를 두고 일을 시켜야 할 바엔 좀 더 많은 흑인 노예들을 감독하게 하는 것이 이익이었다. 이에 따라 대규모의 노예 매매가 본격화됐고 런던을 비롯하여 리버풀, 브리스톨 등지로부터 흑인 매매를 위한 선박들이 자주 입항하였다. 흑인 매매가 성황을 이루자 비판의 목소리가 일기 시작했다. 브리스톨에서는 흑인을 배에 싣고 있던 상인과 이를 지켜보던 군중들 사이에 심한 언쟁도 벌어졌다.

상인들은 곤경에 몰리자 관중들에게 이렇게 응수했다.

"너희들이 살고 있는 집의 벽을 보라, 벽돌도 흙도 모두 노예

버지니아의 담배 공장
1870년대의 그림. 흑인 노예와 백인 감독자의 모습을 볼 수 있다. 1600년대에 시작된 노예 제도는 1861년 일어난 남북 전쟁이 종결될 때까지 계속되었다.

의 피로 얼룩지지 않은 것이 있느냐 말이다."

이야말로 당시 노예의 비참한 생활상을 대변하는 한 예라 할 수 있다.

한편 인두권 제도가 도입된 버지니아 식민지에 흑인 노예들이 몰려오자 영국 정부는 더욱 강압적으로 식민지인들을 다루었고 식민지인들의 불만도 커져만 갔다.

처음에는 회사에서 파견된 관리들의 말을 고분고분 따르던 사람들도 반항하는 태도를 보였다. 더 나아가 그들은 노동환경의 개선과 임금 인상을 요구하기에 이르렀고, 자치적인 의회도 구성하려 하였다.

그러자 런던 회사는 1618년에 식민지인의 동의 없이는 어떠한 정부도 세우지 않겠다고 약속했으며, 새로 부임한 지사인 조지

여들리 경은 식민지인들의 의회 구성을 승낙하였다. 이에 따라 각 정착지와 대농장에서 각기 2명의 대표를 파견함으로써 버지니아 하원이 구성되었다.

첫 집회는 제임스 타운 교외에서 열렸다. 그들은 영국 하원을 모방하여 식민지 정부에 필요한 법을 제정하였고, 자치권 확대를 위한 청원서를 런던 회사에 제출하였다. 이에 런던 회사는 1621년에 버지니아 하원의 동의 없이 회사 단독으로는 어떠한 일도 시행하지 않기로 하였다.

그럼에도 불구하고 버지니아 식민지인들의 생활은 여전히 어려웠다. 영국 본토의 도덕주의자들이 전개한 금연 운동의 영향으로 버지니아로부터 수입되는 담배에 무거운 세금이 부과되었다.

설상가상으로 1622년에는 인디언의 기습적인 공격으로 많은 인명피해와 재산상의 손실을 보았다. 그러자 영국의 찰스 1세는 런던 회사의 특허장을 취소함과 동시에 회사를 해체하고 1624년부터는 버지니아를 국왕 직할지로 할 것을 명하였다.

〈사냥 나온 찰스 1세〉
벨기에 출신의 유명한 화가 안토니 반 다이크가 1632년~1641년 동안 영국의 왕 찰스 1세의 궁정화가로 일하면서 그린 1635년의 초상화이다. (좌)

세례 받는 포카혼타스
17세기 영국의 다른 식민지처럼 식민지 지배자들은 원주민들을 개종시키려 하였다. 식민지 초기의 가장 유명한 개종은 포카탄 부족의 우두머리 포카탄의 딸 포카혼타스였다. 포카혼타스는 1614년 존 롤프와 결혼하기 전에 알렉산더 휘태커 신부에게 세례를 받았다. (우)

자유와 자치를 위한 실험장

그동안 회사에게만 주어졌던 특허장이 1632년에 이르러 개인에게도 교부되었다. 혜택을 받은 첫 번째 인물은 조지 캘버트였다. 찰스 1세는 그에게 특허장을 교부하여 포토맥 강 남부의 광활한 토지를 봉토로 주었고, 그곳을 왕비인 앙리에뜨 메리의 이름을 따서 메릴랜드라고 명명하였다.

그러나 불행하게도 캘버트는 메릴랜드에는 발조차 들여놓지 못한 채 사망하였다. 결국 그의 아들이 특허장을 상속받으면서 실질적인 개척이 이루어졌으며, 1634년에는 수백 명에 이르는 이주민들이 모여들었다.

이주민들은 가톨릭교도뿐만 아니라 프로테스탄트교도들도 상당수를 차지하고 있었다. 이들은 캘버트 가문과 마찰을 자주 일으켰다. 특히 프로테스탄트교도수가 늘어나면서 더욱 심해졌다. 그 결과 메릴랜드에도 버지니아처럼 자유민의 대의기구가 설치되었고, 그들의 종교적 자유 또한 허용되지 않을 수 없게 되었다. 메릴랜드를 자유와 자치를 실현하는 또 하나의 실험장으로 만든 셈이었다.

북부 뉴잉글랜드 지방의 식민지

런던 회사가 이주민들을 버지니아로 보낼 무렵인 1607년에 플리머스 회사도 이주민들을 파견했다. 그러나 그들은 오늘날 뉴잉글랜드 지방의 메인에서 혹독한 겨울을 이겨내지 못하고 영국으로 귀환했다. 이후 이 지역에 대한 탐험이나 상인들의 출입이 없었던 것은 아니지만 실질적으로는 '필그림'으로 불리는 종교인들이 플리머스에 도착한 다음부터 뉴잉글랜드가 영국의 식민지로 등장하게 되었다. 그들은 영국의 국교를 부정하고 국교로부터의 완전한 분리를 주장한 분리주의자들이었다.

로저 윌리엄스와 내러갠섯 인디언들 1636년 종교의 자유를 주장하다가 매사추세츠 식민지에서 추방된 윌리엄스는 인디언의 보호를 받았다.

"영국 국교는 사회의 온갖 추악하고 부정한 것들에 오염되었다. 우리는 더 이상 오염된 종교에 의해 구원을 받을 수 없다!"

"영국 국교는 권위적이고 수직적이다. 우리는 평등하다!"

이들은 이렇게 외치며 영국 정부와 맞섰다. 따라서 그들은 종교적으로 탄압받을 가능성이 매우 높았다.

그러나 이들은 종교적 탄압으로부터 벗어나기 위하여 1609년에 네덜란드로 이주하였고, 10여 년간 주로 장사를 하면서 자유로운 신앙 생활을 하였다. 하지만 그들의 자녀들이 모국어를 잊고 신앙 생활에 점점 나태해지자 초조해지기 시작했다.

바로 이때 뉴잉글랜드의 지도가 필그림교도들의 손에 입수되었다. 그것은 마치 한 줄기 빛이 그들 앞을 비추는 것과 같았다. 그들은 마침내 아메리카로 이주하기로 결심하였다. 그러나 자력으로는 아메리카로 떠날 수가 없었다. 그런데 런던의 버지니아 회사 간부들이 그들에게 뜻밖의 관심을 보여준 것이다.

필그림교도들은 그들의 도움으로 1620년 9월, 메이플라워 호

아젤 아메스가 1907년에 쓴 《메이플라워 호의 항해일지》에서 발췌한 삽화들 풍랑에 휩싸인 메이플라워 호

를 타고 영국의 플리머스 항을 출발하였다. 102명의 남녀들이 탄 메이플라워 호는 항구를 떠난 지 며칠되지 않아 폭풍우를 만났다. 여자와 아이들은 울면서 아우성을 쳤지만 남자들은 조금도 두려워하는 기색이 없었다.

"하늘에 계신 신께서 우리를 지켜주실 것이다."

그러나 폭풍우는 갈수록 더욱 거칠어졌고, 마침내 희생자가 발생하기 시작했다. 이때부터 남자들도 동요하기 시작해 회항하자는 사람들이 늘어났다. 그때 한 사람이 외쳤다.

"여러분, 우리가 지금 되돌아간다고 해서 살 길이 있는 것이 아니지 않소. 이럴 때일수록 우리는 정신을 차려야 합니다. 마음을 가라앉히고 기도합시다. 이것만이 우리가 지금 할 일입니다."

기도 덕분인지는 몰라도 폭풍우가 잠잠해지기 시작했고 이윽고 육지가 눈에 들어왔다. 드디어 그들은 1620년 11월에 가까스로 뉴잉글랜드 지방에 도착하였다. 그들은 그곳의 이름을 출발지의 이름을 따 플리어스라 짓고 배에서 회의를 열어 다음과 같이 합의하였다.

"여러분! 이제 우리가 배에서 내리면 각자 생활하게 될 것입니다. 따라서 우리 생활 속의 질서와 안녕을 보다 잘 유지하기 위해서 우리 모두의 동의하에 법률과 공직을 제정하여 이에 복종하도록 합시다."

이것이 이른바 '메이플라워 서약'이다. 이 서약은 극히 초보적인 것이기는 하였지만 아메리카 최초의 자치 헌법이었다. 이렇게 시작된 그들의 생활은 초기에는 버지니아와 마찬가지로 많은 어려움이 있었다.

첫해 겨울 동안에는 많은 사상자가 발생하여 병자를 치료하고, 먹을 것을 준비할 만한 건강한 사람은 몇 명 정도에 불과했다. 이러한 어려움에 대해 당시 지도자의 한 사람인 윌리엄 브래드포드는《플리머스 식민사》라는 저서에서 이렇게 서술하고 있다.

"수십만 그루의 수목을 뿌리째 뽑아버리는 폭풍이 불어닥쳤고, 인디언에게 무기를 팔아넘겨 동족을 위태롭게 하는 배신자도 있었다. 플리머스에 도착하여 1년이 지난 1621년 겨울에는 건강한 사람이 6, 7명에 불과했다. 이들이 나무를 베어내고, 땅을 개간하고, 씨를 뿌려 3년째에야 겨우 굶주림을 면하는 듯했으나 그것도 몽땅 도둑맞았다."

이런 가운데서도 그들은 형제처럼 서로 도와가며 어려움을 극복했다. 이듬해 봄에는 인디언들로부터 옥수수 재배방법을 배우고 좀 더 튼튼한 건물들을 지었다.

가을이 되자 영국으로부터 보급품과 새로운 이주민들이 오면서 농작물도 재배돼 마침내 플리머스 식민지에는 정착의 기반이 마련되었다. 이때 그들은 너무도 기쁘고 감사한 나머지 칠면조와 사슴을 잡아 인디언들과 더불어 3일 동안 추수감사절 축제를 벌였다.

6년 뒤인 1627년 플리머스 식민지에서는 런던 주주들의 주식을 사서 토지와 가축을 주민들에게 나누어줬다. 플리머스에 있는 재산이 영국 주주들의 손으로 넘어가는 것을 방지하기 위해서였다. 그 결과 플리머스 식민지에서도 제임스 타운처럼 재산의 사유화가 확대될 수 있었다.

행정은 주민들이 1년에 한 번 선출한 지사와 자문위원들에 의해 이루어졌다. 도시 수가 늘어나고 생활영역이 확대되면서 그들은 플리머스 식민지를 하나의 독립된 식민지로 인정해줄 것을 영국 왕에게 요구했다. 그러나 그들의 요구는 번번이 거절당했고, 1691년에는 오히려 매사추세츠 만에 있는 식민지에 흡수됨으로써 필그림교도들은 그들만의 고유한 것들을 상실하게 되었다.

또 다른 한편에서는 플리머스 식민지 북쪽인 뉴잉글랜드 지방의 보스턴을 중심으로 매사추세츠 식민지가 건설되고 있었다. 부패한 영국 국교회를 비판하다가 정부가 탄압하자 아메리카로 이주해온 청교도들이 바로 매사추세츠 식민지 건설의 주역들이다.

이들이 필그림교도들과 다른 점은 표면상으로는 영국 국교회에 충성을 다하는 척 했다는 사실이다. 그들은 속세의 생활에서 풍요로워야 구원받을 수 있다고 믿었기 때문에 성공하기 위해 온갖 노력을 다하였다. 또 성공하려면 근면, 절약, 검소한 생활을 해야 한다고 믿었다.

1629년에 청교도들은 영국의 찰스 1세로부터 특허장을 얻어냈다. 특허장에는 매사추세츠만 회사의 설립과 그곳의 통치권한을 인정한다는 것이었다. 이 같은 내용은 당시에는 매우 예외적인 것으로 청교도들도 상상조차 못했던 특전이었다. 이로써 그들은 아메리카에 독립적인 사회를 건설할 수 있게 되었다.

　특허장을 얻어낸 이듬해에 매사추세츠의 찰스 타운에 도착한 청교도들은 보스턴 지역으로 생활권을 확대해 나갔다. 그 후 10여 년에 걸쳐 매사추세츠로 건너온 이주민들과 협력하면서 매사추세츠 식민지를 크게 발전시켰다. 그런데 청교도들은 스스로를 '성도'라고 칭하고, 다른 종교를 갖거나 종교를 갖지 않은 사람들을 자신들과 엄격히 구분하는 비민주적인 사회를 형성했다.

　"성도라는 칭호를 가진 형제들이여! 우리는 다음의 것을 굳게 지키기로 합시다!

　첫째, 성도들만이 투표권을 가진다.

　둘째, 교회의 정식 교인만을 회사의 주주로 인정한다.

　셋째, 성도들에게만 1년에 4번씩 법률을 제정하는 총회에 참석할 자격이 주어진다."

　이러한 차별 체제는 비성도들에게 불만의 대상이 아닐 수 없었다. 더욱이 성도들 가운데 자유정신이 투철한 사람들은 차별 체제의 개선을 절감하고 있었다. 그러던 중 1631년에 영국으로부터 로저 윌리엄스 목사가 건너왔다. 그는 과격한 혁명 사상의 소유자로서 영국 정부로부터 추방되어 매사추세츠로 왔다. 그는 예배 때마다 신자들을 모아놓고 당시의 매사추세츠 체제를 비판하는 설교를 통하여 다음과 같이 역설하였다.

　"사람은 하나님의 자손이므로 모두가 평등한 형제입니다. 또한 영국 왕의 특허장도 인디언들이 갖고 있는 토지에 대하여 어떠한 권리도 행사할 수 없는 것입니다. 또 국가와 교회는 당연히 분리되어야만 합니다."

이 설교는 성도들로부터 불평을 샀고, 1635년 총회에서는 그를 추방하기로 결정했다. 윌리엄스는 그의 추종자들과 함께 매사추세츠를 떠났다.

그는 몇몇 친지들과 함께 많은 고초를 겪은 끝에 뉴잉글랜드 지방에 새로운 식민지인 로드아일랜드를 건설하였다. 그곳에서 그는 추종자들에게 부르짖었다.

"저를 믿고 이곳까지 와 주신 여러분! 이제 우리는 어떠한 어려움이 있어도 완전한 자유를 누릴 수 있는 식민지를 건설하여, 풍요로운 삶을 누리고, 우리 자손들에게 자랑스러운 유산을 남겨야 할 것입니다!"

그는 인디언으로부터 땅을 사들여 그들과 친구가 됨으로써 인디언으로부터의 위협에서 벗어날 수 있었다. 또한 인디언의 언어에도 깊은 관심을 기울여 그들과 자유롭게 의사소통을 하게 되었다. 이것은 인디언들이 주변 식민지인들과 우호적인 관계를 갖게 하는 데 크게 기여하였다.

한편 매사추세츠의 비민주적인 체제에 불만을 품은 사람들 가운데에는 코네티컷 강 계곡의 기름진 땅을 찾아 이주한 사람들도 있었다. 그들 중 가장 대표적인 집단은 뉴타운에서 온 선교자이며 학교 교장직을 역임한 토머스 후커와 그의 추종자들이었다. 후커도 윌리엄스와 마찬가지로 청교도들의 신권주의적 체제를 반대하면서 이렇게 역설하였다.

"정권의 기반은 첫째로 인민의 자유로운 동의에 있습니다!

또한 지사를 선출하는 것은 하나님이 허락하신 인민의 정당한 권한에 속하는 것입니다."

그가 추종자들과 함께 1637년에 하트퍼드를 건설함으로써 자치적인 코네티컷 식민지가 건설되었다. 식민지의 주민들은 대부분 청교도들이었으므로 체제는 매사추세츠와 비슷했지만 교인이 아니더라도 행정관리를 뽑을 수 있는 투표권을 가진 것이 다른 점이었다. 이들이 1639년에 채택한 '코네티컷 기본법'은 근대 민주주의 최초의 성문헌법으로 평가되고 있으며, 코네티컷 식민지에 자유민주주의 공화국이 수립되는 근간이 되었다.

그러나 투표권을 갖기 위해서는 최소한 30파운드 가치의 토지를 소유해야만 했고, 매사추세츠 청교도들과 마찬가지로 자본주의 정신과 통하는 종교를 가져야만 했다. 결과적으로 코네티컷은 정치적으로 매사추세츠의 보수적인 신권주의적 체제와 로드아일랜드의 급진주의적 체제의 절충형이라 할 수 있었다.

중부 펜실베이니아 식민지

남쪽 체사피크 만의 버지니아와 북쪽 뉴잉글랜드의 매사추세츠 사이에 있는 중부 지방에서는 펜실베이니아 식민지가 건설되고 있었다.

펜실베이니아 식민지는 1681년에 영국 왕 찰스 2세로부터 특허장을 받은 윌리엄 펜이 건설하기 시작했다. 그는 영국 국교에 반대하는 신앙을 가졌다는 이유로 옥스퍼드 대학에서 추방당한 후 퀘이커교도가 된 사람이었다. 이러한 그가 퀘이커교를 미워하던 찰스 2세로부터 특허장을 받게 된 것은 해군 제독으로서 찰스 2세의 복위에 협력하였고, 1만 2천 파운드에 달하는 거액의 돈을 빌려준 바 있는 그의 아버지 덕분이었다.

퀘이커교는 청교도들의 개혁 사상을 극단적으로 실천하는 종파로서 '모든 인간은 하나님을 직접 대할 수 있다. 중요한 것은 자신의 주관적 경험과 개인의 양심'이라고 주장한다. 따라서 그들은 묵상을 최고의 기도라고 생각했으며, 교회 조직과 성직자의 필요성을 부정했다. 또한 전쟁과 교구세를 거부했고, 복장도 이상했으며 묘비는 영원히 무명으로 남겨두었다.

그들은 신앙뿐만 아니라 풍습까지도 영국의 국교도들을 경악케 하였다. 이러한 이유 때문에 그들이 영국에서 박해를 받았음에도 불구하고 윌리엄 펜은 특허장과 광대한 토지를 받았다. 그는 이 광대한 토지를 자신과 같은 퀘이커교도는 물론 종교적 박해를 받고 있는 모든 사람들의 피난처로 만들 꿈을 가지게 되었다.

1682년 그는 웰컴 호를 타고 펜실베이니아로 건너왔다. 그곳에는 이미 영국, 핀란드, 네덜란드 등지에서 온 이주민들과 모피상인들이 살고 있었다. 그는 우선 정부를 조직하여 측근들을 지사로 임명했다. 또 지사의 자문위원으로 구성되는 상원의회 설치와 자유민에 의해 선출되는 하원 설치도 허락하였다.

모든 기독교도들에게 신앙의 자유를 보장하

윌리엄 펜의 초상 종교의 자유를 위해 펜실베니아로 이주한 퀘이커교도들을 지휘하여 펜실베이니아 연방을 설립하였다.

윌리엄 펜 몇 사람의 인디언과 말을 하고 있는 장면. 그는 퀘이커 교도의 지도자였고, 1682년에 펜실베이니아 및 필라델피아에 영국 식민지를 건설하였다.

고 모든 정착민에게 영국인으로서의 권리를 인정할 것을 약속하였다. 그리고 인디언과의 우호적인 관계는 상거래의 성공을 가져왔다. 소문이 널리 퍼지면서 다양한 이민 집단들이 잇따라 그곳으로 모여들었다. 스코틀랜드인, 아일랜드인, 독일의 루터파, 영국의 국교파, 그리고 웰시인 등이 이주해왔다.

그 결과 18세기 중엽에 펜실베이니아의 수도 필라델피아는 '우애의 도시'라는 이름에 걸맞게 여러 민족이 모여 정답게 사는 도시가 되었다. 펜은 필라델피아를 정서적인 전원도시로 만들려고 노력하였고, 그의 노력은 헛되지 않아 필라델피아의 거리는 무

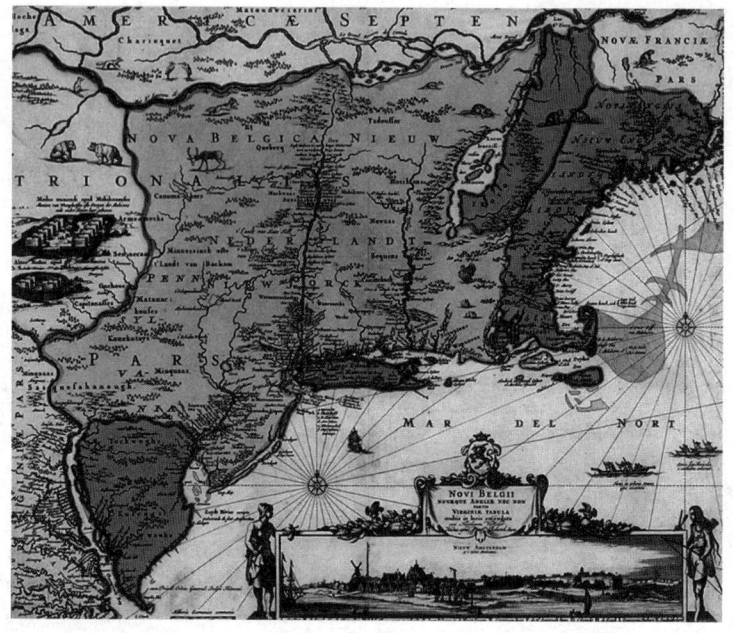

1685년의 뉴암스테르담 지도 지금 뉴욕인 뉴암스테르담은 당시 식민지 연방 중 가장 번화하고 풍요로운 도시였다.

성한 나무들이 에워싼 우아한 정원의 도시로 가꾸어졌다.

펜은 1684년 식민지를 대리 지사에게 위임하고 영국으로 돌아갔다. 하지만 1688년의 명예혁명으로 펜과 친분이 두터웠던 스튜어트 왕조가 붕괴되자, 어쩔 수 없이 망명할 수밖에 없었다. 그래서 펜실베이니아 식민지는 영주 식민지에서 왕령 식민지로 바뀌게 되었다. 하지만 종교적 자유와 정치적 자유의 땅을 건설하겠다는 그의 본래 소망에서 본다면 그의 사업은 성공한 셈이었다.

한편, 필라델피아에서 북동쪽으로 150킬로미터 거리에 있던 뉴욕은 영국이 점령하기 전까지 네덜란드 소유였다. 1609년 네덜란드 선박 반달호를 타고 아메리카로 건너온 헨리 허드슨이 그곳에 도착하여 발견한 강을 자신의 이름을 따서 '허드슨 강'이라고 명명했다. 이후 많은 모피가 영국으로 유입되자 그곳은 풍성한 모피 생산 지역으로 소문이 났다. 이 소문을 듣고 원정대가 모피를 얻기 위해 몰려들었다. 1624년에는 화강암 섬으로 알려진 해튼 섬의 한 끝에 뉴암스테르담이라는 촌락이 건설되었다. 네덜란드의 서인도회사는 이 촌락을 급속도로 발전시키기 위하여 50명 이상 이주민들을 데려오는 주주들에게 인디언들로부터 헐값에 사들인 토지를 분배하고 정착지를 얻은 이주민들에게는 네덜란드에서 벽돌과 타일을 싣고 와 견고하고 우아한 가옥을 건축할 수 있게 하였다. 그리하여 뉴암스테르담은 수많은 건물들과 모피로 만든 화려한 의상들이 물결치는 풍요의 도시로 성장했다.

그렇지만 영국인으로서는 자신들의 신세계에서 네덜란드의 번화한 도시를 본다는 것은 자존심이 상하는 일이었다. 마침내 1653년 양국 사이에 전쟁이 벌어졌고, 그 결과 영국이 승리하여 번영의 도시 뉴암스테르담은 영국에게 넘어갔다. 이때 영국 왕 찰스 2세는 이 식민지를 동생인 요크 공에게 선물로 주었다. 이후 뉴암스테르담은 뉴욕이라는 이름으로 바뀌게 되었다.

대립과 갈등

영국령 식민지인들은 나름의 자치적 의회를 구성하여 자유와 평등을 만끽했다. 영국 정부는 그들이 지나친 번영을 누리는 것 같아 배알이 뒤틀렸고 심지어는 반역 행위처럼 느껴지기까지 했다. 이주민들을 지도한 것은 북부에서는 청교도주의였고, 남부에서는 대농장 조직이었다. 이들은 영국 정부의 도움이나 간섭을 받지 않

담배를 수송선에 싣는 모습 1751년에 요소바 프라이와 피터 제퍼슨이 그린 펜실베이니아·뉴저지·노스캐롤라이나의 일부와 메릴랜드를 포함한 버지니아 지역의 지도집에서 발췌한 삽화. 담배가 남부 지역의 주요 수출 품목이었음을 알 수 있다.

은 채 독자적으로 그들의 식민지를 개척했다.

그러나 1660년부터 영국 정부의 대식민지 정책에 변화가 일기 시작하였다. 여러 식민지들을 중앙집권적인 체계로 통합하여 대영제국을 건설하기 위해서였다. 식민지 정책의 변화는 식민지인들에게 새로운 정치적 의미를 부여했다. 영국 정부의 새로운 통제 정책을 벗어나지 않는 범위 내에서만 식민지 의회가 구성될 수 있거나 특허장이 주어졌기 때문이었다. 이 같은 정책의 변화에는 식민지를 보호하기 위한 정략적 배경도 있었다.

영국 정부는 버지니아를 스페인으로부터 보호하기 위해 캐롤라이나를 건설하고, 대서양 연안 지대의 식민지를 확고히 장악하려고 네덜란드로부터 뉴욕을 빼앗다. 뿐만 아니라 북쪽의 뉴잉글랜드와 남쪽의 체사피크 중간에는 펜실베이니아, 뉴저지, 델라웨어 등을 건설하였다. 또 북쪽에 있는 프랑스 세력을 견제하기 위하여 여러 식민지를 통합한 뉴잉글랜드 자치령을 조직하려고 했지만 이 계획은 결과적으로 실패했다.

1651년에는 항해조례가 발표되었다. 항해조례는 설탕, 담배, 염료 등 식민지에서 생산토록 지정된 품목들은 영국이나 영국령 식민지에만 판매할 수 있도록 해 식민지인들의 경제 활동에 많은 제약을 가하게 되었다. 버지니아 식민지는 담배 농장주들이 담배를 유럽에 자율적으로 판매할 수 없었고, 영국 중개상인의 중개를 거쳐 판매해야만 했다. 결국 항해조례는 영국 중개상인에게 특혜를 주는 결과를 가져왔다.

18세기 담배 상품 라벨 버지니아에서 생산된 담배임을 표시하고 있는 담배 상품 라벨

손해를 보게 된 식민지인들은 타개책으로 서인도 제도와의 밀무역을 도모하였으나 영국 정부는 이를 강력히 규제함으로써 식민지인들의 불만은 고조되었다.

쌍방 간의 긴장이 감도는 가운데 1667년에 마침내 버지니아에서 이른바 '베이컨의 반란' 이 일어났다. 이 반란은 당시 버지니아 지사인 윌리엄 버클리 경이 강압적인 통치를 한 데서부터 조짐이 싹텄다. 그러던 중 1670년 버지니아에서는 담배의 과잉생산으로 가격이 폭락하였고, 인디언들도 자주 공격해 와 주민들의 불안은 극도에 달했다.

그럼에도 불구하고 버클리는 주민들을 보호하기 위한 아무런 조치도 취하지 않아 거센 비난의 소리가 터져나왔다.

"버클리가 인디언과 내통하며 모피무역을 하기 때문에 아무런 조치도 취하지 않고 있는 것이다."

이렇게 생각한 버지니아 식민지인들은 나다니엘 베이컨을 중심으로 자체방위군을 조직하여 인디언의 공격에 대비하였다. 그리고 얼마 후에 식민지 최초의 반란이 일어나 버지니아의 수도 제임스타운은 폐허가 되다시피했다. 그러나 지도자 베이컨의 사망으로 반란군의 세력은 와해되었고, 온건한 신임 지사가 부임해 버지니아는 다시 안정을 되찾게 되었다.

한편 북부 뉴잉글랜드 지방의 매사추세츠에서도 영국 정부의 정책이 제대로 시행되지 않고 오히려 반대 방향으로 흐르고 있었다. 청교도들은 퀘이커교도들을 박해하지 말라는 영국 국왕의 명령을 어겼을 뿐 아니라 영국 국교도들에게도 박해를 가했다.

이에 영국 정부는 매사추세츠에 보다 강경한 정책을 강구하였다. 일차적인 조치로 매사추세츠에 합병되어 있는 뉴햄프셔를 매사추세츠에서 분리시키고 매사추세츠, 메인, 뉴햄프셔, 코네티컷, 로드아일랜드를 통합 관리토록 하고 식민지 의회를 해산시켰으며 세금을 지사 마음대로 징수케 하였다.

영국 정부의 강경책에 불만을 품은 식민지인들은 급기야 반란을 일으켰다. 그러나 영국 정부는 이에 아랑곳하지 않고 1691년 새로운 특허장을 내려 회사 식민지를 왕령 식민지로 바꾸었다. 국왕이 임명한 지사의 권한도 크게 강화하였다. 그 결과 청교도들의 위세가 크게 약화되면서 반란이 진정되었다.

그런데 이런 상황에서도 영국 본토와 식민지의 관계는 크게 악화되지 않았다. 식민지의 경제가 성장하고, 영토가 팽창하고 있었으며, 1700년대에 들어서면서 식민지인들의 관심이 차츰 서부로 쏠렸기 때문이었다.

　1710년에 안정을 되찾은 버지니아는 팽창을 거듭하여 정착지가 포토맥 강에서 라파하노크 강에 이르는 광활한 지역을 포함하게 되었다. 알렉산더 스포스우드 지사는 피트먼트 인디언들을 평정하였고, 대농장주들은 안정된 정세 속에서 본격적인 토지 개간을 할 수 있게 되었다. 이후 미국의 역사에 커다란 발자취를 남긴 바 있는 로버트 리 가문, 조지 워싱턴 가문, 카터 가문, 랜돌프 가문은 바로 이 시기에 성장한 대농장주들이었다.

　버지니아 식민지가 이처럼 팽창된 데 비해 펜실베이니아 식민지는 순조롭지 못했다. 그것은 전형적인 영향 때문으로 이곳 주민들은 험한 산악 지대를 피해 북쪽은 모호크 강 계곡, 남쪽은 메릴랜드 서부 지역과 캐롤라이나 그리고 테네시 동부 지역으로 팽창해 나갔다. 이들 개척자들의 특징은 식민지 소유자의 허가도 받지 않고 개간하여 그 개간지의 소유권을 주장하는 것이었다.

　이처럼 영국령 식민지는 점차 확대되어 갔고, 각 식민지들은 각기 다른 기후 조건과 지형에 따라 경제 활동을 영위할 수 있게 되었다.

　메릴랜드에서 조지아에 이르는 남부에서는 담배, 쌀, 그리고 인디고(염료) 등 영국에서 생산되지 않는 산물이 재배되었다. 버지니아를 비롯한 메릴랜드와 노스캐롤라이나에서는 담배 재배성과가 좋아 남부의 부를 독점하였다. 독립 전쟁 직전의 담배 수출액은 수백만 달러에 이르러 13개 식민지 전체 수출액의 절반을 차지할 정도로 경제 생활의 주종을 이루고 있었다. 1680년에는 사우스캐롤라이나에서 쌀이 재배되기 시작했고, 1700년대 중엽에는 인디고(염료)가 생산되었는데 이것은 영국 본토의 직물 공업에 필수적인 것으로 남부의 경제 발전에 크게 기여하였다.

　　담배, 쌀, 인디고 등이 영국 본토와 상호 의존 관계를 갖게 되면서 남부와 영국과의 경제 교류는 더욱 긴밀해졌다. 남부의 주요 생산물은 영국 정부가 프리미엄을 주며 생산을 장려할 정도로 필수적인 것이었으므로 영국의 공업 제품과 교환하는 데 어떤 불이익도 받지 않았다. 특히 담배는 어떤 물건과도 상당한 값어치로 교환이 가능하였다. 이에 따라 남부 농장주들은 영국 상인들로부터 많은 대부금의 혜택을 받을 수 있었고 해마다 그 액수가 증가했다. 독립 전쟁 직전 13개 식민지에서 대부받은 총액이 약 500만 파운드에 달했는데 이 가운데 80퍼센트가 담배 농장주들이 대부받은 것이었다.

　　농장의 규모에 있어 남부는 대농장이었던 반면 북부는 소농장이었다. 뉴잉글랜드 지방의 기후, 토양 등의 조건이 남부와 달라 농산물의 재배에 적합하지 않았다. 그나마 뉴잉글랜드 지방에서 생산되는 몇 가지 곡물은 영국 정부가 장려금을 주어 생산을 장려하는 곡물이 아니었으므로 어쩔 수 없이 자체적으로 생활필수품을 해결하지 않으면 안 되었다. 그 결과 북부에서는 소규모의 자영농민이 뿌리를 내리기 시작하였다.

　　북부의 이 같은 생활조건은 식민지인들로 하여금 일찍부터 바다로 진출하려는 꿈을 꾸게 하였다. 뉴잉글랜드 지방의 무성한 침엽수림대와 활엽수림대의 풍부한 삼림자원은 제재업과 조선업의 발달을 촉진하였다. 더욱이 선박을 건조하는 비용이 유럽보다 훨씬 저렴하였기 때문에 영국과의 경쟁에서 무난히 승리하여 선박 수출이 날로 활기를 띠었다. 1760년 무렵 영국 깃발을 달고 바다를 오가는 배의 3분의 1정도가 뉴잉글랜드에서 생산되었다고

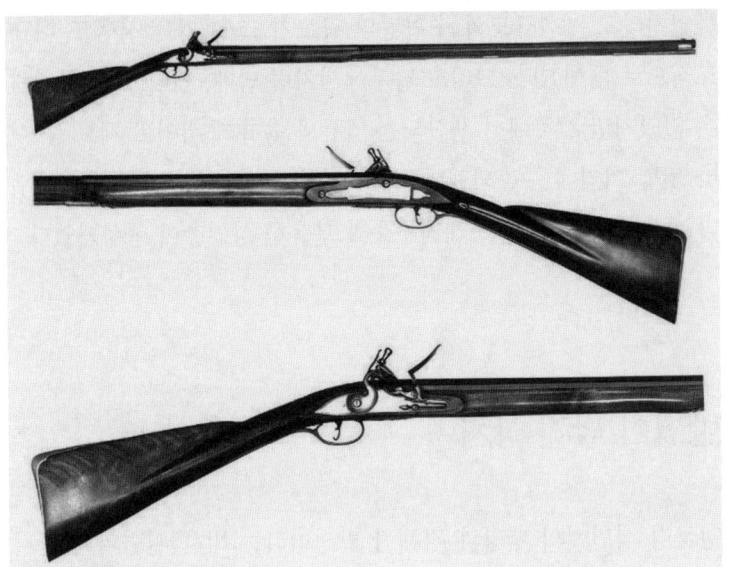

펜실베이니아 소총
1760-1770, 모델명
RK-6

하니 조선업이 얼마나 번창했던가를 미루어 짐작할 수 있다.

뉴잉글랜드 지방에서는 조선업뿐만 아니라 제철업도 발달하여 1643년에 매사추세츠에 제철소가 세워지면서 제철업계의 선구자적 위치를 차지하였다.

그러나 얼마 후부터 코네티컷, 펜실베이니아가 이 분야에 뛰어들면서 매사추세츠를 앞질렀고 특히 펜실베이니아는 켄터키 소총이라고 불리는 펜실베이니아 소총을 대량 생산하였다.

직물공업과 제화업도 발달하였는데, 발달 배경에는 식민지측의 영국 제품 불매 운동이 크게 작용하였다. 특히 독립 전쟁 무렵에는 가내수공업에서 공장제수공업으로 전환되어 급속한 발달을 보였다.

중부의 펜실베이니아 식민지는 북부와 남부의 조건이 혼합되어 있었다. 토지가 뉴잉글랜드보다 평탄하고 비옥하여 동일한 곡물일지라도 생산규모와 수확량의 규모가 크고 가축 사육도 대규모적으로 행해졌다. 그리고 남부에서처럼 담배, 인디고 등의 혜택은 없었지만 그곳에서 생산되는 곡류와 육류가 서인도 제도 등 기타 몇몇 지역에 수출되었다. 이로 인하여 펜실베이니아에는 북부나 남부에서 보기 힘든 대지주층과 부유한 상인층이 형성되었다.

발전이 남긴 상처

영국령 식민지의 팽창과 경제적 발전이라는 밝은 일면의 뒤안길에는 적지 않은 어둠의 그림자가 뒤따르고 있었다. 1691년에 매사추세츠가 왕령 식민지로 바뀐 이래 13개 식민지 가운데 8개가 차례로 왕령이 되었다. 본국에서 파견된 지사들은 오로지 본국의 지시에 따라 통치하면서 식민지 의회에 대해 거부권 행사를 서슴지 않았다. 식민지 의회는 지사에 의해 임명되는 상원과 식민지 각 지역의 대표들로 구성된 하원으로 이루어졌는데 의회가 과세권 및 예산 지출권을 갖고 있었기 때문에 실질적으로 지사는 권한을 충분히 행사하지 못하는 경우가 많았다.

　식민지 의회는 대체적으로 각 식민지의 지도급 인사로 구성되었고, 초기에는 대부분의 의원들이 대지주 출신이었다. 그러나 1700년대에 들어 사회가 변화하여 상인과 전문 기능을 가진 계급이 출현함에 따라 의회에는 법률가들이 많이 등장하였다. 이들 법률가들의 이해관계는 일반적으로 상인이나 대지주들과 일치되는 경우가 많았으나 법률적 이론은 식민지들의 권리를 옹호함과 아울러 계급적 이해관계를 초월하는 경우도 있었다. 따라서 영국 왕을 옹호하는 지사와 식민지를 대변하는 의회 사이에서는 갈등이 일기 시작했다. 지사는 거부권과 의회 해산권을 무기로 삼았고, 의회는 재정권을 무기로 대항하였다. 그러면서 식민지인들은 재판과정에서의 권리, 즉 영장에 의한 체포, 피고의 인신보호권, 배심원제에 의한 재판권, 증인 출석심사권 등 영국인이 누리는 권리와 자유를 누릴 수 있었다.

그러나 식민지인들이 누리는 자유는 식민지와 영국 사이의 분쟁을 일으키는 원인이 되었다. 식민지인들이 영국인과 같은 권리를 누렸다고 하지만 그 한편으로는 영국 정부로부터 경제적인 규제를 받아야만 했다. 식민지인들은 영국 정부가 본토의 제조업을 보호하기 위해 시행한 1732년의 모자법, 1750년의 제철법 등으로 모자 생산이나 수출, 그리고 제철업 투자 등에 많은 제약을 받았다. 뿐만 아니라 화폐를 주조하는 데도 식민지인들 임의대로 할 수 없었다. 식민지 경제가 발전하면서 통화의 수요는 증대되었으나 식민지인들은 통화량이 부족해 물물교환을 하거나 외국의 은화를 녹여 만든 화폐를 사용하기도 했다. 그러나 영국 정부에서는 화폐 가치를 떨어뜨린다는 이유로 이의 사용마저 금지하였다. 설상가상으로 1751년에는 지폐 발행 금지법이 제정됨으로써 식민지의 통화 부족 문제는 더욱 심각해졌다. 식민지인들은 이 문제를 근본적으로 해결하려면 식민지에 대한 영국의 통치 체제를 무너뜨려야 한다는 생각하게 되었다.

영국과 프랑스의 전쟁은 무려 4차에 걸쳐 일어났다. 이 전쟁에서 영국은 13개 식민지와 손을 잡았고, 프랑스는 인디언과 손을 잡았다. 제1차는 윌리엄 왕의 전쟁(1689~1697년), 제2차는 앤 여

프렌치-인디언 전쟁
아메리카 대륙을 두고 프랑스와 영국이 벌인 싸움에서 프랑스는 인디언과 손을 잡았다.

왕의 전쟁(1702~1713년), 제3차는 조지 왕의 전쟁(1744~1748년), 제4차는 프렌치-인디언 전쟁이었다. 이 전쟁들 가운데 마지막 벌어진 프렌치-인디언 전쟁은 식민지인들에게 매우 중요한 의미를 부여하게 되었다.

　프렌치-인디언 전쟁이 일어나기 1년 전, 영국은 인디언과 손잡고 있는 프랑스와 대접전이 있게 될 것으로 예상했다. 따라서 대책을 마련코자 뉴잉글랜드 지방의 식민지들과 뉴욕, 펜실베이니아, 메릴랜드 식민지 대표들에게 회의 소집을 명령했다. 회의 장소는 뉴욕의 올버니였다. 이곳에서 각 식민지 대표들은 식민지 전체의 공동방위 방안을 논의했다. 그 결과 이른바 '올버니 계획'이 채택되었다. 이 안은 국왕이 임명한 총독 밑에 식민지 의회대표들로 구성된 연합의회를 두어 식민지 공동의 문제를 다루기로 한 것이었다.

그러나 영국 왕이 이 안을 거부하고 각 식민지에서도 자신들의 주권이 연합의회에 의해 침해당할 것을 우려하여 반대함으로써 계획 자체가 백지화되었다.

결과적으로 1755년에 영국은 식민지들의 어떤 지원도 없이 프랑스·인디언 혼합군과의 전쟁에 돌입했다. 영국군은 초반부터 밀리기 시작했다. 이에 매사추세츠, 코네티컷, 뉴욕 식민지가 병력, 군수품 등을 지원해 주었고, 울프 장군이 극적으로 퀘벡을 함락시키면서 전세가 역전되었다. 이 기세를 몰아 1760년에 프랑스령 몬트리올을 맹공격하여 함락시킴으로써 전쟁은 결국 영국의 승리로 끝났다.

그 결과, 1763년 파리 조약이 체결되어 영국은 캐나다로부터 플로리다와 미시시피 강 동쪽의 광대한 영토를 획득하였고 북아메리카 대륙의 입지를 다질 수 있었다.

서부의 토지 문제

1763년 파리 조약으로 영국은 광대한 영토를 얻었지만 또한 그만큼의 고민거리도 얻은 셈이었다. 영국인은 골똘히 생각하였다.

"그동안 인디언들은 프랑스와 동맹 관계를 맺고 있었는데, 그들이 우리를 어떻게 대할 것인가? 또 우리가 차지한 이 넓은 지역을 장차 어떻게 관리해야 좋을 것인가?"

파리 조약이 체결된 당시까지만 해도 프랑스군은 여전히 인디언과 동맹 관계를 유지하면서 요새와 주둔지를 중심으로 그 지

1763년의 포고령 지도

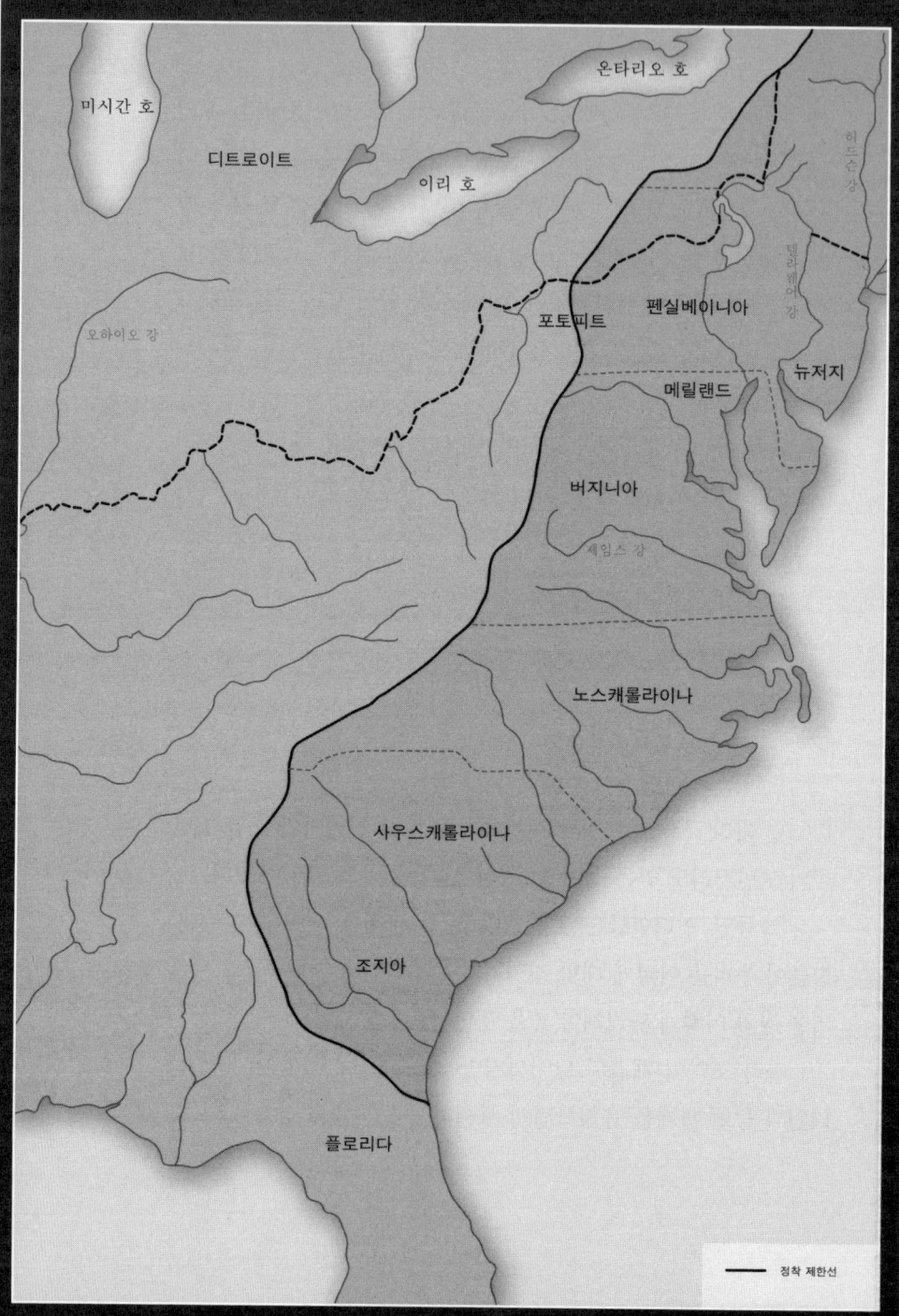

방의 질서를 장악하고 있었다. 그러나 파리 조약 체결 후 이 임무는 당연히 영국군이 담당해야 했다.

영국의 암허스트 장군은 명령하였다.

"병사들이여! 지금 즉시 프랑스 요새로 병력을 이동하라."

그러나 인디언들은 오타와 족의 추장 폰티악을 중심으로 강력하게 저항했다. 폰티악은 부족민들을 독려하며 공격해왔다.

"지금 영국군이 오고 있으니 기습공격을 감행하여 저들을 무찌르도록 하자."

폰티악의 공격으로 영국군은 계속해서 큰 타격을 받았다. '폰티악 전쟁'이라고 불리는 이 전쟁 초기에는 인디언들이 펜실베이니아, 메릴랜드, 버지니아 등 중부와 남부 일대를 장악하고 있었다. 그러나 폰티악이 디트로이트 요새를 습격하였을 때 프랑스측의 갑작스런 통고를 받자 사태는 급변했다.

"우리는 파리 조약의 체결로 더 이상 당신들을 원조할 수 없다."

그리고 샤르트레 요새의 프랑스 사령관은 이렇게 호소하였다.

"친애하는 나의 동지들이여! 모든 적개심을 버리라! 그대들의 형제인 아메리카인들이 더 이상 피를 흘려서는 안 된다! 이제 우리 프랑스인과 아메리카인의 마음은 하나가 되었다. 그대들이 그들을 공격한다는 것은 프랑스인을 공격하는 것과 같다."

이것을 계기로 영국군과 인디언과의 적대 행위가 일단 중지될 수는 있었지만 그것은 서로 많은 전투와 희생자를 낸 후에 겨우 이루어진 결과였다.

한편, 파리 조약의 체결로 사실상 영국의 승리가 확인되자 식민지인들은 새로운 기대에 부풀었다. 그들은 서쪽으로 애팔래치

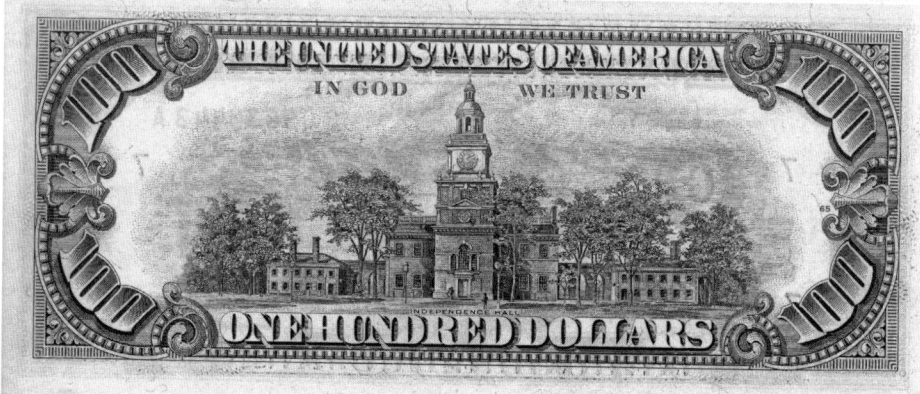

프랭클린의 초상 벤자민 프랭클린은 100달러짜리 화폐에 초상이 새겨질 정도로 미국인들에게는 미국 독립의 아버지로서 유명한 위인이다.

아 산맥 너머에 있는 새로운 땅에 희망을 품고 있었다.

그러나 오랜 전쟁에 지친 영국 정부의 생각은 이들과 달랐다. 농민, 투기업자, 사냥꾼 등이 앞을 다투어 서부로 진출할 경우 적지 않은 문제가 발생할 것으로 판단했다. 예를 들면, 영국 정부의 방관 속에서 투기업자들이 다투어 서부로 나아간다면 인디언들은 그들의 토지를 몽땅 빼앗길 것이고, 그렇게 되면 인디언 문제가 해결되기까지 많은 폭동과 살육이 되풀이될 것이 뻔한 일이었다.

문제는 또 있었다. 당시 각 식민지들은 서부 지역의 분할 문제에 대해 어떤 타협점도 찾지 못하고 있었다. 그러므로 경계의 재조정을 둘러싼 분쟁의 여지는 얼마든지 있었다. 다시 말해, 각 식민지들은 가능한 한 많은 땅을 분배받기 위해 서로 다툴 것이고, 최악의 경우 땅을 분배받지 못한 식민지는 영국에 대해 적의를 갖게 될 것이었다. 따라서 영국 정부는 '과거 우리의 200여 년 경험을 헛되이 할 수는 없다.'고 강경한 입장을 취하면서, 1763년에 포고령을 내렸다. 그것은 애팔래치아 산맥 서쪽의 땅을 식민지인들에게 불하하지 않을 것임을 분명히 한 것이었다.

이 조치와 함께 영국 정부는 앨리게니 산맥, 미시시피 강, 그리고 오대호에 둘러싸인 지역을 인디언 보호구역Indian reservation으로 설정하였다. 따라서 이 지역에는 식민지인들이 거주하지 못했고, 특별한 허가가 없으면 인디언과 토지나 모피 등도 거래할 수 없었다. 그리고 이미 살고 있던 사람까지도 그 지역에서 철수하도록 했다.

식민지인들은 영국의 이러한 정책을 투기업자나 모피상인만을 보호하고 자신들의 서부 진출을 방해하려는 음모로 생각하였다. 게다가 영국에서는 야당의원인 에드먼드 버크가 이 정책에 반대했다.

"명백한 특허장을 통해 하나님이 인류의 후손들에게 주신 토지를 그저 맹수들이 들끓는 소굴로 만들 수는 없다. 만일 조지 3세 정부가 불평불만이 가득 차 있는 사람들에게 개척자가 되는 일마저 막는다면 그들은 반란을 도모하는 무리가 될 수밖에 없을 것이다."

그러나 이 포고령은 사실상 엄격하게 시행되지 않았다. 조지 워싱턴은 오하이오 평원에 3만 3천 에이커의 토지를 입수하여 개척사업을 시작하였고, 벤저민 프랭클린과 윌리엄 존슨이 관계하고 있던 한 회사는 1773년에 앨리게니 산맥과 오하이오 강 사이에 있는 250만 에이커의 토지를 영국 상무원으로부터 불하받았다.

대표 없는 과세 없다

영국 정부는 오랜 전쟁으로 늘어난 국가 채무로 인해 골치를 앓고 있었다. 제국의 급격한 팽창과 함께 군사비와 행정비가 크게 증가하여 1763년 현재 1억 4천만 파운드의 부채와 연이자 450 파운드라는 무거운 부담이 제국의 숨통을 조이고 있었다. 급기야 영국 정부는 식민지인들에게 세금을 요구했다.

"당신네들도 전쟁으로 이득을 보았으니 당연히 그 채무의 일부를 부담해야 마땅하다."

1764년에는 설탕법을 제정하였다. 설탕법은 영국으로 수입되는 당밀에는 물론 포도주, 커피, 견직물의 수입에 대해서도 관세를 부과하는 것으로 이전의 관세와는 달리 국가의 세수입을 늘리려는 것이 주목적이었다. 이에 대해 식민지인들은 강력히 반대했다.

그러나 영국 정부는 아랑곳하지 않고 1765년에 인지세법을 제정하여 다시 식민지와 충돌하였다. 인지세법은 아메리카에서 사용되는 모든 서류, 증권, 은행권, 광고 등에 1/2페니에서 1파운드에 이르는 인지를 의무적으로 첨부하도록 한 것이다. 인지세법에 관한 영국 의회의 토론은 전례없이 무관심했다고 버크는 회상하였다. 타운센드 의원만 찬성 연설을 했을 뿐이었다.

"아메리카 식민지인들은 우리들의 도움을 입어 이주하고 우리들의 방임(放任) 덕분에 번영을 누릴 뿐 아니라 우리의 군대가 방위까지 해주고 있다. 그러니 부채 때문에 골치를 앓고 있는 어버이를 돕지 않는 것은 배은망덕이 아닐 수 없다."

타운센드 의원의 발언에 대하여 퀘벡에서 울프와 함께 싸운 경력이 있는 아일랜드인 아이작 바레는 반대 발언을 하였다.

"그들이 이주한 것이 여러분의 덕택이라고요? 당치도 않은 말씀이오. 그들이 아메리카로 간 것은 여러분의 박해 때문이겠지요…. 그들이 잘 살 수 있도록 방임해 두었다고요? 그들은 여러분을 위해 무기를 들고 싸운 일도 있지 않습니까?"

아이작 바레 의원의 발언에도 불구하고 무관심한 의회는 이 법을 통과시켰다. 정치적 관록이 있는 현명한 사람들까지도 이 법이 불행의 씨앗이 될 것이라는 사실을 예견하지 못하였다.

사실 인지의 가격은 서류의 정도에 따라 1/2펜스로부터 1파운드에 이르는 금액으로 그렇게 큰 부담은 아니었으나 식민지인들을 뒤흔들게 한 것은 금액이 아니라 정신적인 문제였다. 식민지인들도 그들의 대외무역을 조정하기 위해서는 관세가 필요하다는 것을 충분히 인정했으나 문제는 그들의 대표가 참석하지 않은 영국 의회가 일방적으로 표결한 내국세는 절대 거부한다는 것이었다. 필라델피아에서는 벤저민 프랭클린의 반대자들이 이를 기회로 그의 명예를 손상시키는 온갖 중상모략을 서슴지 않았다.

"프랭클린은 인지세법에 협력하는 대가로 영국 정부로부터 요직을 약속받았다."

그렇다면 프랭클린은 과연 인지세법의 통과에 협조한 일이 있었는가?

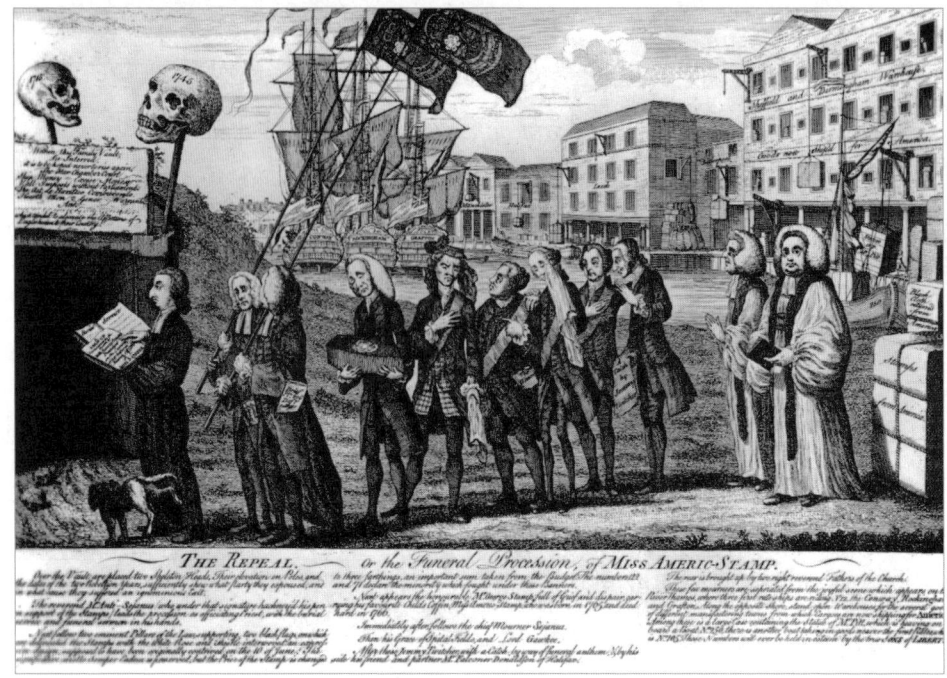

인지세법 폐지 운동을 벌이는 식민지인들 인지세법 폐지를 소재로 다룬 판화. 이런 판화들은 다량으로 제작되어 식민지인의 저항 의식을 고취시켰다.

인지세법이 영국 재무성에 의해 성안되자 식민지인들은 물론 반대하였다. 그렌빌 재무상은 런던에 있던 식민지 대표들과 협의하는 절차를 거쳤다.

"식민지인들에게 어떠한 방법으로 세금을 부과하는 것이 좋겠소? 나로서는 인지세법이 가장 무난할 것으로 생각하오만, 만약 다른 더 좋은 방법이 있다면 다시 검토하는 것도 무방하다고 생각하오."

이에 대하여 프랭클린은 자신의 생각을 뚜렷하게 밝혔다.

"이전에 국왕께서 시행하셨던 것과 마찬가지로 식민지인들이 그 액수를 결정하도록 하는 것이 좋지 않겠습니까?"

그렌빌은 응수하였다.

"그렇다면 당신은 각 식민지에 대한 과세할당을 납득시킬 자신이 있소?"

프랭클린도 이 방법은 불가능하다고 인정할 수밖에 없었다. 이렇게 해서 인지세법은 통과되고 말았다.

설탕법과 인지세법을 제정하는 데 주도적 역할을 한 사람은 영국의 재무상 그렌빌이었다. 그는 설탕법을 제정함으로써 유능한 재정가라는 평을 받았지만 1765년에 제정된 인지세법은 심각한 문제를 불러일으켰다. 영국 의회는 이러한 법들이 제정된다 해도 영국인들에게는 단 한 푼도 부담주지 않는다는 눈앞의 이익만을 택한 나머지 이 법안을 승인했던 것이다.

그런데 인지세법은 1763년의 포고령이나 설탕법과는 달리 식민지 전체를 대상으로 과세하는 것이었으므로 도처에서 거센 반대 운동이 일어났다. 인지세법의 시행을 방해하기 위하여 그들은 매사추세츠의 새뮤얼 애덤스를 중심으로 '자유의 아들들'이라는 과격한 단체를 조직하였다. 이 조직은 전식민지로 확대되어 북부의 뉴햄프셔에서 남부의 버지니아에 이르기까지 데모와 폭동이 수없이 반복되었다.

각 식민지는 마침내 대책을 협의하기 위하여 의회를 소집하였다. 특히 버지니아 의회에서는 '평상시 종교 문제에서는 온건한 성인이지만, 정치에서는 악마 같은 자'라는 평을 받던 패트릭 헨리의 제의로 식민지인에 대한 과세권은 오직 식민지 의회에만 있다는 결의안을 채택하였다.

"아메리카 식민지인들도 영국인이므로 영국인과 똑같은 권리를 가진다. 특히 의회를 무시하면서 과세하지 않은 것이 우리 영국 헌정의 기본 입장이다. 그러므로 버지니아인들에게 과세할 수 있는 기구는 오직 버지니아의회뿐이다. 버지니아인들은 외부

1765년 10월 31일자 펜실베이니아 저널 인 지세법 반대를 주장하며 시민들의 동참을 촉구하고 있다.

의 어떤 법률이나 명령에 의한 과세에도 복종해서는 안 된다."

1765년 버지니아 의회에서 결의안에 채택될 무렵, 북쪽의 매사추세츠의회에서는 유명한 웅변가 제임스 오티스가 13개 식민지의 연합회의를 제안하였고, 이 안이 통과되자 그해 10월에 개최될 인지세법 대책회의에 대표를 파견해 달라는 초청장이 각 식민지에 발송되었다.

대책회의에 참석한 9개 식민지 대표들은 패트릭 헨리의 제의를 받아들여 '대표 없는 과세는 없다.'는 원칙을 채택하였다. 이러한 식민지인들의 주장에 영국 정부는 반대 논리를 내세웠다. 즉 식민지인들은 그들의 대표를 영국 의회에 직접 보내지는 않았지만 사실상 보낸 것과 마찬가지이므로 그들의 의사가 반영되었다는 '사실상의 대표이론'을 내세워 맞섰다.

그러나 식민지인들은 국회의원은 자신의 선거구만을 대변하는 것인데, 식민지의 각 선거구에서는 대표를 보내지 않았기 때문에 영국 의회는 세금을 부과할 권한이 없다고 주장하였다. 이에 대해 영국인들은 국회의원은 전국을 대변하는 것이므로 대영제국 안의 모든 식민지에 대해 세금을 부과할 수 있다고 주장했다.

상반된 주장이 오가는 가운데 인지세 반대투쟁은 13개 식민지에 파급되었고, 영국 상품에 대한 불매 운동까지 벌어졌다.

사태가 이쯤에 이르자 영국 의회는 자신들의 조치가 현실적으로 현명하지 못했음을 깨닫고 1766년 인지세법을 폐지하였다. 그러나 원칙에 있어서는 물러서지 않았다. 그들은 즉시 '선언법'을 제정하였다.

'우리들만이 식민지인들에게 적용되는 법을 제정할 권한을 갖고 있다.'

그럼에도 불구하고 식민지인들은 큰소리를 지르며 불꽃놀이와 연회 등을 즐기며 기뻐하였다.

"자! 이제 우리는 승리했다! 함께 축배를 들자! 브라보!"

타운센드법이 만든 사건들

인지세법이 폐지되고 나서 1년 뒤인 1767년에 영국 정부는 재무장관 찰스 타운센드가 마련한 '타운센드법'을 제정하였다.

이 법은 영국으로부터 수입하는 유리, 종이, 잉크, 페인트, 납, 차(茶) 등에 관세를 부과하고, 그 세수입의 일부로 식민지 총독 및 관리들의 월급을 지불한다는 것이었다. 이러한 조치는 또다시 식민지인들을 항의의 소용돌이로 몰아 넣었다.

"아니 뭐하는 거야! 한 번도 아니고 도대체 우릴 뭘로 아는 거야! 다시는 영국 상품을 사지 않을 것이다."

그러나 영국 상품 불매 운동은 이미 식민지측의 상투적인 저항 수단임을 경험한 영국 정부는 눈썹 하나 까딱하지 않고 식민지 규제법의 강제 집행을 생각하고 있었다. 식민지측에서는 급진적인 여성 단체인 '자유의 딸들'의 투쟁이 시작됐다.

그들은 우선 자신들의 딸들에게 신신당부했다.

"혼기를 맞은 우리의 딸들이여! 영국상품은 절대로 사지도 쓰지도 말라."

"스스로가 '나는 애국자'라고 자신 있게 말할 수 있는 남자만이 우리의 딸들에게 구혼할 수 있다."

이와 함께 아메리카 상품 애용 운동이 전개되었다.

보스턴의 급진파들은 타운센드가 종전의 내국세와는 다른 외국세인 관세 정책을 펼친 데는 부족하다고 생각하였으나 반대론을 펴는 데는 인지세법 때보다 어려웠다. 다행스럽게도 자유당 의원이자 변호사인 존 디킨슨이 1768년 〈펜실베이니아의 농민으로부터 온 편지〉라는 글에서 이에 대한 간결하고 효과적인 구실을 제공하였다.

"이러한 과세의 위험성은 과세 자체보다도 과세하는 사람들의 정신에 있다. 또한 통상을 조정하기 위한 관세는 합법적이라고 할 수 있지만, 세수입의 증대나 관리의 봉급을 위한 관세는 부당하다."

새뮤얼 애덤스도 열변을 토하였다.

타운센드 그는 1767년에 아메리카 식민지에 몇 가지 새로운 세금을 부과하는 결정을 내렸다. 밀라노, 시립 스탬프 수집소 소장.

"영국 의회는 최고의 권위인 영국헌법을 준수해야 한다. 어떤 법률도 헌법과 대헌장에 위배되면 효력을 발휘하지 못한다. 그리고 헌법의 가장 큰 힘은 그것이 인간의 이성과 물체의 본질을 중시한 자연법에 입각하고 있다는 점이다. 따라서 자연법의 원리에 따라 반드시 누구나 과세되기 전에 협의할 기회가 주어져야 한다."

이렇듯 타운센드법에 대한 항의의 물결이 거세지자 영국 정부는 타운센드법의 시행을 위해 군대를 파견하였고, 적당한 주둔지가 없을 경우에는 식민지인들의 가정에 민박을 시켰다. 그로 인해 새로운 문제가 생겨났다. 군대의 민박에 뉴욕 의회가 비협조적으로 나오자 영국 정부는 뉴욕 의회의 권한을 정지시켰다. 매사추세츠 의회가 타운센드법에 반대하는 각서를 다른 식민지에 보내자

보스턴 학살 사건을 보도한 팸플릿 1770년 미국인 폴 리브르가 팸플릿으로 돌리기 위해 제작한 판화

매사추세츠 의회는 물론 이를 받아들인 버지니아 의회를 해산시켰다.

이 같은 영국의 강압적인 태도는 과세의 문제를 넘어 보다 확대된 의미의 자치 문제를 불러일으켰다.

매사추세츠의 보스턴을 중심으로 대대적인 항의 소동이 벌어졌다. 영국상품 불매 운동은 물론 세무관리들에 대한 군중들의 야유가 함성을 이루었다. 보스턴의 무질서 상태가 절정에 달하자 1770년 영국군은 보스턴에 진주하였다. 그해 3월 5일 밤에 화재를 알리는 종소리를 듣고 어린 소년들이 섞인 군중들이 보스턴 거리로 모여들었다. 마침 눈이 내리자 군중들 사이에서는 눈싸움이 시작되었다. 그때 영국군 부대가 군중들이 모인 그 거리를 지나가게 되었다. 이를 본 군중들은 야유를 퍼붓고 눈덩이를 던졌다.

"야! 웬 군인들이 거리를 지나가시나! 어디 눈싸움 좀 같이 해보시는 게 어때! 그 고상한 군복 좀 적셔보시지!"

그러자 흥분한 영국군이 발포하여 4명의 시민이 사망하였다. 이른바 '보스턴 학살 사건'이 일어난 것이다. 이 사건은 사실상 불행한 하나의 삽화에 불과하였고, 그 책임은 양쪽 모두에 있었다고 볼 수 있었다.

새뮤얼 애덤스 같은 웅변가들은 이것을 교묘히 이용하였다.

"우리는 더 이상 이런 모욕을 견딜 수 없다. 총독 허친슨은 영국군을 당장 보스턴에서 철수시켜라."

해상에서도 충돌사건이 빈발하고, 영국상품 불매 운동이 각지로 확대되면서 영국의 대식민지 수출액이 급격히 감소하였다. 그러자 런던에서도 상인들 간에 소란이 일어나, 또다시 의회에 대책을 청원하였다. 당시 수상이었던 노스 경은 런던 상인들의 어려움을 충분히 이해하고 문제가 된 법령을 폐지하도록 제안했다. 그러나 영국의 위신 문제 또한 고려하지 않을 수 없었다.

"타운센드법은 폐지해도 좋지만 그것은 어디까지나 아메리카의 반란이나 통상거부 때문이 아니다. 단지 그것은 법 자체의 개정이다."

타운센드법은 이렇게 폐지되었으나 영국 의회는 식민지에 과세할 권한이 있다는 원칙만은 고수하며 차에 대한 과세는 폐지하지 않았다.

영국 정부의 이러한 조치는 아메리카에서도 어느 정도 지지를 받았으며, 벤저민 프랭클린 같은 보수적인 식민지인들은 대체로 만족하는 입장을 취하였다.

그러나 과격한 식민지인들의 생각은 달랐다. 토머스 제퍼슨 같은 젊은 애국파들은 식민지 시대 초기에 특허장에서 보장되었던 것과 같은 식민지인들의 권리와 현재까지 유지되어 온 식민지 자치 제도 그대로를 존속시키려 하였다. 그들은 호소하였다.

"지금 이 상태에서 우리가 만족해하는 것은 완전한 자유를 누리기 위해 투쟁하는 식민지인들을 배반하는 것입니다. 그러니 절대로 그들의 조그마한 양보에 대해 고마워하지 말고 계속 투쟁합시다!"

보스턴의 새뮤얼 애덤스와 버지니아의 패트릭 헨리와 같은 급진파들이 앞장서 식민지인들에게 자유 사상을 고취하였다. 그들은 식민지 간의 원활한 정보 교환과 효과적인 선전 활동을 위하여 '연락위원회'를 구성하였다. 특히 벤저민 프랭클린은 매사추세츠 지사 허친슨이 영국의 친구에게 보낸 편지를 연락위원회에 폭로함으로써 허친슨을 매사추세츠 의회에서 탄핵하였다. 이제 식민지인들은 자유를 위협하는 조그만 일에 대해서도 과민한 반응을 보이게 되었다.

보스턴 차 사건이 빚은 새로운 국면

인지세법과 타운세드법에 이어 또다시 반영 투쟁을 격화시킨 것은 1773년 5월에 제정된 '차세법'이었다. 이것은 영국 의회가 경영 부실로 파산 상태에 있던 동인도회사를 살리기 위하여 창고에 쌓여 있는 차를 아메리카 식민지에 직접 팔 수 있도록 허가한 법률이었다.

동인도회사는 아메리카에 대한 차 수출의 독점권을 얻은 것이나 다름없었다. 다시 말해 회사가 지정하는 상인에게만 차를 살 수밖에 없었으므로 결국 식민지 상인들은 차수입의 권한을 잃은 셈이었다.

차세법이 제정된 이후 동인도회사는 막대한 양의 차를 식민지로 실어날랐다. 이에 식민지인들은 야유를 퍼부었다.

"우리는 너희들의 차를 사지 않을 것이다."

급진적인 '자유의 아들들'은 차의 판매 경로를 추적하여 그 차를 산 사람들에게 협박을 가하였다.

철저한 불매 운동으로 상당수의 동인도회사 대리점들이 문을

보스턴 차 사건 고압적인 영국 정부에 반발해 보스턴 차 사건을 일으킨 미국인들

닫았고, 차를 실었던 배들은 영국으로 되돌아가야만 했다. 그러나 보스턴에서는 상황이 달랐다. 동인도회사의 제1선인 다트머스호가 보스턴 항구에 닻을 내릴 무렵, 보스턴 시내 올드사우스 공회당에서는 대집회가 열리고 있었다. 거기에서 새뮤얼 애덤스와 조지아 퀸시가 영국의 조지 3세, 영국 의회, 영국 정부 그리고 동인도회사를 규탄하는 연설을 하였다. 특히 새뮤얼 애덤스를 비롯한 150여 명의 청년들은 활기찬 파티를 열었다. 흥분한 그들은 모호크 인디언으로 가장하고 파티를 즐기다가 어느 정도 취기가 돌자 정박 중인 다트머스 호로 달려갔다. 그들의 사기는 충천하였다.

"조지 3세라도 이 차 파티만은 못 말릴 것이다."

그들은 고함을 지르며 배에 실려 있는 차를 바다로 내던졌다.

이것이 이른바 '보스턴 차 사건'이다.

다음날 아침 중산 계급에 속하는 사업가들은 파티 끝에 벌어진 이 사태를 통렬하게 비난하였다.

"인디언도 이러한 야만적인 행동은 하지 않을 것이다."

1만 8천 파운드에 달하는 차를 바다에 버린 것을 옳다고 생각

《애국적인 숙녀들》 영국 의회에 대한 반대의 표시로 미국인들이 영국 상품을 보이콧했다. 1775년 영국 런던에서 그려진 이 풍자화는 노스캐롤라이나 에덴턴의 숙녀들이 차 마시기를 삼가하는데 에 동의했다는 신문 기사를 비꼰 것이다.

하는 사업가는 없었다. 뿐만 아니라 몇몇 다른 식민지에서도 그들의 행동을 비난하였다.

전반적인 분위기로 보아 영국 정부의 대응방법이 좀 더 능숙했더라면 양자 간의 사이가 급전환될 가능성도 전혀 없지는 않았다. 그러나 이 사건이 영국에 알려지자 영국 정부는 분노하였다.

영국 의회의 입법권에 대한 폭력적 도전과 사유재산권에 대한 공공연한 침해로 해석하였다. 그리고 즉시 식민지를 응징하기 위해 1774년 3월에서 6월 사이에 일련의 법률들을 제정하였다. 첫 번째가 1774년 3월에 제정된 '보스턴 항구법'이었다. 이것은 동인도회사에 손해를 배상할 때까지 보스턴 항구를 폐쇄한다는 것이었다. 따라서 보스턴 항은 모든 선박의 출입이 금지되었다. 이에 연락위원회는 사건의 내용을 신속히 다른 식민지에 알리고 이렇게 경고하였다.

"이것으로 인해 모든 식민지의 자유가 침해당할 것이다."

이들의 주장은 식민지 도처에서 애국파들의 적극적인 지지를 불러일으켰다. 버지니아에서는 패트릭 헨리와 토머스 제퍼슨의 주도로 영국의 조치를 비난하는 결의안을 채택하였다. 이에 대하여 버지니아 지사가 강력하게 대응하자, 조지 워싱턴을 포함한 원로위원들은 윌리엄스버그의 브루톤 교회에서 이를 규탄하는 집회를 열었다.

보스턴 항구가 폐쇄되던 날, 여러 식민지에서는 집집마다 반기를 게양하고, 법령집들을 불태워 버리는 등 영국의 강경 조치가 오히려 흩어졌던 여러 식민지의 일체감을 불러일으켰다. 그러나 이들은 영국의 조치에 대해 대응하는 방법을 둘러싸고 의견이 양분되었다.

새뮤얼 애덤스가 이끄는 급진적인 연락위원회는 영국의 모든 상품에 대해 불매 운동을 전개하자고 주장한 반면, 필라델피아와 뉴욕 상인들, 그리고 영국으로 상품을 수출하는 데 의존하던 남부의 대농장주들은 사업을 염려한 나머지 좀 더 온건한 방법으로 대응하는 편이 좋겠다고 주장하였다. 그러나 뒤이어 나온 영국의 조치는 급진파들에게 유리한 상황을 제공하였다.

영국 정부는 두 번째로 '매사추세츠 정부법'을 제정하려 하였다. 매사추세츠 정부법은 첫째, 식민지 의회의 상원의원을 하원에서 선출하는 것을 금지하고 영국 왕이 직접 임명하도록 한다. 둘째, 왕이 임명한 지사가 법원의 판사를 임명 또는 해임할 수 있도록 하며, 읍민회의도 지사의 요청에 의해서만 소집될 수 있다고 규정하였다.

이러한 '매사추세츠 정부법'에 이어 영국 정부는 세 번째로 '식민지인들에 의해 고발당한 병사나 관리는 매사추세츠가 아닌 다른 식민지나 영국 본토에서 재판받도록 한다.'고 규정한 '재판 운영법'을 제정하였다.

끝으로 '군대 민박법'을 제정하여 식민지에 주둔하고 있는 영국군은 숙식을 위해 필요할 경우에는 언제든지 강제로 건물과 식량을 징발할 수 있도록 하였다.

그러자 매사추세츠인들은 분노의 목소리로 비난하였다.
"도저히 참을 수 없는 법이다."
특히 매사추세츠 정부법은 식민지 의회의 상원을 영국 왕이

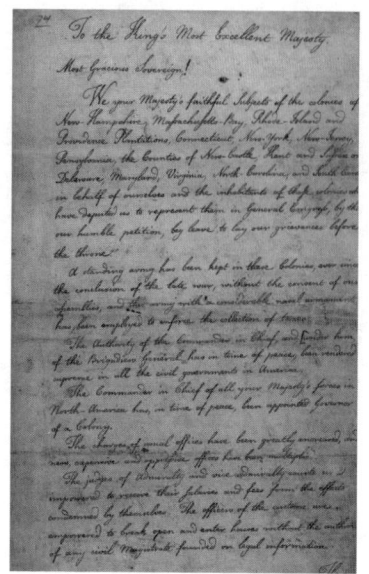

탄원서 최후 행동의 하나로써 1774년 10월 25일, 초대 대륙의회는 조지 3세에게 탄원하기로 결정하고 회원 전원이 탄원서에 서명했다.

임명한 의원들로 구성토록 하여 입법권이 영국 왕에게 넘어가게 했다.

이 법의 제정은 급진파들의 입장을 강화시켜 보수파도 여기에 합세하지 않을 수 없었다. 식민지인들은 이 법이 매사추세츠에만 적용되는 것이 아니라 앞으로 전체 식민지에 파급될 것임을 예견하였다. 이제 보스턴 연락위원회는 분노로 가득 차 있는 민중을 지휘할 기회를 잡은 것이었다.

1774년 9월, 필라델피아에서 영국의 보복조치에 대한 대책을 강구하기 위한 제1차 대륙회의가 소집되었다. 조지아를 제외한 12개 식민지 대표 55명이 참석한 이 회의에서 급진파가 주도권을 잡게 된 것은 너무도 당연한 일이었다. 처음에는 의견의 차이가 있었으나 시간이 지남에 따라 매사추세츠의 새뮤얼 애덤스와 버지니아의 패트릭 헨리 같은 급진파의 노선으로 의견이 통일되었다.

1차 대륙회의는 10월 14일에 '선언과 결의'를 채택하여 영국 의회의 식민지에 대한 모든 입법은 식민지인의 권리를 침해한 것임을 다시 한 번 밝히고, 식민지 의회의 동의를 거치지 않은 영국군의 주둔 역시 불법이라고 단정하였다. 이어서 10월 18일에는 '대륙 협정'을 맺어 그때까지 자발적으로 행사됐던 영국 상품에 대한 불매 운동을 강제적인 운동으로 전환하였다. 10월 26일에는 영국 정부가 제정한 법들이 철회되지 않을 경우 이듬해 5월 다시 대륙회의를 소집하기로 하고 폐회하였다.

혁명 전야

제1차 대륙회의가 열리는 시기를 전후하여 여러 식민지에서는 중대한 움직임이 일었다. 그것은 혁명정권이라고도 할 수 있는 '협의회' 또는 '식민지 의회'의 구성이었다. 여기에는 1차 대륙회의에 참석했던 대표들이 상당수 참석하였다.

매사추세츠 식민지협의회는 토머스 게이지 장군 휘하의 영국군이 감시하던 보스턴을 피해 1774년 10월에 콩코드에서 처음으로 회의를 열었다. 여기서 협의회는 다음과 같이 결의하였다.

'우리는 식민지인들의 생명과 자유, 그리고 재산을 보호하기 위해 주민 각자가 무장할 것을 결의한다.'

그리고 장차 발생할지도 모를 긴박한 상황에 대비하여 '1분 안에 소집에 응할 수 있는 군인'이란 뜻의 '1분대기반'이라는 민병대 조직을 창설하였다. 또한 임무수행을 위해 무기고도 갖추었으며, 훈련과 동원 임무를 수행할 공안위원회도 조직하였다.

협의회의 이런 활동은 다른 식민지에도 속속 파급되었다.

1775년 3월 버지니아 협의회에서 패트릭 헨리가 연설했다.

"평화를 기다리는 사람은 많을지 모르나 이제 식민지에는 자유를 택하느냐, 죽음을 택하느냐의 양자택일밖에 없다."

연설 후 곧이어 버지니아 자체방위 위원회가 조직되었다.

한편 보스턴에서는 급진파들이 영국군의 보급품을 압수하고 세관을 점령하였다. 뉴욕에서는 위협을 느낀 영국군이 군함으로 피신할 정도가 되었다. 또한 식민지 도처에서 무기고 습격과 폭력이 빈번해졌다.

이처럼 식민지가 무력도 불사하겠다는 자세로 나올 무렵, 영국 의회에서는 식민지에서의 일련의 움직임이 심상치 않음을 판단하고 대책을 협의하였다. 그러나 견해차로 인해 강경론과 화해론으로 갈라져 불꽃튀는 논쟁이 벌어졌다.

야당은 대영제국의 분열을 막으려면 조금 양보해야 한다며 화해론을 폈으나 정부 여당의 강경론에 밀려 결국 영국은 강경책을 쓰기로 결정하였다. 그리고 1775년 2월에는 식민지가 반란 상태에 빠

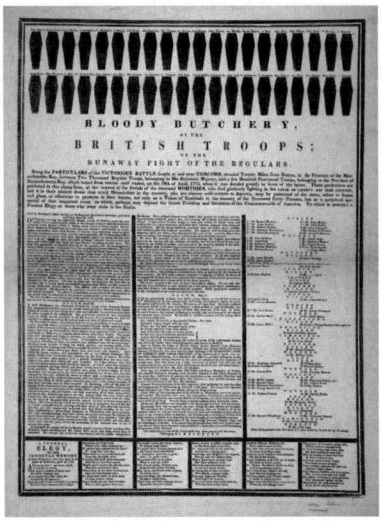

〈영국군의 피로 물든 도살장〉 "1775년 4월 19일 렉싱턴과 콩코드에서 매사추세츠 군인들이 미국군의 보급품을 압류하려던 영국군 대를 저지하였다."라고 적혀 있는 이 팸플릿은 같은 해 매사추세츠 살렘에서 인쇄된 것이다.

졌다고 판단하여 새로이 6,000명의 증원군을 파견할 것을 국왕에게 건의하였다. 이러한 상황 속에서 그해 4월 초 영국의 게이지 장군에게 첩보가 입수되었다.

"보스턴 교외의 콩코드에 화약고가 설치돼 있다고 합니다."

"뭐? 화약고라구! 틀림없겠지. 이번에야말로 대영제국의 위력을 보여주겠다! 즉시 부대를 편성하여 민병대를 공격하라."

4월 18일, 700명으로 구성된 영국군은 스미스 대령의 지휘 아래 콩코드로 향했다. 스미스는 야간 기습작전을 개시하면서 명령하였다.

"너희들은 습격과 동시에 과격 분자인 애덤스와 핸콕을 체포토록 하라."

그러나 보스턴의 '자유의 아들들'과 '연락위원회'는 영국군이 진격해온다는 정보를 민병대에게 알려주었다. 영국군의 선발대가 중간 지점인 렉싱턴에 이르렀을 때 그들의 진격로를 따라 엄

숙한 표정을 한 40여 명의 민병대가 정렬하고 있었다. 선발대의 지휘관 존 피트켄 소령은 즉시 부대를 정지시켰다.

"물러서라 물러서, 반역자들은 즉시 물러서라!"

그 순간 어디서 누가 쏘았는지 한 발의 총성이 울리자 이것을 신호로 콩 볶듯 총성이 울려 퍼졌다. 민병대가 흩어져 달아나고 총성이 멎었을 때 주변에는 8구의 민병대 시체가 나뒹굴고 있었다. 선발대는 계속 진격하여 핸콕과 애덤스를 체포하려 하였으나 실패했다. 도리어 돌아가는 길에 다시 민병대의 기습을 받아 200명의 사상자를 냈다. 이것이 바로 아메리카 혁명의 시작이었다.

이때 새뮤얼 애덤스는 화약 냄새와 피비린내에도 불구하고 기쁨에 들뜬 목소리로 승리의 기쁨을 외쳤다.

"정말로 굉장한 아침이오."

현명한 프랭클린까지도 만족해했다. 그는 에드먼드 버크에게 보낸 서신에서 다음과 같이 상황을 비꼬아 표현했다.

"가장 빠른 퇴각이었지요. 3시간 안에 20마일이나 후퇴했으니까…. 이것은 역사 속에서도 보기 드문 일입니다. 영국군이 어찌나 빨리 퇴각했던지 허약한 식민지군은 도저히 따라갈 수가 없었습니다."

1775년 콩코드 사태에서 민병들의 빛나는 활약상은 아메리카 독립사에 길이 기억될 일임은 두 말할 나위가 없었다. 그러면 그처럼 민병대를 결속시킨 원동력은 어디에 있었을까? 이에 대해 다음 기록을 참고하기로 한다.

콩코드 사태 이후 아메리카의 역사가 숨 가쁘게 진행되던 1842년 당시 21세였던 메렌 쳄버린 판사는 우연한 기회에 콩코드 전투를 체험한 바 있는 91세의 노병 프레스톤 대위와 만나 일문일

답을 나눌 기회를 가졌다.

"당신이 콩코드 사태 때 직접 무기를 손에 잡게 된 것은 견딜 수 없는 압박에 반항하기 위해서였습니까?"

"천만에요. 압박 같은 것은 전혀 느껴보지 못했소이다."

"이상하군요. 인지세법은 모든 아메리카인들을 압박하였을 텐데 압박을 느끼지 못했다는 것은 이해할 수 없군요."

"나는 인지 따위는 단 한 장도 본 일이 없소이다. 따라서 1페니의 돈도 지불한 일이 없으니까요."

"그렇다면 차세(茶稅)에 대해선 어떻게 생각하십니까?"

"난 차 같은 건 한 모금도 마신 일이 없소이다. 그것은 모두 배에서 던져 버리지 않았소."

"그렇다면 당신은 영원한 자유에 관한 해린턴이나 시드니 그리고 로크가 지은 책을 읽어 본 일이 있습니까?"

"난 그런 사람의 이름조차 들어본 적이 없소이다. 내가 읽은 것이라곤 성서와 교리문답집 같은 것뿐입니다."

"그렇다면 도대체 무엇 때문에 전투에 참가했던 것이지요?"

"이봐요, 젊은이! 내가 붉은 군복의 영국군과 맞서게 된 까닭을 말해야 알겠소. 우리는 지금까지 모든 것을 자유롭게 잘 해결하여 왔소. 앞으로도 우리는 계속 그렇게 하려고 했던 것인데, 놈들이 그렇게는 안 되겠다고 했던 거라오."

콩코드 사건이 발생한 지 훨씬 뒤 노인의 회상은 역사가들의 눈에는 신빙성 없는 사실로 비칠지도 모르지만 이 회상은 사건 당시 존 하우의 보고서를 통해 사실임이 뒷받침되었다.

하우는 1775년 4월, 아메리카의 상황을 탐지하기 위해 게이지 총독이 파견한 스파이였다. 그는 돌아가는 길에 오막살이에 들른 일이 있었다. 그곳에는 노부부가 살고 있었는데 할아버지는 열심히 총을 손질하고 있었다. 그는 의아해하며 노인에게 물었다.

"도대체 무엇을 잡으려고 그렇게 열심히 손질하시는 거죠?"

하우는 그 노인이 무슨 짐승을 잡으려는 것이려니 하고 물었으나 대답은 뜻밖이었다.

"보스턴에는 붉은색의 군대가 득실거린다니 여기에도 쳐들어올지 모르지. 만약 그들이 온다면 한바탕 싸울 작정이야!"

"노인장께서 어떻게 싸울 작정이시오?"

"들에서 싸우든지 그렇지 않으면 다른 어떠한 방법을 써서라도 그들을 해치울 작정이야."

그는 어이가 없어 다시 물었다.

"도대체 노인장의 연세가 어떻게 되십니까?"

"일흔 살이지요. 하지만 얼마든지 싸워 이길 수 있답니다."

하우는 크게 느낀 바 있어 이를 게이지에게 보고하고, 식민지인들의 영국군에 대한 적개심과 그들의 신념이 심상치 않음을 경고하였다. 그러나 게이지는 하우의 경고를 심각하게 받아들이지 않았다. 그는 아메리카 식민지 사태를 오판한 것인지도 모른다.

혈전의 시작

영국과 식민지 사이의 사태가 심각해지자 1775년 5월에 필라델피아에서 다시 제2차 대륙회의가 열렸다. 구성원들은 1차 때와 같았으나, 매사추세츠의 존 핸콕, 버지니아의 키 크고 젊은 대농장주

토머스 제퍼슨, 그리고 국제적으로 잘 알려진 원로 정치인 벤저민 프랭클린이 펜실베이니아 대표로 참석했다. 이때 대륙회의에서는 '무기를 들게 된 이유와 그 필요성에 대한 선언'이라는 결의문을 채택하여 최악의 사태에 대처하려 했다.

그러나 그해 6월, 찰스타운 반도의 벙커힐에 진을 치고 있던 민병대를 영국군이 공격하는 사건이 발생했다. 민병대는 방책으로 방어망을 구축하고 기회를 노리다가 영국군이 코앞에 다다르자 집중사격을 퍼부었다. 그러나 탄환이 떨어져 1천5백여 명의 병력 중 1천 명 이상의 병사와 장교를 잃는 엄청난 손실을 보았고, 전투는 결국 영국군의 승리로 끝났다.

이처럼 사태가 심각해지자 제2차 대륙회의에서는 우선 대륙군 창설에 관한 규정을 정하고 사령관으로 버지니아의 대농장주 조지 워싱턴 대령을 임명하여 현지로 급파하였다.

조지 워싱턴은 전투 경험이 풍부한 군인이었다. 그는 신대륙에서 영국 군인으로서 수많은 전투에 참가하여 빛나는 공을 세운 사람이었다. 그러나 이제 그는 독립군의 총사령관으로서 아메리카의 독립을 위해 영국과 싸워 승리해야만 했다. 그는 매우 솔직하고 강직한 성품의 소유자였다. 널리 알려진 그의 어릴 적 일화에도 솔직했던 성품이 잘 나타난다.

워싱턴의 아버지는 대농장을 경영하는 큰 지주로서 5천 에이커에 이르는 땅을 소유하였고 나무를 몹시 사랑하였다. 그중에서도 특히 벚나무를 사랑했는데 어느 날 어린 워싱턴이 하인과 놀고 있는데 갑자기 아버지의 큰소리가 들렸다.

"아니 이게 웬일이냐! 어느 놈이 내가 그렇게도 아끼는 나무를 잘랐단 말이냐?"

아버지의 고함소리를 듣고 워싱턴은 앞마당으로 달려가 아버지 앞에 섰다. 거기에는 어린 벚나무가 싹둑 잘려 있었고, 그 바로 옆에는 도끼가 있었다. 아버지는 워싱턴의 표정을 살피며 물었다.

"조지, 누가 이런 장난을 했는지 아느냐?"

워싱턴은 똑똑히 대답하였다.

"아버지 그 나무는 제가 잘랐습니다."

아버지의 얼굴이 갑자기 일그러졌다.

"조지, 어째서 아버지가 그토록 아끼는 벚나무를 잘랐느냐?"

"저 도끼가 너무나 희게 빛나고 잘 잘라질 것 같은 충동을 느껴 그만 무의식중에 잘랐습니다."

"이놈, 네가 그런 짓을 하고 무사할 줄 알았더냐? 당장 벌을 내릴 것이야."

"네, 달게 받겠습니다. 하지만 저는 벌이 무서워 거짓말을 하는 비겁한 행동은 하지 않았습니다."

워싱턴의 말을 듣고 아버지는 일그러졌던 얼굴을 차차 풀면서 부드러운 표정으로 말했다.

"음, 잘했다. 조지, 나는 네가 잘못을 숨기지 않고 정직하게 말해주어 기쁘다. 비록 벚나무는 잘렸지만 너의 정직함에 기쁨을 느낀다. 자, 정직하고 용감한 조지에게 주는 상이다."

아버지는 조지에게 벌 대신 빛나는 도끼를 상으로 주었다.

워싱턴은 사령관직을 맡으러 가는 도중에 벙커힐 전투 소식을 들었다. 워싱턴과 말을 탄 그의 병사들은 뉴욕시로 들어가 다시 보스턴을 향해 포스트로드를 올라갔다. 연도에는 많은 주민들이 나와 '워싱턴 장군 만세'를 외치며 열렬히 환영하였다. 그는 매사추세츠 캠브리지에서 군대를 사열하고, 그곳에 작전본부를

설치했다. 이날 사열식에는 뉴잉글랜드군도 가세함으로써 전체 식민지가 통합되었음을 보여주었다.

캠브리지에 대륙군의 작전본부가 설치되자 영국 정부는 식민지의 반란상태를 선포하고 3만 명의 증원군을 파견하는 한편 독일로부터 병사들을 사들여 합류시켰다.

이에 대륙회의는 캐나다인들을 대륙군에 가담시키려다 실패하자 리처드 몽고메리 장군을 보내어 캐나다의 몬트리올을 일시적으로 점령하였다. 그러나 영국군의 즉각적인 반격으로 몽고메리 장군이 전사하고, 얼마 후 패배하고 말았다.

그동안 대륙회의는 벤저민 프랭클린과 존 애덤스 두 대표를 프랑스로 보내 프랑스의 원조를 구하는 데 성공하였다.

프랑스는 경쟁국인 영국을 약화시키기 위해 무기와 각종 보급품들과 해군기지를 제공했다. 그러나 프랑스 병사들이 직접 참전하지는 않았다.

1775년 말까지도 대륙회의는 싸움의 목적을 명쾌히 설정하지 못했다. 영국 본토와 관계를 끊기는 했지만 독립선포에 대해서는 엄두를 내지 못했다.

이처럼 독립선언을 주저하고 있던 식민지인들에게 확실한 방향을 제시해 준 것이 토머스 페인의 '상식'이라는 팸플릿이었다. 페인은 급진주의적인 사상을 지닌 사람으로 뛰어난 문필에도 불구하고 일상생활에서 실패만 거

조지 워싱턴 벙커 위에 서있는 워싱턴의 전신 초상. 아메리카군 총사령관. 1732~1799년. 독립 전쟁에서 활약하고 그 후 초대 대통령이 되었다.

토머스 페인 판화가 조지 로미가 제작한 초상화.

듭했다. 두 번이나 하급관리로 직장을 얻었으나 두 번 다 해직당했고, 아내마저도 그를 버리고 집을 나갔다. 그는 이렇게 절망에 빠져 있을 때 프랭클린을 만났다.

페인은 프랭클린의 소개장을 가지고 1774년 필라델피아의 식민지 급진파에 가담하였다. 대륙회의가 진행되는 동안 그는 거리를 다니면서 뉴스를 모으고 여론을 조사하였다. 그러나 페인은 여론이 현 정세와 너무나도 차이가 난다고 느껴 식민지인들의 각성을 촉구하는 글을 쓰기 시작했다. 그는 '상식'이라는 글에서 다음과 같이 촉구했다.

**우리의 번영을 시기하는 정부가 우리를 통치할 권리가 있다고 생각하는가? '천만의 말씀이올시다!'라고 대답하는 사람이라면 누구나 독립을 찬성하는 사람일 것이다. 그 이유는 독립이란 단순히 '우리 스스로가 우리의 법률을 만드느냐, 아니면 그것을 아메리카 최대의 적인 국왕에게 맡기느냐.' 하는 것을 분명히 하면 되기 때문이다.
한 대륙이 한 섬의 통치를 영원히 받아야 한다는 것은 어리석은 생각이다. 뿐만 아니라 군주들의 권력은 강도나 다름없는 귀족들로부터 나오는 것임을 분명히 인식해야 한다. 그리고 영국의 헌법보다 더 높은 '자연의 법'이 있음을 알아야 한다.**

이것은 곧 아메리카인들로 하여금 독립을 선포하고 자연의 법에 맞는 정부를 세우도록 촉구한 것이었다. 팸플릿이 출간되자 그 반응은 대단했다. 농촌에서는 급진파의 성서처럼 인정되었을 뿐 아니라 전체 식민지인들로 하여금 독립을 행동으로 옮기는 데 결정적인 역할을 하였다.

1776년 1월에 열린 대륙회의에서 처음으로 독립 문제가 공개적으로 논의되었고, 급진파와 보수파는 대립하였다. 그러나 얼마 후 13개 식민지는 개별적으로 독립정부를 수립하기 시작하였다.

펜실베이니아에서는 프랭클린과 페인의 영도로 급진적인 정부가 수립되었다. 서부의 개척농민들과 동부의 수공업자들은 독립을 지지하였고, 독일계 이주민들은 무관심한 상태였다. 그리고 부유한 퀘이커교도들은 반대 입장을 취하는 등 초기의 독립 운동은 순탄치 않았다. 그럼에도 불구하고 펜실베이니아에서는 대륙회의에 참석한 대표들이 독립안을 지지했으며, 펜실베이니아에 이어 대부분의 식민지가 독립을 선포하였다.

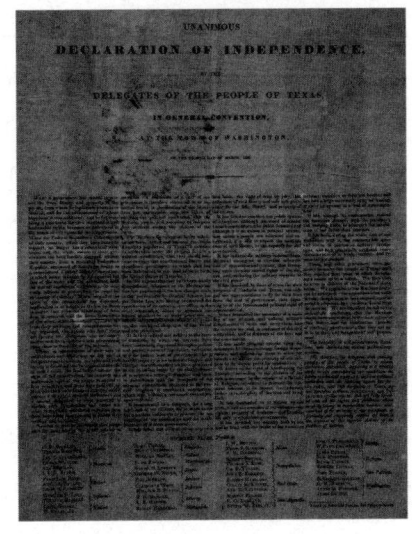

독립선언서

4월의 대륙회의는 영국을 제외한 유럽의 각국들에게 아메리카 항구의 개방을 결의하여 영국의 중상주의 정책 폐지를 스스로 선언하고, 이어 5월에는 13개 식민지가 각기 새로운 헌법을 제정할 것을 권고하였다.

독립선언

1776년 6월, 대륙회의는 버지니아 대표 리처드 헨리 리의 동의에 따라 독립선언에 관한 구체적인 문제를 논의하였다. 토머스 제퍼슨, 존 애덤스, 벤저민 프랭클린, 로저 셔먼, 로버트 리빙스턴으로 구성된 위원회가 독립선언서를 작성하도록 했고, 토머스 제퍼슨에게 초안을 의뢰했다.

제퍼슨이 작성한 초안에 애덤스와 프랭클린이 약간 수정한 위원회 안이 6월 28일 회의에 제출되었다. 그 후 7월 2일에 헨리의 제안을 토의하여 독립선언을 가결하고, 이어 재차 수정하여 마침내 7월 4일에 정식으로 영국에 대한 아메리카의 독립을 선언하였다. 이 선언서는 식민지인들이 왜 싸우며 무엇을 이루려고 하는지를 내외에 천명한 것으로 중요한 구절을 인용하면 다음과 같다.

'인류의 역사에 있어서 한 민족이 다른 민족과의 정치적 유대관계를 끊고 세계의 모든 국가 사이에서 자연법과 신의 법이 부여한 독립·평등의 지위를 차지하는 것이 필요하다고 생각하게 되었을 때 인류의 신념에 대한 엄정한 판단은 우리로 하여금 독립을 요청하는 여러 원인을 선언하지 않을 수 없게 하였다. 모든 인류는 나면서부터 평등하고 조물주는 인간에게 몇 가지 남에게 넘겨줄 수 없는 권리를 주었다. 그 권리 가운데 생명과 자유와 행복을 추구하는 권리가 있다는 것은 의심할 여지가 없는 진리이다. 이 권리를 확보하기 위하여 인류는 정부를 조직하였으며, 정부의 정당한 권력은 통치를 받는 국민의 동의로부터 유래하는 것이다. 어떠한 형태의 정부이든 이러한 목적을 파괴하였을 때는 그 정부를 변혁 내지 파멸하여 새로운 정부를 조직하는 것이 국민의 권리이다.'

독립선언서는 계몽철학의 깊은 영향 아래 작성되었다는 사실

미국 독립선언의 현장
존 트럼블이 1817년 그린 〈독립선언〉.

을 위의 문구에서 찾아볼 수 있다. 한걸음 더 나아가 계몽사상의 보급 자체가 미국의 독립이라는 역사적 위업의 역할을 수행했다고 볼 수도 있다.

    독립선언서의 초안을 담당했던 제퍼슨이 새로운 사상을 창조하거나 새로운 감정을 표현했다고 생각지는 않았다. 오히려 그는 아메리카인들의 감정 속에 잠재해 있던 사상을 명확하고 간결하게 표현한 것이다. 이 점에서 그는 확실히 성공했다고 할 수 있다. 즉 독립선언서에 나타난 그의 독창성은 한 사상을 한 국민의 신조로 만들기 위하여 이론에 지나지 않았던 체제를 현실에 적용한 데 의의가 있다고 하겠다.

독립 전쟁

독립선언서를 발표하여 자신들의 확실한 의사를 내외에 천명한 식민지인들에게 남은 문제는 영국으로부터 어떻게 독립을 쟁취하느냐 하는 일이었다.

식민지인들은 사실상 그때까지 단 한 번도 통일을 이룩해 본 역사가 없었고, 전쟁을 수행하는 데 필요한 강력한 통제기구도 없었다. 따라서 군대를 모집하고 병사들을 훈련시키는 데 애로가 많았다. 뿐만 아니라 어렵게 모집한 병사들도 복무기간은 몇 개월밖에 되지 않았으며, 그것도 자기 고장이 위험에 직면했을 때로 국한되었다. 또한 몇 주간 싸우다가 추수 때가 되면 귀가하는 것이 보통이었으므로 군대라고 할 수도 없었다. 게다가 식민지인 중에서 왕당파들이 영국군에 가담함으로써 식민지인들은 대내외적으로 전쟁을 치러야만 했다.

이에 비하여 영국군은 모든 조건에서 식민지와 비교가 안 될 만큼 우세한 가운데 조직적인 작전을 구사할 수 있었다. 영국은 당시 해상권을 장악하고 있었으므로 항구와 수로를 제압할 수 있었다. 수로 가운데서도 전략적 요충지는 바로 허드슨 강변이었다. 만약 영국군이 허드슨 강변을 완전 제압할 경우 식민지는 양단되어 결정적인 타격을 입게 될 상황이었다. 이러한 점을 알고 있던 영국군의 하우 장군은 할리팩스에서 해로로 진격하여 뉴욕 항을 점령한 다음 허드슨 강을 거슬러 올라갔다. 그리고 다른 부대는 샹플렝 호를 따라 남하하여 올버니에서 허드슨 강에 도달했다. 이곳에서 남북 양군이 완전한 연락을 취한 후 식민지를 양분하여 공격하기로 작전을 세웠다.

그러나 이와는 반대로 클린턴 경이 이끄는 제3부대는 엄청난 포탄 세례 때문에 찰스턴에 단 한 발자국도 들여놓지 못하고 막대한 피해를 입었다. 영국 수병은 이렇게 말하였다.

"젠장, 이렇게 얻어맞기는 생전 처음이군!"

클린턴 경의 함대는 찰스턴 상륙을 포기하고 뉴욕으로 후퇴하여 하우 장군의 부대와 합류하였다.

한편 아메리카군의 사령관 워싱턴 장군도 누구 못지않게 허드슨 강 연안 지방의 중요성을 잘 알고 있었다. 그는 육로를 통해 보스턴에서 뉴욕으로 진출하여 1776년 4월 그곳에 사령부를 설치하였다. 그리고 허드슨 강 입구를 방어하기 위해 워싱턴 요새와 리 요새를 오늘날 조지 워싱턴교가 있는 자리에 구축하였다. 이때 하우 장군의 병력은 3만 명이 넘었던 반면 워싱턴군의 병력은 3만 명에 미치지 못하였다. 게다가 기동력도 하우군이 우세하였다.

하우 사령관은 이번 전쟁이 커다란 희생 없이 해결되기를 진심으로 희망하고 있었다. 그는 뉴욕에 도착하자 군대를 스테이튼 섬에 상륙시켰다. 워싱턴군은 맨해튼 남단에 위치하고 있었다. 이때 하우 장군은 조지 3세의 친서를 휴대하고 있었다. 국왕은 이것을 평화적인 것으로 생각하고 있었으나 아메리카인에게는 도전적인 것으로 보였다. 왜냐하면 워싱턴과 그의 동지에게는 특사를 내렸으나 존 애덤스만은 제외되어 있었기 때문이었다. 또한 친서에는 '조시 워싱턴 귀하'라고 되어 있었는데 이것은 국왕이 아메리카의 장군이나 총사령관을 인정하지 않는다는 것을 의미했다. 워싱턴은 연락장교가 전해온 이 서신을 대륙회의로 회송했다. 그러나 대륙회의는 이 서신이 모욕적이라 수리하지 않겠다고 결정함으로써 타협의 가능성은 사라졌다.

당시 정세는 하우 장군의 병력이 워싱턴군의 배후 지대 어느 곳에나 상륙이 가능한 매우 유리한 위치에 있었다. 그러나 워싱턴군은 그 넓은 해안선을 수비할 병력도 없었고, 위험 지역에 응원군을 급히 파견할 수 있는 기동력도 없었다. 이처럼 영국군이 모든 해상권을 완전 장악했기 때문에 워싱턴으로서는 이렇다 할 만한 작전을 구사할 수 없었다.

하우 장군은 8월 27일 야음을 틈타 그의 병력의 절반을 롱아일랜드를 가로질러 시가를 제압할 수 있는 요충지인 브루클린으로 보내 공격을 개시했다. 이 기습공격으로 아메리카군은 2천 명의 사상자를 내고 후퇴하였다. 워싱턴군 또한 영국군의 상륙을 저지할 수 없는 상황이었다. 그러나 천만다행으로 평화적 해결을 진심으로 바라던 하우 장군이 포로로 잡힌 설리번 장군을 대륙회의로 보내 평화적 해결의 가능성을 타진토록 했기 때문에 뉴욕 시내의 아메리카군은 숨을 돌릴 수가 있었다.

대륙회의도 평화를 원했으므로 먼저 영국이 합중국의 독립을 승인할 것을 요구하였다. 그러나 하우 장군에게는 결정권이 없었으므로 협상은 중단되고 말았다. 영국군은 군대의 일부를 맨해튼의 동해안에 상륙시킴으로써 아메리카군의 퇴로를 차단했지만 하우 장군이 점심을 먹으려고 휴식을 취하는 동안 아메리카군 4천 명이 탈출해버렸다. 워싱턴 장군은 병력 대부분을 허드슨 강 우측 언덕에 배치하고 교묘한 작전으로 영국군의 공격을 피하면서 북부로 도피하였다. 하우 장군은 작전을 바꾸어 맨해튼으로 우회하여 워싱턴 요새를 공격하여 약 3천 명의 병사와 대포, 폭약 등을 노획하였다. 이제 아메리카군이 살 길은 뉴저지를 가로지르는 퇴

영광스런 영국군 뉴욕에 입성하다 영국군의 하우 장군은 크리스마스를 맞이하기 위해 뉴욕으로 갔다.

로를 확보하는 길밖에 없었다.

　아메리카군은 별다른 작전이 없었다. 병사 대부분은 징집기간이 만료되어 귀향해야 했고, 뉴저지의 왕당파들이 아메리카군이 패전했다고 크게 선전하는 바람에 사기가 떨어져 있었다. 이때 토머스 페인은 떨어진 사기를 부추기는 유명한 글을 발표하였다.

　'이제야말로 군인정신을 시험할 때가 왔다. 전세가 유리할 때에만 싸우겠다는 군인이나 말로만 애국자라 떠드는 사람은 이러한 위기상황에서 조국에 대한 의무를 헌신짝처럼 내팽개치고 도망갈 것이다. 이 같이 어려운 때에 조국을 지키기 위해 자리를

지키는 자만이 참다운 사랑과 감사를 받을 자격이 있는 것이다.'

이때 워싱턴에게는 겨우 4천 명 정도밖에 남지 않았다. 이에 7천 명의 병력을 거느리고 허드슨 강 북쪽에 주둔하고 있던 리 장군에게 합류할 것을 명하였으나 리 장군은 주저했다. 워싱턴은 하는 수 없이 델라웨어 강을 건너 펜실베이니아로 후퇴하였다. 그 뒤를 하우 장군이 바짝 추격해왔다. 만약 워싱턴이 후퇴할 때 모든 배를 끌고 가지 않았더라면 필라델피아를 빼앗겼을지도 몰랐다. 대륙회의도 이곳을 떠나 볼티모어로 이동했다.

하우 장군은 언제든지 마음대로 작전을 전개하여 전쟁을 종결시킬 수 있다고 확신했다. 그는 서두르지 않고 머지않아 다가올 크리스마스를 보내려고 뉴욕으로 떠났다. 그리고 그의 사령부는 독일 용병이 수비를 담당하여 트렌톤에 남아 있었다. 그때 워싱턴은 하우가 뉴욕으로 갔다는 정보를 입수하고 대담한 작전을 폈다.

"좋다! 바로 이때다. 내 작전을 한번 구사할 기회가 왔구나!"

독일인에게는 크리스마스가 큰 축제였기 때문에 경비가 허술했을 뿐만 아니라 눈도 내리고 델라웨어 강은 유빙(流氷)으로 뒤덮여 있었다. 영국군은 전혀 대비 없이 축제 분위기에 젖어 있었다. 작전은 크리스마스날 감행되었다. 워싱턴이 델라웨어 강을 건너 트렌톤을 점령하자 영국군의 콘 월리스 경이 트렌톤을 탈환하기 위해 반격했다. 워싱턴은 다시 델라웨어 강을 건넌 채 후퇴하지 않고 콘 월리스의 공격을 고의로 유도하였다. 그리고 영국군의 배후를 돌아 프린스턴에 진지를 구축하고 영국군의 연락선을 위협하였다. 궁지에 몰린 콘 월리스는 연락선이 차단될지 모른다는 판단하에 급히 부대를 후퇴시켜야만 했다. 결국 이 전투는 워싱턴의 교묘한 작전으로 승리를 거뒀다. 그렇지만 이번 전투로 전쟁이 끝난 것은 아니었다.

　영국 정부의 계획은 조금도 변경되지 않았고 더욱 강하게 워싱턴을 위협해 왔다. 존 바고인은 군단을 거느리고 허드슨 강변을 북상했으며, 센트 레저 대령도 소규모 부대를 거느리고 모호크 강변으로 내려왔다. 이들은 알바니에서 합류하여 일거에 이 전쟁을 끝낼 계획이었다.

　그러나 이 작전은 인간의 발이 닿지 않은 원시림과 고지를 통과해야 하는 어려움이 있다는 점을 충분히 감안하지 않았기 때문에 성공을 기대하는 것은 무리였다. 게다가 바고인이 알바니를 향하여 캐나다를 출발할 때 합류하기로 되어 있던 하우군이 출동하지 않았기 때문에 이 작전은 완전히 물거품이 되고 말았다.

　한편 빗나간 작전 때문에 몇 차례 수모를 당한 하우는 이번에야말로 본때를 보여줘야겠다고 생각했다. 그는 국가의 상징인 수도 필라델피아를 점령하여 체면을 세우려 하였다. 그는 1777년 봄이 다 가고 여름햇살이 비칠 때까지 이렇다 할 작전을 전개하지 못했다. 워싱턴군의 배치나 움직임에 대한 정확한 정보를 얻지 못했기 때문이었다. 그는 콘 월리스의 실패를 거울 삼아 이번에는 워싱턴군을 평야 지대로 유인하여 무찌르려 하였으나 실패하고, 7월에는 클린턴을 남겨두고 비밀리에 뉴욕을 떠났다. 이 정보를 입수한 워싱턴은 하우가 혹시 방비가 허술한 보스턴을 점령하지 않을까 염려하였으나 얼마 후 하우군이 체사피크 만에 상륙했음을 확인하였다. 이로써 하우군의 공격목표가 필라델피아임을 분명히 알 수 있었다.

　워싱턴은 앞서 바고인군에 대비하여 게이츠 장군의 소부대를 파견한 바 있었다. 이제 하우군이 멀리 떠났으므로 작전이 아주 용이해졌다. 그는 명령을 하달했다.

"뉴잉글랜드의 병력을 총동원하여 바고인군을 무찔러라."

워싱턴의 작전이 진행되는 동안 하우는 필라델피아를 점령하였다. 영국군은 이 전쟁을 군사훈련 정도로 쉽게 생각해서 몇몇 장교는 아내를 동반했고 바고인은 부하장교의 아내를 정부로 삼아 데리고 다니는 등 군기가 느슨하였다.

처음에는 전세가 영국군에게 유리하게 진행되었다. 바고인은 샹플렝호를 지나는 교통의 요충지인 타이콘데로가를 점령하고 포로와 대포를 노획함으로써 영국 왕을 기쁘게 하였다. 그는 기세가 등등하였다.

"나는 아메리카군을 깨끗이 해치웠다."

한편 센트레저 대령이 거느리는 영국군은 바고인과 합류하기 위하여 오스웨고에서 진격했으나 포트 스탠윅스에서 아메리카군에게 패배하여 후퇴했고, 바고인군도 삼림 지대로 들어서면서 인디언들의 약탈과 보급선이 길어져 1파운드의 고기를 먹으려면 30파운드나 내는 소모전을 치러야 했다.

한 달이 지나자 바고인군은 굶주림에 허덕였고 사기는 땅에 떨어졌다. 이때 영국 육군성은 바고인에게 명령을 내렸다.

"직선거리로 진격하여 올버니에 있는 하우군과 합류하라."

그러나 육군성의 명령은 바고인을 파멸의 길로 몰아넣고 말았다. 바고인군이 명령을 이행할 때 하우군은 이미 체사피크 만을 향했던 것이다.

얼마 후 바고인은 독 안에 든 쥐처럼 꼼작도 못하게 되었다. 아메리카군의 베네딕트 아널드가 서쪽으로부터 모호크 계곡을 따라 공격했고, 동쪽에서는 뉴잉글랜드의 아메리카군이, 남쪽에서는 호레이쇼 게이츠의 아메리카군이 허드슨 강을 따라 북상하고 있었다. 바고인은 완전 포위당한 셈이었다. 어쩔 수 없이 바고인은 사라토가에 병력을 배치한 채 운명의 날을 기다렸다. 시시각각으로 포위망이 좁혀지면서 식량은 떨어지고 독일 용병들은 전쟁의 승패에 아랑곳하지 않았다. 10월 17일, 마침내 바고인은 항복하고 5천 명의 병사들은 무기를 압수당했다.

아메리카군의 게이츠 장군은 항복한 바고인군을 군인으로 대우하여 보스턴에서 영국으로 돌아가도록 주선하려고 했지만 대륙회의가 이를 허락하지 않았다. 바고인의 군대는 어쩔 수 없이 도로를 따라 내려가다가 방황하는 신세가 되었다. 훗날 독립 전쟁이 끝났을 때 바고인군을 본국으로 송환하려는 운동이 일어났으나 모두 뿔뿔이 흩어져 개척자가 되거나 이민이 되어 있었다.

프랑스의 개입과 독립 전쟁의 변화

바고인의 항복은 유럽의 정세 변화에 큰 영향을 미쳤다. 프랑스는 수년 전 파리 조약으로 영국에 굴복한 일이 있었다. 이것은 프랑스의 자존심이 여지없이 꺾인 치욕으로 받아들여졌다. 그 후 프랑스는 직접적인 군사행동에 의하지 않고 영국을 약화시킬 기회만을 엿보고 있었다. 영국과 프랑스 양국은 표면상으로는 우호적이었으나 사실은 전략적인 적개심을 가지고 서로의 허점을 탐지하고 있었다. 이런 때 바고인의 항복은 아메리카인들이 프랑스의 원조를 얻게 하는 촉진제가 되었다.

실질적으로 아메리카인들은 독립선언이 있기 전인 1776년에 이미 사일러스 딘과 아서 리 그리고 벤저민 프랭클린을 프랑스에 보내어 아메리카의 독립을 공식적으로 승인해 줄 것을 요청하였으나 프랑스는 시간을 끌며 좀처럼 응하지 않았다. 그러나 바고인이 항복한 후 프랑스의 태도는 변하기 시작하였다. 프랑스는 이제 독립 전쟁을 지원할 가치가 있다고 생각하여 1779년 2월 동맹조약을 체결하였다.

동맹조약은 첫째, 프랑스는 아메리카 합중국의 독립을 승인하고, 쌍방은 최혜국의 대우를 한다. 둘째, 양국은 아메리카의 독립이 달성될 때까지 영국에 대하여 전쟁을 계속하고 단독으로 강화할 수 없다는 것을 주요 골자로 했다.

1778년 6월, 프랑스는 영국에 선전포고를 하였다. 프랑스에 이어 유럽의 다른 나라들도 호의를 보여 스페인과 네덜란드는 차관을 제공하였고, 러시아는 무장중립동맹을 체결하여 우호적인 뜻을 보였다.

한편 영국의 입장은 전쟁을 빨리 종결짓는 편이 유리하였으나 그럴 가능성이 보이지 않자 하우 장군에 대한 비난이 일기 시작했다.

"하우는 도대체 무엇을 하고 있는 거야. 하우가 아니면 벌써 워싱턴을 해치웠을 것이야!"

이러한 비판의 소리는 결국 하우를 런던으로 소환하는 결과를 가져왔고 후임으로는 헨리 클린턴 경이 결정되었다. 클린턴 경은 필라델피아에 있는 육군을 철수시켜 육로로 뉴저지를 횡단토록 하고 함대는 뉴욕으로 이동시켰다.

위싱턴은 재빨리 영국군을 추격하여 몬마우스에서 본격적인 공격을 퍼부었으나 성공적인 전과는 올리지 못하였다. 클린턴은 1만 명의 병력으로 뉴욕을 점령하였고, 워싱턴은 허드슨 강변의 웨스트포인트에 사령부를 설치하여 클린턴군의 움직임을 지켜보며 동맹군을 기다렸다.

최초의 동맹군으로 프랑스의 데스탱 백작이 거느리는 프랑스 함대가 도착하였다. 데스탱은 프랑스 본국으로부터 다음과 같은 매우 애매한 명령을 받았다.

"아메리카에 유리하고 프랑스 육군에 영광이 될 작전을 수행하라."

데스탱은 아메리카군의 설리번 장군과 협의하여 뉴포트를 공격하였으나 실패하였다. 그러자 아메리카군과 프랑스군은 서로 상대방을 비난하였다.

클린턴은 뉴잉글랜드가 영국에 대한 적개심이 가장 높다고 판단하여 선뜻 공격하지 못했다. 그리고 바고인의 항복을 보았기 때문에 북부는 기피하였다. 따라서 가장 공격하기 좋은 곳으로 남부를 택하였다.

그동안 프랑스 정부는 로샹보 백작에게 우수한 장비를 갖춘 2개 연대의 병력을 1780년 7월 1일 로드아일랜드가 바라보이는 아메리카 해역에 대기시켰다가 얼마 후 뉴포트에 상륙시켰다. 로샹보는 하트퍼드에서 워싱턴과 대면할 기회를 가졌다. 프랑스군의 장군들은 워싱턴을 만나보고 모두 탄복하였다.

"워싱턴은 순진하면서도 위엄이 있고 표정과 태도가 매우 인상적이다. 진짜 영웅이다."

워싱턴과 로샹보 장군은 승리를 거두기 위해서는 3만 명의 병력과 해상권이 필요하다는 데 합의하여 프랑스 국왕에게 증원을 요청하였다.

하트퍼드에서 돌아온 워싱턴에게는 전혀 뜻하지 않았던 중요한 일이 기다리고 있었다. 바로 아메리카군의 가장 중요한 전략적 요충지인 웨스트포인트에 관한 문제였다.

문제는 이곳 수비를 담당하던 베네딕트 아널드가 얼마 전에 대수롭지 않은 일로 군법재판을 받은 사실에 원한을 품고 은밀히 영국편에 가담하여 클린턴과 함께 웨스트포인트를 점령할 것을 영국 정보원 안드레 소령을 통하여 약속한 것이었다. 이곳에는 적군의 공격에 대비하여 굵은 쇠사슬이 강을 가로질러 매설되어 있었다. 약속한 날짜에 이 쇠사슬을 수리한다는 핑계로 고리를 빼고 밧줄만 묶어놓음으로써 영국함대가 쉽게 통과할 수 있도록 한다는 것이었다. 그런데 공교롭게도 안드레 소령이 베네딕트 아널드와 이러한 밀약을 체결하고 돌아가던 중 아메리카군에게 체포되었다. 아메리카군은 안드레 소령에게 간첩죄를 적용하여 교살하였다. 아널드는 이러한 사실을 사전에 연락 받고 클린턴군으로 도망하여 고문이 되었다. 그는 클린턴에게 자신 있게 말하였다.

"지금 곧 공격을 하십시오. 승리는 귀하의 것입니다."

사실 당시의 아메리카군은 누가 보아도 곧 무너질 것만 같았다. 로드니가 지휘하는 영국 함대가 아메리카를 완전히 봉쇄한 가운데 아메리카군은 보급이 끊겨 사기가 엉망이었다. 로샹보는 프랑스 정부에 이 사실을 보고하고 증원병과 전비를 보내줄 것을 간청하였다. 프랑스 정부는 요청을 받아들여 1781년 5월, 금화 6백만 파운드를 워싱턴에게 전달했고 워싱턴은 이 돈으로 밀렸던 봉급을 지불하고 사기를 높일 수 있었다. 프랑스는 또 그라스 제독

캠던 전투, 칼 남작의 죽음 1780년 8월 15·16일, 콘월리스 장군이 이끄는 영국군과 게이츠 장군이 통솔하는 미국군이 사우스캐롤라이나 주 캠던에서 맞붙었다. 이 전투에서 미국군은 대패하였다.

으로 하여금 대함대를 이끌고 서인도 제도로 출발하게 하였다. 이 함대는 일정 기간 워싱턴이 마음대로 사용할 수 있었으므로 서둘러 작전계획을 짰다.

워싱턴은 전략적 요충지인 뉴욕을 먼저 공격할 것을 제안하였으나 로샹보는 이에 반대하고 콘 월리스군을 공격할 것을 주장하였다. 이때 콘 월리스는 남부에서 나다니엘 그린군을 공격하면서 많은 희생자를 냈으나 결정적인 승리를 얻지 못하고 있었다. 그는 클린턴에게 누차 지원을 요청했으나 클린턴은 워싱턴이 뉴욕을 공격하리라는 것을 알고 콘 월리스에게 버지니아의 항구로 후퇴하라고 지시하였다. 그리고 나서 클린턴은 콘 월리스에게 명령을 내렸다.

"버지니아 항구는 해군의 지원이 있을 테니 소수병력만으로 수비를 하라. 대신 나머지 병력으로 뉴욕의 수비를 더욱 강화하도록 하라."

찰스 콘 월리스 미국 독립 전쟁의 향방을 결정지은 요크 타운 전투에서 영국군을 이끌었다. 유능한 장군이었으나 이 전투에서는 패배하였다.

영국군을 지휘하게 된 아널드는 두 장군이 힘을 합쳐야 한다고 역설했다. 콘 월리스는 7천 명의 병력을 버지니아의 요크 타운 항구로 집결시켰다. 이때 프랑스군은 뉴포트에서 뉴욕에 공격 태세를 취하고 있었기 때문에 클린턴은 뉴욕이 공격의 표적임이 분명하다고 생각했다.

그러나 클린턴의 예상은 빗나가고 말았다. 워싱턴의 제안이 취소되고 로샹보의 제안이 채택되어 요크 타운에 있는 콘 월리스를 공격하기로 한 것이다. 요크 타운은 뉴욕보다 방비가 허술하였다. 프랑스군과 아메리카군은 버지니아로 진격하기 위하여 뉴저지를 가로질렀다. 그들은 필라델피아에서 열렬한 환영을 받았고, 체사피크 만에는 프랑스의 라파예트가 28척의 전함을 이끌고 와 1천 명의 병력이 상륙하였다.

한편 영국의 콘 월리스는 지원군인 로드니의 함대를 기다렸으나 난데없이 프랑스의 그라스 제독이 나타났다. 콘 월리스로서는 청천벽력이었다. 곧이어 1만 7천의 병사가 요크 타운을 포위하였다. 그레이브스 제독의 영국 함대가 체사피크 만에서 봉쇄망을 돌파하려 하였으나 아메리카군과 프랑스군의 협공으로 대패하고 뉴욕으로 후퇴하였다.

콘 월리스는 클린턴군의 지원만을 기다렸으나 클린턴은 결단을 내리지 못하다가 10월 19일이 되어서야 구원병을 보냈지만 이 날이 바로 요크 타운이 항복한 날이었다.

후일의 이야기이지만 요크 타운 전투의 진정한 승리자인 프

요크 타운에서 항복하는 콘 월리스 장군 콘 월리스 장군은 휴전협정의 깃발 아래 정전을 요구했다.

랑스 그라스 제독과 패장인 영국의 콘 월리스의 이야기는 인간만사 새옹지마라는 사실을 증명하는 좋은 예가 되고 있다. 패장인 콘 월리스는 인도 총독, 아일랜드 총독을 역임하며 존경받는 여생을 마친 데 비해, 그라스는 얼마 후 서인도 제도에서 함대를 상실하고 빈궁과 불명예 속에서 생애를 마쳤다.

평화협상과 새로운 공화국의 탄생

요크 타운의 항복이 영국에게 그다지 대단하지는 않았지만 영국 여론은 전쟁을 반대하는 쪽으로 기울고 있었다. 영국 정부는 전쟁 반대여론을 무마하기 위해 존슨 박사와 에드워드 기본에게 정부 시책을 계몽하도록 하였으나 아무런 성과가 없었다. 영국 상인들은 그들의 상품을 팔아줄 아메리카인을 잃을지도 모른다고 생각하며 아메리카인에게 호소하였다.

"영국을 묵사발로 만들어도 상관없다. 제발 우리 상품만은 사달라."

그동안 아메리카의 무장상선은 영국무역에 막대한 손해를 입혔다. 1777년 한 해 동안 나포된 영국상선이 무려 450척에 이르렀고, 어느 선주는 3백만 달러에 달하는 막대한 물자를 약탈당했다.

이 같은 상황 변화를 계기로 영국 정부가 평화를 고려하기 시작할 즈음, 대륙회의에서도 그 평화가 명예로운 것이라면 받아들여야 한다는 입장이 나왔다. 그리하여 1799년부터 존 애덤스를 비롯한 아메리카 대표들은 영국과 협상에 들어갔다. 협상과정에서 아메리카 대표들의 주요 관심 의제는 아메리카의 독립과 배상금, 캐나다의 영유, 서부 국경 확정, 어업권 확정, 그리고 프랑스가 스페인과 공약한 지브롤터 회복 문제였다.

평화협상 체결은 1782년 영국 의회에서 평화안 동의가 단 1표 차이로 부결되는 등 순탄치 않았다. 평화안 동의가 부결되자 당시의 노스 경 내각은 물러나고 자유당의 록킹험 내각이 출범하게 되었다.

새로 출범한 자유당 내각의 셸번 경은 프랭클린과 오랜 친구로 자유주의적인 사람이었다. 외교적 수완이 뛰어나고 매너가 좋은 프랭클린은 곧 축하의 인사를 보내면서 본격적인 비밀협상에 들어갔다. 셸번 경은 아메리카의 독립을 승인하는 조건으로 다음 사항을 제시하였다.

"아메리카는 영국과 프랑스 간에 체결된 바 있는 파리 조약을 존중해 주어야 한다."

이에 대하여 프랭클린은 말하였다.

"그것은 마치 우리의 물건을 다시 사라는 것과 마찬가지이다. 영국이 응당 치러야 할 대가를 프랑스에게 뒤집어씌우려는 것으로밖에는 생각할 수 없다."

프랭클린은 영국이 캐나다와 노바스코치아를 포기한다면 양국 간의 유대가 확고해질 것이라고 하자 셸번은 분명하게 말했다.

"캐나다를 포기하라고? 배상으로 달라는 말인가. 배상이란 말은 입 밖에도 내지 말라."

프랭클린과 셸번 사이에 협상이 진행되는 동안 마드리드에서 존제이가 도착하였다. 그는 이 협상에 참석하여 강경한 자세를 보였다.

존 애덤스 1791년 찰스 윌슨 필이 그린 존 애덤스 초상

"독립선언을 공식적으로 승인하지 않는 한 평화협상은 할 수 없다."

이에 영국 왕은 1782년 12월 5일, 의회 연설을 통하여 아메리카의 독립을 승인하였다. 국왕으로서는 참으로 비통한 심정이 아닐 수 없었다. 얼마 후 영국에서는 셸번 경이 수상에 올랐고, 지브롤터에서 벌어진 영국과 스페인의 일전에서 스페인은 패전했다. 뿐만 아니라 프랑스의 그라스 제독의 함대는 서인도 제도에서 영국에게 대패했다.

이러한 상황 변화는 어렵게 진행되던 협상을 훨씬 수월하게 하였다. 이제 프랑스가 스페인과 함께 지브롤터를 탈환하기까지는 평화를 받아들이지 않을 것이라는 약속은 무시될 수 있었다.

이제 남은 문제는 스페인을 어떻게 만족시킬 것인가 하는 것이었다. 스페인은 아메리카와 적지 않은 이해관계를 맺고 있었고, 아메리카 영토인 멕시코와 인접해 있다는 점에서 아메리카의 독립 문제에 대한 상황 변화를 조심스럽게 지켜보고 있었다. 결과적으로 계속된 협상 끝에 스페인은 플로리다를 얻는 데 그쳤다.

마침내, 1783년 9월에 파리에서 평화조약이 조인되었다. 이 평화조약은 아메리카에게 매우 유리하게 체결되었는데, 그 주된 내용은 다음과 같다.

1. 영국은 아메리카의 독립을 승인한다.
2. 아메리카의 영토는 서쪽은 미시시피 강, 남쪽은 스페인령인 플로리다를 국경선으로 한다.
3. 아메리카합중국은 영국 상인에 대한 채무를 상환한다.
4. 아메리카합중국은 10만 명에 달하는 왕당파의 몰수재산을 보상한다.

그러나 평화조약 조인 당시 영국은 대륙회의가 13개 식민지에 대해 강제력을 행사할 수 있는 권한이 없었으므로 채무의 상환이나 왕당파의 몰수재산의 보상 문제에 대하여 사실상 그 이행이 어렵다는 사실을 알고 있었다. 그럼에도 불구하고 평화조약은 조인되었고, 아메리카 합중국은 세계 역사의 한 장을 장식하면서 힘찬 발걸음을 내딛게 되었다.

총사령관 워싱턴의 귀향

파리에서 평화조약이 조인된 후, 전쟁 중에 적대시되어 여러모로 고통받은 왕당파 사람들이 뉴욕을 떠나자 그들의 안전을 위해 남아 있던 영국 수비대도 완전히 철수하였다. 이와 때를 같이 하여 독립 전쟁을 승리로 이끈 워싱턴 장군의 개선군이 뉴욕 시내로 입성하였다. 워싱턴군의 꾀죄죄한 복장과 철수하는 영국 정규군의 붉은 비단 군복의 말쑥한 모습은 좋은 대조를 이루었다. 아메리카군의 입성을 지켜보고 있던 한 시민이 외쳐댔다.

"자, 여러분! 우리들의 군대입니다. 얼마나 장합니까! 전쟁에 시달려 비참하게까지 보이는 저들의 모습이야말로 우리가 우러르고 자랑스럽게 생각해야 할 것이 아닙니까!"

시민들은 일제히 박수갈채를 보내며 개선군을 환영하였다.

며칠 후 뉴욕시의 프란시스 호텔에서는 아메리카군 지휘관들의 만찬이 마련되었다. 포도주잔이 가득 채워지자 워싱턴이 술잔을 치켜들며 말하였다.

"여러분, 나는 지금 더없는 감사와 사랑의 마음으로 여러분에게 작별의 인사를 올리게 되었습니다. 나는 지금까지 여러분의 인생이 영

아나폴리스의 연방회의 의사당 1783년 12월 23일의 연방회의가 이 곳에서 열렸다.

사임하는 워싱턴 장군
아나폴리스의 연방회의 의사당에서 워싱턴은 장군에서 사임하고 고향으로 돌아갔다.

광과 명예로움으로 넘쳤듯이 앞으로도 번영과 행복이 충만하기를 진심으로 기원하는 바입니다."

눈에 눈물이 고인 워싱턴은 지휘관 한 사람 한 사람을 일일이 자기 앞에 불러 악수를 나누었다. 맨 먼저 악수를 한 사람은 전쟁 중에 자신과 가장 가까이 있던 헨리 녹스였다. 그는 장교로서 8년 동안 복무하면서 단 한 번도 워싱턴의 마음을 괴롭힌 적이 없는 둘도 없는 심복이었다. 녹스가 손을 내밀자 워싱턴은 그의 손을 힘차게 잡은 뒤 포옹하면서 입술을 볼에 비벼댔다. 두 사람의 눈에서는 굵은 눈물방울이 뚝뚝 떨어졌다.

워싱턴은 의장병의 사열을 받은 다음, 다시 인산인해를 이루고 있는 시민들의 환호를 받으며 노스 강가의 선착장에 이르렀다. 그곳에서 거친 폭풍우를 뚫고 폴라스픽스를 건너 대륙회의에 나아가 최고사령관직을 사임하기 위해 남쪽으로 말을 달렸다.

그의 가슴 속에서는 지나간 온갖 일들이 교차하고 있었다. 그러면서도 지금 자신이 가장 그리워하는 것이 가족이라는 사실을 재차 깨달았다. 12월 19일, 대륙회의가 열리는 아나폴리스에 도착하면 워싱턴은 최고사령관직을 사임하고 크리스마스를 가족과 함께 보내기 위해 아운트버논으로 달려갈 작정이었다.

12월 23일, 대륙회의는 연방회의 의사당에서 열렸다. 대륙회의에서 워싱턴이 행할 고별사의 초고를 작성한 제임스 맥헨리는 감동적인 식전 정경을 약혼자에게 보낸 편지에 묘사해 놓았다.

> 자못 엄숙하여 보는 사람들로 하여금 감동을 느끼지 않을 수 없는 광경이었습니다.… 줄지어 앉아 있는 사람들 모두가 울고 있었습니다. 아마도 대륙회의 의원치고 눈물을 쏟지 않은 사람은 한 사람도 없었을 것입니다. 장군이 고별사를 읽을 때 고별사의 원고를 쥔 손은 떨리고 있었습니다. 장군의 부하였던 장병들의 그 위대한 활약상을 칭찬하는 대목에 이르러서는 장군의 마음이 벅찬 감동에 격앙되었는지 원고를 두 손으로 받쳐들 정도였습니다. 목이 메였는지 소리는 들릴 듯 말 듯했고, 장내에 있는 모든 사람들은 장군의 마음이 장래에 대한 염려와 우려 때문에 착잡해 있다는 사실을 느낄 수 있었습니다. 마음을 가다듬기 위해 잠시동안 말을 그쳤던 장군은 다시 입을 열었습니다. 그 목소리는 청중들의 마음 밑바닥을 찌르는 듯한 어조였습니다. "이제 나에게 주어진 임무를 완료하였습니다. 본인은 그 빛나고 위대했던 활동의 무대에서 물러나려 합니다. 본인은 매우 오랫동안 대륙회의의 명령 밑에서 일해 왔습니다. 이렇듯 위엄에 넘치는 대륙회의에 대하여 존경과 사랑의 마음으로 작별의 인사를 드리며 아울러 본

인의 임명장을 반납하고 모든 공직 생활에서 물러나겠습니다."
인사말을 하면서 장군은 품안에서 임명장을 꺼내어 의장에게 건넸습니다. 장군이 자리에 돌아오자 의장은 미리 준비했던 답사를 읽어 내려갔습니다.

워싱턴의 대륙회의에 대한 고별사는 훨씬 뒤에 있었던 태평양 전쟁의 영웅 맥아더 원수가 1951년 국회에서 한 고별회견의 마지막 구절 '노병은 죽지 않고 다만 사라질 뿐이다.' 라는 의미심장한 고별사와 일맥상통하는 바가 있다는 느낌을 갖게 한다.

대륙회의에서 고별행사를 마친 워싱턴은 이제 개인의 몸으로 말 위에 올랐다. 그는 힘차게 채찍을 휘둘렀다. 쏜살같이 말을 몰아 달려 나가는 그의 모습 속에는 전쟁 중의 위엄있고, 당당했던 위풍이 조금도 사라지지 않았다.

파리 평화조약 이후의 사회적 변화

1783년 파리 평화조약을 끝으로 아메리카인들은 대외적으로 정치적 독립을 이룩하였다. 이것은 곧 아메리카 사회의 중요한 변화를 예고하는 것이었다. 독립 전쟁 중반기부터 전쟁수행에 커다란 역할을 했던 농민과 수공업자 등의 민중들이 전쟁에서 흘린 피의 대가를 요구하고 나섰다.

"만약 우리가 아니었던들 아메리카는 영국의 속박에서 벗어날 수 없었으며 독립을 이룩할 수 없었을 것이오!"

그리하여 아메리카 사회는 민중들을 중심으로 변화하게 될 수밖에 없었다. 그것은 평등주의, 민주주의적인 방향으로의 전환이었다. 따라서 아메리카의 혁명은 대외적인 독립 혁명과 대내적인 사회 혁명이라는 두 개의 혁명으로 이루어졌다는 평가를 내릴 수 있다.

대내적 혁명으로 가장 두드러진 변화는 먼저 중앙정부기구의 권력구조에서 일어났다. 당시 미국은 영국 정부의 중앙집권적인 권력에 억압받았다. 그래서 아메리카인들은 법적으로 독립을 쟁취한 후 권력이 정부에만 집중되는 것을 원하지 않았다.

그리하여 입법부 내 하원의 권한을 강화하였는데 그것은 하원이 그나마 대중과 가장 가깝다고 생각했기 때문이었다. 그 결과 13개 독립 국가들의 하원은 입법권과 재정권을 장악하게 됨으로써 법원과 지사를 지배하였고, 대륙회의에 보낼 대표 임명권과 그 대표들을 지시할 권한까지 갖게 되었다.

또한 13개 독립 국가의 헌법에는 개인의 권리를 구체적으로 밝혀놓은 권리장전이 포함되었다. 대표적인 것은 1776년 6월에 채택된 '버지니아 권리선언'이었다.

여기에서 '인간은 모두 평등하게 자유를 누릴 수 있으며, 자연의 법칙에 따라 누구나 당연히 행사할 수 있는 권리가 있다.'고 재확인하였다. 특히 재판시 피고를 보호하기 위해 원고와 증인의 출석하에 피고가 재판을 받을 권리, 배심원 선정이 공정치 못하다고 인정될 때 이의를 제기할 권리, 과중한 보석금(保釋金) 부과 금지, 수색·체포를 위한 일반 영장의 발부 금지 등이 포함되어 있었다. 또한 출판의 자유, 종교의 자유, 군인에 대한 민간인의 우위 등도 명시되었다.

버지니아 권리선언문
영국으로부터 독립한 뒤 1776년 5월에 조지 매이슨이 초안을 잡고 버지니아 의회가 동의했다. 한달 뒤에 토머스 제퍼슨이 이 선언문을 바탕으로 미국 독립선언문의 초고를 잡았다.

그러나 이러한 권리장전이 정치적 민주주의의 완전한 토대를 마련한 것은 아니었다. 참정권과 관리 임용, 그 밖의 여러 경우에 있어서 여전히 소유하고 있는 재산의 정도에 따라 제한을 받았다.

권리장전이 갖는 보다 중요한 의미는 아메리카에 정치적 민주주의의 싹을 트게 했다는 점이다.

종교에 있어서도 일대 전환이 이루어졌다. 혁명 전에는 영국 정부가 인정치 않는 교파는 재정적인 지원은 물론 종교활동에도 많은 제약을 받았으나 독립 전쟁 이후 1785년 버지니아 의회에서 '신앙자유법'이 제정된 후에는 정교분리(政敎分離)의 원칙이 채택되어 마침내 아메리카에서는 종교적 자유가 보장되었다.

한편, 독립 혁명은 아메리카 사회에서 경제적 특전을 폐지함으로써 기업 활동의 자유와 경제적 자유의 토대를 마련했다.

혁명기간 중 영국의 독점주의적 상업주의 정책을 공공연히 배격했던 아메리카인들이 경제적 특권을 폐지한 것은 당연한 일이었다. 예를 들면, 왕령 토지에 대해 영국 왕이 소유했던 특권이나 목재 사용시 영국 해군에게 주어졌던 우선권 같은 제약이 폐지되었다. 버지니아 등지에서 답습되던 봉건적 잔재도 모두 폐지되었다. 대지주 소유의 토지를 팔거나 분할하지 못하게 함으로써 가문의 몰락을 방지했던 한사법도 폐지되었다. 그 결과 대규모의 토지도 여러 필지로 분할하여 팔 수 있게 됨으로써 세습적인 상류계급의 재산이 보다 많은 사람들의 손에 돌아가게 되었다. 이러한 독립 혁명 이후의 자유주의적·평등주의적 변화는 아메리카 사회 전반에 걸쳐 인도주의적인 개혁을 촉진하였다.

개혁 운동 중 무엇보다도 중요한 것은 노예제 폐지 운동이었다. 식민지 시대의 영국 정부는 노예 무역으로 경제적인 이익을 얻고 있었으므로 노예제의 폐지를 달갑게 여기지 않았다. 반면, 식민지인들은 노예 제도에 대해 도덕적인 부담을 느꼈다. 그 때문에 워싱턴이나 제퍼슨 같은 노예 소유자들도 그것을 비판하였고, 독립 전쟁이 일어났을 때 대륙회의는 아프리카와의 노예 무역을 금지하였다. 당초에 노예의 수가 적었고 산업구조상 노예가 별로 필요치 않았던 북부와 중부에서는 노예제 폐지 운동이 크게 확산되었다. 그러나 노예노동을 기반으로 해온 남부에서는 이러한 개혁의 움직임을 쉽게 받아들이지 않았다.

여기에 아메리카 독립 혁명은 그 독특한 한계성을 포함하고 있었다. 바로 남북 전쟁의 싹을 품고 있음을 시사한다.

위기가 준 교훈

1776년 7월 2일, 대륙회의는 거의 만장일치로 독립을 가결하고 7월 4일 독립을 선포하여 13개 공화국이 되었지만, 공화국들 간의 영구적인 동맹을 약속한 '연합헌장'을 채택하기까지는 6년을 더 기다려야 했다.

연합헌장에서 국가의 명칭을 '아메리카 합중국The United States of America'으로 하고 각 '공화국'들은 제각기 국가로서의 완전한 주권을 가지게 되었다.

한편, 가장 시급한 문제로 대두된 것은 경제적 곤란과 그에 따른 사회 계급들 간의 극심한 갈등이었다. 즉 아메리카는 독립전쟁 이후에 불황을 맞이하게 된 것이다.

전쟁을 치르는 동안 급격히 증대했던 곡물 생산과 군수품 생산은 전쟁이 끝나면서 수요가 급격히 감소되었다.

남부의 담배, 쌀 같은 특수 작물도 전쟁 중에 이미 시장을 잃어 심각한 타격을 받았으며, 독립 전쟁 중에 대륙회의와 독립국 정부들이 전쟁비용을 조달하기 위해 지폐와 채권을 마구 남발하는 바람에 통화 팽창과 국가 채무가 심각한 문제로 대두되었다. 전쟁 중에 대륙회의가 짊어진 국내 채무만도 4,200만 달러에 이르렀고, 전쟁 종결시까지 발행한 지폐는 무려 2억 1천만 달러에 이르렀다. 그리고 각 독립국들이 진 빚은 그것의 절반 가까이 되었다. 각 독립국들은 대안을 내놓았다.

"더 이상 통화가 팽창해선 곤란하다! 이제부터는 지폐사용을 금지하고 금화만을 인정하겠다."

특히 버지니아에서는 채권을 갖고 있는 사람들에게 그 액수에 상응하는 서부의 토지를 할당해 주고 채권을 회수했다. 또 그들에게 세금으로 거두어들인 지폐를 없애는 등 그 양을 줄여 나갔다.

이러한 독립국들의 통화수축 정책은 농민과 채무자들을 매우 어렵게 만들었다. 그들은 세금을 내거나 빚을 갚는 데 필요한 화폐가 부족해 고통을 겪었다. 농민과 채무자로 구성된 급진파는 지폐 발행을 독촉하였다.

"이렇게 화폐가 부족하니, 우리는 아무것도 할 수 없소! 어서 통화량을 늘리시오!"

이에 반해 빚을 받아내야 할 상인들과 채권자들로 이루어진 보수파는 돈 가치가 떨어지는 것을 막기 위해 지폐의 발행을 억제하려 하였다.

이런 상황이 계속되면서 상반되는 이해 관계를 갖고 있는 계층 간에 갈등이 심화되었다. 그러다가 매사추세츠의 농민들이 불만을 터뜨렸다. 원인은 매사추세츠 정부가 농민들에게 무거운 세금을 부과했고, 통화긴축 정책을 무리하게 진행했기 때문이었다. 매사추세츠에서는 '금융의 견실화'를 구실로 농민들에게 징수할 예정인 세금 총액의 40퍼센트에 해당하는 금액을 빈부의 차별없이 인두세 형식으로 징수하였다. 그러자 채무 불이행으로 감옥에 들어간 자가 한 군에 92명에 달했다. 설상가상으로 터무니없는 소문이 가난한 농민들의 분통을 터뜨렸다.

"보스턴과 세르렘의 부호들이 매사추세츠에 몰려와 토지를 몽땅 사들이고 모든 자유농민을 노예적인 소작인으로 만들려고 한다."

농민들은 채무이행을 강제하는 판결이 더 이상 내려지는 것을 막기 위해 재판소의 개정을 저지하였다. 그리고 주정부에 고충을 진정하는 청원서를 제출하기 위하여 군협의회를 개최하고, 각 군에 연락위원회를 두어 행정적인 유대를 도모하는 등 조직을 확장해 나아갔다.

1786년 가을, 폭도화한 농민들은 매사추세츠 서부 4개 군과 동부 콩코드에서 재판의 개정을 막기 위해 실력행사에 들어갔다.

이들의 의도는 차기 선거에서 새로운 의회를 구성하여 다른 주정부가 이미 채택한 빈민구제법을 입법화할 때까지 부채와 세금 징수를 정지시키는 데 있었다.

그러나 당시 매사추세츠 주지사는 보수주의자 제임스 보던이었다. 그는 1786년 불법집회를 금지하는 내용의 포고령을 내리고 정부군을 출동시켜 이들을 해산시키려 하였다. 이에 자극을 받은 농민들의 행동은 광적인 양상을 띠게 되었다. 뜻하지 않은 사태에 직면한 다니엘 셰이스는 분위기에 휘말려 폭도들의 통솔자가 되었다.

셰이스는 독립 전쟁 당시 매사추세츠 전열대(戰列隊)의 대위로서 무공을 세운 군인이었다. 전후 매우 가난하여 2, 3년 전에 빌린 12달러의 돈도 갚지 못하는 형편이었다. 그는 반정부위원회의 의장직을 맡고 있었으며, 그 위원회에서는 스프링필드 최고재판소의 개정을 실력으로 저지할 것을 결의하였다. 그 이유는 최고재판소가 그들의 지도자를 반역죄로 기소할까 두려워서였다.

정부에 충성을 서약한 정부군 사령관 셰퍼드 소장은 반란군들의 일차적 공격 목표가 군청과 연방 무기고일 것으로 판단해 작전을 전개하였다.

셰이스가 이끄는 총 1,100명의 반란군은 무기고를 향해 성난 황소처럼 공격해 들어갔다. 정부군이 대포로 일제히 사격하자 대포가 하나도 없는 반란군의 전열은 금방 흩어졌다. 훈련과 조직력이 뛰어난 정규군과 대포의 위력 앞에 오합지졸인 반란군은 처음부터 상대가 되지 않았다. 연이어 정부군의 지원부대가 도착하여 반란군은 도망쳤고 많은 포로가 생포당했다. 다른 곳에서도 두세 번의 충돌이 있었으나 셰이스의 주력군은 이미 궤멸되고 셰이스는 버몬트로 도망쳤다.

　반란의 뒷처리에 나선 매사추세츠 정부는 다행히 현명하고 동정적인 태도를 보였다. 폭도를 지휘했던 14명의 포로에게 사형이 선고되었으나, 그 후 특사령을 내려 석방하거나 단기형을 내리는 등 결국 전원에 대하여 사형을 면하게 하는 관용을 베풀었다.

　또한 새로 선출된 주의회 의원 과반수가 반란농민에 대해 동정적이었기 때문에 세금 지불을 군표로 대신할 수 있는 조치를 취하는 등 빈민 구제조치를 강구하였다. 그 결과 1787년에 이르러 매사추세츠는 다시 번영을 되찾게 되었고, 농민들의 불만은 자연적으로 사라지게 되었다.

　근세 역사를 개관하면 절망에 빠진 사람들이 폭동을 일으켰을 경우 진압의 수단으로서 대량살육을 자행하는 것이 특징처럼 되어 있다. 하지만 셰이스의 반란처리는 이러한 수단에 의하지 않고서도 법과 질서를 유지할 수 있다는 교훈을 주었다.

　셰이스 반란은 국내외적으로 많은 영향을 끼쳤다. 반란 소식이 영국에 전해졌을 때 토리당의 보수주의자들은 기다렸다는 듯이 기뻐했다.

　"이 반란이야말로 아메리카인들이 자치적 능력이 없음을 증명하는 것이다."

　모든 아메리카인들도 경계했다. 그러나 제퍼슨만은 예외였다. 그는 파리 공사관의 집무실에서 이렇게 말하였다.

　"소규모 반란이 이따금씩 일어나는 것은 바람직한 일이다. 자유의 나무는 꺾이고 시달리면서 애국자와 압제자의 피를 흡수하여 활력을 더해가야 하는 것이다."

　셰이스의 반란 이후 아메리카 전역의 채권자 집단은 두려움에 떨었고, 워싱턴을 그리워했다.

"또다시 사회적 무질서가 일어날까 두렵다. 차라리 조지 워싱턴을 왕으로 하는 군주제를 도입하는 것이 좋겠다."

그러나 대부분의 보수파는 이를 반박하였다.

"연합회의는 우리의 경제적 어려움을 해결할 능력이 없으니, 각 독립 국가들을 통제할 강력한 중앙정부가 있어야 한다."

특히 강력한 중앙정부의 필요성은 대외적인 문제에 있어서 매우 절실하였다. 당시 아메리카 경제는 외국과의 무역에 의존하고 있었다. 농산물과 목재, 수산물은 수출하고 공업제품은 수입해야만 했다. 그러나 독립 후에는 영국과 프랑스와의 특혜관계를 청산하고 세계 시장에서 경제 대국들과 경쟁해야만 했다. 더욱이 아메리카에는 여전히 외국 군대가 주둔하고 있었다. 오대호 남쪽에는 영국군이 주둔하여 아메리카인들의 서부 진출을 막았으며, 스페인군은 아메리카인들의 미시시피 강 유역의 통행을 금지하고 있었다. 동맹국 프랑스도 아메리카를 단지 영국을 견제키 위한 위성국 정도로 생각했다.

이런 국내외의 여러 문제들 속에서 아메리카가 살아남는 길은 오직 강력한 통일정부를 수립해야 한다는 쪽으로 기울어가고 있었다.

3
대륙국가 형성

The History of United States of America

대륙국가 형성

독립 전쟁 후, 워싱턴 행정부의 출범은 연방헌법의 인준과 더불어 13개 주가 모두 가입한 미합중국의 탄생으로 이어졌다. 이후 연방정부는 국가적 기틀을 확립하기 위하여 기구 조직을 보완·개편하고 제도를 정비했으며 국무성, 국방성, 재무성, 법무성 등을 설치하여 보다 종합적이고 체계적인 국가 경영을 시도하였다.

정치적 당파가 발생하고 당파 간의 대립으로 시련도 겪었지만 애덤스 시대까지 꾸준한 정치적 발전을 이룩하였다. 이후 토머스 제퍼슨 행정부로부터 존 퀸시 애덤스 행정부로 이어지는 20여 년 동안 미국은 서부 개척에 병행한 대외 통상의 확대로 경제적 자립 기반을 다져나가는 데 주력하였다. 이 과정에서 영국과의 통상 관계 악화로 국내 산업이 마비되고 해외 무역이 손상되어 어려움을 겪으면서도 미국의 국가적 단합과 애국심 강화의 계기로 전환시키는 저력도 보여주었다.

시련 속에서도 성장을 이룩하며 잭슨 행정부가 출범하였고 이때부터 미국은 정치 제도와 정당 구조상 평등주의적인 새로운 변화를 맞기 시작했다. 민선관리의 수적 팽창, 대통령 후보 전국지명대회 및 대통령 특별고 문제 등이 생겨났으며 양당 제도가 뿌리를 내림으로써 어느 특정 지역 출신들이 대통령직을 독점하던 시대와는 다른 시대가 도래하였다. 이러한 역사적 과정에서 경제 공황과 영토 확장에 따른 새로운 문제가 대두되었고 다른 한편으로는 노예 문제를 둘러싸고 연방이 분열될 위기가 시작되었다.

연방헌법 제정

통일된 국민정부를 세우기 위한 제헌회의가 1787년 5월 25일에서 9월 17일에 걸쳐 필라델피아의 정부청사에서 열려 역사적인 신헌법의 기초가 마련되었다. 이 헌법은 얼마 후 사상 최대의 성공을 거두어 그 효력이 미치는 범위가 당초 13개 주에 불과했지만 오늘날에는 50개 주에 이르고 있다. 이 헌법의 영향권에서 생활하는 인구는 1790년대의 4백만 명에서 현재는 3억 명을 넘어서고 있다.

처음 제헌회의가 열렸을 때 13개 주 가운데 로드아일랜드 대표가 불참하고 12개 주의 대표 55명이 참석하였다. 참석자 면면을 살펴보면 대학총장이 2명, 대학교수 출신과 대학교수가 3명, 대학졸업자 26명으로 이들 가운데는 런던의 법학원에서 법률을 전공한 사람이 4명, 외국에서 태어난 자가 9명 있었다. 대륙회의와 연합회의 의원을 지낸 사람이 28명, 나머지 대부분은 주의회 의원 출신이었다. 이들의 공통점 중에 특징적인 것은 모두가 놀랄 정도로 젊다는 점이었다. 대부분이 41세에서 45세 사이의 젊은층이고 60세를 넘은 사람은 4명, 가장 연장자인 벤저민 프랭클린은 81세였다. 어쨌든 이 회의에 참석한 대표들은 나름대로 깊이 있는 정치적 지식과 원대한 이상을 가진 아메리카인들이라고 말할 수 있다.

이 회의에서 각국 대표들은 워싱턴을 의장으로 선출하여 비밀리에 회의를 진행시켰는데 이때 워싱턴의 나이는 55세였다. 워싱턴은 회의 기조연설에서 다음과 같이 피력하였다.

"만약 우리가 대중들의 환심을 사기 위해 우리 자신마저도 용납할 수 없는 안건을 제시한다면 훗날 우리 자신이 저질러 놓은 일을 변명할 수 없게 될 것이오. 따라서 우리는 장차 현명하고 성실한 사람들이 더 좋게 손질하는 데 어려움이 없도록 국가의 기반을 만들어 놓아야 합니다. 그리고 나서 나머지 일은 하늘의 뜻에 맡길 수밖에 없습니다."

제헌회의를 실질적으로 주도한 사람은 뉴욕 대표인 알렉산더 해밀턴과 버지니아 대표 제임스 매디슨이었다.

해밀턴은 대중적인 사고방식을 갖지는 못했다. 그는 서인도 태생의 보수 성향이 짙은 사람으로 개척 생활을 통하여 이룬 아메리카인들의 민주적인 감각을 이해하지 못했다.

"귀족적인 영국의 정치형태가 최선의 방법이다."

또 독립된 각 주의 특권은 마땅히 타파하고 그 주들의 권리를 축소해서라도 중앙정부를 강화해야 한다고 주장했다.

그는 대중이 갖고 있는 근본적인 상식이나 분별력, 선의 등을 믿지 않았다.

"대중은 거칠고 변덕스러우며 옳은 판단과 결정을 내리지 못한다."

이런 인간의 본성을 불신한 것은 버지니아 대표인 제임스 매디슨도 마찬가지였다.

그는 해밀턴이 쓴 표현보다는 다소 부드럽게 인간성에 대한 자신의 비판적인 견해를 피력했다.

"사람들이 천사 같다면 정부라는 것이 전혀 필요하지 않을 것이다."

그 역시 '헌법의 근본적인 기능은 다수파의 압박으로부터 소수파를 보호하는 데 있다.'고 생각했다.

이러한 분위기 속에서 어떤 형태의 중앙정부를 세울 것인가에 대한 논의의 토대가 된 것은 에드먼드 랜돌프가 제출한 이른바 '버지니아 안'이었다. 이 안의 골자는 중앙정부를 입법, 사법, 행정부로 나누고, 국민에 의해 선출되는 하원과 상원으로 구성된 입법부가 행정부와 사법부의 관리들을 임명하도록 하는 것이었다. 그리고 입법부에서 각 주가 배당받은 의석수는 자유민의 수와 세금 부담액에 비례하도록 되어 있었다. 주의 인구가 많을수록 유리한 것으로 정부의 토대를 주가 아닌 국민전체에 두려는 국민주의적인 입장이었다.

이에 반해 윌리엄 패터슨은 '뉴저지 안'을 발표했다.

"주의 크고 작음에 관계없이 연방 안에 있는 모든 주에게 동등한 권한을 주어야 한다."

또한 알렉산더 해밀턴의 안은 대통령 중심제의 정부를 세우자는 것이었다. 그가 생각한 대통령직은 종신직이며, 의회가 제정한 법에 대해 거부권을 행사할 수 있었고, 주지사도 임명할 수 있는 권한을 가진 강력한 것이었다. 그는 매우 강력한 중앙집권적 정부를 원했다.

의견 대립이 심각해지면서 회의 분위기가 거칠어지자 원로격인 프랭클린은 가끔씩 회의장 분위기를 조정했다.

"우리는 상의하기 위해 모인 것이지 싸우기 위해 모인 것이 아닙니다."

회의가 몇 주째로 접어들었을 때 무더위가 찾아왔다. 생리적 현상으로 어쩔 수 없이 긴장이 풀리고 대표위원들의 머리도 멍하게 되니 의사 진행이 제대로 이루어지지 않았다. 이에 벤저민 프랭클린이 자리에서 일어나 다음과 같은 내용의 유명한 연설을 하

고 이렇게 제안하였다.

> **벤저민 프랭클린** 프랭클린은 외교, 정치, 법률 등 다양한 분야에서 미국 독립에 많은 힘을 기울였다.

"지금까지 4~5주간이라는 오랜 시간을 허비하면서 겨우 이 정도의 결과밖에 올리지 못한 것은 인간의 판단력이 완전치 못하다는 확실한 증거라고 생각합니다. 현재 우리들은 자신의 정치적 지혜가 부족하다는 사실을 통감해야 합니다. 왜냐하면 지금 어둠 속에서 정치적 진리를 찾아내려 하고 있다는 것이 솔직한 현재의 상황이기 때문입니다. 대표위원 여러분, 우리들이 지금까지 단 한 번이라도 겸허한 태도로 '광명의 아버지' 인 신에게 지혜와 빛을 주십사고 기도한 적이 있습니까? 위원 여러분, 나는 오랫동안 이 세상을 살아왔습니다. 그리고 오래 살면 살수록 '신은 인간의 크고 작은 모든 일을 살피고 계신다.' 는 진리가 거짓이 아니라고 느끼고 더 나아가 그런 사실을 확신하는 체험을 여러 번 했습니다. 그래서 나는 비록 한 마리의 생쥐라도 신의 허락 없이는 이 땅에 태어날 수 없을 것이라 여기고 있습니다. 하물며 거대한 제국이야 신의 도움 없이 어떻게 영화를 누릴 수 있겠습니까! 대표위원 여러분, 이제부터는 의사 진행에 앞서 위원 전원이 모두 기도를 드리도록 합시다."

프랭클린의 제안은 결국 부결되고 말았지만, 그것은 대표위원들이 신에 대한 기도를 불신해서라기보다는 그 자리에서 기도를 올릴 마음의 여유가 없었기 때문으로 여겨진다.

회의가 진행되면서 대부분의 위원들은 기본 원칙에는 합의했다. 기본원칙의 골자는 다음과 같았다.

첫째, 연합헌장을 폐기하고 새 헌법을 제정한다.

둘째, 이 회의에서 제정된 헌법하에 세워지는 정부는 삼권분립에 입각하여 입법, 사법, 행정의 3부를 둔다.

셋째, 새롭게 세워지는 입법부는 세금 징수, 무역, 국방, 외교 그리고 국민복지에 있어서 각 주들이 처리하기 어려운 국가 차원의 문제들에 관하여 입법권을 가진다.

넷째, 그간 연합회의가 부담하기로 되어 있던 모든 부채는 새 정부가 인수한다.

다섯째, 각 주의 주권은 앞으로 크게 제한을 받게 된다.

그리하여 회의 분위기가 상당히 거칠어졌음에도 불구하고 대표들은 새로운 타협 방식을 모색하였다. 상하 양원으로 구성되는 입법부를 조직하되, 상원은 모든 주가 동일하게 2명의 의원을 보낼 수 있도록 하고, 하원은 각 주의 인구비례에 따라 의원수를 결정하는 것이었다. 이때 하원의 의원수를 산출하는 인구 계산은 5명의 흑인을 3명의 백인으로 간주하여 흑인 수가 많은 남부에 유리한 방향으로 결정이 내려졌다. 이 밖에 상원에는 외국과의 조약에 대한 발의권을 준 것도 타협의 하나였다. 결국 의회는 주 상호 간의 타협과 남북 지역 간의 타협으로 결정했음을 알 수 있다.

한편 헌법은 행정부의 권한을 연방과 주에 균등하게 배분하여 어느 쪽도 다른 쪽을 마음대로 할 수 없게 하였다. 행정부의 책임자인 대통령은 각 주의 상하 의원을 합친 수만큼의 선거인들이 선출하되, 선거인 선출 방식은 각 주의회에서 결정하게 하였다.

대통령을 선출할 때 각 주에서 선출된 선거인들은 2명의 후보에게 투표하여 그중 가장 많은 표를 얻은 자를 대통령으로 하고, 차점자가 부통령이 되도록 정하였다. 선거인이 투표한 2명의 후보 중 1명은 반드시 다른 주의 후보자이어야 했다. 그리고 대통령으로 선출되기 위해서는 반드시 선거인 과반수 이상의 지지를 얻어야 했다. 만일 후보 중 아무도 과반수를 얻지 못하면 하원에서 재투표하도록 했다. 대통령의 임기는 4년이며 재선 횟수에 제한은 없었다.

연방 내의 모든 주들은 한 사람의 의사에 의하지 않고 반드시 합의체를 두어 모든 것을 결정하는 공화제 정부를 가지도록 규정하여 군주제의 부활을 방지했다. 뿐만 아니라 새로운 주가 연방에 가입하는 것은 가능하나, 이미 연방에 가입된 주에서 영토를 분할하여 새로운 주를 만들거나 다른 몇 개의 주들이 서로 합병하는 것도 금지하였다.

또한 노예 제도에 관하여는 1808년까지 존속을 인정하였다. 마지막으로 이러한 헌법의 효력에 관해서는 반드시 13개 주 중 9개 주 이상의 비준을 받아야만 그 효력이 발생할 수 있게 하였다.

제헌회의에서 헌법 초안이 완성되자 원로격인 벤저민 프랭클린은 다음과 같은 예언을 해 주목받았다.

"이 헌법은 확실히 많은 결점을 포함하고 있지만, 앞으로 이보다 나은 헌법을 만들 수는 없을 것이다."

프랭클린의 예언은 정곡을 찌른 것이라는 평을 받는다. 철학자인 알프레드 노스 화이트헤드는 아메리카 헌법에 대해 다음과 같이 지적했다.

"공화국의 창립자들은 어떠한 정치이념을 헌법에 주입해야 하는가 하는 종합적인 문제를 확실히 파악하고 있었다. 그래서 세부적인 문제의 해석은 후세의 판단에 맡겼던 것이다. 이 방법은 전반적으로 보아 주목할 만한 좋은 결과를 거두었다고 할 수 있다. 내가 아는 한도에서 유사 이래로 서구에서 집권자가 일국의 역사적 운명을 의식적으로 조종했다고 보이는 시대는 고작 세 번 정도에 불과하다. 즉 페리클레스 시대의 아테네, 아우구스티누스가 지배한 로마, 그리고 당신들 부조(父祖)들이 세운 아메리카 합중국 정도이다."

헌법 비준을 둘러싼 대립

진통 끝에 만들어진 헌법 초안은 이제 비준 절차를 거쳐야 했다. 이를 위해 연합회의는 헌법 초안을 각 주로 발송하였고, 각 주에서는 '헌법의 비준은 각 주의 입법회의가 아니라 특별히 소집된 비준협의회의 심의에 의한다.'는 규정에 따라 협의회를 소집했다. 각 주마다 회의 시작부터 열띤 논쟁이 벌어졌다.

새 헌법에 찬성하는 쪽은 연방주의자, 반대하는 쪽은 반연방주의자라고 불렀다. 대표적인 연방주의자는 젊음과 지성에 넘치는 알렉산더 해밀턴, 제임스 매디슨, 존 제이 등이었다. 반연방주의자로는 패트릭 헨리, 조지 클린턴, 리처드 헨리 리가 유명했다.

이들은 대중의 지지를 얻기 위해 열띤 선전 활동을 벌였다.

각 주의 비준협의회 결과는 차츰 연방주의자들에게 유리하게 흘러가고 있었다.

1787년 12월, 델라웨어가 만장일치로 비준을 마친 데 이어 펜실베이니아가 비준을 마쳤다. 뒤이어 1788년 6월까지 9개 주가 비준을 마침으로써 헌법은 효력을 발휘할 수 있게 되었다. 그러나

13주 가운데 가장 크고 영향력이 있었던 버지니아와 뉴욕이 비준을 마치지 않았기 때문에 새 정부를 출범시킬 만한 완전한 여건은 마련되지 못한 상태였다.

연방주의자들과 반연방주의자들과의 대립이 너무 팽팽하게 맞서고 있었기 때문에 버지니아와 뉴욕에서는 비준이 그리 간단하지 않았다.

권리장전 개인의 자유를 보호하기 위한 10개 조항으로 이루어진 권리장전.

비준에 반대하는 사람들이 문제 삼은 내용 중 하나는 연방의 통상규제권이었다. 그들은 이것이 북부의 상공업자들에게 유리하게 운영되지 않을까 우려했다. 그러나 마지막 투표에서 89대 79로 비준에 성공하였다.

뉴욕에서도 처음에는 비준을 반대하는 측이 압도적이었다. 그러나 해밀턴이 끈질기게 설득하고, 다른 주들이 비준을 마치자 마침내 1788년 7월, 뉴욕에서도 30대 27로 헌법이 비준되었다.

이 과정에서 연방정부가 개인의 자유를 침해할 경우에 대책이 없다는 것이 헌법의 결함으로 지적되었다. 그러자 제임스 매디슨의 주도하에 10개 조항으로 이루어진 권리장전이 헌법에 덧붙여졌는데, 이것은 흔히 수정헌법으로도 불리운다.

첫째, 연방은 개인 신앙의 자유를 인정하고 국교 제도를 도입하지 못한다.
둘째, 연방은 국민의 언론, 출판, 집회, 청원의 자유를 축소시키지 못한다.

셋째, 국민은 무기를 휴대하고 무기를 들 수 있는 권리를 갖는다.

넷째, 국민은 부당하게 수색이나 체포를 당하지 않을 권리가 있다.

다섯째, 어떠한 사람도 법의 정당한 절차없이는 생명, 자유, 재산을 빼앗기지 않는다.

여섯째, 어떠한 사유재산도 정당한 보상없이 공익을 위해 강제로 사용될 수 없다.

일곱째, 고소당한 사람은 공정한 배심원들에 의해 신속하고도 공개적인 재판을 받을 권리를 가진다.

여덟째, 지나치게 많은 보석금이나 벌금을 부과하거나 잔인하고 전례가 없는 가혹한 처벌을 하지 못한다.

아홉째, 헌법구조에 대한 원칙을 고수한다.

열번째, 헌법에 의해 연방정부에 구체적으로 위임되지 않은 권한은 각 주나 그 주민에게 속한다.

존 제이 존 제이는 대표적인 연방주의자로 연방 헌법 비준에 많은 영향을 끼쳤다.

헌법이 수정되고 마지막까지 반대하던 노스캐롤라이나가 대통령 취임 후인 1789년 11월에, 그리고 제헌회의에 대표조차 파견하지 않았던 로드아일랜드가 1790년 5월에 어렵게 비준을 마침으로써 아메리카 독립 혁명 일막이 평화적으로 종지부를 찍게 되었다. 이로써 아메리카 합중국의 역사를 통해 가장 활동적이고 파란만장했던 4분의 1세기가 막을 내렸다. 비록 괄목할 만한 사회적 변화를 야기시키지 못한 시기였지만, 오랜 전쟁 끝에 아메리카가 식민지의 종속적 지위에서 연방국가로 독

헌법 비준에 동의하는 장면 13개주의 대표가 모여 헌법의 비준에 동의하고 있다.

립적인 지위를 확립한 정치적 전환기였다. 연방헌법은 이러한 정치적 창건기에 활약한 모든 사람들이 후세에 남긴 최대의 업적인 동시에 천재의 손에서 만들어진 하나의 작품이라고 해도 과언이 아닐 것이다.

연방헌법은 그 이전 모든 정치학자가 불가능하다고 생각했던 사실—개인 각자가 주권을 가지는 각 주를 구성단위로 하여 연합통일체를 조직하는 일—을 가능케 했다. 또한 통일성과 다양성을 양립(兩立)시켜 연방주의의 원칙을 실제로 운용했다는 사실은 유사 이래 자유를 찾기 위하여 합중국이 행한 가장 독창적인 공훈임에 의문의 여지가 없다. 그러나 과연 연방헌법이 아무런 장애를 받지 않고 그 효력을 발휘할 수 있을 것인가? 당시 어느 누구도 해답을 알 수 없었다.

워싱턴 행정부의 출범

새로운 헌법에 따라 1789년 1월에 총선거가 실시되어 연방의회가 구성되었다. 각 주에서 선출된 선거인들은 뉴욕에 모여 버지니아 출신의 조지 워싱턴을 대통령으로 선출하고, 부통령에는 차점자인 매사추세츠 출신의 존 애덤스를 뽑았다.

1789년 4월, 조지 워싱턴은 마운트버논에서 말을 타고 대통령 취임식이 거행될 뉴욕으로 향하고 있었다. 가는 도중 그는 트렌턴에 모인 많은 소녀들로부터 꽃다발 세례와 대대적인 환영을 받았다. 뉴욕에서 그는 군중의 갈채와 환호 속에 파묻혔다. 이때 만약 위대한 워싱턴이 아닌 평범한 사람이었다면 아마도 자신을 신과 같은 존재로 생각했을 것이다. 그러나 워싱턴은 자기 자신이나 주변 상황에 결코 환상은 가지지 않았다. 오히려 그는 녹스 소장에게 보낸 편지에서 '망망대해와도 같은 끝없는 바다에서 자신 있게 키를 잡을 정치적 능력이나 재질, 그리고 체력이 모두 모자란다.'고 술회했다.

1789년 4월 30일 아침, 당당한 풍채를 자랑하는 합중국의 초대 대통령 워싱턴은 월가가 보이는 연방홀의 발코니에서 엄숙하게 선서하였다.

"나는 합중국의 대통령으로서 그 직무를 충실히 이행함은 물론 능력이 미치는 한 우리가 제정한 합중국 헌법을 보존하고 수호할 것을 엄숙히 선서합니다."

이 엄숙한 선서를 시작으로 아메리카 합중국 정부가 정식으로 출범했다. 대통령 워싱턴은 총사령관 시절의 워싱턴과 같이 견

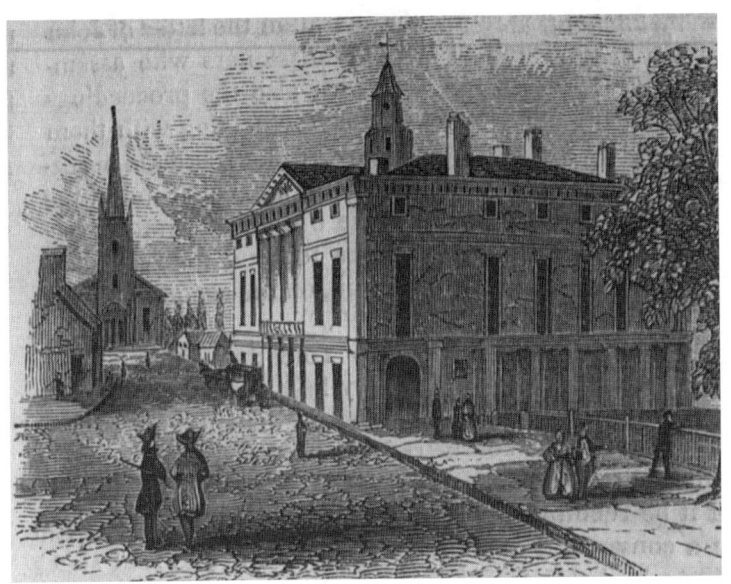

연방홀 초대 대통령 워싱턴이 첫 선서를 한 뉴욕 연방홀

실한 모습을 보여주었다. 그는 규칙적이고 매사에 지나치리만치 세심하고 신중한 노력파였다. 그의 성격은 '성서와 어린이'라는 유명한 일화에서도 전해지고 있다.

　워싱턴이 대통령직을 수행하던 어느 날, 어떤 시골 길가에 있는 초라한 식당에서 식사할 기회가 있었다. 수행원 한 사람만을 대동한 그는 테이블에 앉아 음식을 시켰다. 식사를 기다리며 워싱턴이 창밖 멀리 펼쳐진 눈 덮인 산의 정경을 즐기고 있을 때였다. 갑자기 주방 쪽에서 어린애 목소리가 들려왔다.

　"엄마! 성서는 언제 사주실 거예요?"

　"시끄럽다. 엄만 지금 식사 준비 중이니 밖에 나가 놀아라."

　그러나 어린애는 계속해서 응석을 부렸다.

　"난 성서가 갖고 싶어. 성서가 없으면 교회에도 못 간단 말야. 성서가 없는 사람은 나 혼자뿐이야."

아이는 엄마의 치맛자락을 붙잡고 졸라댔다. 사실 그 당시는 성서뿐만이 아니라 책이란 것이 귀했고, 값도 비쌌다.

엄마는 난처했다.

"너는 왜 그렇게 철이 없니? 성서는 못 사주지만 이따가 우리 마을에 워싱턴 대통령이 오신다고 했으니 같이 구경가자."

"싫어! 나는 대통령보다 성서가 더 갖고 싶은 걸!"

아이는 그만 울음을 터뜨렸다. 그때 워싱턴이 아이를 불렀다.

"너의 이름이 뭐지?"

"네, 저는 톰이예요."

"나이는?"

"열한 살이요."

"착한 아이로구나. 아저씨가 부탁할게. 어머니를 너무 괴롭히면 못 쓴다."

"…."

아이는 부끄러운 듯이 고개를 숙이고 안으로 들어갔다.

다음날, 이 초라한 식당에 소포가 하나 배달되었다. '톰에게'라고 쓰여 있었으나 보낸 이의 이름은 없었다.

"누구지? 누가 보낸 것일까?"

어머니와 톰은 소포를 풀었다. 성서였다. 누가 보낸 것인지 도무지 짐작이 가질 않았다. 톰은 급히 책을 펼쳤다. 순간 톰도 어머니도 놀랐다.

거기에는 '조지 워싱턴으로부터'라고 쓰여 있었다.

이런 그가 국가적 차원의 여러 일에 대해서는 어느 정도로 세심했을까 하는 것은 짐작하고도 남을 일이었다.

한편, 대통령직 초기에 호칭을 '워싱턴 씨'라고 할 것인가 혹은 '대통령 각하'라고 부를 것인가 등 의견이 많았다. 상원의원 일부는 공식 칭호를 '자유의 수호자, 합중국 대통령 각하'로 하자고 제안했다.

그러나 너무 전제적인 냄새가 풍긴다고 해서 하원에서는 '합중국 대통령'이라고 결정하였다. 워싱턴도 만족스럽게 생각했다.

"이 문제가 결정되어서 기쁘다. 이 문제는 더 이상 거론하지 않기 바란다."

또한 부통령 존 애덤스는 대통령이 상원에 임석한 경우 자신이 어떻게 처신해야 할 지 염려했다.

"그때 나는 어디에 앉으면 좋을지 상원의원 여러분이 생각해 주기 바란다."

두 사람이 나란히 앉되 같은 크기의 의자에 앉기로 결정하고, 호칭도 '명철한 부통령'이라고 부르기로 결정하였다.

다른 한편으로 의회는 새로운 정부 운영에 필요한 기구, 즉 국무성, 재무성, 국방성을 설치하였고, 워싱턴은 국무장관에 토머스 제퍼슨, 재무장관에는 독립 전쟁 중 자신의 보좌관이었던 알렉산더 해밀턴, 그리고 국방장관에는 헨리 녹스를 임명하였다. 또 의회는 정부운영에 필요한 재정을 확보하고, 국민의 통상을 보호하기 위해 외국으로부터 수입되는 물품에 관세를 부과하는 동시에 외국 선박에 대해 선박세를 부과하였다.

그리고 연방 사법부를 조직하여 대법원장 존 제이를 비롯한 5명의 대법원 판사로 구성되는 대법원을 비롯하여 3개의 순회법원과 13개의 지방법원을 설치했다. 이렇게 해서 일단 정부의 기본 골격이 갖추어졌다.

알렉산더 해밀턴의 활약

새 정부의 성격 결정에 중요한 역할을 했던 사람은 재무장관인 알렉산더 해밀턴이었다. 워싱턴 대통령이 첫 임기 중에 중요한 일은 모두 이 젊은 재무장관에게 맡겼기 때문이었다. 뉴욕 출신의 연방주의자 해밀턴은 신생국이 살아남기 위해서는 농업, 공업, 상업이 균형있게 발전해야 하며, 자급자족적인 경제체제가 이루어져야 한다고 생각했다. 이를 위해 그는 연방정부가 적극적인 역할을 담당해야 한다고 믿었다.

그는 1790~1791년 사이에 제출한 '공신력에 관한 보고서'에서 다음과 같이 주장했다.

"연방정부는 외국에 약 1천 2백만 달러, 국내에 4천 2백만 달러의 부채를 가지고 있고 각 주의 채무 총액은 약 2천 1백만 달러나 된다. 그러므로 신생 공화국 정부가 공신력을 갖기 위해서는 무엇보다도 먼저 이러한 부채를 청산해야 한다. 이를 위해 연방정부는 우선 각 주의 채무를 포함한 모든 채무를 동액의 국채와 교환해야 하며 이 모든 부채는 공동의 목적을 위해 일하던 과정에서 생긴 것이니만큼 그 이자까지도 연방정부가 지불해야 한다."

그는 또 '제조업에 관한 보고서'에서 다음 사항을 역설했다.

"미국의 장래는 상공업을 얼마만큼 보호, 육성할 수 있느냐 하는 것에 달려 있다. 이를 위해서는 중앙정부의 강력한 권위에 의해 통일된 경제 정책을 일관성 있게 추진하는 것이 필요하다."

이러한 주장에는 워싱턴 정부의 정치적인 목적도 있었다. 해밀턴은 새로운 연방정부가 지속적으로 유지되려면 여러 계층 가운데에서도 가장 영향력이 큰 유산 계급의 지지를 받는 것이 반드시 필요하다고 생각했기 때문이다. 그러므로 해밀턴은 강력한 중앙정부의 수립을 바라고 있었고, 상공업의 육성·발전이라는 자신의 경제 정책과 직접적인 관련이 있는 금융가들의 요구를 따르려 했다. 그들의 이익이 곧 국가 전체의 이익이 된다고 생각했기 때문이다.

그러나 해밀턴의 주장은 처음부터 커다란 반발을 샀다. 각 주들의 채무를 연방정부가 인수해야 한다는 그의 주장에 대해 농민들과 그 대표들이 완강히 반대했다. 왜냐하면, 만약 해밀턴의 주장대로 전쟁 당시 대륙회의와 각 주들이 팔았던 채권을 연방정부가 액면가 그대로 다시 사들인다면, 농민들이 피해를 보기 때문이다. 채권이 처음 발행되었을 때 그것을 샀던 사람들은 주로 농민들이었다. 그러나 시간이 경과하면서 채권은 채권 수집가인 부유층들에게 헐값으로 넘어갔다. 그러므로 연방정부가 현재의 채권 소유자들에게 액면 그대로 상환하려는 정책은 재산가와 금융가들에게 유리한 것이었다.

농민들은 곧바로 반발했다.

"우리는 연방정부가 그것을 갚는데 필요로 하는 만큼의 세금을 또 내야 한다. 그러면 결국 우리에겐 이중 부담이 되는 것이니 결사반대다."

알렉산더 해밀턴 미국 제헌 회의에 참여했으며 미국의 초대 재무장관을 역임하였다.

특히 농업 지대의 남부 주들은 일방적으로 세금 부담을 안겨줄 채무 인수 정책을 극렬히 반대했다.

반대에도 불구하고, 해밀턴의 채무 인수 법안은 의회에 제출되었다. 그러나 이 법안은 남부 세력과 농업 세력이 강한 하원에서 찬성 29표, 반대 31표의 2표 차이로 부결되고 말았다.

하지만 해밀턴은 쉽사리 포기하지 않았다. 모자라는 2표를 얻기 위해 남부의 농업 세력을 대변하는 제퍼슨측에게 흥정을 제의했다. 그것은 연방의 수도를 둘러싼 흥정이었다. 당시 해밀턴의 채무 인수 법안을 반대하는 선봉에 섰던 펜실베이니아와 버지니아는 명예와 실리 때문에 수도를 제각기 자기 주에 끌어가려고 하였다. 이것을 이용하여 해밀턴은 제퍼슨과 저녁식사를 하게 된 자리에서 이렇게 제의했다.

"만약 버지니아 대표가 채무 인수 법안에 찬성한다면 수도를 남부에 가까운 포토맥 강변에 설치한다는 안에 북부가 찬성토록 하겠소."

거래는 성립되었고 남부측은 연방의 수도를 뉴욕으로부터 워싱턴으로 옮긴다는 조건으로 채무 인수 법안에 동의하였다. 이제 부유한 채권 소유자들은 연방정부로부터 채무에 대한 상환금과 이자를 받게 되었고, 그것을 다시 기업자금으로 활용할 수 있게 되었다.

한편, 재무장관 해밀턴의 상공업 육성 정책은 영국의 잉글랜드 은행과 같은 중앙은행을 합중국에 설치하려는 시도에서 구체화되었다. 이것은 반드시 필요한 일은 아니었다. 기존의 사설은행을 정부가 지원해도 될 일이었으나 해밀턴은 상업자금과 장차 소요될 공업자금을 중앙의 국립은행에 의존하게 되면 연방정부의 권한이 훨씬 강화될 수 있다고 생각했으므로 계속 이 계획을 밀고 나갔다.

여기에도 반대가 따랐다. 헌법상 연방정부가 은행을 설립할 수 있는 권한이 없다는 점을 들어 제퍼슨측에서 중앙은행 설립에 제동을 걸었다. 그러자 해밀턴은 헌법에는 은행 설립에 관한 구체적인 문구는 없지만 권한에 관한 사항에 그 내용이 포함되어 있다는 이론을 제기하였다.

"합중국 헌법은 헌법에 열거된 권한을 행사하는 데 필요한 모든 법률의 제정을 연방정부가 할 수 있도록 규정하고 있다."

이 이론은 편리했지만 위험천만한 일이었다. 누구나 원하는 대로 헌법을 확대해석하는 결과를 초래할 수 있기 때문이었다. 제퍼슨은 강력히 항변했다.

"중앙은행이 설립·운영되면 편리할지 모르나 그 성과는 불확실하므로 토론의 여지가 있소. 그러니 그것이 꼭 필요하다고 단정할 수 없을 뿐 아니라 헌법에 위배되는 것이 분명하오."

그러자 해밀턴은 반박하고 나섰다.

"필요하다는 것은 반드시 없어서는 안 된다는 것을 뜻하는 것이 아니라, 그것이 유용하다는 것을 뜻합니다."

이런 논쟁 속에 워싱턴은 해밀턴을 지지하는 결재를 내려, 1791년 2월 25일, 1천만 달러의 자본금으로 중앙은행인 합중국 은행이 설립되었다. 설립자본의 5분의 4는 민간투자로 이루어졌고, 설립허가 기간은 20년으로 정하였다. 이에 미국의 상인과 금융가들은 상호 간에 지속적이고 믿을 수 있는 신용 제도를 확립할 수 있는 기틀을 마련한 셈이었다.

그런데 워싱턴 대통령의 측근에 있던 해밀턴과 제퍼슨 사이에서는 몇 가지 재미있는 점들이 발견된다.

두 사람은 출신 성분은 물론 인간에 대한 정의부터가 서로 상반되었다. 해밀턴은 '인간은 커다란 짐승이다.'라고 정의한 반면 제퍼슨은 '생각하는 육체'라고 정의하였다. 따라서 해밀턴은 강력한 정부가 필요하다고 주장하였고, 제퍼슨은 본래 선한 인간을 사회가 타락시킨다고 생각하여 정부는 될 수 있는 한 무력해야 한다고 주장하였다.

성격이 완고하고 열성적이었던 해밀턴은 무질서를 미워한 반면 대범하고 친절을 미덕으로 삼던 제퍼슨은 인간 생활의 조그만 난동 정도는 자연의 비바람처럼 여기는 타입이었다. 그러나 해밀턴은 낭만주의자였고, 자신을 이상주의자로 생각했던 제퍼슨은 현실주의자였다. 그 점은 해밀턴은 은행가의 지지를 얻으려고 애썼고, 제퍼슨은 농민의 지지를 원했다는 사실에서 드러난다. 세상에 은행가보다 농민의 수가 엄청나게 많다는 것은 극명한 현실이었다. 한마디로 해밀턴은 이론가였고 제퍼슨은 정치가였다.

동 시대에 심히 상반되는 이 두 사람의 틀 안에서 심한 불편을 느끼지 않고 일할 수 있었다는 것은 초기의 헌법이 상당한 융통성과 탄력성을 내포하고 있었다는 점을 보여준다.

위스키 반란

합중국 은행이 설립된 해에 해밀턴은 세수입을 늘리기 위해 각종 상품에 물품세를 부과했는데 그중 위스키가 문제를 일으켰다.

해안으로부터 멀리 떨어져 있는 서부 지역 오지의 농민들은 유통에 어려움을 겪고 있었다.

"우리가 생산한 곡물을 도시까지 운반하기엔 거리가 너무 멀어 손실이 많으니 다른 좋은 방법을 강구해 봅시다."

이들은 궁리 끝에 곡물을 이용하여 위스키를 만들어 운반하는 방법을 강구해냈다. 그러나 정부가 이 지역 농민들의 생명줄과 같은 위스키에 물품세를 부과한 것은 불만거리가 될 수밖에 없었다. 그들은 이 과세가 식민지 시대에 아메리카의 전 식민지를 격노케 했던 영국의 '인지세법'처럼 부당한 것으로 받아들였다. 마침내 그들은 관세거부와 더불어 1794년 서부 펜실베이니아를 중심으로 폭동을 일으켰다. 펜실베이니아의 성난 양조업자들은 피츠버그로 진격하여 연방정부 관리들과 대치하였다.

"남아도는 옥수수와 호밀을 사주든지, 그렇지 않으면 위스키에 부과한 세금을 철회하라!"

이른바 '위스키 반란'이 일어난 것이다. 농민들은 이 반란을 식민지 시대 주민들이 영국 의회에 반항한 것이나 다름없이 정당한 것으로 생각하였다. 이 반란은 그리 흉폭하지 않았고 오래 지속되지도 않았으나 워싱턴은 이 기회에 한번 연방정부의 실력을 보여줄 필요가 있다고 판단하여 해밀턴의 제안대로 4개 주로부터 1만 5천 명의 민병대를 동원하였다. 워싱턴은 다니엘 모건, 헨리 두 장군과 알렉산더 해밀턴으로 하여금 민병대를 거느리고 험준한 앨리게니 산맥을 넘어 반란을 진압토록 하였다.

민병대가 현지에 접근하자 폭동의 지도자 대부분은 도망쳤고 주모자 2명이 체포되어 반역죄로 사형까지 언도되었으나 대통령의 중재로 처형되지는 않았다. 결과적으로 워싱턴 행정부는 피 흘리지 않고 반란을 진압하여 연방정부의 위신을 유지하는 데 성공하였다. 그러나 제퍼슨파는 여전히 해밀턴의 경제 정책을 비난하였다.

"연방정부의 경제 정책은 국가의 부를 소수 특권 계급에게 집중시킴으로써 국민 다수를 곤경에 빠뜨리고 있다."

프랑스 혁명과 중립 선언

1792년 합중국의 초대 대통령 임기가 거의 끝날 무렵 워싱턴은 재출마를 거부하고 사퇴의 뜻을 굳혔으나 해밀턴과 제퍼슨의 강력한 권유를 받아들여 출마를 승인하였다. 워싱턴의 재선은 전 국민의 열망 속에 실현되었고 부통령의 자리는 애덤스가 다시 차지하게 되었다. 이 무렵 해밀턴의 재정 정책은 격렬한 공격을 받은 반면 제퍼슨파의 세력은 차츰 커지고 있었다. 주목할 일은 절대 다수의 하원 의석을 제퍼슨파가 차지했다는 점이었다.

한편, 워싱턴이 초대 대통령으로 취임한 1789년에 유럽에서는 프랑스 혁명이 일어났다. 아메리카인들은 아메리카에 이어서 유럽에 신생 공화국이 탄생하는 것을 매우 호의적이고 동정적인 눈으로 바라보고 있었다. 그러나 1793년, 프랑스가 루이 16세를 단두대로 보내고 공포정치를 실시한 데 이어 영국과 전쟁을 벌이자 합중국은 중대한 외교 문제에 직면하게 되었다.

당시 프랑스는 합중국과 동맹조약을 맺고 있었다. 1778년에 체결한 프랑스와의 통상동맹조약에서 만약 외국이 프랑스령인 서인도 제도를 공격할 경우 합중국은 이들 섬을 방위함은 물론 프랑스에 대하여 합중국의 항만을 사용토록 한다고 약속했던 것이다. 따라서 영·프 전쟁이 확대되어 영국 해군이 프랑스령 서인도 제도를 공격하고, 프랑스가 아메리카에 조약 이행을 촉구할 경우 아메리카가 조약 위반이라는 항의를 받지 않으면서 이 요구를 거절할 수 있을 지의 여부는 커다란 의문이 아닐 수 없었다.

1793년 4월 1일, 합중국은 이 조약을 재검토했다. 워싱턴은 프랑스에 동정적이었으나 국가의 기초가 아직 확고하지 않은 상태에서 자칫 유럽의 분쟁에 휘말리고 싶지 않았다.

해밀턴은 다음과 같이 주장했다.

"1778년에 체결된 조약은 합중국과 프랑스 국왕 사이에 체결된 것이므로 국왕이 이미 존재하지 않는 상태에서 국왕을 처단한

프랑스 왕정의 붕괴
프랑스 혁명으로 시민군이 봉기하고 루이 16세를 비롯한 왕족들은 처형을 당하는 등 프랑스는 매우 혼란스러운 상태였다.

프랑스 혁명 혁명에 참가한 파리의 국민위병군과 시민

사람들에게 외교권이 승계되었다고 인정할 수 없다."

다시 말해서 조약의 효력정지 선언을 해야 한다는 주장이었다.

제퍼슨은 반대 입장을 표명했다.

"프랑스 혁명은 지금까지 인류가 행한 가장 신성한 행위이다. 이미 체결된 조약은 아메리카 합중국 국민과 프랑스 국민 간에 체결된 것이므로 조약의 의무를 회피해서는 안 된다."

서로 상반된 의견에도 불구하고 전쟁 불개입이라는 정책에는 이견이 없었다. 1793년 4월 22일, 대통령은 다음과 같은 중립 선언을 발표하였다.

"아메리카 합중국은 어떤 교전국의 편도 들지 않는다."

그런데 당시 합중국 안에는 두 개의 대립된 견해가 존재하고 있었다. 하나는 영토확장론자와 프런티어 농민의 생각으로 아메리카 대륙에서 모든 외국 세력을 몰아내야 한다는 것이었다. 당시 프런티어였던 북서부 오대호 지방에는 영국의 모피거래소와 군대가 주둔하고 있었으며 인디언을 조종하여 끊임없이 아메리카 이주민들의 진출을 방해하고 있었다.

또 남부와 남서부에서는 스페인 세력이 여전하여 미시시피 강의 항해권에 관한 합중국측 제안을 거부해 프런티어 농민을 위협했다. 따라서 영국과 스페인에 대한 정부의 적극적 외교 정책이 강력히 요구되는 실정이었다.

이에 대립하는 또 한 가지 견해는 동부의 상인·무역업자들의 생각으로 그들은 대부분 한정된 소 지역의 영토에서만이 합중국의 안전과 발전을 기대할 수 있다는 것이었다. 영토의 확장은 돈을 필요로 하는 전쟁을 부르고, 농업의 진흥은 무역상의 이익을 희생함은 물론 동부에서의 땅값 하락과 노동력의 부족을 초래한다는 생각이었다. 따라서 이들은 정부에 대외무역 진흥 정책을 요구하였다.

그런데 워싱턴의 중립 선언은 우연히도 이 대립된 쌍방 모두를 만족시켰다. 무역업자들은 중립무역으로 톡톡히 재미를 볼 희망에 부풀었고, 영토확장론자들은 유럽 제국이 그들의 전쟁에 급급하여 아메리카에 손을 쓸 여유가 없을 것이라고 생각하게 되었다. 어쨌든 워싱턴의 중립 선언은 합중국 전체의 의견이 반영된 적절한 정책이었다.

에드몽 쥬네의 반발

워싱턴의 중립 선언이 발표된 후 파격적인 인물인 에드몽 쥬네가 주미특사로서 사우스캐롤라이나 찰스턴에 상륙하였다. 쥬네는 합중국의 항구를 영국의 무역을 방해하는 프랑스 무장선박의 기지로 사용할 수 있도록 하는 임무를 받은 자였다. 쥬네는 신임장을 제출하기 전에 국무장관 제퍼슨에게 서둘러 무장선박 조달을 요청하는 한편, 조지 로저 클라크 등 일부 영토확장론자와 결탁하여 영국령 캐나다와 스페인령 루이지애나, 플로리다를 공격할 의용병을 모집하기 시작했다. 쥬네는 이 같은 행동이 1778년에 체결된 미·프 조약에 의한 것이라고 주장했다. 그러나 재무장관 해밀턴은 이 요구를 단호히 거절하였다.

  제퍼슨은 해밀턴과 상충되는 견해를 갖고 있었지만 대통령의 의사를 받들어 쥬네의 활동을 금지하였다. 그리고 그를 반대하지 않을 수 없는 국무장관으로서의 입장과 신뢰에 대한 보답을 하려는 시민으로서의 제퍼슨이라는 두 입장 속에서 가능한 한 분별력 있는 행동으로 사태를 수습하려고 노력하였다.

  아메리카 정부로부터 아무런 원조도 얻을 수 없음을 확인한 쥬네는 대통령을 제쳐 놓고 미국민들에게 직접 호소하겠다고 용감하게 선언하였다. 그는 워싱턴이 참수당하는 모습이 그려진 'G-W-의 죽음'이라는 판화를 출간했다.

  존 애덤스를 비롯한 몇몇 사람들은 쥬네가 주도한 폭동이 미국 정부의 직접적인 간섭을 유발하고, 그로 말미암아 프랑스와의 전쟁이 불가피할지도 모른다는 불안감을 느끼게 되었다. 그런가

하면 반대파의 입장에서 프랑스 혁명을 강력하게 반대하던 해밀턴은 이러한 불안을 일소에 붙였다.

이런 가운데, 쥬네의 목소리는 점점 더 커졌다.

"나는 잠시도 쉴 사이가 없다. 폭발하는 인기 속에 나는 살고 있다. 늙은 워싱턴은 나의 성공과 내 집에 모여드는 군중들의 열광을 용납하지 않을 것이다."

그는 한 접시에 4달러나 되는 호화 만찬회를 열고, 그곳에서 〈사이라〉라는 노래를 불렀다.

"이제 나는 미국 정부를 전복할 만한 실력을 갖게 되었다."

쥬네는 이렇게 큰소리치면서 아메리카 도처에 급진적인 자코뱅 클럽을 조직하였다. 그러나 그것은 큰 착각이었다. 그의 안하무인격인 태도에 그와 상당히 친분이 있는 사람들까지도 염증을 느끼고 불만을 표시하였다.

"우리가 그를 버리지 않으면 우리도 화를 입게 될 것이다."

제퍼슨도 쥬네가 자신의 입장을 매우 난처하게 만들었다고 탄식했다.

"그들로서는 삼키기 어려운 알약일지 모르나 대통령의 전쟁 불간섭 정책을 반대할 수 없게 되었다."

쥬네가 순조롭게 무장선의 무장을 계속 진행하는 동안 미국 정부는 프랑스 정부에 그의 소환을 요청했고, 1794년에 마침내 승인을 얻었다.

얼마 후, 쥬네를 체포하여 프랑스로 송환하는 임무를 맡은 후임자 포쉐가 도착하였다. 그러자 워싱턴은 쥬네의 생명만은 구해야 한다고 생각하여 그의 인도를 거부했다.

그 후, 쥬네는 목숨을 구해준 아메리카에 귀화하여 뉴욕 지사의 딸과 결혼했으나 상처하였고, 우정장관 오스굿의 딸과 재혼해서 허드슨 강변에서 농장을 경영하며 살다가 1834년에 세상을 떠났다.

당파 간의 대립과 워싱턴의 고별사

쥬네 사건은 미국과 프랑스의 관계를 긴장시켰다. 그와 동시에 영국과의 관계도 결코 만족스러운 것은 아니었다. 영국군 부대는 아직도 서부의 요새들을 점령했고, 독립 전쟁 중 영국군이 탈취해간 재산은 아직 반환되거나 보상되지 않았다. 미국의 중립 선언에도 불구하고, 영국 해군은 미국의 교역에 훼방을 놓고 있었다. 이런 문제들을 해결하기 위해 워싱턴은 대법원장인 존 제이를 특명 전권사절로 런던에 파견했다. 그 결과 미국과 영국 사이에 이른바 '제이의 조약Jay's Treaty'이 체결되었다.

　이 조약에서 영국은 영국령 서인도 제도에서 미국 상인이 자유롭게 교역하도록 했다. 또 1796년 이전에 미국의 서부 변경 지방에서 군대를 철수시키기로 약속하였다.

　그러나 체포된 미국 선원의 석방이나 서부의 인디언 선동 중지 같은 중요한 문제에 관해서는 아무런 양보를 얻어내지 못했다. 그러므로 존 제이가 속한 연방파의 힘을 배경으로 조약은 간신히 비준되었으나, 영국과 적대적인 공화파로부터 맹렬한 비난을 받았다. 그런데 연방파마저도 이 조약이 비준되기 직전까지는 그것이 공포되는 것을 꺼렸고, 이 조약을 비꼬아 영국의 그렌빌이 승인했다는 것을 강조하는 의미로 '그렌빌 조약'이라고 불렀다. 또한 상원에서도 이 조약을 공개적으로는 지지했지만, 사적으로는 '늙은 할망구가 저지른 잘못'이라고 욕설을 퍼부은 적도 있었다. 게다가 제이의 조약 내용이 버지니아 출신의 상원의원을 통해 언론에 공개되자, 군중들은 소요를 일으켰고 제이의 인형을 만들어 사형에 처하기도 했다.

어쨌든 제이의 조약이 중립 정책을 둘러싸고 나타난 해밀턴파와 제퍼슨파의 대립을 연방파와 공화파라는 두 개의 정치적 당파 간의 대립으로 변형시키면서 그 대립의 정도가 심화되었다.

그러나 워싱턴 대통령은 이러한 당파에서 초연하려 하였고, 1792년부터 늘 은퇴를 생각하다 마침내 1796년 9월 고별사를 발표했다. 워싱턴은 당시 헌법에 대통령의 임기를 제한하는 조항이 없었음에도 불구하고 3차 임기를 위해 출마하지 않을 것을 분명히 밝혔다. 이후 미국은 루스벨트 대통령을 제외한 모든 대통령이 2차 임기를 마치고 물러나는 전통을 가지게 되었다. 국부로서의 그의 고별사는 후세 국민들에게 간곡히 당부하는 내용으로 되어 있었다.

> "새로이 출범한 연방은 반드시 유지되어야 하며, 기존의 헌법과 정부는 존중되고 복종되어야 합니다. 특히 정치적인 파벌의 위험성과 북부와 남부의 지역감정을 잘 다스려야 합니다. 또한 중요한 것은 미국이 어떤 나라와도 영구성을 띤 동맹관계에 빠지지 말아야 한다는 것입니다. 국제 사회에서는 영원한 친구도, 영원한 적도 없습니다. 그러니 미국은 가능한 한 다른 나라의 정치적 문제에 개입해서는 안 되며, 단지 통상을 대외 정책의 기본 원리로 삼아야 합니다."

존 애덤스 행정부

워싱턴의 간곡한 당부에도 불구하고 1796년의 대통령 선거전은 연방파와 공화파의 대립 속에서 거행되었다. 연방파는 존 애덤스와 토머스 핀크니를 후보로 내세웠고, 공화파는 제퍼슨과 아론 버를 후보로 내세웠다. 선거인단 투표에서 연방파의 존 애덤스가 가장 많은 표를 얻어 대통령에 당선되었고, 차점자로 공화파의 제퍼슨이 부통령이 되었다. 이로써 대통령과 부통령이 각기 다른 정당에서 나오게 되었다. 따라서 애덤스는 취임 초부터 정치적으로 많은 어려움을 겪게 되었다. 프랭클린은 애덤스를 다음과 같이 평하였다.

"항상 정직하고 이따금 위대한 면을 보여줬지만 때에 따라서는 광적인 모습을 보일 때도 있었다."

그는 연방파 내에서도 해밀턴 세력과는 불화상태에 있었고, 해밀턴은 여전히 막후의 지도자로 대통령을 조종했다. 애덤스는 워싱턴 집권 말기의 각료였던 3명을 유임시켰는데 그들은 거짓말하는 재간밖에 없는 보잘 것 없는 사람들이라는 평을 받을 정도로 구태의연한 인물들이었다.

취임식 날, 애덤스는 조지 워싱턴이 기뻐하는 모습을 보고 크게 감격하였다.

"워싱턴은 내가 당선된 것을 기뻐하는 것이 틀림없어. 저 흐뭇한 미소를 보아도 짐작할 수 있지. 그런데 깨끗하게 물러난 워싱턴! 그리고 멋지게 취임하는 나! 과연, 이 순간 누가 더 행복할까?"

애덤스는 그날 매우 만족한 기분이었다. 그의 기쁨을 감소시키는 것이 있다면 그가 겨우 3표 차로 승리했다는 점이었다.

그는 의원들이 무시하고 있다는 사실을 상상조차 못했다.

"존 애덤스는 허영심이 강하고 변덕쟁이며, 사리분별이 전혀 없다. 게다가 자신의 생각보다 훨씬 능력 없는 사람이다."

그러나 이것 역시 정당한 비평은 아니었다. 그는 총명하고 자존심이 강했으며 국가를 위해 성실히 봉사하였다. 그렇지만 그의 정치경험과 칼뱅주의에서 얻은 사상은 인간성에 대해 무척 비판적이었다.

"인간을 움직이는 것은 이성이 아니다. 그것은 바로 사리사욕이다."

그는 민주주의란 프랑스나 영국에서 그 실례를 보았듯이 그 자체가 귀족주의를 내포한다고 단언했다.

"대중에게 권력을 주면 그들은 한없는 욕구를 가질 것이고, 새롭게 생긴 귀족 계급은 지금까지 자신들이 받아왔던 대우보다도 한층 더 가혹한 보복을 저지를 것이다."

신임 대통령인 애덤스는 공화국이란 중용의 길을 선택해야 하며, 언제든지 인간 사회를 위협하는 극렬한 전제주의와 무정부주의 사이의 중도를 고수해야 한다고 생각했다. 다시 말해 그는 현실주의자였다. 그는 부유하고 권력을 가진 소수파와 가난하고 행동적인 다수파를 똑같이 두려워했다. 또한 정치가의 임무는 탐욕과 사리사욕으로부터 국가를 수호하는 데 있다고 생각했다. 그의 생각은 정치적으로 타당한 자세였으나 대중을 납득시킬 수는 없었다. 그래서 그에게는 진정한 지지자가 거의 없을 정도였다.

취임 직후 대외적인 관계, 특히 프랑스와의 관계에 있어 중대한 위기에 직면했다. 그것은 존 애덤스 행정부가 출범할 당시 신임 파리 대사가 된 제임스 먼로가 프랑스 국민의회에서 친프랑스적 인사말을 한 데서 비롯되었다.

"미국은 프랑스 혁명에 대하여 동정과 이해를 갖고 있다."

미국 국무성은 제임스 먼로가 중립 정책과 모순되는 발언을 했다는 이유로 그를 소환했다. 이 사건은 그렇지 않아도 이미 제이의 조약 때문에 분노하고 있던 프랑스에 더 한층 심각한 반발을 불러일으켰다.

1796년 12월, 먼로의 후임으로 찰스 핀크니가 파리에 도착하였으나, 프랑스 내각은 인준을 거부했다. 그리고 프랑스 공해에서 적지 않은 미국 선박을 나포하는 등 비공식이기는 하지만 사실상 외교 단절상태로 들어갔다. 평화를 희망하던 애덤스 행정부는 버지니아 출신의 존 마셜과 매사추세츠 출신의 엘브리지 게리, 그리고 찰스 핀크니를 포함한 3명을 프랑스 특사로 파견하여 독립 전쟁시 프랑스와 체결했던 동맹조약을 폐기토록 하였다. 다른 한편으로 연방파는 프랑스와의 전쟁 준비를 건의하였다.

3명의 특사가 도착하자 프랑스 외무대신 탈레랑은 뇌물을 요구하는 투로 다음 사실을 귀띔했다.

"프랑스 정부가 미국 때문에 곤란한 상태이므로 당신들의 제의가 인준되지 않을 것은 물론이고, 당신들을 접견조차 하지 않을 것이오. 그 대신 얼마 있으면 실권을 쥐게 될 사람을 소개할 테니 알아서 처신하시오."

3명의 특사는 기분은 좋지 않았으나 어쩔 수 없이 그 실권자가 될 사람들을 만나기로 결정하였는데, 프랑스 정부는 그들의 이름을 밝히지 않고, X, Y, Z로 표시한 3명의 관리를 내세워 협상토록 하였다. 협상은 동맹조약을 폐기하는 조건으로 미국이 막대한 액수의 차관을 제공하라는 것이었다. 이 사건이 바로 'XYZ 사건'이었다. 3명의 사절단은 전혀 상상조차 할 수 없었던 상황에 놀라움을 감출 수 없었다.

"당신들의 요구는 너무 허무맹랑하오. 우리는 단돈 1달러도 제공하지 않을 것이오."

그런데 이 말이 미국에 유포되었을 때에는 다음과 같은 영웅적인 표현으로 둔갑해 있었다.

'국방을 위해서는 몇 백만 달러라도 제공할 수 있으나 비굴한 상납금으로는 단 한푼도 못 내겠다.'

XYZ사건이 미국에 폭로되자 연방파는 공화파를 맹렬히 비난하면서, 프랑스에 대한 전쟁을 요구하였다. 프랑스와 미국 간에는 산발적인 해상충돌이 일어났다. 그러나 애덤스 행정부는 전쟁을 피하려 하였다. 프랑스 역시 나폴레옹 정부가 들어서면서 양국은 1800년에 협상에 성공하였다. 이때 애덤스 행정부는 미국의 국력이 약함을 통감하고 해군성을 신설하고 군사력을 증강하는 작업에 착수하였다.

한편, 프랑스에 대한 반감이 고조되고 있음을 이용하여 친영적인 연방파는 친프랑스적인 공화파를 공격하려 하였다.

때를 맞춰 연방파의 신문들은 비난을 퍼부었다.

'미국 내에 있는 프랑스 간첩들이 공화파와 결탁하여 여론을 잘못 인도하고 있다.'

또한 새로 이주해온 이민자들이 선거에서 공화파를 지지하자, 연방파는 이민 배척 운동을 벌였다. 마침내 의회를 지배하고 있던 연방파는 1798년에 일련의 외국인 규제법을 제정하였다. 그것은 외국인이 미국의 시민권을 얻는 데 필요한 거주기간을 종전의 5년에서 14년으로 연장한 '귀화법'과 요주의 외국인들을 추방할 수 있는 권한을 대통령에게 부여하는 '외인법'이었다. 의회는 또, '보안법'을 만들어 대통령 혹은 정부에 대해 법률의 집행을 방해하거나, 서신·언론·출판 등으로 명예를 훼손시키는 경우에 대비한 법조항을 발표했다. 이것은 야당인 공화파의 정부 비난과 공격을 봉쇄키 위한 것으로, 이 법에 의해 수십 명의 언론인이 기소되었다.

이런 법들의 제정과 시행은 국민들에게 행정부와 연방파에 대한 심한 반감을 불러일으켰다. 켄터키와 버지니아 의회는 이 법들이 국민의 정당한 권리를 해친다고 하여 이를 규탄하는 결의안을 채택하였다. 이 사건은 1800년의 대통령 선거에서 공화파가 연방파를 공격할 좋은 이슈가 되었고, 연방파는 점차 수세에 몰리게 되었다. 특히 연방파의 상징적인 인물로 군림한 조지 워싱턴이 1799년에 타계함으로써, 연방파 세력은 급격히 쇠퇴하기 시작하였다. 또한 연방파 내부에서도 초기부터 줄곧 이어진 애덤스와 해밀턴 간의 계속된 분쟁으로 당의 힘은 점점 약화되었다. 이런 불리한 상황에서 애덤스 행정부는 1800년의 대통령 선거전을 맞게 되었다. 연방파는 분열되었고 뚜렷한 후보자가 없어서 또다시 애덤스와 핀크니를 후보로 내세웠다. 공화파도 4년 전과 마찬가지로 제퍼슨과 버를 후보로 내세웠다.

정치적으로 상반되는 이념을 가진 정당들이 헌법의 범위에서 치열한 선거 운동을 벌였다. 해밀턴의 한 무리는 농촌 신사인 제퍼슨을 대놓고 험담하였다.

'입에 칼을 물고 있는 무신론자이며 공포 정치가'

이에 대해 연방파는 다음과 같은 흑색선전도 퍼부었다.

"공화파가 승리하게 된다면 뉴잉글랜드 사람들의 집은 모조리 불에 타 버릴 것이고, 젊은 여자들은 능욕을 당하게 될 것이며, 부부는 생이별을 하게 될 것이다."

피 흘린 혈투는 아니지만, 목숨을 건 선거 운동이었다.

선거인단의 투표 결과, 공화파의 제퍼슨과 아론 버가 똑같이 73표를 얻었다. 헌법은 이런 경우에 하원에서 대통령을 선출하도록 규정했다. 아론 버는 당내에서 자신보다 나이도 많고 국민이 대통령이 되기를 원하고 있는 선배를 위해 사퇴하는 것이 마땅한 일이었으나, 이 문제에서 결정적인 역할을 한 것은 해밀턴이었다. 그는 제퍼슨보다 버를 두려워했기 때문에 영향력을 발휘하여 오랜 숙적인 제퍼슨을 지지하였다. 결선 투표에서 마침내 36표 차이로 제퍼슨이 당선되었다. 바야흐로 야당이었던 공화파의 손에 정권이 넘어갔다.

최고의 평화주의자

1800년 선거에서 공화파인 제퍼슨이 대통령으로 당선된 것을 가리켜 흔히 '1800년의 혁명'이라고 부른다. 좀 과장된 표현이기는 하나 이때를 계기로 미국에서 새로운 정치사상이 현실화된 것만은 사실이다.

신임 대통령 제퍼슨은 전임자인 애덤스와는 신조가 매우 달랐지만, 여전히 교양이 있고 온후한 버지니아 사람의 태도를 갖추고 있었다. 제퍼슨은 버지니아 귀족을 외가로, 개척 시대의 개척자 농민의 아들로 태어났고 부친의 정치이념을 계승하였다. 18세기적인 철학가이며, 19세기적인 정치가인 그는 정치가로서의 직책과 철학가로서의 장점을 교묘히 조화시켰고, 다방면에 걸쳐 폭넓은 관심과 지식도 많았다. 가문, 풍채, 교양 등으로 보아서는 귀족적이었으나 때때로 평민적인 검소한 모습을 좋아했다. 그의 낙천적인 성격에 대중들은 이상하리만치 깊은 매력을 느꼈다. 이러한 그의 인기는 해밀턴이나 워싱턴도 놀랄 정도였다.

"나는 하나님의 제단 앞에서 인간의 정신에 가해지는 모든 학정에 대해 끝까지 대항하겠다."

이러한 맹세를 했을 때 주위에 있던 사람들이 보여준 광적인 성원은 이 같은 일면을 잘 보여주는 것이었다.

그는 미천한 사람과 농부와 노동자에게 더욱 애정을 느꼈으며, 사람 만나는 것을 몹시 좋아하였다. 그렇지만 유머 감각은 다소 부족했다.

1801년, 진흙 벌판 위에 흑인의 판자집 몇 채밖에 없었던 워싱턴에서 취임식을 거행하기로 결정한 제퍼슨은 취임식을 며칠 앞두고 수도 워싱턴 지역에 있는 콘래드 여관에 투숙하였다. 행사 당일 한창 공사 중인 의사당까지는 도보로 갔으며 국산 천으로 만든 검소한 양복을 입었다.

그는 취임사에서 하나의 원칙을 내세웠다.

"모든 사람은 법률을 준수하고 공동의 복지를 위하여 일해야 한다. 다수의 의사는 모든 경우 존중되나 반드시 정당하고 합법적이어야 하고, 소수도 같은 법률로써 보호를 받을 수 있는 균등한 권리를 갖는다."

그러면서 또 한 마디 덧붙였다.

"의견의 차이는 사상의 차이를 말하는 것은 아니다. 우리들이 각기 다른 이름으로 불리우고 있다 해도 우리들은 같은 사상을 가진 형제인 것이다. 즉 우리는 모두가 공화주의자이고 연방주의자인 것이다."

이 말이 정확히 무엇을 의미하는지에 관해 많은 논의가 있었으나 결론내릴 수는 없었고, 단지 전 국민이 왕정보다는 공화제를, 무질서보다는 연방정부를 지지하고 있다는 말이었을 것이라

토머스 제퍼슨 1776년의 독립선언을 기초한 미합중국 3대 대통령 제퍼슨은 그가 이상적이라 생각했던 지방분권적인 자치 정부를 현실적으로 실현하려 애썼다.

고 추측할 따름이었다.

다음으로 그는 자신의 소신을 다음과 같이 피력했다.

"모든 사람들에 대해 관용을 베풀고, 연방에 적의를 품는 사람들까지도 관대하게 처우할 것이며, 출판의 자유, 사상의 자유, 각 주의 권리 옹호에 대한 지원, 각국과의 평화적인 통상과 성실한 수교를 보장하고 그리고 어떤 나라와도 영구적인 동맹을 체결하지는 않겠다.… 국민에 의한 정부는 신뢰할 수 없다는 말을 종종 듣는데, 그러면 국민에 의하지 않는 정치는 신뢰할 수 있다는 말인가? 인간을 통치하는 데 왕으로 변장한 천사라도 발견했단 말인가? 이 문제는 역사로 하여금 답변하도록 합시다."

그는 좋은 정부란 사람들이 자기 사업을 자유로이 영위할 수 있도록 가능한 한 국민에게 가깝고, 작고, 약한(국민의 사업을 방해하지 않는) 정부라고 생각하였다. 또한 엄격하게 내핍하는 간소한 정부를 원했으며, 국채를 갚기 위해서 가능한 모든 부분에서 절약할 것을 당부했다.

취임식이 끝나자 그는 여전히 걸어서 콘래드 여관으로 돌아왔다. 그는 그때 이미 마음속으로 내각에 대한 구상을 굳혔으며 국무장관에 오랜 심복이었던 제임스 메디슨을 임명하였다. 매디슨은 버지니아 농장주의 아들로 뉴저지 대학을 졸업하고, 버지니아주 의회 의원, 대륙회의 대표로 선출되어 연방주의 운동을 했던 인물이었다. 또 재무장관에는 앨버트 갤러틴을 임명하였다. 그밖에 정부 요직에 앉았던 연방파 인사들을 서서히 몰아내고 공화파 인사들로 교체하였다. 그러나 변동 범위는 극히 한정되었으며, 사

1800년의 주의회 의사당 의원들이 의사당에 처음으로 입장하고 있다.

법부에 대해서는 사실상 손을 댈 수가 없었다. 왜냐하면, 전임 애덤스 대통령 재직시 연방파인 존 마셜을 대법원장에 임명하고, 퇴임 직전인 1801년 초에 사법부 개편법을 제정하여 판사의 정원을 늘려, 그 자리에 연방파 인사들을 앉혀 놓았기 때문이었다. 그리고 판사의 임기를 종신제로 함으로써 사법부는 강한 세력으로 군림했다.

재퍼슨은 이러한 사법부를 약화시키기 위해 공화파가 우세한 의회를 움직여 1801년의 사법부 개편법을 폐기하였다. 이에 따라 애덤스 대통령이 임명했던 판사들이 줄줄이 자리를 잃게 되었고, 판사들은 이러한 조치는 헌법에 위배된다고 항의하였다. 그 가운데서도 윌리엄 마베리는 국무장관 매디슨에게 콜롬비아 지구 치안판사로 임명해 줄 것을 요구했으나 매디슨은 이것마저 거부하었다. 그러자 마베리는 매디슨을 최고재판소에 제소하였다. 대법원장 마셜은 이 사건을 사법부의 권위와 명예를 강화하는 계기로 삼을 작정이었다. 그는 1803년, '마베리 대 매디슨' 판결에서 대법원은 의회가 제정한 법에 대하여 위헌 여부를 심사할 권한을 가진다고 선언하여 공공연히 행정부와 맞섰다.

이것은 대법원이 대통령과 의회를 견제할 이론적인 근거가 되었고, 사법부의 위상과 권위는 확고해졌다. 열렬한 연방주의자이며, 국가주의자인 마셜은 오랫동안 대법원장으로 재임(1801~1835년)하면서, 헌법의 신성성과 주에 대한 연방의 우월성을 강조하였다. 그리하여 그는 해밀턴과 함께 새로운 중앙정부의 권력을 강화하고 위신을 높임으로써, 신생 공화국인 아메리카의 국가적 토대를 다지는 데 크게 기여하였다. 따라서 마셜의 합법적인 반대에 부딪친 제퍼슨은 그가 이상적이라고 생각했던 지방 분권적인 자치정부, 즉 국민들과 가장 가깝고, 작고 약한 정부를 만들 수가 없었다.

제퍼슨의 영토 확장

대통령으로서 제퍼슨의 업적은 국내 정책보다는 대외 정책과 영토 확장에서 찾을 수 있다. 당시 미국 선박들은 북아프리카의 튀니지, 알제리 등지에 기지를 둔 해적들의 습격이 잦아 골치를 썩고 있었다. 그들은 툭하면 미국 선원들을 나포하여 노예로 팔거나 특정한 미국 선박들과 협정 아닌 협정을 강제로 맺어 정기적으로 공납금을 받았다. 해적들은 기회만 되면 적반하장격으로 말했다.

"몇 푼 안 되는 돈을 받고 너희들을 순순히 보내는 것만으로도 다행인 줄 알아야 한다."

제퍼슨은 이런 장애물을 없애기 위해, 1803년부터 네 차례에 걸쳐 해적을 소탕할 함대를 파견하였다. 지중해를 중심으로 치열한 공방전이 벌어져 미국의 순양함 필라델피아호가 좌초하였고, 사관과 수병들이 포로로 잡힌 경우도 있었다. 하지만 육상 원정군의 편성에 힘입어 다나를 점령한 것을 계기로 미국 해군은 그 위용을 자랑하기 시작했고 파죽지세로 해적들을 몰아쳤다. 이때 미국 해군이 보여준 위대한 활동과 용기 때문에 처음으로 유럽 해군의 존경을 받게 되었고, 취약했던 자신들의 해군력에 대해 자신감도 갖게 되었다.

제퍼슨의 가장 두드러진 업적으로 꼽을 수 있는 사건은 1803년 루이지애나로 불리던 미시시피 강 서쪽의 광대한 영토를 프랑스로부터 매입한 것이었다. 1801년 프랑스는 스페인에게서 이 땅을 빼앗았으나 관리하기 힘들어했다. 이런 상황을 간파한 제퍼슨은 제임스 먼로를 파리로 파견하여 그 땅을 흥정토록 하였다.

"저희가 뉴올리언스를 사겠습니다."

"뉴올리언스를 사겠다고? 왜 뉴올리언스만을 사려는가? 루이지애나 전부는 필요치 않은가?"

이러한 답변은 협상을 급진전시켰다. 결과적으로 미국은 1,500만 달러를 주고 루이지애나를 사들일 수 있었고, 이제 미국은 대륙국가가 되었다. 또한 미시시피 강 어귀에 있는 뉴올리언스 항구가 미국의 영토가 됨으로써 미시시피 강의 항해권과 뉴올리언스에 상품을 출하할 수 있게 되었다. 그와 함께 미국 내의 수많은 수로들이 개통되기 시작했다.

　프랑스의 나폴레옹이 루이지애나를 순순히 매각한 동기는 무엇일까. 나폴레옹은 나름대로 속사정이 있었다.

　첫째, 프랑스 파견군이 카리브해 산토도밍고 섬의 점령에 실패함으로써 나폴레옹의 아메리카 대륙에 식민제국을 건설하겠다는 야망이 좌절되었다.
　둘째, 때마침 아미앵의 휴전조약이 폐기됨으로써 예상되는 영국과의 전쟁에 대비해 군사비를 조달해야 했다.
　셋째, 영국과의 전쟁에 즈음하여 미국과의 우호관계를 강화함으로써 영미동맹(英美同盟)의 체결을 사전에 저지하자는 목적에서였다.

　이후, 제퍼슨은 새로운 영토로 탐험대를 파견하여 록키산맥 일대와 콜롬비아 강에서 태평양 연안에 이르는 지역으로 손길을 뻗쳤다. 그것은 장차 여러 개의 독립된 주들로 발전할 가능성을 보였고, 새롭게 연방에 가입될 서부의 주들은 정치적으로 제퍼슨의 공화파에 더욱더 가깝게 될 가능성이 있었다. 그러므로 연방파 측에서는 이러한 가능성에 대해 상당히 우려했다.
　연방파의 우려는 1803년에 오하이오가 연방에 가입하면서 현실로 나타났다. 그러나 연방파들 중 강경파는 뉴잉글랜드주들을 연방으로부터 탈퇴시키려고 일을 꾸몄다.
　그들은 남부인들이 강한 영향을 끼치는 연방에서 뉴잉글랜드의 5개 주와 중부 지역의 뉴욕, 뉴저지를 떼어내 '북부 연합'을 만들려고 하였다. 해밀턴을 지도자로 추대하려 했으나 거절당하자, 다시 아론 버에게 접근하였다.

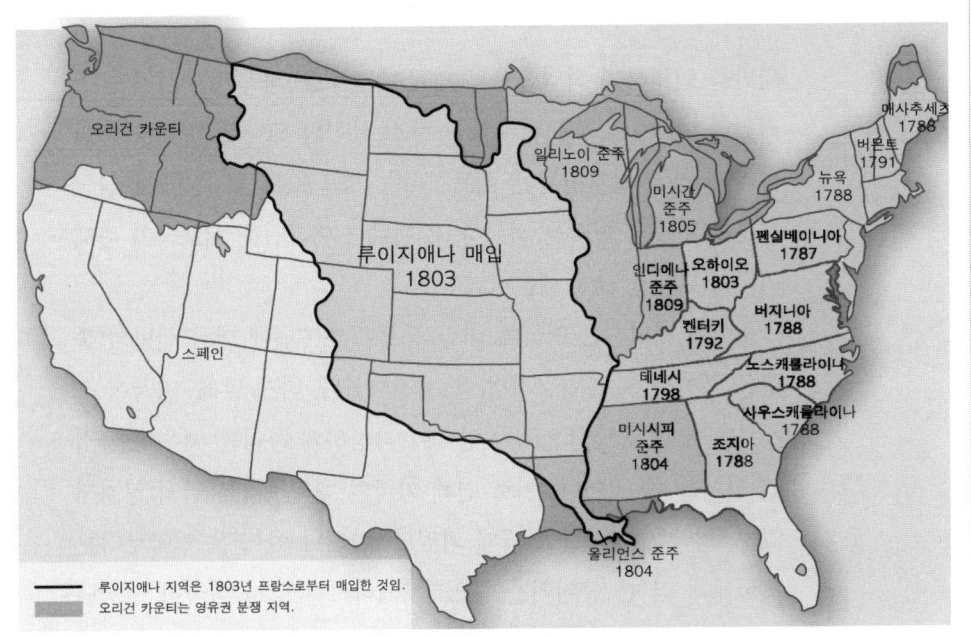

1810년의 미국 영토 지도 미국 영토에 프랑스로부터 사들인 뉴올리언스와 루이지애나가 포함되었다.

    버는 북부 연합을 형성하기 위한 첫 단계로 뉴욕지사 선거에 출마하였으나 1800년의 대통령 선거에서와 마찬가지로 영향력 있는 해밀턴의 방해로 또다시 실패하였다. 버는 해밀턴에게 결투를 신청하였다. 버는 결투에서 이겼지만, 결과적으로는 고의적인 살인이었다. 해밀턴을 죽인 버는 영국으로 도망쳤고 아론 버의 정치 생명은 끝이 났다.

    제퍼슨은 1805년부터 시작된 2차 임기 중에도 여전히 대외 문제에 많은 관심을 기울였다. 초창기의 루이지애나 매입과 같은 커다란 성과는 없었고, 오히려 많은 어려움이 따랐다. 제퍼슨은 국무장관 시절에 프랑스를 원조하려고도 했었으나, 중립 선언 이후에는 중립을 지지했고 대통령이 된 이후에도 변함이 없었다.

    그러나 1806년 이후 프랑스의 나폴레옹이 대륙봉쇄령을 선포한 뒤로는 영국과 프랑스가 각기 자신들의 국가와 미국과의 교역만을 인정하려 하였으므로 미국이 중립을 계속 유지하기는 어려웠다. 특히 영국은 미국과 프랑스 사이의 교역을 방해할 뿐만 아니라 영국 탈영병들을 체포한다는 명목으로 공해상에서 영국 해군이 미국의 선박을 검색하고, 때로는 미국인을 체포하기 위해 미국의 위신을 크게 훼손시켰다.

이에 제퍼슨은 영국에 대한 경고로 1807년에 미국 선박의 출항을 금지하는 '출항금지법'을 제정하였다. 다시 말해, 미국이 스스로 교제를 중단함으로써 영국이 각성하게 하려는 매우 소극적인 정책을 쓴 것이다. 이로 인해 미국의 대외무역은 일체 정지되었고, 영국은 식량난을 겪게 되었다. 그러나 이 법은 영국보다는 미국에게 더 큰 불이익을 주었다. 왜냐하면 당시 미국이 영국의 공산품에 크게 의존하고 있었기 때문이었다. 그러므로 제퍼슨은 퇴임 직전에 이 법을 폐기하고 새롭게 '통상금지법'을 제정한 뒤 물러났다.

매디슨 행정부의 출범과 미·영 전쟁

1808년 대통령으로 선출된 매디슨은 제퍼슨과 더불어 공화파를 키웠고, 제퍼슨 밑에서 8년간이나 국무장관을 지낸 인물이었다. 대통령 매디슨은 제퍼슨에 비하면 키도 작고, 몸도 몹시 허약해서 대통령 취임식에서도 긴장과 피로를 이겨내지 못하는 모습을 보였다.

이를 딱하게 여긴 한 친구가 진심어린 말을 했다.

"나는 진심으로 당신에게 앉을 자리를 마련해 드리고 싶습니다."

그러자 매디슨은 특유의 우울한 유머로 대답했다.

"나도 그랬으면 합니다. 솔직히 말하자면 나는 지금 잠자리에 들고 싶습니다."

이런 허약한 체질과 그에 따른 병약한 사고를 이겨내고 그가 대통령이 되기까지는 아내와 전임 대통령 제퍼슨의 공로가 컸다. 매디슨은 43세에 젊고 어여쁜 미망인 돌리 토드와 결혼하였다. 그녀는 매디슨과는 달리 정치에 아주 탁월한 수완을 발휘했다. 당시 '매디슨 대연회'라는 말이 있었는데, 이 말은 매디슨이 국무장관 시절 매력적인 부인이 상하원의 의원들을 초대하여 여러 차례 호화롭고 푸짐한 연회를 마련한 데서 비롯되었다. 그해에 상원의원 가운데 유독 사망자가 많았다. 그 이유는 매디슨 대연회에서 술을 너무 많이 마셨기 때문이라는 소문까지 들릴 정도였다. 그러나 매디슨은 허약하고 정치적 수완이 미숙했을 뿐이지 '위대한 조그만 사람'이라는 평이 있을 정도로 비범했고 제퍼슨보다 훨씬 유식했다.

매디슨 행정부에서도 역시 가장 시급한 문제는 외교 정책이었다. 그는 통상금지법을 시행하는 데 있어 누구보다도 고심하였다. 이 법은 그간 통상이 단절된 모든 나라와 통상을 다시 시작하되, 영국과 프랑스에 대해서만은 양국 중 우선 미국과의 통상제한을 해제하는 나라부터 통상을 재개한다는 것이었다. 이에 영국이 먼저 호응하여 미·영 간의 통상이 재개되었다. 그러나 얼마 안 가서 영국 정부가 친미적인 주미 영국공사의 교섭내용을 월권이라고 취소함으로써 양국 간의 통상은 다시 단절되고, 미·영 간의

제임스 매디슨 제퍼슨의 신임을 받아 요직에 오른 매디슨은 1808년 미합중국 4대 대통령으로 선출된다.

관계는 한층 더 악화되었다. 미·영 관계가 악화되어 가는 동안 미국 내에서는 독립 전쟁 이후 세대인 젊은 정치가들이 주전론을 폈다. 헨리 클레이, 존 칼훈 등을 중심으로 한 주전론자들은 영국과 전쟁을 할 경우 북부의 캐나다와 남부의 플로리다를 동시에 점령할 수 있다고 생각하였다. 헨리 클레이는 당시 34세의 하원의장으로 매력적인 모습과 뛰어난 웅변술을 지닌 호전 정책의 일인자였다. 뿐만 아니라 클레이와 칼훈이 통솔하는 젊은 당원들의 지지는 매디슨의 재선 여부에 절대적 영향을 미쳤다.

이들의 압력으로 매디슨 대통령은 의회에 영국에 대한 선전포고를 요청하여 승인받았다. 이리하여 마침내 1812년 미·영 전쟁이 일어나게 되었다.

전쟁이 선포되었을 때 미국은 사실상 전쟁 준비를 제대로 하지 못했을 뿐만 아니라 두 나라가 서로 평화적인 해결책을 찾아내려고 상당한 노력을 기울였다.

미국은 육군이 겨우 7천 명밖에 되지 않았고, 무기나 장교들의 지휘 능력도 부족한 점이 많았다. 따라서 전쟁 초기에 진행된 캐나다로의 진격은 비참한 실패로 끝났다. 1813년 이리호에서 벌어진 해전과 템즈 전투에서 미국은 영국군을 격파하긴 했지만, 1814년 영국이 프랑스를 격파한 후 병력을 증강시키자 미국이 불리해지기 시작했다. 영국은 나이아가라 방면, 샹플렝호, 뉴올리언스 등 세 곳의 경로를 통하여 공세를 펼쳤다. 이 싸움에서 미국의 신예부대와 맥도나우 해군 사령관의 뛰어난 활약으로 영국 함대를 격파하고 다시 한번 침입을 막아냈다. 그러자 이 패전을 보복하기 위하여 영국은 다시 대서양에서 수도 워싱턴을 강습하는 작전을 감행했다. 영국의 작전은 적중했다. 방비가 빈약한 워싱턴을 4~5천 명의 부대가 체사피크 항에 상륙한 후 육로로 공격하였다. 매디슨은 급히 민병을 소집하였으나 1/10 정도만 소집되었다. 그나마 실전 경험이 있는 사람은 극소수였다.

교전이 시작되었지만 상대가 되질 않았고 민병들은 총 한번 제대로 쏴 보지 못한 채 워싱턴을 향해 퇴각해버렸다. 더 이상 워싱턴을 지킬 수 없는 상황이 되자 매디슨 대통령 부처와 각료들이 피난을 떠났다. 영국군들은 시내 공공건물에 불을 지르며 보복하였다.

이후 매디슨이 워싱턴으로 환도하여 부서진 관저를 수리할 때 백색 도장한 것에서 연유하여 '백악관White House'이라 불렸고 미국 대통령 관저의 공식

영국군에 의해 불탄 의회 1814년 8월 24일, 로스 장군이 이끄는 영국군과 해군 대장 콕번은 도서관이 딸린 의회를 포함하여 워싱턴 시내의 공공건물을 불태웠다.

1812년의 미·영 전쟁
"1812년 풍자만화가 윌리엄 찰스가 그린 카툰. 영국인의 잔학 행위를 말하고 있는 이 카툰은 아마도 전쟁 직후, 미국인의 머리 가죽을 구입한 영국군 대령 헨리 프록터가 시카고에서 벌인 대량학살을 풍자하고 있다.

명칭이 되었다.

전쟁이 순조롭지 못하자 뉴잉글랜드의 연방파들은 연방에서 탈퇴하려는 움직임을 보였다. 처음부터 전쟁에 반대했던 매사추세츠, 코네티컷, 로드아일랜드의 연방파들은 공화파가 지배한 의회가 되고 있는 의회가 전쟁을 선포한 것은 위헌이라며 의회의 조치를 무효화하라고 주장하였다. 미국에서는 또다시 분열의 위기가 감돌았다.

영국군의 공격도 미국군의 완강한 저항에 부딪치면서 그리 순조롭게 진행되지는 못했다. 그러면서 군 출신도 아닌 민병대 소장인 앤드루 잭슨(제7대 대통령)이 영국의 뉴올리언스 공격에 대항하여 신병을 징집해 용감하게 진지를 방어함으로써 전투를 승리로 이끌었다. 그러자 연방탈퇴를 논의하기 위해 하트퍼드에서 열렸던 연방파들의 회의는 무산되고 말았다. 이 전쟁에서 영국군은 과감하기로 소문난 파켄햄 장군을 잃었고, 2천여 명에 달하는 부상자를 냈다.

그런가 하면 잭슨은 이 전쟁을 통해 보여준 끈질긴 면모 덕분에 '늙은 호두나무'라는 별명을 얻어 전국에서 제일 유명한 사람이 되었다. 결과적으로 이 전쟁의 승리는 '제2의 독립 전쟁'이라고 할 만큼 커다란 자부심을 안겨주었고 양분되었던 연방을 결속시켰다.

이 전쟁은 1815년 벨기에의 겐트에서 양국 간의 평화조약이 체결됨으로써 끝을 맺었다. 이 전쟁으로 인하여 미국은 국내 산업이 마비되었고, 해외 무역은 타격을 받았다. 화폐 가치도 떨어졌다. 그러나 다른 한편으로는 미국의 국가적 단합과 애국심을 강화시켰다. 이에 대해 재무장관 앨버트 갤러틴은 그의 심정을 이렇게 토로하였다.

"이 전쟁이 있기 전의 미국은 너무 이기주의적이고 너무 지역중심으로만 생각하는 경향이 있었다. 이 전쟁은 독립 전쟁이 가져다 준, 그러나 나날이 약화되던 국민감정과 국가적 성격을 회복시켜 놓았다. 그리하여 이제 국민들은 보다 총체적인 사랑의 대상을 갖게 되었고, 더욱 미국적인 국민이 되었다.… 나는 이 전쟁으로 인하여 연방의 영구성이 더욱 확고하게 되기를 희망한다."

전쟁이 종결되면서 다시 싼값의 영국 공산품이 미국 시장으로 몰려 들어왔다. 그러자 미국에서는 경쟁력 없는 미국의 공업을 보호하기 위하여 1816년에 관세법을 제정하였다. 세율은 20~25퍼센트였으므로 보호적 색채를 띤 세율로서는 낮은 편이였으나, 세수입을 2차적인 목적으로 하고 있었다. 그리고 국가채무의 상환과 공업의 육성 등에 국가 자본을 효율적으로 이용하기 위하여

미합중국 은행 1840년대의 미합중국 은행 건물의 모습.

합중국 은행을 다시 부활시켰다.

건국 초 해밀턴이 설립했던 제1 합중국 은행은 1811년을 만기로 허가가 끝났으므로 의회는 헨리 클레이의 주도로 1816년에 제2 합중국 은행을 설립하였다. 허가 기간은 앞서와 마찬가지로 20년이었고, 자본금은 3천500만 달러로 증액되었다. 동시에 전쟁이 종결된 후 급격히 늘어나기 시작한 주민들의 서부 이동에 발맞춰 물자를 쉽게 이동하려고 교통망 개량사업에도 박차를 가했다.

화해의 시대

공화파가 집권하는 가운데 과거 연방파가 주장한 보호관세가 제정되었고, 합중국 은행이 부활된 것은 정치적인 면에서도 양 세력을 크게 융합하는 결과를 가져왔다. 그리고 이러한 변화는 상당수의 일반 대중들로부터 환영을 받았다.

따라서 1816년의 선거에서 화합으로 변화를 주도한 공화파가 연방파보다 유리한 입장에 있던 것은 당연한 일이었다. 공화파의 버지니아 출신 제임스 먼로는 연방파 후보 루퍼스 킹을 압도적으로 물리치고 대통령으로 당선되었다.

그는 1817년에 대통령에 취임할 때까지 40년을 공직 생활로 보낸 사람이었다. 미국 대통령으로서 이제까지 그보다 더 길고 다양한 공직 경험을 가진 사람은 없었다. 먼로는 공무원들에게 받는 충고를 가치 있게 만드는 능력 있는 행정가였다.

그의 탁월한 각료 임명은 건전하고 민첩한 정치 감각이라는 평을 받았다. 국무장관에 존 퀸시 애덤스, 국방장관에 존 칼훈, 재무장관에 윌리엄 크로포드, 법무장관에 윌리엄 워드를 임명하였다. 이들은 모두 먼로보다 지성적이고 뛰어난 능력을 구비하고 있었지만 그의 지도력에 분규를 일으키지는 않았다.

먼로 자신의 빈약한 외교 기록으로 볼 때, 먼로 행정부는 기대 이상으로 뛰어난 외교적 성공을 거두었다. 대부분의 업적은 국무장관 애덤스에게로 돌아가야 마땅했다.

1817년 미국과 영국이 맺은 협정으로 양국은 오대호 연안에서 해군시설을 경쟁적으로 세우거나 존속시키지 않을 것을 약속했다. 또한 1818년의 회담에서는 루이지애나와 캐나다 사이의 경계가 이루어졌고, 최종 결정을 내릴 때까지 오리건을 공동 지배할 것에도 합의했다.

플로리다 반도가 완전히 미국의 수중으로 들어온 것도 먼로 대통령의 임기 때였다. 1818년 앤드루 잭슨 장군은 세미놀 인디언을 추격하여 스페인령 플로리다로 진격하였고, 센트마크와

제임스 먼로 제5대 대통령 제임스 먼로의 가장 유명한 업적은 먼로주의 외교선언일 것이다. 먼로선언은 이후 미국의 외교 정책에 중대한 영향을 끼쳤다.

펜서콜라를 점령한 후 두 명의 영국인을 처형했다. 이와 같은 중대한 비외교적 행동을 애덤스 국무장관은 프랑스 대사의 협조를 얻어 무난히 처리했다.

애덤스는 넌지시 스페인에게 말했다.

"집 단속 잘하시오. 단속을 못하겠으면 우리에게 팔아 넘기든지."

그러자 스페인은 여기서 바다로 밀려나느니 차라리 명예롭게 철수하는 것이 낫다고 판단해 그 땅을 미국에게 5백만 달러에 넘겨주었다. 그날 밤 애덤스는 좋은 선물을 주신 하나님께 감사의 기도를 드렸다.

노예주와 자유주 사이에 최초의 심각한 싸움이 일어난 것도 먼로의 첫 번째 임기 중이었다. 당시 지역적 특성을 고려할 때 상공업이 주종을 이루고 있는 북부에서는 노예제가 별로 필요치 않아 1804년에 완전 폐지되었다. 그러나 흑인노예가 면화재배에 적합한 노동력으로 인정을 받는 남부에서는 오히려 노예제가 확대될 추세였고 노예 무역이 성행할 정도였다.

직접 문제를 일으킨 것은 1819년에 미주리의 노예 제도를 인정한 주헌법으로 연방에 가입하려 한 데 있었다. 이것이 다음 2년간 계속된 남과 북의 충돌을 야기시켰다. 당시 미국은 11개의 자유주와 11개의 노예주로 구성되어 있었다. 그러므로 미주리의 가입은 상원에서의 균형이 깨지는 것을 의미했다.

이에 북동부와 북서부의 자유주들이 미주리가 노예주로 연방에 가입하는 것을 강력히 반대한 것은 너무도 당연한 일이었다.

남과 북 사이에 치열한 공방전이 시작되었다. 2년에 걸친 논쟁 끝에 1820년 대타협이 이루어졌다. 타협을 이룰 수 있었던 결정적인 이유는 때마침 매사추세츠에 붙어있던 메인이 자유주로 연방가입을 신청했기 때문이었다. 그 결과 미주리와 메인을 연방에 가입시키되 이후부터는 36도 30분 이북에서는 자유주가, 그 이남에서는 노예주가 각각 성립한다는 내용의 이른바 '미주리 타협'이 이루어졌다. 이로 인해 노예주와 자유주가 각각 12개로 다시 균형을 이루게 되었다.

먼로 행정부의 가장 중요한 사건은 먼로 대통령의 두 번째 임기 중에 일어났다. 그가 1820년에 압도적인 득표로 재선될 당시 유럽에서는 신성동맹이 결성되고 있었다.

신성동맹은 나폴레옹 퇴위 후 유럽의 혼란을 수습하기 위해 1814년 9월에 열린 빈회의 직후 러시아의 알렉산더 1세가 주도해 결성한 동맹이다. '기독교 정신에 의한 유럽의 평화 유지'라는 표어를 내걸었다. 그러나 표어와는 달리 실제로는 나폴레옹 전쟁의 결과로 나타난 자유민주주의와 국민주의를 부정하고 절대주의 체제를 복원하려는 반동적인 태도를 보였다. 나폴리와 스페인의 자유주의 운동을 진압한 신성동맹은 남미에서 스페인의 옛 식민지들을 회복시키려는 움직임을 보였다.

이에 영국은 스페인이 남미무역을 독점하게 내버려둘 수만은 없다는 입장을 취했다. 미국도 새로운 상품시장을 필요로 하고 있었다. 바로 이때 영국 외상 조지 캐닝이 런던 주재 미국 공사에게 묘안을 제시했다.

"영국과 미국이 손을 잡고 스페인의 남미무역 독점을 저지하는 것이 어떻겠소!"

캐닝의 1823년 제안은 각료 대부분의 지지를 받는 것같이 보였다. 먼로 대통령은 제퍼슨과 매디슨의 충고를 구했고, 이들 원로 정치인들은 합동 선언에 찬성했다. 그러나 애덤스 국무장관만 동의하지 않았다. 당시 애덤스는 태평양 북서부 영토에 대한 러시아의 요구에 도전하고 있었다.

그는 남미의 공화국들은 영국 해군이 방어하고 있기 때문에 신성동맹으로부터는 실질적인 위험이 없다고 믿었다. 그러나 북미에 대한 유럽의 지배만은 더 이상 확대되어서는 안 된다는 입장을 취했다. 따라서 신성동맹과 마찬가지로 영국과 러시아에도 적용할 원칙을 미국이 독자적으로 선언하자고 주장했다. 마침내 먼로는 국무장관 애덤스의 의견에 동의하였다.

일단 성명서의 근간이 되는 합의가 이루어졌으므로 먼로는 다가올 의회 교서에서 정책선언을 준비했다. 그리하여 1823년 12월 2일, 그의 교서 속에는 이른바 '먼로 독트린'으로 알려진 유명한 선언이 포함되었다.

그는 이 선언을 통하여 향후 미국의 외교 정책에 중대한 영향을 미칠 다음 내용들을 발표했다.

1. 유럽 강국들은 이후부터 아메리카 대륙을 그들의 식민지 획득의 경쟁무대로 생각하지 말 것.
2. 합중국은 유럽 열강들의 어떠한 전쟁에도 참여하지 않을 것이다.
3. 그러나 아메리카 대륙 안에서 발생하는 모든 사건에는 무관심할

수 없으며, 아메리카 대륙에 유럽의 체제를 확대하려는 기도는 아메리카의 평화와 안전을 위협하는 위험한 행위로 간주할 것이다.
4. 합중국은 이미 유럽 강국들이 보유하고 있는 아메리카 대륙 내의 식민지에 대해서는 아무런 간섭도 하지 않을 것이다.
5. 남아메리카 몇몇 공화국들의 독립에 대한 유럽제국의 탄압은 합중국에 대한 비우호적인 행위로 간주한다.

결국 먼로는 아메리카 대륙에 대하여는 비식민지의 원리를, 아메리카 대륙과 유럽 대륙과의 관계에 대해서는 상호불간섭의 원리를 내세운 것이었다.

한편 먼로는 헨리 클레이나 존 칼훈 같은 젊고 국수주의적인

먼로 독트린을 말하는 사람들 미국의 외교정책에 중요한 영향을 끼친 먼로 독트린은 많은 사람들의 화젯거리였다.

대륙국가 형성

당 지도자들과 헌법에 대한 견해 차이로 곤란을 당했다. 그는 초기부터 중앙집권에 반대하였다. 그러나 세월은 변했고, 그가 정부 비용으로 국내 개발을 하는 것에 합헌성을 의심하면서도 컴벌랜드 도로의 완성을 위해서 상례적으로 특별회계법안을 내는 데 아무도 간섭하지 않았다.

1822년에 그는 '의회는 순수한 국가 개발 비용에 대해 표결할 권리가 있다.'고 발표하여 연방 원조를 계속할 바탕을 만들었다.

또한 2년 후 그는 일반조사법에 서명했는데, 그것은 군사, 우편, 상업에 이용될 도로와 운하의 탐사 권리를 허용한 것이다. 그는 또 1824년 강력한 특별관세법에 서명함으로써 클레이의 '미국계획'에 큰 공헌을 했다. 이 특별관세법은 블럭수입을 목적으로 한 것으로 새로운 관세원리가 되었다. 그리고 미시시피, 일리노이, 앨라배마, 메인, 미주리가 그의 재임 중에 연방에 새롭게 가입했다.

'미국적' 문화

아메리카에 영국인이 발을 들여 놓으면서 형성된 초기 문화는 종교를 빼놓고 이야기할 수 없다. 그것은 영국 식민지의 대다수는 종교적 이유가 식민의 동기였기 때문이다. 초기 식민지에서 성직자가 정치상의 권력자로 등장한 것도 그 예라 볼 수 있으며, 매사추세츠의 이른바 신정정치(神政政治)는 그 극단적인 예라 할 수 있다. 그러나 한편으로는 이 신정정치에 반항하여 로드아일랜드와 코네티컷 등지에서는 신앙의 자유를 창조함으로써 청교도 교의와 금제에서 벗어나 보다 자유로운 경향이 나타났다. 그 결과 청교도 외에 다수의 종파가 각지에 뒤섞여 성장하게 됨에 따라 종교의 자유가 대두되었다.

이 종교 세력은 다방면에서 커다란 영향을 미쳤지만 특히 교육에 끼친 영향이 매우 컸다. 1642년 교회의 지도력을 바탕으로 매사추세츠에서 공립학교 제도가 논의되기 시작하였다. 1636년에는 교직자 양성을 목적으로 한 하버드 대학의 창립과 1701년에는 코네티컷에 예일대학이 설립되어 문화보급의 원천이 되었다.

1765년에 이르러 25개의 주간신문이 11개 식민지에서 발행되었으며 최초의 신문인 〈보스턴 뉴스 레이더〉는 1704년에 창간되었다. 벤저민 프랭클린의 〈펜실베이니아 카제트〉는 1729년에 창간되었다. 당시 신문은 반은 보도, 반은 문예로 구성되었으며 각 식민지를 통한 여론의 형성과 지적 발전에 기여한 바가 컸다. 독립 혁명 때 이들 신문이 각 식민지의 협력과 결속에 공헌한 바는 자못 지대하였다.

일찍이 1735년 〈뉴욕 저널〉의 편집자가 총독을 공격한 기사를 게재했다는 이유로 기소된 사건이 벌어졌다. 이 사건에 대해 법원은 '그 보도가 사실인 이상 명예훼손죄가 성립되지 않는다.'고 판결함으로써 식민지의 언론자유를 확립하는 판례를 남겼다.

독립 혁명 당시의 인구는 250만 명에 불과하였으나 그 후 눈부신 증가세를 보여 1790년의 첫 국세조사에서는 약 400만 명에 이르렀다. 독립 혁명과 프랑스 혁명, 그리고 나폴레옹 전쟁을 전후하여 유럽에서 이동해온 인구가 4천 명이었다는 점을 감안한다면 이 같은 인구증가는 출생률의 증가와 사망률의 저하로 여겨진다. 당시 도시는 5개로 인구는 필라델피아 4만 2천 명, 뉴욕 3만 3천 명, 보스턴 1만 8천 명, 찰스턴 1만 6천 명, 볼티모어 1만 3천 명이었다.

도시거주자의 대부분은 상업, 수공업, 어업, 조선업 등에 종사했다. 독립 혁명 후에도 영국 문화의 영향에서 벗어나지 못했으나 연방파 시대에 들어서면서 유럽 대륙, 특히 프랑스 문화에 눈을 돌리게 되었다. 프랑스 혁명은 합중국의 시민계층에게 프랑스의 새로운 풍속과 함께 사상, 지식면에 많은 영향을 끼쳤다. 특히 프랑스 혁명과 밀접한 관계가 있는 진보의 개념과 이신론(理神論)은 지대한 영향을 미쳤다.

1789년에서 1800년에 이르는 미·프 전쟁의 위기와 나폴레옹의 독재는 프랑스 문화에 대한 숭배 열기를 약화시켰지만 프랑스의 사상과 지식은 아메리카인들의 머리에서 사라지지 않고 시야 확대와 문화 성장에 큰 영향을 주었다.

과학은 1790년에 들어 활기를 띠기 시작하여 증기기관의 발달을 가져왔고, 조면기(繰綿機)의 발명으로 남부의 목화재배에 활력을 주었다.

교육 제도는 보통교육이 충분한 수준에 이르지 못했지만 무료 공립학교에 대한 관심이 높아지고 있었다. 1783년 법률가이자 교사이며, 언어학자였던 노아 웹스터가 출판한《엘리먼트리 스펠링북》은 철자의 간소화를 주장하였다. 인간적 흥미에 바탕을 둔 초등교육 교재로 인기가 매우 높아 발행부수가 5천 부에 달했다. 고등전문학교의 전신이라 할 수 있는 아카데미나 대학도 잇따라 설립되었다.

1784년 최초의 일간신문인〈펜실베이니아 파켓 데일리〉가 필

하버드 대학

라델피아에서 발간되자 다른 신문들도 잇따라 발간되기 시작했다. 그 결과 18세기 말에는 필라델피아에 6개, 뉴욕에 5개, 보스턴에 2개, 볼티모어에 3개, 찰스턴에 2개가 발간되었다. 독립 혁명 당시 40개에 불과했던 신문은 1810년에는 350개로 늘어났다. 당시는 시설과 통신수단의 미비로 보도되는 내용에는 한계가 있었다. 그리고 신문의 논조는 대개 정당색이 짙어 어느 신문을 막론하고 정당기관지의 성격을 벗어나지 못했다. 그러나 논설은 국민의 사상을 계발, 선도하는 내용이 많았다.

애덤스와 잭슨의 대결

1824년, 제임스 먼로 대통령의 임기가 끝나고 새로운 대통령을 뽑기 위한 선거전이 벌어지면서 미국 정치의 양상은 달라지기 시작하였다. 대를 이어나가듯이 제퍼슨 대통령이 매디슨을, 매디슨 대통령이 먼로를 그리고 먼로는 존 퀸시 애덤스를 국무장관에 임명하였던 이전 시대가 서서히 막을 내리고 있음을 의미하는 것이었다. 즉, 남부와 동부가 돌아가며 대통령에 취임한 것에 대하여 서부의 불만이 표면화되었고, 통치 계급 내부에서 일어난 불화는 1824년 대통령 선거에서 공화파 후보자들만이 출마하는 결과를 낳았다. 이제 연방파는 흔적을 찾아보기 어려울 정도로 쇠퇴하고 대부분의 정치인들이 공화파에 속하게 되었다.

그러나 공화파도 국민 공화파와 민주 공화파로 분열되어 있었다. 전자는 주로 동북부의 상공업 세력을 대변하였고, 후자는 남부와 서부의 농업 세력을 대변하였다. 이처럼 서로 상반된 이해관계를 가지고 팽팽하게 대립하며 열기를 더해가는 가운데 어느덧 대통령 선거가 가까워졌다.

1824년 초, 당간부회의가 소집되었다. 이 회의에서 조지아 출신의 재무장관인 윌리엄 크로포드가 대통령 후보로 지명되었다. 그러나 이에 반발한 다른 세력들은 각 지방에서 제각기

면 짜는 기계 뉴욕 조면기 회사가 제작한 수동으로 움직이는 12톱날 조면기. 대략 1890년경의 것으로 추정된다.

마음에 드는 후보를 내세웠다. 뉴잉글랜드 지역의 공화파들은 매사추세츠 출신의 국무장관인 존 퀸시 애덤스를 후보로 지명하였고 일부 서부 지역의 공화파들은 하원의장인 헨리 클레이를 후보로 지명하였다. 그리고 남서부 지역의 공화파들은 테네시 출신의 앤드루 잭슨을 후보로 내세웠다.

크로포드는 10여 년간의 각료 생활을 통하여 상당한 기반을 닦았고, 훌륭한 풍채에 뛰어난 명성을 얻고 있었다. 헨리 클레이는 버지니아에서 태어나 워싱턴에서 주대표로 활약하였다. 그는 사람의 마음을 즐겁게 하기를 좋아하고 논쟁 중에도 마음속으로 미리 타협할 방안을 모색하는 사람이었다. 초기에는 평화론자였으나 얼마 후에는 열렬한 애국자가 되어 1812년 전쟁 때에는 적극적인 팽창론자가 되었다. 그는 1824년 서부에 도로, 운하, 보조금 등을 지원할 수 있는 강력한 중앙정부의 출현을 희망하고 있었다. 설득력이 비상한 웅변가였던 그는 탁월한 민중의 지도자로서 명성이 높았으나, 아직은 민중을 끌고 갈 확실한 방향은 모르고 있었다.

선거 분위기가 무르익어가면서 정작 두각을 나타낸 사람은 애덤스와 잭슨이었다. 애덤스는 존 애덤스 대통령의 아들로 먼로 대통령의 신임을 얻어 국무장관이 되었다. 그는 체구가 작고 뚱뚱했으며 대머리에다 촉촉한 눈을 가지고 있었다. 표정은 엄숙하고 맺고 끊는 것이 분명하여 가혹하기조차 했다. 그러나 성실하고 나라를 사랑하며 확고한 신념과 화산과 같은 열정을 가지고 있는 사람이었다. 혼자서 산보를 하고 여름에는 아침 일찍 일어나 수영을 했다. 하루를 끝마칠 때는 항상 일기를 썼다. 애덤스는 정치적으로는 탁월한 능력을 나타냈지만 일반 민중을 이끄는 방법에는 서툴렀다.

　　잭슨은 스코틀랜드계로 사우스캐롤라이나 태생이고 신개척지 왁스호에서 소년 시절을 보냈다. 부친은 그가 출생하기 전에 사망하였고 모친도 어렸을 때 세상을 떠났다. 생계를 위하여 마구상에서 일을 거들다가 16세 때 간신히 읽고 쓰는 것을 배워 학교에 다니기 시작했다. 21세에는 테네시의 변경도시 내슈빌의 지방 검사로 임명되었다.

　　법률에 관해서는 별로 아는 것이 없었지만 그곳에서는 용감하고 총을 잘 쏘는 것이 우수한 검사의 자격이었으므로 그는 많은 사람으로부터 존경을 받게 되었다. 얼마 후 잭슨은 소방대와 민병대로, 그리고 좀 있다가는 군대의 지휘를 위임받았다.

　　그에게는 맹렬한 욕설, 분노 등 무서운 일면도 있었으나 성서를 잘 읽었고 위엄과 품위 있는 남부인의 모습도 있었다. 이런 열정으로 라켈 도넬슨 로바즈라는 여인과 결혼했다. 그녀는 첫 남편에게 버림받은 불행한 여인이었다. 잭슨과 결혼한 후 그녀의 이혼이 법적으로 완결되지 않음을 알게 되었다. 이것은 후에 그의 정치생명에 커다란 타격을 주었다. 그는 붙임성이 좋아서 사람을 끌어당기는 힘을 가지고 있었다. 키가 훤칠하게 크고 회색 곱슬머리, 푸른 눈동자에 군인다운 험한 얼굴

존 퀸시 애덤스 존 퀸시 애덤스는 재임기간 중 잭슨파의 수많은 방해에도 불구하고 성공적으로 대통령직을 수행해냈다.

을 하고 있었으나 인상은 매우 부드러웠다. 그의 용기, 성실, 일반 민중에 대한 깊은 애정은 그의 가장 큰 재산이었다.

각각 장점과 단점을 가진 이 두 사람 중 과연 누가 대통령이 될 것인가? 선거를 치르기 전까지 그들의 관계는 매우 원만한 것으로 보였다. 투표 결과는 잭슨이 99표, 애덤스가 84표, 크로포드가 41표, 헨리 크레이가 37표를 얻은 것으로 나타났다.

"잭슨을 위험한 경쟁자라고 생각은 했지만 저렇게 많은 표를 얻다니…"

애덤스는 선거 결과에 매우 놀랐다. 그러나 다행한 것은 잭슨의 득표수가 과반수를 넘지 못했다는 것이었다. 선거는 헌법에 따라 다시 하원으로 넘겨졌고 이때 각 주는 오직 한 표만을 행사할 수 있었다. 클레이는 같은 서부 출신의 잭슨을 미래의 경쟁자로 생각했기 때문에 애덤스와 이미 오래전부터 정치적인 밀약 관계에 있었다.

결국 하원으로 넘겨진 선거에서 클레이의 지지에 힘입어 애덤스가 13개 주, 잭슨이 7개 주, 크로포드가 4개 주의 찬성표를 얻음으로써 애덤스가 대통령으로 당선되었다.

잭슨은 신사였다. 당선이 결정된 날 밤에 애덤스를 찾아가 정중하게 축사를 전하였다. 그러나 정직하고 고지식한 애덤스는 클레이를 국무장관에 임명하는 어리석음을 범했다. 이는 '더러운 정치적 거래'에 대해 의심을 품고 있던 잭슨파의 비난을 더욱 부채질했으며 애덤스에게 호의를 갖고 있던 잭슨으로 하여금 등을 돌리게 했다. 그러나 사실 부정한 흥정은 없었다.

잭슨은 이후 돌변했다. 애덤스는 이제 그가 기필코 이겨야 할 적이었다. 애덤스가 대통령에 당선된 그해부터 잭슨의 선거 운동은 이미 시작되었다. 그 결과 애덤스와 클레이의 국민공화파와 잭슨의 민주공화파 사이의 대결이 첨예화되었다.

애덤스는 대통령에 취임한 이후 과거에 연방파들이 주장한 중앙집권화와 통일 정책을 실시하려 하였다. 그는 연방정부 주도하에 아직 정리되지 않은 각 지역의 교통망을 개선하였다. 기업의 파산을 처리하고 군대를 편성하는 데 필요한 통일된 법을 마련하였다. 나아가 국립 대학, 해군 사관학교, 국립 천문대 등을 설립하여 미국의 국력을 신장시키는 데 총력을 기울였다. 다른 한편으로는 남부인들의 반대를 무릅쓰고 보호주의적인 성격이 짙은 '1828년의 관세법'을 제정하였다.

그러나 미국 역사상 최초라고 할 수 있는 전국적인 부국강병 계획은 의회에서 다수 의석을 차지하고 있는 잭슨파에 의해 부결되는 등 장애물이 많았다.

그럼에도 불구하고 애덤스가 재임 기간 동안에 이룩해낸 수로와 항구의 정비 규모는 그 이전 30여 년간 추진되었던 업적을 훨씬 능가하는 것이었다. 또한 1825년부터 다시 시작한 국토건설 계획은 앞으로 완성하게 될 기나긴 국도망의 토대를 마련하는 데 크게 기여하였다.

1828년을 겨냥한 잭슨의 선거 운동

잭슨의 선거 운동은 애덤스가 대통령에 당선된 다음해부터 본격적으로 시작되었다. 전국적인 조직망을 갖추고 추진된 선거 운동을 통해 잭슨은 수많은 지지자들을 확보하고 있음을 확신했다. 그는 오하이오 강변에서 개척정신을 잃지 않고 살아가고 있는 많은 사람들을 볼 수 있었으며, 동부 해안 지방에서는 현 대통령의 귀족주의에 분개하는 군중들을 만날 수 있었다.

"애덤스는 밑바닥을 모르는 공상주의자야. 우리처럼 생활고를 느껴보라지!"

또한 '아메리카는 앨리게니 산맥의 서쪽으로부터 시작된다.'고 생각하며 서부 개척의 꿈을 갖고 있는 사람들도 적지 않음을 알게 되었다.

그런가 하면 조지아 주에 갔을 때 그곳에서 주민들의 토지 문제와 관련된 불만을 듣게 되었다.

"애덤스는 인디언만을 지지하고 있다."

남부 지역 대부분에서는 애덤스 대통령이 주의 권리를 계속 침범했다고 생각했다. 남부뿐 아니라 동부 지역에서도 직공이나 봉급 생활자들이 상당히 반발하고 있었다.

"지방 정부는 우리들의 노동을 착취하고 있다. 만약 그렇지 않다면 우리들에 대한 처우를 대폭적으로 개선하라!"

잭슨은 지지 세력을 확보하기 위하여 전국 각지를 돌아다녔다. 잭슨이 이렇게 주민들 속으로 집요하게 파고드는 동안에 애덤스 대통령은 그를 두 번 다시 당선시키지 않겠다는 정적들의 공동 작전 때문에 곤궁에 처했다.

의회에서는 대통령을 직접선거로 뽑기 위한 헌법 개정을 논의한 적이 있었다. 회의에서 몇몇 의원들은 회의를 진행시키기가 어려울 정도로 발언하였다.

"존 퀸시 애덤스는 국민이 그를 버렸다는 사실조차 모른 척

앤드류 잭슨 앤드류 잭슨은 1842년의 대통령 선거에서 애덤스와의 팽팽한 접전 끝에 지고 말았다. 제7대 미합중국 대통령

하는 철면피다."

"애덤스는 국민에게 배반당하자 더러운 미끼로 국민의 대표들을 낚아 올린 양심도 없는 낚시쟁이였다."

남부는 대통령이 범아메리카 회의에 미국 대표를 파견했다고 맹렬히 비난하였다. 이 회의는 독립한 지 얼마 안 되는 남아메리카 공화국들의 회합이었다. 남부는 이들이 노예 제도에 반대를 표명한 것이 불만이었다.

잭슨파는 대통령 선거를 위해 애덤스에게 항상 비수를 겨누고 있었다. 그런 그들의 눈에 애덤스가 백악관에 당구대와 체스를 구입하는 것이 목격되었다. 애덤스는 자신의 돈으로 구입했지만 잭슨파의 대변인은 맹렬히 비난했다.

"그것들은 공공의 재원으로 구입한 도박대와 도박용품이다."

잭슨파의 비난은 여기에서 그치지 않았다.

1825년, 진심으로 아메리카를 사랑하던 라파예트가 미국을 재차 방문했을 때 애덤스 대통령은 그와 프랑스어로 이야기했다. 그랬더니 이것을 곧 '애덤스 대통령의 비미국적인 유럽적 교양'이라고 꼬집어 말하였다. 또한 애덤스가 러시아 대사로 세인트 피터즈버그에 있을 때 미국인 하녀를 황제 알렉산더 1세에게 희롱의 상대로 소개하였다고 비난하였다. 그리고 4년 전 선거에서 클레이와 애덤스의 '타락한 흥정'을 상기시켰다. 이 모든 것은 1828년 선거를 겨냥한 선거전략이었다.

애덤스의 지지자들도 잭슨을 잔인하게 공격하였다. 잭슨이 불복종 죄를 지은 여섯 명의 병사를 사살했던 사건을 장례식으로 재현했으며, 잭슨은 술주정뱅이며 노름꾼, 암살자, 결투자라고 선전하였다.

"미합중국 대통령이 술이 거나하게 취한 채 권총을 들고 상원으로 뛰어들어가 정적들을 사살하는 것을 보고 싶으십니까!"

그리고 그의 사생활까지 들춰내어 '간통 사건'을 문제 삼았다. 이는 잭슨의 격렬한 성격을 이용하여 그를 격분시켜 자멸케 하는 전략이었으나 다행히도 잭슨은 자제했다. 이처럼 서로가 서로를 인신공격하는 것이 끊이지 않고 계속되었다.

1828년의 선거는 가장 악취를 풍기는 최초의 대통령 선거였으며, 미국이 이제까지 경험했던 어떤 것보다 졸렬한 대통령 선거였지만 중대한 바람이 불고 있는 것만은 부인할 수 없었다.

1812년 전쟁 이후 영국은 유년기에 있는 미국의 공업을 마비시키기 위해 손해를 감수하며 수출을 강행하고 있었다. 그러자 미국은 공업을 보호한다는 차원에서 수입세를 부과하였다. 그 당시 북부에는 이미 상당수의 공장들이 세워졌고, 남부에도 대규모 공장 건설이 진행되고 있었다. 그러나 상당 기간이 경과했지만 남부에는 공장이 별로 세워지지 않아 면제품을 생산할 수 없었다. 대신 목화를 수출하고 영국으로부터 목화 가공제품을 수입하는 실정이 되었다. 따라서 남부는 자연히 관세를 반대하는 입장으로 돌아섰다. 싼 원료를 팔아서 비싼 값의 상품을 사는 것을 더 이상 참을 수 없었던 것이다.

"애덤스가 관세로 부자들을 더욱 살찌게 하는 동안에 우리들은 살림살이를 팔아 끼니를 잇게 될 것이다."

남부인들은 잭슨파가 주도한 모임에 참여해서 쉬지 않고 애

미국 남부의 목화밭
미국 남부의 주요 특산품은 목화로 대농장에서 노예를 부려 대량으로 경작하였다.

덤스를 비난했다.

그러나 이 즈음에서 잭슨의 입장에서도 곤란한 문제가 발생하였다. 애덤스 대통령이 1828년에 제정한 관세법을 찬성했던 서부가 잭슨을 지지하는 입장을 취한 것이다. 서부인들은 관세법으로 발생되는 수입이 대규모 공공사업에 쓰여질 것을 바라며 찬성했던 것인데 뜻대로 되지 않았다.

잭슨은 참으로 고민이었다. 관세에 관한 한 남부와 서부는 서로 상반된 입장을 취하고 있었다.

"도대체 어떻게 해야 하나? 남부와 서부 모두를 친구로 만들 수 있는 묘안은 없단 말인가?"

잭슨의 한숨소리에 보좌관 반 뷰렌이 말했다.

"잭슨 씨, 아무 말도 하지 않는 쪽을 택하십시오."

반 뷰렌은 '작은 마술사'라고 불릴 정도로 노련한 정치가였다.

"잭슨 씨, 더 나아가 정부안보다도 훨씬 높은 세율을 다른 수입상품뿐만 아니라 원자재에도 부과하자는 안을 제출하십시오. 이 안을 동부 스스로가 거부하도록 하는 겁니다."

반 뷰렌의 건의에서 드러난 것처럼 당시 남부와 서부의 틈바구니에서 잭슨이 얼마나 어려웠을까 짐작할 수 있다.

그러나 이 전략은 실패하였다. 고율의 관세법안이 그대로 통과되었던 것이다. 이에 남부는 분개하여 찰스턴에서는 반기를 게양하는 사태까지 발생했다.

남부의 대표자인 존 칼훈은 거센 항의를 했다.

"국민 조세의 3분의 2를 남부에게 강요하는 이 관세는 그야말로 더러운 '증오의 관세'다."

이렇게 본격화된 선거 운동 과정에서 국민공화파는 애덤스와 클레이의 주도하에 관세, 대규모 공공사업, 헌법의 자유해석을 주장하였다. 이에 맞서 잭슨과 칼훈이 이끄는 민주공화파는 그들의 권익을 옹호하면서 관세에 반대했다.

애덤스 대통령의 임기가 만료되기 전 4개월간은 그에게는 무척 고통의 나날이었다.

"어찌해서 내가 사랑한 이 나라에 배반을 당하는가? 내가 그토록 충실히 봉사했던 국민에게 왜 거부되었는지 도저히 이해할 수가 없다."

4개월간 그의 머리에는 베르사유 궁에서 처음으로 들었던 〈넓은 세계가 너를 버렸다〉는 노래가 계속해서 울려퍼졌다.

이런 애덤스의 심정과는 달리 앤드루 잭슨은 기대에 차 있었다. 투표 결과는 잭슨이 178표, 애덤스가 83표로 잭슨이 압도적으로 승리했다.

잭슨 민주주의의 서곡

잭슨의 취임식은 성대하게 거행되었다. 전날 밤부터 수도 워싱턴은 전국 각지에서 모여든 추종자들로 북새통을 이루었다. 이들 가운데는 선거 운동의 대가로 공직을 요구하려고 온 사람들도 있었으나 대부분은 잭슨을 직접 보고 경의의 갈채를 보내기 위해 모여든 것이었다.

취임식 당일 워싱턴에는 자신들의 영웅을 보기 위하여 먼 곳에서 온 사람들로 가득찼다. 잭슨은 공화주의적인 간소한 차림으로 그의 숙소에서부터 국회의사당까지 반 마일을 가까운 사람들과 함께 걸어갔다. 수많은 마차와 말과 사람의 행렬이 대통령의 뒤를 따라 백악관으로 밀려들었다.

대법원장 마셜이 성서에 대한 선서를 진행시키고 잭슨이 성서에 입을 대는 순간이 왔다. 모여든 관중들은 우레와 같은 박수와 환호성을 질렀다. 경찰의 손이 미칠 여유도 없이 대통령에게 호의를 가진 사람들이 물밀듯이 쇄도하는 바람에 대통령은 창문으로 탈출하여 숙소로 피난해야 했을 정도였다.

순식간에 유리는 박살나고, 펀치*는 바닥에 흘렀다. 고급 천으로 된 의자는 진흙발에 더럽혀졌다. 보수파는 '혹시 프랑스 혁명의 개막이 아닌가.' 하고 놀랐다. 이에 대해 진보적인 인사들은 그동안 축적되어 온 평민의 힘이 폭발한 것이며, 대중의 시대가 왔음을 알리는 것이라고 기뻐하였다.

뉴델리안 교회의 목사는 예수께서 예루살렘 가까이 이르러 그 도시를 내려다보시고 눈물을 흘리시며 한탄하셨다는 구절로 설교했다. 당시 많은 사람들이 근심에 싸여 이 연회장을 바라보았기 때문이다.

그러나 잭슨 혁명의 특징은 계급 투쟁이 아니었다. 귀족에 대한 박해나 폭도로 인한 희생도 없었다. 다만 흑인과 노예제 폐지론자나 가톨릭교도나 몰몬교도 같은 인기 없는 소수인들까지도 그를 추종했다. 워싱턴과 제퍼슨의 관용은 서민의 힘이 커감에 따라 쇠퇴하였다.

대통령에 취임한 후 잭슨이 우선적으로 해야 할 일은 내각을 조직하는 것이었다. 그는 국무장관으로 반 뷰렌을 생각하고 있었다. 잭슨을 당선시킨 데 기여한 바가 컸던 반 뷰렌은 천부적인 정

* 펀치 : 과실즙에 술을 섞은 음료

치가였으며 논리와 기지를 겸비한 화술, 우아한 풍채 등으로 미국의 '딸레이랑'이라는 별명이 붙어 있었다. 그와 가까운 친구들은 그를 '작은 마술사'라고 부르며 매우 자랑스럽게 생각했다. 그러나 그의 정적들은 그를 '얄팍한 팔방미인'이라고 부르며 비난을 마구 퍼부었다.

반 뷰렌은 자신을 미국인 중에서 잭슨 다음가는 인물로서 누구보다도 사려 깊고 신중한 사람이라고 믿었고 또 그렇게 되기를 바랐다. 뷰렌이 국무장관의 자리를 승낙한 얼마 후 각료 명단이 발표되자 그는 국무장관직을 수락한 것을 깊이 후회했다. 잭슨의 관료임명이 어찌나 졸렬했던지 각 분야에서 비난이 난무했다. 뿐만 아니라 그가 보았을 때 자신과 이튼 외에는 진정으로 잭슨을 보좌할 만한 사람이 전혀 없었다. 그렇기 때문에 중요한 문제들이 발생했을 때 잭슨은 그의 정적들이 이른바 '주방내각'이라고 부르던 그의 친구들과 협의를 하곤 했다. 이에 따라 워싱턴에서는 주방내각이 대통령을 지배하고 나아가 그들이 대통령을 통하여 국가를 지배한다는 풍문까지 나돌았다. 그러나 진상은 풍문과는 달랐다. 잭슨은 보기 드물게 강한 의지의 소유자였으며 좀처럼 자기의 뜻을 굽히지 않았다.

1830년, 메이즈빌 도로법안을 부인하면서 반 뷰렌에게 보낸 짧은 각서에서 그의 의지를 읽을 수 있다.

'국민은 정부의 시정 개혁, 긴축, 절약을 기대했습니다.… 현재 국회가 하고 있는 행동들은 이 정부를 어떻게든지 가장 낭비적인 정부로 몰아세우려는 것 같습니다. 합중국 헌법은 지켜져야 하며 주권(州權)은 보호되지 않으면 안 됩니다. 합중국의 부채는 갚아야 하고 직접세와 공채는 피해야만 합니다. 그리고 연방의 통일은 유지되지 않으면 안 됩니다. 이것이 나의 목표입니다. 나는 그 결과에 구애받지 않고 나의 정책을 실행할 것입니다.'

또한 이 편지는 잭슨의 정책이 모든 것을 흑백으로 판단하는 단순한 사고방법과 명령으로 만들어진다는 추측과는 다른 면을 보여주었다.

선거 운동을 같이하던 때부터 잭슨이 대통령에 당선된 얼마 후까지 잭슨과 칼훈은 상당히 좋은 관계를 유지했다. 잭슨의 당선과 더불어 부통령이 된 칼훈은 다음 선거에서는 자신이 잭슨에 이어 대통령 자리에 오를 것으로 믿었다.

그러나 잭슨 대통령의 측근들은 잭슨의 재출마 계획을 세웠고 다음 후보로는 반 뷰렌이 물망에 올랐다. 게다가 반 뷰렌의 정치적 수완이 뛰어나서 칼훈은 하루하루가 악몽 같았다. 자연히 잭슨과 칼훈 사이는 점점 멀어졌고 반 뷰렌의 지지자들은 이를 이용하여 둘 사이를 더욱 이간시켰다. 당시 '페기 이튼 사건'은 이러한 상황을 심화시켰다.

앤드류 잭슨의 취임식
1828년 새로 취임한 대통령을 보기 위해 백악관으로 향하는 사람들

취임 선언을 하는 앤드류 잭슨

이튿의 부인 페기는 워싱턴의 조지 타운에서 좀 떨어진 곳에 있는 큰 여관의 딸이었다. 그녀는 매혹적인 눈매, 까무잡잡한 살갗에 갈색 머리를 하고 있는 아름다운 여인이었다. 일찍이 그녀는 해군 경리 장교와 결혼했으나 남편이 오랜 항해로 집을 비우자 여관의 단골손님이며 인기 있는 테네시 출신의 상원의원 이튼의 정부가 되었다. 이튼은 페기의 부친이 파산하자 그 여관을 사들였고, 남편인 경리 장교는 계속해서 해상 근무를 하도록 해군성을 설득하였다. 대통령 선거가 있을 무렵 남편의 경리장부에 부정이 발견되고 얼마 후 죽었다는 소식이 전해졌다. 그 후 페기는 이튼과 결혼하였고, 잭슨은 결혼을 격려했다. 그리고 이튼을 육군장관에 임명하였다.

그러나 각료 부인들은 모든 연회장에서 페기와의 교제를 거부하였다. 잭슨이 그녀를 감싸주며 사이좋게 지낼 것을 요청했으나 소용없었다. 특히 칼훈 부인은 정도가 심했다. 이런 불편한 상황은 잭슨의 생일 때 두드러지게 나타났다. 각료 부인들이 모두 페기를 무시하여 냉담한 분위기가 계속되자, 잭슨은 이튼 부인에 대한 각료회의를 소집하였다. 이 자리에서 잭슨은 페기를 '처녀와 같이 순결하다.'고 단언하였다. 이 말을 듣고 헨리 클레이는 빈정거렸다.

"그녀의 무한한 처녀성은 나이도 시들게 하지 못하고 시간도 어쩔 수 없는 대단한 것이다!"

　이 같은 말장난, 이른바 '이튼 말라리아'는 전염성을 지니고 있어 잭슨파에게는 그냥 웃어넘길 일이 아니었다. 그 여파로 정부와 상류 사회의 사교계 사이에 깊은 골이 생겼을 뿐 아니라 대통령이 웃음거리가 될 지경이었다.

　이런 상황에서 독신이었던 반 뷰렌은 이튼 부부를 정중히 대접하여 잭슨의 편이 되었다. 그런 일이 있은 후 내각 안의 대립 양상이 수습하기 어려운 국면에 이르자 이를 기회로 반 뷰렌은 사의를 표명하였다. 이는 잭슨에게 내각 개편의 기회를 제공하였으며 뷰렌은 곧 주영대사로 임명되었다.

　잭슨과 칼훈 사이를 결정적으로 갈라놓은 것은 주정부와 연방정부에 관한 견해 차이였다. 칼훈은 애덤스 행정부가 1828년에 제정한 이른바 '증오의 관세법'이 농업 지대인 남부에 불리하다는 이유로 반대했다.

　"연방이 주에게 불리한 법을 제정할 때, 주는 그것을 무효화할 권리가 있다."

　이에 대해 잭슨이 반박하였다.

　"주가 자기의 권리를 주장한다 하더라도 그것은 어디까지나 연방을 보존하는 테두리 안에서 이루어져야 한다."

　두 사람은 같은 민주공화파이면서도 연방과 주의 관계에 대해서는 상반된 견해를 갖고 있었다.

　그들은 서부 국유지 불하를 둘러싼 의회 논쟁 때문에 연방 지지파와 주 지지파로 갈라져 공개적으로 상대방을 비난하는 지경에 이르렀다.

　서부의 농민들은 국유지로 되어 있는 땅을 정부가 싼 가격으

1827년의 국회 이곳에서 앤드류 잭슨 대통령의 취임식이 이루어졌다.

로 불하하길 바랐다. 이때 남부도 관세폐지 운동에 대한 서부의 지지를 얻기 위하여 서부의 요구를 지지했다.

그러나 동북부의 상공업 세력들은 입장이 달랐다. 그들은 코네티컷 출신의 상원의원인 새뮤얼 푸트로 하여금 국유지 불하시 일정한 한계를 정하는 법안을 의회에 제출하게 했다. 그러자 서부 세력들이 미주리 출신의 상원의원인 토머스 벤턴을 내세워 이에 항거했다.

"푸트가 의회에 제출한 법안은 그야말로 우리들이 값싸게 토지를 사들이는 것을 배아파하는 동부 공장쟁이들의 음모다."

벤턴은 공격을 퍼부었다.

이와 같은 대립이 계기가 되어 남부 출신의 유명한 웅변가 로버트 헤인과 동부 출신의 다니엘 웹스터 사이에 논쟁이 벌어졌다.

사우스캐롤라이나 상원의원으로서 칼훈의 대변자인 로버트 헤인은 주권론을 주장하였다.

"여러분, 1812년 미·영 전쟁 당시 동북부 뉴잉글랜드의 주들은 연방정부의 전쟁 수행에 불만을 품고 어떤 행동을 했는지 기억나지 않으십니까? 그들은 하트퍼드 협의회를 열어 연방으로부터 탈퇴하려고 온갖 지저분한 짓을 다하지 않았습니까? 이러한 그들이 이제 와서는 연방이 중요하다느니 강조되어야 한다느니 하는 꼴을 눈 뜨고 볼 수가 없군요."

그는 흥분했다.

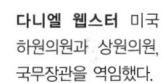

다니엘 웹스터 미국 하원의원과 상원의원, 국무장관을 역임했다.

"여러분, 연방이 주에 불리한 법을 제정한다면 주는 당연히 그 법을 무효화할 수 있는 것 아니겠습니까?"

이에 대해 연방정부를 대변하는 매사추세츠의 다니엘 웹스터는 다음과 같이 말하였다.

"여러분, 합중국 헌법은 연방과 주 사이의 권력을 분배하는 데 전력을 다했습니다. 연방권이 우선이냐 주권이 우선이냐 하는 것은 대법원이 해결할 문제이며, 대법원만이 그 판정권을 가지고 있는 것입니다. 이에 따르면 주에서는 연방이 제정한 여타의 법률도 거부할 권한이 없고, 어떤 주든지 단 한번이라도 이러한 일을 범한다면 연방은 이미 존재할 수 없게 되는 것입니다."

그는 미국 전체의 안녕을 위해서는 주의 자유보다 연방의 유지가 더 강조되어야 한다고 반박하였다. 헌법 제정 이래 최대의 쟁점이 된 주정부와 연방정부에 관한 문제는 잭슨과 칼훈 사이에서 더욱 첨예화되었다.

1830년 4월, 제퍼슨의 탄생 기념 축하연에 두 사람이 동석했다. 건배하는 자리에서 잭슨은 칼훈을 뚫어지게 쳐다보며 큰소리로 말했다.

"우리 연방을 위하여 건배합시다. 무슨 일이 있더라도 연방은 수호해야 합니다."

칼훈은 다른 사람과 함께 기립하였다. 장내는 찬물을 끼얹은 듯 긴장된 분위기가 맴돌았다. 칼훈은 두 번째 건배를 청했다.

"연방에 앞서 귀중한 우리의 자유를 위하여."

양편의 분위기로 팽팽한 긴장이 더욱 고조되었다.

"자유는 각 주의 권리를 존중하고 연방의 이익과 의무를 균등하게 분담함으로써 비로소 이루어진다는 것을 모두가 잊어서는 안 될 것입니다."

칼훈의 재치있는 다음 말도 칼훈의 속마음을 간파한 잭슨의 마음을 돌이킬 수 없었고, 이후 칼훈은 부통령직을 사임하였다.

잭슨의 재선과 공황

잭슨이 연방의 보존을 강조했다고 해서 미국 동북부의 상공업자들과 같은 생각을 가진 것은 아니었다. 그는 사실상 농업을 일으키려고 애썼고, 지방 분권화를 정착시키려고 했던 민주공화파의 지도자였다. 정부와 평민이 어떻게 하면 좀 더 가까워질 수 있을

까 늘 고민해온 정치적 민주주의자였다. 다른 한편으로는 모든 개인에게 동등한 기회를 부여하고, 그들로 하여금 자유롭게 자신들의 이익을 추구할 수 있도록 최대한의 자유를 허용하자는 자유주의자였다.

정부는 가능한 한 적게 통치해야 하며, 간섭을 최대한 줄여야 한다는 것이 그의 생각이었다. 이러한 평등주의적이고 자유방임주의적인 생각은 합중국 은행과 관련된 거부권 행사에서 잘 나타난다.

잭슨은 대통령에 취임한 1829년, 의회에 보낸 최초의 연차교서에서 이미 합중국 은행법의 합헌성과 타당성에 의문을 제기하며 합중국 은행에 반대하는 입장을 밝혔다. 이에 당황한 합중국 은행 지지파는 다음 선거에서 은행 문제를 정치화하려고 특히 연장을 의회에 요청하였다. 그러나 잭슨은 거부교서를 발표하여 이 요청을 거부하였다. 거부교서는 그의 정치관을 이해하는 데 매우 중요한 문서가 되었다.

이 교서에서 그는 합중국 은행을 비난했다.

"합중국 은행은 배타적인 독점의 극치를 달리고 있으며, 주의 권리를 크게 침해하고 있다. 합중국 은행은 연방정부의 대행기관으로서 그 기능을 상실하고 있으므로 위헌적 존재다."

뿐만 아니라 합중국 은행 주식의 1/4이 외국인에게 있고 그 나머지도 불과 수백 명의 미국인에게 있다는 사실을 지적하였다.

"이러한 현상은 미국의 독립과 자유에 대한 위협이다. 법은 만인 앞에 평등하나 법이 일부 부유 계급이나 권력자에게 특권을 허용함으로써 부자는 더욱 부자가 되고 권력자는 더욱 강력하게 된다면 농민, 기능공, 노동자와 같은 하층 계급은 정부의 부정을

헨리 클레이 연방 하원의원, 연방 상원의원을 지낸 정치가. 자유주와 노예주 세력의 균형을 유지하기 위해 미주리 타협과 1833년의 관세 타협안 등을 추진한 주요 인물이다.

규탄할 권리가 있다."

이와 같이 잭슨은 대다수 국민의 이익을 위하여 합중국 은행의 재특허를 불허한다는 입장을 밝혔다. 이로 인해 1832년 선거에서는 더욱 많은 국민의 지지를 얻어 합중국 은행의 재특허를 선언한 클레이에게 압승하였다.

그러나 이러한 정책은 1837년 미국의 경제 발전에 심각한 타격을 준 불황을 초래했으며, 오히려 하층 계급을 경제적 빈곤 속으로 몰아넣는 결과를 가져왔다.

잭슨은 재선 이후 정부의 재정수입을 종전과 같이 합중국 은행에 예금하지 않고 각 주에 있는 은행에 분산시켜 예금하였다. 그 결과 발전 일로에 있는 서부 지역에서는 수많은 '펫은행'이 탄생하였다. 새로운 자금은 주로 토지 투기에 투자되었다. 이에 보조를 맞추어 각 주는 막대한 주 채권을 발행하여 운하, 철도 건설에 투자하였다.

한편, 남부에서는 면화를 비롯한 농산물 가격이 안정세를 유지하자 1830년대 하반기의 미국 경제는 호경기를 맞았다.

그러나 1835년 서부 지역에 대흉작이 들었고, 1836년에 남부 지역에서 면화 가격이 폭락하여 농민을 상대로 하던 지방은행의 경영이 부실해졌다. 거기다가 과열된 토지 투기를 냉각시킬 의도로 잭슨 행정부가 1836년 7월에 국유지 불하대금을 금화나 은화인 정화(正貨)로만 영수한다는 조치를 취하자 경기는 차츰 후퇴하기 시작했다.

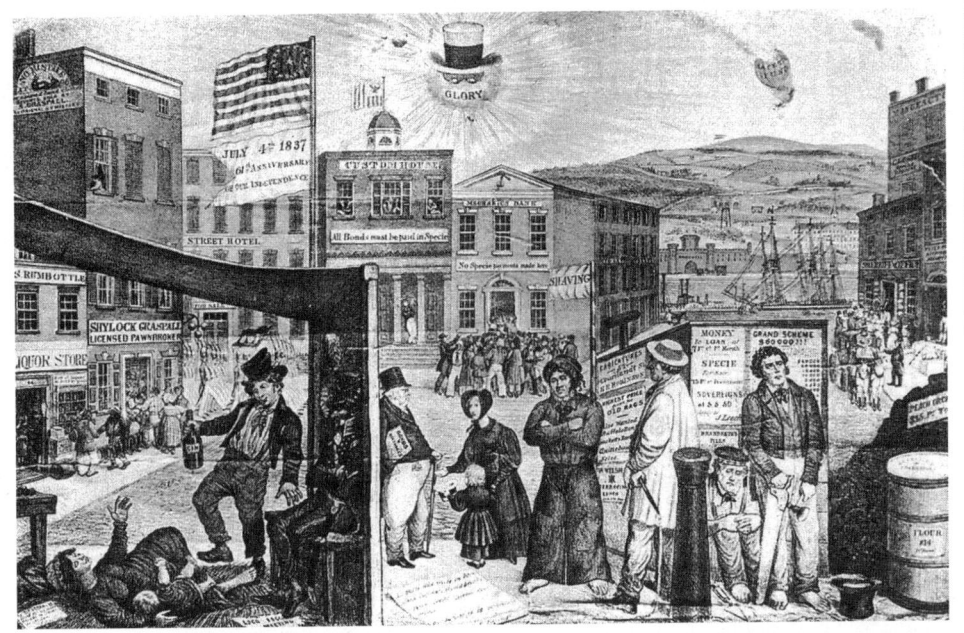

미국 독립 기념일 1837년 7월 4일 축하연을 풍자한 캐리커처

　마침내 1837년 5월, 미국 금융계를 좌우하는 위치에 올라선 뉴욕의 여러 은행들이 정화 지불을 중지하였다. 그러자 전국의 788개 은행 중 정화 준비가 거의 없던 618개 은행이 도산하였다. 또한 채권을 남발한 주 중에서는 원금의 상환마저 거부하는 곳이 속출하여 주 채권의 신용이 붕괴됨으로써 본격적인 불황을 맞게 되었다. 이러한 불황 속에서 가장 심한 타격을 받은 곳은 토지 투기와 개발대상 지역이었던 북서부와 남서부 지역이었다.

　이와 같이 잭슨은 희비가 엇갈리는 시대를 통치하였다. 비록 임기 말년에 미국이 불황을 맞이했지만 임기 동안에 미국 사회에 평등주의가 깃들게 하였고, 그 결과 시민의 영향력이 크게 신장되었다.

현대적인 정당의 출현

잭슨 시대의 가장 두드러진 특징은 시민의 정치적 신장이었다. 이는 미국의 정치 제도와 정당 구조상에 새로운 변화를 몰고 왔다.

우선 '엽관제'라 불리는 제도가 출현했다. 즉 선거에서 공로가 있는 지지자에게 관직을 나누어 주는 것이었다. 잭슨 시대 이전에는 정권이 바뀌어도 정부의 하급 공무원은 변동 없이 그 자리에 머물러 있을 수 있었다. 그러나 잭슨이 정권을 잡은 뒤에는 기존 공무원들을 쫓아버리고 그 자리에 자신을 지지한 사람들을 앉혔다. 원래 관리들이 대통령의 명령에 잘 복종하지 않았기 때문이었다. 그러나 실제적으로 잭슨이 대통령직을 수행하던 동안에 갈아치운 공무원 수는 그다지 많지 않았다. 그럼에도 그것이 큰 의미를 갖는 것은 종전의 정상적인 방법으로는 관직을 꿈꿀 수도 없던 일반인들에게 공직에서 일할 수 있는 길을 열어주어 민주주의 발전에 크게 이바지했기 때문이다.

다음으로 정부에서 임명하는 관리의 수가 줄고 민선 관리의 수가 늘었다는 점이다. 잭슨 시대에는 선거인단으로 뽑힌 선거인이 대부분 주민들에 의해 선출되었다. 이것은 곧 참정권이 재산이나 종교 등에 의해서 주어졌던 관례가 사라지고 일반 대중에게 평등하게 확산되었다는 사실을 말해주고 있다.

또 다른 변화는 대통령 후보를 지명할 때 일반인 출신의 정당 대의원들이 영향력을 발휘할 수 있는 회의가 열리기 시작했다는 것이다. 잭슨 시대 이전의 대통령 후보는 비밀리에 열린 몇몇 사람의 당 간부회의에서 결정되었다. 이 방식은 민주적이지 못하다

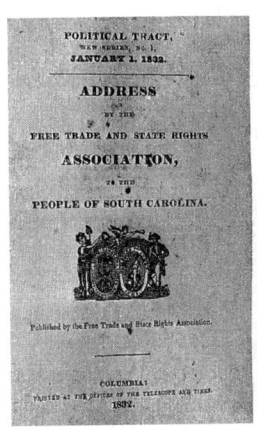

1832년의 정치관련 팸플릿 1832년에 자유무역과 연방권리 협의회가 발간하여 남부 캐롤라이나 시민들에게 유포한 정치관련 팸플릿.

는 이유로 비난의 대상이 되었다. 결국 1831년에 처음으로 전국 지명 대회를 통해 대통령 후보를 결정하였으며, 잭슨 행정부 말기에는 제도적으로 자리 잡았다.

마지막으로 대통령이 각료 외에도 개인적으로 보좌관을 임명하여 그들과 정책을 논의하는 관행이 생겼다는 사실이다. 이른바 '주방내각'이 그것이다. 이는 잭슨이 대통령에 당선되는 과정에서 도움을 받은 바 있는 칼훈을 울며 겨자먹기식으로 각료로 임명하게 된 데서 비롯된 제도였다. 잭슨은 탐탁지 않은 각료들의 영향을 덜 받기 위하여 여러 가지 국가 일들을 신뢰할 수 있는 보좌관들과 의논했다. 현대판 특별 고문 제도였다.

이처럼 일반인의 정치 참여가 확대됨에 따라 대중에 뿌리를 둔 현대적인 정당이 나타났다. 공화파가 민주공화파와 국민공화파로 갈라졌고, 그것은 다시 민주당과 휘그당으로 변화하였다. 잭슨을 지도자로 하는 민주당은 농업 세력을 지지 기반으로 갖고 주권론을 주장한 반면, 웹스터를 중심으로 한 휘그당은 상공업 세력을 지지기반으로 두고 연방 강화를 부르짖었다. 시간이 흐름에 따라 양당의 구분이 더욱 뚜렷하게 되었다. 이것은 곧 양당 제도가 그 자리를 굳혀가는 모습이었다. 이제는 어느 특정 지역 출신들이 대통령직을 독점하던 시대와는 다른 시대가 열리게 되었다.

불운한 대통령 마틴 반 뷰렌

잭슨 시대를 통해 새롭게 변모한 정치 풍토 속에서 처음으로 치러진 선거가 1836년의 대통령 선거였다. 이 선거에서 민주당의 마틴 반 뷰렌은 대통령에는 쉽게 당선되었으나, 매우 운이 나빴다.

1782년 그는 뉴욕의 조그만 마을에서 태어나 소년 시절에는 지방학교와 킨더후크 아카데미에서 교육을 받았으나 공부를 그리 잘 하지는 못했다. 열네 살 때부터 법률사무소의 서기가 되어 약 5년간 법률 지식과 법정 경험을 쌓았다. 열렬한 제퍼슨 지지자였던 그는 이후 1802년까지 정계에서 활동하며 법률 공부를 계속하였다. 1803년에는 변호사 면허를 얻어 킨더후크에서 변호사업을 시작했다. 그는 당시 21세의 젊은 청년이었음에도 나이에 걸맞지 않게 신중하고 치밀했다. 그와 같이 일을 해본 사람들은 뷰렌에 대해서 다음과 같이 말하곤 했다.

"반 뷰렌은 정말 믿을 만하지요. 그 사람의 머릿속에는 언제나 정확한 시간표가 들어 있고, 무엇보다 그의 종합적인 상황 판단력은 칼날처럼 날카롭고 자로 잰 듯 정확해요."

그는 체구가 작았지만 옷차림과 몸가짐이 바르고 정중하여 위엄이 절로 넘쳐나는 사람이었다.

견습 변호사로 있을 때부터 이미 콜롬비아 카운티의 모든 사람들에게 이름이 알려진 그는 변호사가 되자 더욱더 자신의 교제 범위를 넓혀 나갔다. 당시 그의 집과 사무실은 그가 몸이 아파서 쉬는 날을 제외하고 항상 그를 찾아오는 사람들로 붐볐다. 그는 1808년 선거에서 공화파를 지지한 덕택에 판사로 임명되었다. 이 때부터 그는 부정한 방법으로 토지를 소유하고 있는 대토지 소유자들을 공격하면서 대중적 인물로 등장했다. 4년 뒤인 1812년에는 주 상원의원으로 당선되었고, 이어 주 검찰총장, 주립대학협의회 의원직을 거쳐 1821년에는 상원의원에 선출되었다.

이 무렵 미국에서는 재산이나 납세 능력 등에 따라 투표권을 제한하던 제도가 철폐되었다. 이에 따라 유권자 수가 대폭 늘어나면서 정치적 민주화가 급속도로 진척되었다. 반 뷰렌은 당시 상원의원으로 있으면서 다른 한편으로는 직업을 제공하는 정치기구의 우두머리가 되었다.

1824년 선거에서 그는 비공식적이긴 했지만 윌리엄 크로포드를 지지했다. 선거 결과, 애덤스가 당선되었고 상원에 있던 그는 애덤스파의 범국가적인 여러 정책을 시종일관 반대했다. 그리하여 뷰렌은 잭슨의 두터운 신망을 얻었고, 결국엔 잭슨의 선거운동을 총괄하는 선거 사무장이 되었다. 1828년 잭슨의 대통령 당선으로 그는 국무장관에 임명되었고, 잭슨의 재임기간 동안에는 부통령이 되어 잭슨을 성실하게 보좌했던 것이다.

민중의 열렬한 지지를 받은 잭슨이 지명한 후보자 반 뷰렌은 예상대로 당선되었다. 게다가 단일 후보를 내세우는 데 실패한 휘그당과의 승부에서 쉽게 승리할 수 있었다.

그러나 잭슨이 반 뷰렌에게 넘겨준 것은 민중의 환호성만이

마틴 반 뷰렌 반 뷰렌의 취임 당시 미국은 가뜩이나 나쁜 경제 상황에 경제공황까지 겹쳐 그는 악전고투할 수밖에 없었다.

아니었다. 고객 없는 은행, 살 사람도 없는 토지, 주민이 없는 도시, 교통이 두절된 운하, 가치가 없어진 저당권, 억지로 올려 놓은 물가, 필수품의 부당한 가격 상승 등 '작은 마술사'도 풀기 힘든 매듭만을 잔뜩 넘겨준 것이었다.

그가 취임하고 얼마 지나지 않아 수확 감소, 무역 적자 등 거센 바람이 불었다. 여기에 영국의 경제 파탄으로 결국 1837년에 최대의 경제 공황이 터지고 말았다.

공황의 주된 원인은 영국에서 일어난 금융 위기 때문에 미국에 투자되었던 영국 자본이 빠져 나간 데 있었다. 곳곳에서 물가 폭등에 항의하는 민중집회가 폭동처럼 일어났다. 은행 앞에는 예금을 찾아가려는 대중들로 난장판이었다.

"돈을 내라! 돈을 내라!"

날로 떨어지는 화폐가치에 겁먹은 부인들이 은행문을 두드려댔다. 치안은 군대가 동원되지 않으면 안 될 만큼 어수선하여 뉴욕 거리에는 군인들이 등장하였다. 여론은 정부를 향하여 책임을 추궁하기 시작했고, 비난의 화살은 반 뷰렌과 잭슨에게 날아갔다.

게다가 부실했던 은행 경영이 이 재난에 가세했다. 잭슨 시대에 제정된 '경화통용법'은 서부 토지에 대한 투기 활동을 억제하였으며 투기꾼에게 돈을 빌려주던 금융가들의 활동을 크게 위축시켰다. 동부 해안 도시에서는 실업자들이 속출했고, 그 여파가 내륙으로 퍼져 서부와 남부를 덮쳤다. 공장은 문을 닫고 가격 폭락으로 농산물들이 마구 버려졌다. 운하와 철도사업도 중단되었다. 일자리를 잃은 노동자들은 거리로 나왔고 자선단체에서 제공하는 빵을 얻기 위해 거리마다 줄을 이었다. 불경기는 1843년까지 계속될 정도로 길고 심각했다. 반 뷰렌의 인기는 급속도로 떨어졌고, 나아가 증오의 대상이 되었다.

이때를 틈타 야당인 휘그당은 다가올 선거에서 승리할 방법을 철저히 연구하였다. 협의회에서 대통령 후보를 선출하던 방법 대신 민중에 의한 선택이다 보니 이제는 의회의 노련한 지도자보다는 대중에게 널리 알려져 있는 사람, 또는 독특한 경력이나 성격을 가진 인물이 유망한 후보자가 되었다. 후보자가 소위 특권계급이 아니라면 더욱 바람직하였다. 바로 잭슨 같은 경우였다. 휘그당은 잭슨과 비슷한 인물을 찾아내야만 했다. 당시에는 특히 노군인이 인기가 있었던 만큼 웹스터나 클레이는 당시 분위기와는 잘 맞지 않는다고 판단하여 뒷전으로 돌려졌다. 그들은 수많은 지지자들을 가진 정치적 거물이었지만 동시에 그에 못지않게 적도 많았다. 그러므로 휘그당원들의 눈에는 윌리엄 해리슨이 적격으로 보였다. 과거에 티페카누 전투에서 인디언들을 격파하여 군사적 영웅으로 추앙받던 그가 마침내 휘그당의 대통령 후보로 지명되었다. 휘그당은 평민에게 호소하기 위해 해리슨을 순박하고 건전한 민중의 한 사람으로 만들려고 하였다. 그러기 위해서는 반 뷰렌이 백악관을 호화롭고 타락한 환락의 장소로 만든 방종한 금권정치가라는 인상을 유권자에게 심어 주어야 했다. 그러나 사실 뷰렌은 가난한 가정에서 자란 사람이었고, 반대로 해리슨은 2천 에이커나 되는 토지를 가진 농부 출신이었다. 그들은 거짓말을 퍼뜨려 반 뷰렌을 깎아내리기에 여념이 없었다.

반 뷰렌에게 호의를 가진 한 신문이 혹평을 했다.

'해리슨에게 연간 한 통의 독한 사과술과 2천 달러의 돈을 주면 그는 대통령을 그만두고 여생을 통나무집에서 보낼 것이다.'

그러자 해리슨의 선거 운동자들은 이를 약삭빠르게 이용하였다. 그들은 선거 운동 기간을 통해 '독한 사과술과 통나무집'을 두고두고 우려먹었다.

"통나무집에 경의를 표하도록 궁전을 철저하게 교육하자!"

그리고 당내 소수파를 이루고 있는 남부 세력을 위해 버지니아의 존 타일러를 부통령 후보로 내세웠다.

'휘그당 환영'이라는 깃발이 나부끼는 가운데 연사가 '티페카누를!' 하고 외치면 청중들은 '타일러를!' 하고 응수하였다. 이 효과적인 운동방법으로 티페카누의 해리슨과 타일러는 나란히 당선되었다.

텍사스 합병과 멕시코 전쟁

노령의 해리슨 대통령은 취임한 지 1개월도 못 되어 사망했고 부통령인 타일러가 대통령직을 계승하였다. 당시 타일러는 당내 소수파인 남부 휘그당을 대변하고 있었다. 남부 휘그당은 당내의 다수파인 북부 휘그당과 대립했다. 그러므로 남부 휘그당 출신의 대통령과 북부 휘그당이 지배하는 의회 사이에는 격렬한 충돌이 일어났다. 이것은 사실상 타일러가 휘그당 전체와 대립함을 의미하는 것으로 타일러는 자기를 당선시켜 준 정당의 지지를 받지 못하였다. 그는 합중국 은행을 부활시키려는 북부 휘그당의 시도에 두 번이나 거부권을 행사하여 좌절시켰다. 또한 클레이가 추진한 관세법에 대해서도 두 번이나 거부권을 행사하였다. 이로 인해 국무장관 웹스터를 제외하고는 출범시에 임명한 각료들이 모두 사임하는 사태까지 생겼다. 결과적으로 타일러 대통령은 야당인 민주당과 가까워졌고, 민주당의 도움을 얻어 차기 선거에서 재선하려는 계산까지 하고 있을 정도였다.

그러나 이것은 잘못된 생각이었다. 1844년 선거에서 민주당은 비교적 잘 알려지지 않은 인물인 제임스 포크를 후보로 내세웠고, 휘그당은 헨리 클레이를 후보로 내세웠던 것이다. 이 선거에서는 자유당이 창당되었다. 그들은 노예제를 반대하면서 제임스 버니를 후보로 내세웠는데 이것이 휘그당에게 불리하게 작용하였다. 그 결과 휘그당의 클레이는 적은 표 차이로 민주당의 포크에게 지고 말았다.

포크 대통령의 앞날도 전임 대통령들의 악운이 아직 덜 가셔서인지 그리 밝지만은 않았다. 잭슨 시대부터 본격화된 서부로의 팽창이 서서히 국경 문제로 옮겨가기 시작했던 것이다.

1820년대 이후부터 미시시피 강을 넘어 서쪽으로 이동하기 시작한 미국인들의 팽창은 그들이 텍사스에 발을 들여 놓으면서 더욱 본격화되었다. 당시 텍사스는 스페인으로부터 독립한 멕시코의 영토였다. 이곳은 1823년에 스티븐 오스틴이 멕시코 정부로부터 개척지를 만들 수 있는 권리를 얻어낸 곳이었다. 그 이후로 농민과 목축업자들이 모여들기 시작했다. 특히 산타페에는 멕시

1745년 텍사스 합병

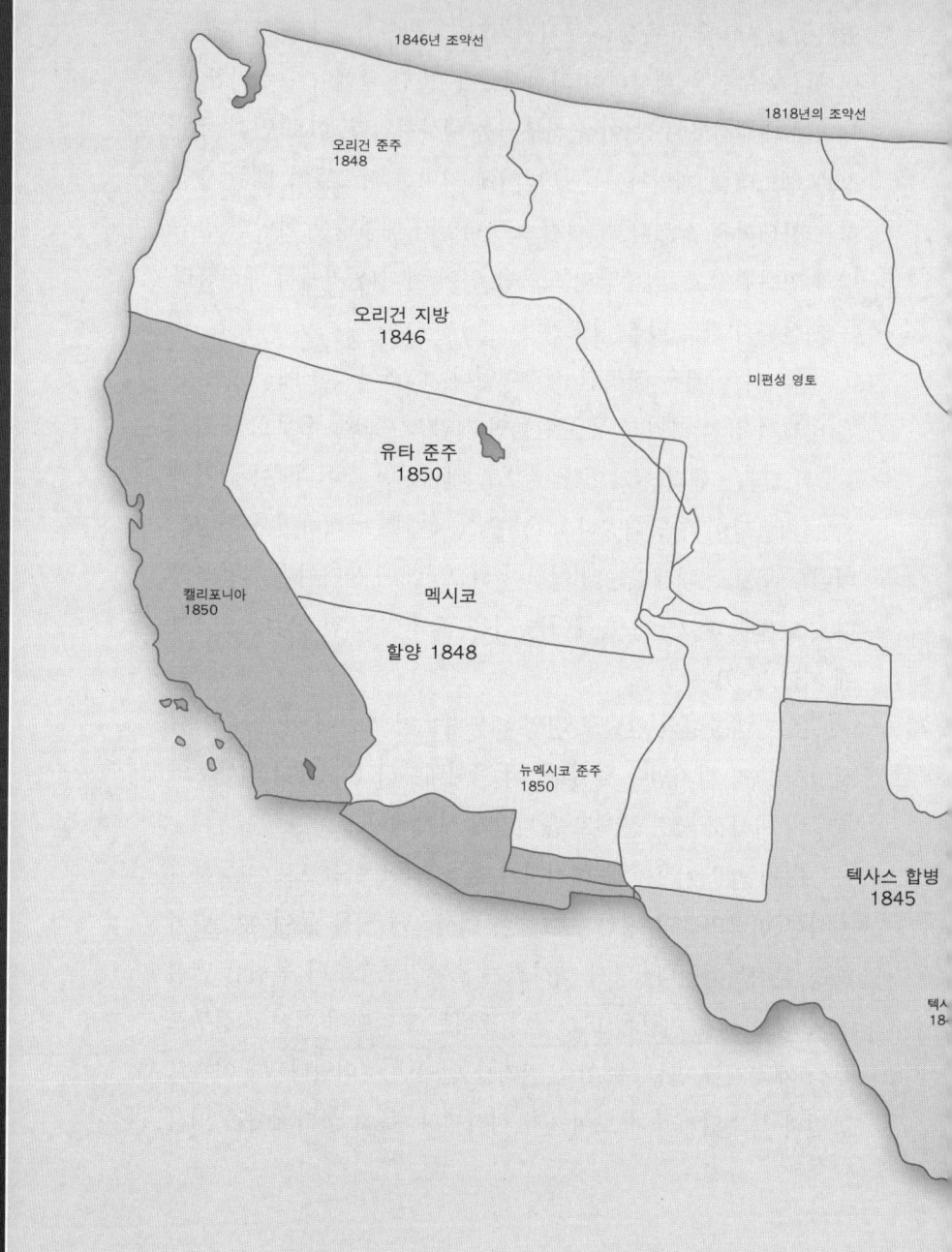

존 타일러 해리슨의 뒤를 이어 대통령직을 계승한 타일러는 여당인 휘그당과 야당인 민주당 양쪽 모두에게 지지받지 못한 채 국정을 수행해야 했다.

코와의 무역거래소가 마련되어 있어 수많은 미국인들이 그곳으로 이동하였다. 산타페까지의 역마차 여행은 길고 고통스러웠지만 그들은 여행이 끝나면 자신들이 가져온 상품보다 7~8배나 가치가 있는 멕시코 상품을 손에 넣을 수 있었다. 1824년경만 하여도 80여 명의 미국 상인들이 25대의 포장마차와 150필의 말을 타고 산타페에 나타나 약 3만 달러치의 상품을 취급하였다. 그 결과 19만 달러 상당의 멕시코 상품과 교환할 수 있었다.

멕시코 정부는 처음에는 텍사스로 이주해 온 미국인들을 환영하였다. 그러나 1827년에 이르자 멕시코인과 미국인의 비율이 1대 10이 되었다. 멕시코는 점차 미국인들을 경계했고 더 이상 이주를 금지하는 한편 미국인들이 멕시코 법률에 따를 것을 명했다.

그러나 미국인 이주자들은 멕시코의 조치에 아랑곳하지 않고 이주를 계속하여 1835년까지 약 3만 명이 텍사스로 이주해 왔다. 이러한 미국인들에 대해 멕시코 정부는 점점 강경한 자세를 취하게 되었다.

"군대를 파견하여 미국인들의 이주를 막아야겠다."

"멕시코로 유입되는 모든 상품에는 관세를 부과한다."

멕시코 정부의 강경 정책은 텍사스에 살고 있는 미국인과 멕시코인의 관계를 점점 악화시켰다.

1836년, 마침내 미국인들이 독립을 선언했다. 미국인들의 반란을 진압하기 위해 멕시코는 대통령이 직접 군대를 지휘하여 텍사스로 진격하였고, 알라모 전투와 골리아드 전투에서 승리를 거두었다.

그러나 미국인들도 만만치 않았다. 그들은 샘 휴스턴 장군의 지휘하에 멕시코군에게 완강하게 맞서 산화킨토 전투에서 멕시코군을 대파하였다. 그리고 그 전투에서 멕시코 대통령을 포로로 잡았다. 이로 인하여 멕시코는 벨라스코 조약에 서명하였다. 리오그란데 강을 국경선으로 하는 텍사스 공화국을 승인한다는 것이었다. 이후 텍사스 공화국은 미국에 텍사스를 합병시켜 달라는 안을 제출하였다.

텍사스의 연방 가입은 노예주가 늘어나는 것을 의미하였다. 그러므로 북부에서는 노예제 반대 운동가들의 완강한 반대 물결이 일어날 것이었다. 따라서 당시 대통령 반 뷰렌은 거부의사를 밝혔다.

"만일 미국이 텍사스를 합병할 경우 노예제 확대 문제가 다시 일어나 미국내 정치가 소란에 빠질 위험이 있다."

그러나 텍사스인들은 자신들만의 힘으로는 텍사스를 독립 국가로 유지하기 어려웠다. 이에 계속적으로 합병을 요구하였고, 미국내에서도 합병에 매력을 느끼는 사람들이 점점 늘어났다.

텍사스의 합병을 지지한 사람들은 대부분 남부인들이었다. 그들 중에는 대통령을 역임한 바 있는 잭슨도 포함되어 있었다.

해리슨의 사망으로 팽창주의자였던 존 타일러가 대통령에 오르자 합병안은 활기를 띠기 시작했고, 마침내 1844년 상·하 양원 합동회의를 통해 합병안이 통과되었다. 텍사스는 이제 미 연방의 한 주가 된 것이다. 이 무렵 출범한 포크 행정부는 이 문제로 인하여 장차 발생할 일련의 사태들을 맞이할 준비를 해야 했다.

　미국의 텍사스 합병이 멕시코를 자극한 것은 당연한 일이었다. 멕시코는 합병 소식이 전해지기가 무섭게 즉각 항의 성명을 발표하였다. 또 미국 주재 대사를 소환함으로써 미국과의 공식적

멕시코 전쟁 중 몰리노델레이 전투 1847년 10월 8일의 전투. '월스 장군의 지휘 아래 공장을 공격하고 있는 미군'이라는 설명을 달고 있는 1848년에 제작된 석판화

인 관계를 끊었다. 사태가 좋지 못한 쪽으로 급진전했다. 포크 대통령도 최악의 사태가 발생할 수 있다고 판단해 즉시 테일러 장군을 멕시코로 급파하는 한편, 존 슬라이델을 특명대사로 멕시코에 파견하였다. 이는 멕시코 정부와 텍사스 문제를 해결하는 것뿐만 아니라 뉴멕시코, 혹은 가능하다면 캘리포니아까지 매매할 것을 공식적으로 제의하는 것이었다. 그러나 멕시코 정부는 미국 대표와 만나기를 거부하였다. 따라서 포크 대통령은 테일러 장군에게 명령하였다.

"지금 즉시 멕시코와의 접경으로 진격하여 리오그란데 강변에 있는 진지부터 점령하라."

동시에 포크는 의회에 선전포고하는 교서를 보내려 했다. 이때 국무장관인 뷰캐넌이 사태를 좀 더 멀리 볼 것을 건의하였다.

"지금은 우리가 먼저 군사행동을 취할 시기가 아닙니다. 멕시코측에서 먼저 군사행동을 취할 때까지 기다리는 것이 여러 가지로 유리합니다."

그것은 타당한 조언이었다. 미국이 침입자로 불리는 것은 바람직한 상황이 아니었다. 이러한 가운데 1846년 4월에 멕시코군의 제1선 부대가 리오그란데 강을 건너 진지를 구축하고 있던 미군을 강타했다. 기마 전투가 벌어졌고 쌍방 간에 전사자가 발생했다. 그러자 포크 대통령은 즉시 의회에 다음과 같은 교서를 전달하였다.

'인내의 잔은 이제 비었다. 멕시코는 우리의 영토를 침범하고 미국인의 피를 미국 땅 위에 흐르게 하였다.'

이에 의회는 1846년 5월 12일에 선전포고를 하기로 결정하였고, 미국과 멕시코 사이에 전쟁이 시작되었다. 양국 군대는 몬테레이 지역과 부에나비스타에서 치열한 교전을 벌였다.

얼마되지 않아 미군은 압도적인 승리를 거두었다. 승리 기세를 몰아붙여 포크 대통령은 윈필드 스콧 장군에게 멕시코시티로 진격할 것을 명령하였다. 이것이 계기가 되어 캘리포니아에서도 존 프레몽과 군장교들의 도움을 받아 미국인 주민들의 폭동이 일어났다. 사태가 격화되자 멕시코는 점점 더 곤란해졌다. 워낙 멕시코군의 전력이 약한데다가 심한 타격을 받아 내부적으로 와해되기 시작한 것이다. 이제는 피해를 더 내지 않는 범위에서 어떤 형태로든 전쟁을 끝내는 것이 선결 과제라고 생각하기에 이르렀다. 미국은 어렵지 않게 캘리포니아를 정복할 수 있었다. 이때가 바로 1846년 가을 무렵이었다.

이후 포크 대통령은 1848년에 멕시코에 평화 사절을 파견하여 과달루페히달고 조약을 체결하였다. 미국은 영토를 손에 넣은 대가로 멕시코 정부가 미국인들에게 지고 있는 채무를 대신 갚아주기로 합의하였다. 이 조약으로 미국은 오늘날의 캘리포니아, 네바다, 유타, 애리조나, 뉴멕시코 등을 포함한 광대한 영토를 얻었다. 또한 이 지역에서 수세대 동안 살아온 스페인계 주민들을 상다수 받아들이게 되었다.

그러나 이것은 북부의 노예제 폐지론자들의 강한 반발을 샀다. 그들은 연방 안에서 남부의 노예 소유주 세력이 쇠퇴하기 시작하자 이를 만회하기 위해 멕시코 전쟁을 유도했다고 생각하였다.

"남부인들은 더 이상 얕은 술수를 중지하라."

북부인들은 비난의 소리를 퍼부었다.

"북부의 여우 같은 놈들은 노예들을 모두 선동하여 우리 남부 사회를 파괴하려는 음모를 꾸미고 있다."

양측의 주장에는 과장된 부분도 많았지만, 어쨌든 1840년대 미국의 팽창은 확실히 노예제 확대와 관련이 있었다. 이로 인해 결국 지역 간의 갈등은 더욱 격화될 것이었다.

1850년의 타협

전쟁이 발발한 지 1년 반 만에 미국의 승리로 끝난 멕시코 전쟁의 결과 텍사스 국경은 리오그란데로 정해졌다. 또한 미국은 뉴멕시코, 캘리포니아 지방을 새로운 영토로 편입하였다. 캘리포니아는 1848년에 정식으로 미국의 영토가 되었으나 사실은 그 이전부터 많은 개척자들이 이미 그곳에 자리를 잡고 있었다.

1848년 1월 어느 날 아침의 일이었다. 새크라멘토에서 동북쪽으로 80킬로미터 가량 떨어져 있는 아메리칸 강가를 한 사나이가 걷고 있었다. 그는 한참을 걷다가 돌연 강 가까이로 다가갔다. 그리고 덜깬 잠을 쫓아내기라도 하듯 세수했다. 얼마 후 사나이는

1849년의 골드러쉬 광고 전단지 캘리포니아 스팀 내비게이션 (California Steam Navigation) 사에서 금광 지역에서 사금채취를 하러 캘리포니아행 증기선에 탈 사람을 모집하는 광고를 냈다.

몸을 꼿꼿이 세워 강물 저쪽을 뚫어지게 응시하였다. 무엇인가 빛나는 것이 있었다. 그는 강물로 뛰어들어가 물 속에 손을 넣어 건져냈다. 그 순간 그는 너무 놀라 온 몸이 굳어졌다. 그의 손에는 황금 덩어리가 들려 있었다. 주위를 살펴보니 같은 빛의 덩어리들이 여기저기에 흩어져 있었다.

이 소문은 캘리포니아는 물론 동부 지역에까지 알려졌다. 많은 사람들이 앞다투어 시에라네바다의 산록에 괭이와 냄비를 갖고 모여들었다. 그 결과 1848년 한해 동안에 4천 명이 넘는 사람들이 몰려와 약 1천만 달러 상당의 황금을 캤다. 그리고 이듬해인 1849년에는 금을 파기 위해 모여든 사람 수가 10만 명에 육박하였다. 2만 정도에 불과했던 캘리포니아의 인구가 급격히 증가한 것이다.

캘리포니아는 이제 멕시코의 영토가 아니라 미국의 땅이었다. 캘리포니아에 모여든 사람들은 대체로 세 개의 길을 택하였다. 그 하나는 남아메리카 남단을 돌아 범선으로 샌프란시스코로 오는 길이었고, 또 하나는 파나마를 경유하여 오는 길이었으며 나머지 하나는 육로로 록키 산맥을 넘어오는 길이었다. 모두 위험하고 결코 쉽지 않은 길이었으나 미국인들은 그 길들을 통해 너도나도 캘리포니아로 몰려왔다. 그 결과 1849년경에는 캘리포니아를 주로 끌어올리는 데 충분한 인구가 되었다.

캘리포니아는 노예 제도가 필요하지 않았으므로 자유주로서 연방에 가입하기를 희망하였다. 그러나 멕시코로부터 물려받은 나머지 영토는 자유주로 하느냐 노예주로 하느냐 하는 문제로 남북 싸움의 불씨가 되었다.

북부는 더 이상 노예주를 증가시킬 수 없다고 완강하게 주장하였고, 또 노예주로 하느냐 마느냐 하는 문제는 새로 만들어지는 주의 주민들 결정에 맡겨야 한다고 주장하였다. 그렇지만 남부는 멕시코와 싸운 최대의 목적이 노예주를 증가시키자는 데 있었으므로 북부의 태도에 강하게 반대했다.

결국 남북은 타협의 길을 모색했다. 이른바 '1850년의 타협'이었다. 내용은 다음과 같았다.

첫째, 캘리포니아는 자유주로서 인정하되 그밖의 멕시코로부터 얻은 영토에 대해서는 주민의 결정에 맡기는 준주로 한다.
둘째, 콜롬비아 지구에서의 노예 매매는 금지하되, 노예 제도는 폐지하지 않는다.
셋째, 도망노예 단속에 관하여 기존의 법보다 더 강력한 단속법을 제정한다.

당시 남부의 노예들은 북부로 많이 도망쳤다. 그 이유는 북부인들이 '지하 철도'라 불리는 조직을 만들어 그들을 숨겨 주었고 북부와 캐나다로 도피시켰기 때문이었다.

그러므로 1850년의 타협 중 특히 '도망노예 단속법'의 시행은 북부 사람들에게는 노예 제도의 폐단 중에서도 가장 참혹한 일면을 드러내는 것이었다. 종래의 정치적인 대립이 감정적인 반발로 전환되고 말았다.

    이 법령은 연방 공무원에게 도망노예를 체포할 의무를 부과하였고, 일부 시민에게는 도망노예 수색 활동에 협조하도록 요구했다. 뿐만 아니라 수색 중인 도망노예를 모르고 도와주어도 처벌받도록 규제했다.

타협 이후의 위기

    '1850년의 타협'은 캘리포니아의 자유주 성립여부 문제로 야기된 남북 간의 지역적 대립을 해결하는 듯 보였다. 그러나 얼마되지 않아 이 타협은 남북 간의 일시적인 휴전이었음을 깨닫게 되었다.

    캘리포니아가 자유주로 연방에 가입함으로써 자유주와 노예주 비율은 16대 15가 되었다. 이것은 자유주와 노예주 수를 항상 동일하게 함으로써 상원에서 남북 간의 정치적 균형을 유지하려 했던 남부에게는 커다란 타격이었다. 그러므로 남부는 수적 열세에서 벗어나 안정된 정치 세력을 확보하기 위하여 노예 제도의 확대에 열을 올렸다. 나아가 급진파들은 노예 제도를 유지시키기 위해서는 연방으로부터의 탈퇴도 불사하겠다는 강경론을 펼쳤다.

    한편 북부도 '1850년의 타협'에 결코 만족하지 않았다. 특히 타협의 한 조건이었던 도망노예 단속법이 때로는 자유 흑인조차도 도망노예로 몰아붙이는 사례가 발생하여 북부의 감정을 격화시켰다.

북부인들의 노예에 대한 감정은 1852년 해리엇 스토 부인이 쓴 《톰 아저씨의 오두막》이 출간되면서 더욱 고조되었다.

"아아, 이 일을 어떡하면 좋담!"
엘리자는 망설이다가, 악마처럼 쫓아오는 노예상인의 얼굴을 보자, 생각할 겨를도 없이 덮어놓고 떠내려가는 얼음장으로 몸을 던졌다.
"앗!"
하마터면 미끄러져 그대로 강물에 빠질 뻔했다. 그러나 다행히 빠지지 않고 떠내려가는 얼음장 위를 건너 뛸 수 있었다. 엘리자는 숨 돌릴 사이도 없이 해리를 더욱 꼭 끌어안고 다음 얼음장으로 건너뛰었다. 그리고 다음 얼음장으로!

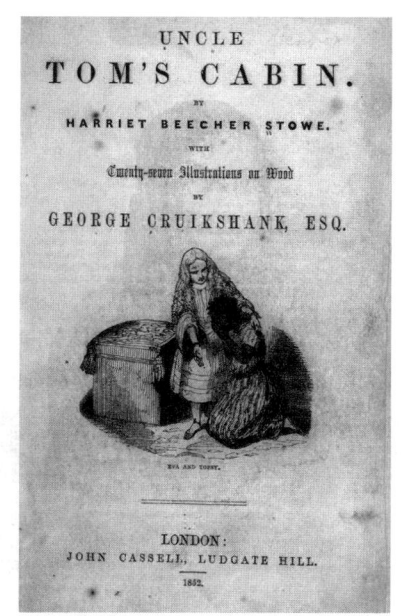

1852년 런던의 존 카젤이 출판한 《톰 아저씨의 오두막》 표지
《톰 아저씨의 오두막》은 노예제 폐지를 주장하는 최초의 소설이다.

책 속에는 노예 소녀가 얼음이 둥둥 떠내려가는 오하이오 강을 건너 도망치는 내용이 있었다. 이러한 내용들은 이전에 노예 폐지론자들의 주장에 아무런 감동도 느끼지 못했던 일반 사람들의 마음을 울렸다.

"남북 전쟁에서 우리를 승리로 이끌게 한 분이 바로 당신이었군요."

후에 링컨 대통령이 스토 부인에게 이렇게 말하며 건넨 책이 바로 《톰 아저씨의 오두막》이었던 것이다.

결과적으로 '1850년의 타협'은 문제를 더욱더 악화시킨 것이었다. 미국민은 이제 분열되었다.

이러한 분열은 1852년의 선거를 맞는 휘그당에서 뚜렷이 나타났다. 휘그당은 북부와 남부, 즉 '양심적인 휘그'와 '면화왕들'로 나뉘었다. 그 때문에 휘그당은 당시 대통령 필모어를 다시 추대하지 못하고, 대신 멕시코 전쟁이 낳은 영웅 윈필드 스콧 장군을 후보로 지명하였다. 민주당도 마찬가지로 분열되어 있었지만, 멕시코 전쟁에서 이름을 떨친 프랭클린 피어스를 후보로 지명하는 데 성공하였다. 선거 결과는 민주당의 승리였다. 프랭클린 피어스가 대통령에 당선된 것이었다.

피어스 대통령이 들어서도 지역 간의 불화는 해소될 기미가 보이지 않았다. 그럼에도 불구하고 피어스는 광범위한 개혁과 창조적 파괴를 계획했다.

'미국 역사상 그 비율이 가장 낮았던 1848년의 워커 관세법으로 미국은 상당한 이익을 보았다.'

의회에 대한 첫 교서에서 그는 이렇게 지적하면서 관세율의

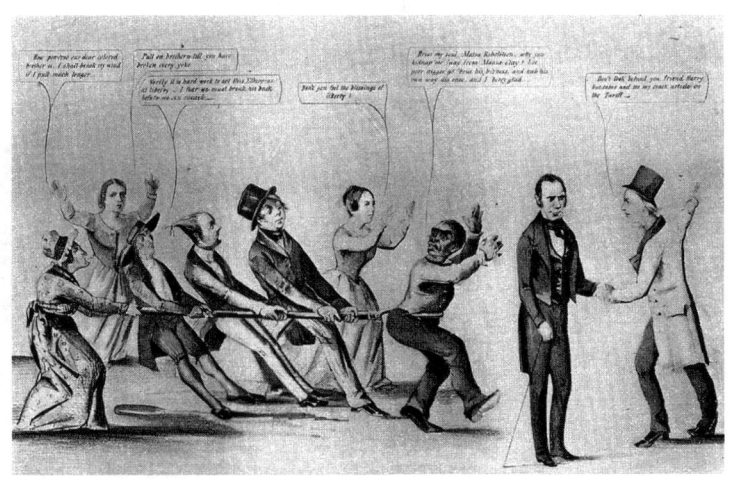

노예제를 풍자하는 캐리커처 노예 경작으로 유지되는 남부의 농장주들이 노예제를 벗어나려는 흑인을 구속하고 있다.

더 많은 인하를 제안했고, 서부의 철도 건설에 연방의 원조를 제안했다. 그러나 피어스 대통령의 계획도 좋은 결과를 가져오진 못했다. 결과라면 정당 간에 경쟁이 더욱 치열해진 것뿐이었다.

캔자스 · 네브래스카법

피어스 대통령 재임 중에 연방정부는 북부 민주당의 지도자이며 상원의원이었던 스티븐 더글러스의 제안을 토대로 캔자스 · 네브래스카법을 제정하였다. 이 법은 사실상 대륙횡단철도를 북부 쪽에 건설하려는 데 있었다. 즉, 1853년에 첫 의회가 소집됨과 동시에 영토 문제가 다시 고개를 들었던 것이다. 당시 더글러스를 비롯한 서부인들은 말했다.

"캘리포니아에 이르는 대륙횡단철도를 건설하려면 시카고를 반드시 지나야 되지! 북부선을 개설하는 것이 당연해."

하지만 남부인들의 생각은 달랐다.

"대륙횡단철도라면 뭐니뭐니해도 남쪽의 뉴올리언스를 지나는 태평양에 이르는 남부선이지."

더글러스는 대륙횡단철도를 북부선으로 결정하려면 무엇보다 남부인의 지지가 필요하다고 생각했다. 이런 속셈으로 남부인에게 혜택을 주려 한 것이 바로 1854년의 캔자스 · 네브래스카법이다.

이 법은 캔자스와 네브래스카 영토가 장차 자유주가 될 것인지, 아니면 노예주가 될 것인지는 전적으로 그 지역 주민들의 의사에 따른다는 내용이 담겨 있었다.

북부의 노예 폐지론자들은 맹렬히 반대했다. 그들은 캔자스와 네브래스카는 1820년의 미주리 타협에서 정한 북위 36도 30분선 북쪽에 있으므로, 당연히 노예제는 금지돼야 한다고 주장하였다.

그러나 더글러스는 피어스 대통령의 협력을 얻어 그 법안을 의회에서 통과시키는 데 성공하였다. 그러자 북부측도 그대로 물러서지 않았다. 그들은 남부에 대한 도전으로 공화당을 결성하였다. 그 구성원은 휘그의 일파, 반남부 민주당원, 자유토지당원으로 되어 있었으며 북부와 서부의 자본가나 농민, 노동자로부터 지지를 받았다. 그들은 지금까지 민주당 지지자였으나 이제는 구정당의 울타리에서 벗어나 노예제 폐지를 내세우는 신정당으로 모인 것이다.

캔자스·네브래스카법의 성립은 공화당의 결성을 초래한 것으로 일단락된 것은 아니었다. 그 법안의 통과를 계기로 남부와 북부 양쪽이 캔자스로 이주하는 소동이 벌어지면서 무장한 이주민 집단 간에 대립이 발생했다. 두 집단의 대립은 무력투쟁으로 발전하여 이른바 '유혈의 캔자스'를 빚어냈다.

1856년 5월, 노예 제도의 확대에 강력히 반대한 상원의원 찰스 섬너는 연방의회에서 남부측 의원을 심하게 비난하였다.

"의회가 캔자스·네브래스카법을 통과시킨 것은 캔자스에 대한 범죄행위를 저지른 것이다."

이 연설에 격분한 사우스캐롤라이나 출신의 하원의원 프레스톤 브룩스는 3일 후에 섬너에게 덤벼들어 지팡이로 마구 구타했다. 섬너는 불행하게도 불구자가 되었다. 이 사건을 계기로 북부

레이놀즈의 미국의 정치 지도 캔자스·네브래스카법을 제정할 당시 노예제와 자유주로 미국의 상황을 보여주는 지도

측 신문들은 다음과 같이 찬양하였다.

"남부인들은 노예 제도가 낳은 야만인이다! 또한 섬너는 우리의 고귀한 순교자다."

이에 맞서 남부측에서도 대응했다.

"구타한 하원의원을 영웅으로 찬양한다. 북부인들은 미친 놈들이다."

이러한 대립 속에서 1856년의 선거가 가까워졌다. 민주당은 남부 출신의 피어스 대통령은 더 이상 당선될 가망이 없다고 판단하여 대신 펜실베이니아 출신의 외교관 제임스 뷰캐넌을 지명하였다. 뷰캐넌은 캔자스 · 네브래스카법으로 미국이 떠들썩할 때에 국내에 없었으므로 비교적 이 문제에 냉정할 수 있는 인물로 생각되었다. 휘그당은 밀러드 필모어를 후보로 지명하였다. 이때 주목할 것은 새롭게 창당된 공화당이 선거에 참가한 사실이었다. 공화당은 노예제에 반대하는 입장을 강하게 표명하면서 서부 개척으로 그 이름을 날린 존 프레몽을 후보로 지명하였다. 선거 결과는 민주당의 뷰캐넌이 대통령에 당선되었다.

바로 이때 대법원에서는 이른바 '드레드 스콧' 판결이 있었다. 스콧은 미주리의 노예였다. 주인을 따라 자유의 땅인 위스콘신으로 가게 되어 노예신분에서 해방될 수 있었다. 그러나 다시 미주리로 돌아오게 되자 또다시 그는 노예 신분이 되었다. 이에 스콧은 자신이 자유인이라고 주장했고 결국 이 문제는 대법원까지 올라갔다. 그러나 남부측 세력이 강한 대법원은 다음과 같이 판결했다.

"스콧의 신분이 과거에 어떠했든 그가 노예주로 돌아온 이상은 자유인이 아니며, 더 나아가 연방의회가 서부에서 노예 제도를 금지했다고 해도 그것은 아무런 효력도 없다."

이 판결로 전국은 걷잡을 수 없는 소용돌이 속으로 말려들어갔다.

4
민주화 · 산업화 시대

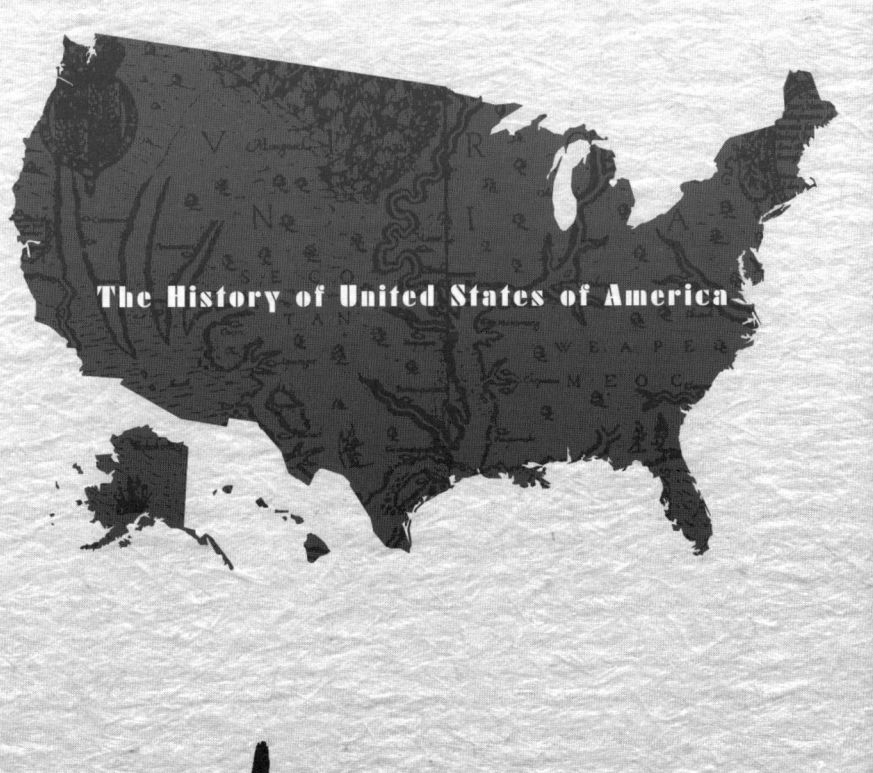

The History of United States of America

민주화·산업화 시대

노예 문제로 격화된 남북 간의 대립은 링컨의 등장에 이은 남부 11개 주의 연방 탈퇴로 전쟁이라는 극한 상황으로 치닫게 되었다. 전쟁 초기에는 남부군이 우세했으나 앤티담 전투를 계기로 북부군이 세력을 회복하였고, 게티즈버그 전투에서 결정적인 승리를 거둠으로써 이 전쟁은 북부의 승리로 막을 내렸다.

그 결과 첫째, 연방이 유지되었고 둘째, 노예 제도가 폐지되었으며 셋째, 공업 발전을 위한 토대가 마련되었고, 끝으로 서부 개척의 활력소가 제공되었다.

한편, 남북 전쟁 후 좀 더 활기를 띠기 시작한 서부 개척은 광부, 목축업자, 농민들의 대이주에 따른 인구 증가 및 국토 개발로 급격한 변화를 이루었고, 1890년대에 이르러 프런티어가 소멸되었다. 뿐만 아니라 전후에 추진된 정부의 친기업 정책 및 대륙횡단철도 건설 등의 영향으로 등장한 대기업가들의 활동으로 미국은 이제 유럽 열강들도 만만히 볼 수 없는 산업 국가로 변했다.

그러나 번영의 상징인 산업화·도시화가 때로는 미국의 이상을 가로막는 어두운 그림자로 둔갑했다. 수많은 노동단체의 활동, 농민 운동, 언론·문학작품 등을 통하여 제기된 항변에도 불구하고 부패는 더욱 만연했고, 빈부의 격차는 더욱 심화되었다. 평등·정의·민주 사회를 건설한다는 미국의 꿈이 수포로 돌아가는 듯했다.

누가 미국의 꿈을 회복시켜 줄 것인가?

이에 대한 해답이 바로 '혁신주의 운동'이었다. 이 운동은 빈곤 및 부정부패 추방을 통한 사회정의 운동과 정치 개혁 운동으로 확산되어, 제1차 세계대전 직전까지 미국을 변화시켰다.

남북 전쟁과 재건

링컨의 등장

전국을 긴장시킨 '드레드 스콧' 판결 후에도 여러 번 긴장 상태가 이어졌다. 남부측은 1856년에 관세 인하를 단행했고, 다음해에는 북부 선박에 대한 보조세를 끊어버렸다. 또한 뷰캐넌 대통령은 북부의 노예 노동자나 농민들이 오랜 기간에 걸쳐 꾸준히 요구해 온 자영농지법을 계속 거부했다. 이제 미국은 사실상 파국에 몰린 것이나 다름없었다.

이러한 위기가 몰아칠 때 미국의 지도자로 새롭게 등장한 인물이 바로 에이브러햄 링컨이었다.

1809년 켄터키 변경에서 빈농의 아들로 태어난 그는 7살 때 인디애나로 이사하였다. 그곳에서의 하루 일과는 마당을 쓸고, 담벽을 뚫고, 잡초를 뽑고, 씨를 뿌리고, 곡식을 거두는 것이 대부분이었다. 따라서 그는 전부 합쳐야 1년이 될까말까 하는 단기학교도 꽤 힘들게 다녔다. 그러나 지금까지 남아 있는 그의 노트를 보면 그는 우수한 솜씨로 쓰기를 배웠고, 정확히 산술한 것을 알 수 있다. 또한 책을 무척 좋아했을 뿐만 아니라 훌륭한 독서가였다.

"나는 책의 내용을 두 가지 감각으로 파악하죠. 즉 책을 큰소리로 읽는 겁니다. 그러면 보는 동시에 듣는 셈이 되기 때문에 비록 그 내용을 이해하지 못할 때라도 기억은 잘 해낼 수 있게 되니까요."

그의 어린 시절에 가장 잊지 못할 경험은 아마도 친구 알렌 젠트리와 함께 오하이오 강과 미시시피 강을 내려가 뉴올리언스까지 갔던 1828년의 여행이었던 것 같다.

청년 시절의 그는 홀쭉하긴 했으나 힘이 무척 센 편이었다. 또한 선천적으로 유머감각이 뛰어나 매우 사교적인 인물로 유명했다. 그러다가 23세 때인 1832년에 블랙호크 전쟁이 터지자 의욕적으로 지방 의용군 중대의 지휘자 생활을 했다. 이후 처음으로 주의회 의원에 출마하였으나 패배의 쓰라림을 맛보았다.

그 뒤 링컨은 이웃 사람과 함께 빚을 내서 가게를 경영했으나 가게가 잘 되질 않아 1년 이상을 빚더미에 허덕였다. 얼마 후, 그는 카운티 보조연구원과 우편국장으로 일했다.

1834년에 링컨은 일리노이 주의회 의원으로 당선된 후 네 번이나 의원직을 역임했고, 1842년에 켄터키의 미인으로 소문난 메리 토드와 결혼하였다. 그 후 그는 변호사로서 명성을 얻어 1846년에 휘그당 하원의원 후보로 지명되었다. 당시 그의 경쟁자들은 그를 신앙이 없는 사람이라고 공격했다. 그러자 링컨은 종교관을 확실히 밝혔다.

에이브러햄 링컨
1864년 링컨과 그의 아들 태드가 함께 찍은 사진.

"나는 교회의 신자는 아니지만 결코 성경을 부인한 일이 없고, 어떤 특정 종파에 대해서든 의식적으로 멸시하는 말을 한 일이 없다."

결국 그는 그 선거에서 승리하였다.

그는 의회에서 상당한 인기를 얻었으나 정치적 영향력은 그다지 크지 않았다. 포크 대통령 시절에는 포크가 불필요하게 멕시코 전쟁을 시작했다고 생각하여 반전론을 폈으나 대중의 지지를 얻지 못해 1848년의 재선에는 실패했다. 이후 그는 수년 동안 변호사업에만 힘을 기울였다.

1854년에 캔자스·네브래스카 파동이 일어날 무렵 정계로 다시 뛰어들어 1855년의 상원의원 선거에서 캔자스·네브래스카법의 주역인 더글러스와 맞붙었다. 이때 더글러스는 노예 제도의 채택 여부를 주민들이 결정해야 한다고 주장했다. 그러나 링컨은 반론을 폈다.

"더글러스는 노예 제도의 채택여부가 해당 주의 주민들뿐만 아니라 전 국민이 관심을 가진다는 사실을 무시하고 있다."

이 선거의 첫 투표에서 링컨은 가장 많은 표를 얻었다. 그러나 출마한 세 후보 중, 단 한 사람도 과반수 득표를 하지 못했다. 노예 제도에 대한 동요가 더해가면서 링컨은 중도파의 대변자로서 인기를 더해갔다. 1856년, 그는 새롭게 창당하는 공화당을 조직하는 데 기여했고 공화당의 세력을 넓히는 데도 커다란 역할을 했다. 그리고 '드레드 스콧' 판결 이후 남북의 대립이 극한 상황으로 치닫고 있을 때 그는 판결에 대하여 다음과 같이 선언하여 정치적 신념을 보여주었다.

"어떤 특정 개인이 그 판결에 저항할 수는 없으나 국민은 저항할 수 있으며 지금이야말로 국민이 그것을 철회하도록 행동할 때다."

1858년, 더글러스가 상원의원에 재출마하였을 때 링컨은 그의 상대로 출마하였다. 당시 그는 49세의 나이로 일리노이와 북서부에서 인정받고 있었다.

이때 그가 스프링필드에서 행한 이른바 '분열된 집안'이라는 연설 내용은 다음과 같다.

"내분을 일으키고 있는 집안이 오래 갈 수 없듯이 연방도 반노예와 반자유의 양립 속에서는 계속될 수 없다."

이 연설로 기대하지 않았던 동부의 주목을 받았다.

링컨의 대통령 당선

링컨은 소신 있는 행동과 착실한 정계 활동으로 1860년 공화당 전당대회에서 대통령 후보로 지명되었고, 햄린이 부통령 후보로 지명되었다.

당시 가장 큰 정치 문제로 대두된 노예 문제에 대한 링컨의 견해는 온건하고 상식적이었다. 물론 그는 노예 제도를 증오했고 하루빨리 사라지기를 희망했다. 그러나 정치가로서의 입장은 노예 문제로 인하여 미국이 분열되고, 한 국가로서의 기틀이 파괴되는 것을 방지하자는 것이었다. 그러므로 새롭게 만들어지는 주에는 일체 노예 제도를 허용하지 않고, 이미 노예 제도를 수용하고 있는 주는 얼마간 그 상태로 두자는 입장을 취하였다. 그 이유는 당시에 노예 제도를 취하느냐 취하지 않느냐 하는 문제는 헌법 해석상 연방정부가 정할 수 없었기 때문이었다.

1860년 선거에서 민주당은 남북으로 분열되었다. 남부는 노예 제도의 유지를 주장한 데 반하여 북부는 더글러스가 주장한 대로 주민의 의사에 따르기로 하였다. 그 결과 북부 민주당과 남부 민주당은 각기 다른 후보를 내세웠다. 또한 이 선거에서는 노예 문제와 관계없이 오직 미국의 분열만을 방지할 것을 주장한 입헌통일당이라는 정당도 생겨 후보자를 내세웠다.

선거 결과 링컨이 당선되었다. 그러나 대통령에 취임하는 것은 다음해 3월 4일이 되어서야 가능했다.

링컨이 대통령에 당선되긴 했으나 아직은 민주당의 뷰캐넌이 대통령직에 있었다. 그런데 노예 제도 문제에서 비롯된 남과 북 사이의 긴장이 절정에 다다른 시점에서 현직 대통령 뷰캐넌은 아무런 대책도 강구하지 못했고, 링컨에게는 아직 대통령으로서의 권한이 없었기 때문에 어떠한 조치도 취할 수 없었다. 그 결과 여러 주가 연방에서 탈퇴하기 시작했다.

사우스캐롤라이나를 비롯하여 다음해 3월 4일까지 미시시피, 플로리다, 루이지애나, 앨라배마, 조지아, 텍사스 등 7개 주가 탈퇴하여 1861년 2월 말에 새로이 '남부연합'을 조직하고, 새 정부는 앨라배마의 몽고메리에 세웠다. 그리고 미시시피 출신의 제퍼슨 데이비스를 대통령으로 선출하였다.

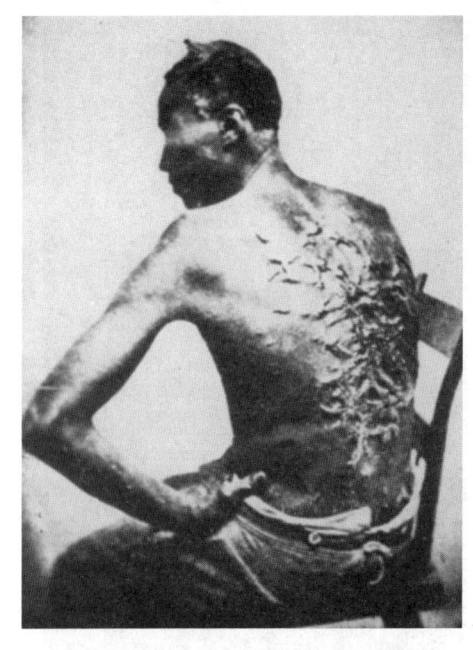

노예의 비참한 생활상
"감독관 알타유 캐리어가 날 채찍질했다. 채찍질 때문에 나는 두 달간 침대에서 잠을 잘 수 없었다. 내가 채찍질당한 후 주인은 그 감독관을 해고했다." 1863년 4월 2일 《바통 루즈》 지에 실린 노예의 글

링컨의 턱수염

연방을 탈퇴한 7개 주가 남부연합을 조직해 미국 내에 급박한 위기가 감도는 상황 속에서 링컨은 워싱턴에 들어가기 위하여 1861년 2월 2일 고향인 스프링필드를 떠났다.

링컨의 턱수염 한 소녀의 권유로 링컨은 부드러운 인상을 주려고 턱수염을 기르기 시작했다.

'링컨' 하면 우리는 우선 턱수염을 연상할 만큼 그의 턱수염이 유명하지만 사실 선거 때까지만 해도 그에게는 턱수염이 없었다. 그가 턱수염을 갖게 된 데에는 한 가지 에피소드가 있다.

선거 때의 일이었다. 링컨이 뉴욕의 웨스트필드에서 연설을 마친 후 한 소녀로부터 귀여운 편지를 받았다.

"아저씨의 얼굴이 너무 야위어 보여요. 만약 턱수염이 있으면 지금보다는 훨씬 훌륭하게 보일 거예요. 그러면 많은 부인들이 남편들에게 당신을 뽑으라고 할 것 같아요."

11세의 그레이스 베델이라는 소녀가 보낸 편지였다. 이에 링컨은 크게 감격하여 바쁜 선거 운동 중에 소녀에게 답장을 썼다.

'나에게는 남자 아이가 셋 있으나 여자 아이는 한 명도 없지! 만약 내가 지금부터 턱수염을 기른다면 모두 나를 바보라고 생각하지 않을까?'

링컨은 한낱 어린 소녀의 글이었지만 매우 진지하게 생각하였다. 거기에는 그가 이미 대통령에 당선되었다는 이유도 있었다. 남달리 키가 크고 몸이 마른 편이며 손과 발이 긴 그는 결코 위엄 있는 풍채를 지니지는 못했다. 이러한 그가 1861년 2월, 스프링필드를 떠날 때는 턱수염이 제법 자라기 시작했다.

워싱턴으로 가는 도중 열차는 웨스트필드에 도착하였다. 링컨은 그곳에서 베델 양을 만났다. 링컨은 그 소녀를 보자 포옹하고 키스를 하였다. 턱수염이 생긴 링컨의 얼굴은 전보다 훨씬 더 친근감을 주었고, 부드러운 얼굴로 변해 있었기 때문에 베델 양의 기쁨은 한층 더하였다. 그럼에도 불구하고 링컨은 침통했다. 그가 스프링필드를 떠날 때 고향 사람들에게 한 작별 인사에 그의 심정이 잘 나타나 있다.

"지금 저는 고향을 떠납니다. 이제 가면 언제 돌아올 것인지 혹은 다시는 돌아올 수 없을지도 모를 일입니다. 저에게는 워싱턴에서의 일보다도 더 무거운 일이 앞에 놓여 있습니다."

그는 일촉즉발의 위기에 놓여 있는 일련의 사태에 대통령으로서 막중한 책임감을 느꼈다. 그의 말대로 링컨은 살아서는 다시 고향 땅을 밟을 수 없었다.

섬터 요새의 포성

1861년 3월 4일, 링컨은 미국의 16대 대통령으로 취임했다. 그는 취임연설에서 '연방'이 '헌법'보다 역사가 깊은 이유를 설명하고, 몇몇 주의 영원한 분리는 불가능함을 강조하면서 남부측에 타협을 호소했다.

그러나 흥분한 남부측은 링컨의 호소에 귀를 기울이지 않았다. 그들은 동맹을 결성하여 전쟁을 준비했다. 링컨이 취임 직후 당면한 문제는 섬터 요새 문제였다. 당시 남부에 있던 연방의 재산이나 요새는 모조리 남부측이 몰수했고, 사우스캐롤라이나의 찰스턴 항구 안에 있는 섬터 요새와 플로리다에 있는 몇몇 요새만

찰스턴의 섬터 요새
섬터 요새의 측면 수로. 1865년의 모습. 사우스캐롤라이나 주의 찰스턴 만 안에 있다. 1861년 4월 12일 남부연합군은 연방군의 섬터 요새에 포격을 가하여, 요새는 다음날 13일에 함락되었다. 이것이 계기가 되어 남북 전쟁이 시작되었다.

이 연방에 남아 있었다. 그중에서도 가장 중요한 것은 앤더슨 소령이 지키던 섬터 요새였다.

앤더슨 소령은 그해 2월 28일 육군성 앞으로 편지를 보냈다.

'지금 요새에는 식량이 거의 다 떨어져가고 있습니다. 그리고 이 요새를 계속 유지하려면 적어도 2만 명 이상 훈련된 병력이 필요합니다.'

3월 5일, 앤더슨의 편지를 받은 링컨은 이제 남부 분리 운동의 거점이며, 가장 커다란 위험이 도사리고 있는 장소에 구원대를 보내야 하는 곤란한 문제에 봉착하였다. 이때 국무장관인 윌리엄 시워드를 비롯하여 각료 대부분이 섬터 요새를 포기하는 것이 불가피하다는 의견을 제시하였다. 링컨은 쉽사리 결단내릴 수 없었다. 만약 섬터를 포기한다면 그것은 곧 남부의 분리를 승인하는 것이며 연방정부의 위신도 크게 떨어져 공화당이 해체될 가능성마저 있었다. 그렇다고 해서 섬터 요새의 구원을 단행할 경우에는 남북 간의 무력 충돌을 피할 수 없을 뿐만 아니라 북부가 남부를 먼저 공격했다는 비난도 받게 될 것이었다. 생각 끝에 링컨은 다음과 같은 결론에 이르렀다.

'한 지점에서의 후퇴는 결과적으로 모든 지점에서의 후퇴를 가져오게 될 것이다.'

마침내 링컨은 4월 6일 구원대의 출동을 명령하고 동시에 사우스캐롤라이나 주지사에게 이렇게 통고했다.

'섬터에는 식량을 보급하는 조치만 강구될 것이다. 이 조치가 남부연합으로부터 방해받지 않는 한 사전 통고 없이 병력과 탄약이 투입되는 일은 없을 것이다.'

이와 같은 링컨의 섬터 구원책은 평화냐 전쟁이냐의 양면 대비책이었다. 그러한 구원책이 평화적으로 실시된다면 좋고, 만약 남부연합의 저지에 의해 무력충돌이 일어날 경우에는 남부측을 공격자로 비난할 수 있는 구실을 갖는 것이었다. 어떤 경우가 되건 이것은 곧 북부측을 유리한 입장에 놓기 위한 조치였다.

그러나 몇 달 전부터 남부측이 집요하게 요구했던 섬터 요새에 구원대를 보낸다는 것은 결국 실력으로 남부측의 요구를 거부하는 것이며, 전쟁이냐 항복이냐의 양자택일을 남부에 강요하는 것이나 다름없었다.

섬터 요새의 포성 남부연합 포병 연대가 섬터 요새를 포격하고 있다.

사실 북부와의 충돌을 가능한 피하려 노력해온 남부연합의 데이비스 정부는 링컨에게 통고를 받은 후 2일간에 걸쳐 신중히 협의했다. 그러나 그들의 결론은 강경론으로 기울어졌고, 마침내 보우리가드 장군으로 하여금 섬터 요새를 인수하라는 지시가 내려졌다. 만약 이것이 거부될 때에는 실력으로 요새를 점령하라는 것이었다.

보우리가드 장군의 지휘하에 남부연합의 군대는 곧바로 섬터에 상륙하였고, 앤더슨 소령에게 섬터를 인계할 것을 요구하였다. 그러나 앤더슨의 대답은 간단했다.

"인계라니, 내 집을 공짜로 기부하라는 말인가."

보기좋게 한방 얻어맞은 것이었다. 마침내, 남부연합은 4월 12일에 섬터 요새에 포격을 개시하였고, 다음날 요새가 함락됨으로써 결국 4년간에 걸친 남북 전쟁의 막이 올랐다.

제1차 불런 전투

섬터 요새에서 총성이 울리자 남부연합에 몇 개의 주가 더 가담하여 모두 11개 주가 되었다. 그리고 남부연합이 워싱턴에서 100마일 떨어진 버지니아의 리치먼드로 수도를 옮김으로써 북군의 1차 공격목표는 리치먼드로 정해졌다. 워싱턴과 리치먼드 사이에는 포토맥 강, 라파하노크 강, 요크 강이 앨리게니 산맥에서부터 체사피크 만까지 거의 평행선을 그으며 흐르고 있었다. 때문에 남부인들은 천연적인 요새의 덕을 보며 강 남쪽에서 수비만 하고 있으면 간단했다.

　따라서 북부군은 이 지역에 주력부대인 포토맥군을 배치하여 남부군에 대비하였다. 남부군도 역시 주력인 북버지니아군을 배치하며 맞섰다.

　북부측에서는 작전 초기에는 리치먼드가 워싱턴과 가까우므로 작전이 쉽게 성공할 것이라고 생각하였으나 남부측에서도 워싱턴이 가깝게 있다는 조건은 마찬가지였다. 뿐만 아니라 리치먼드의 점령이 실질적으로 얼마나 중요한가 하는 것도 사실은 문제였다. 그곳이 남부연합의 수도가 된 지 얼마 안 되었기 때문에 설사 이곳을 점령당한다고 하더라도 과연 남부연합이 항복할 것이냐에 대해서는 매우 회의적이었기 때문이다.

　그러나 이미 리치먼드를 공격하자는 쪽으로 분위기가 무르익었기 때문에 북부측에서는 서부 방면으로 패터슨 장군을 진군시키는 동시에, 동부 방면에서는 맥도웰 장군으로 하여금 포토맥 강을 향하여 공격하도록 했다. 3만여 명의 병력이 남부를 향하여 포토맥 강을 건넜다. 이때 남부연합군은 워싱턴에서 남쪽으로 30마일 지점에 있는 불런 강변에 진지를 구축하고 마나시스에서 철도

불런 전투 불런 전투에서 북부는 예상치 못한 참패를 당했다.

교차점을 방위하고 있었다.

　북부군은 마치 소풍이라도 가는 기분으로 진군하였다. 그들은 승리를 목전에 둔 것처럼 패배 따윈 생각조차 하지 않았다. 이러한 분위기였기 때문에 북부군을 뒤따르는 군중들 역시 이미 승리를 거둔 듯 들떠 있었고, 심지어는 군중들 속에서 쌍안경까지 가지고 온 어떤 부인은 승리감에 도취된 듯했다.

　"우리는 내일 오전이면 리치먼드로 들어갈 것이며, 그곳에서 멋진 축배를 들게 될 것이다."

　옆에 있던 농부들과 부인들이 장단을 맞추기라도 하듯 박수를 쳐댔다. 그러나 북부측의 이러한 분위기는 시기상조였다. 피차가 훈련이 제대로 안 된 상태에서 전쟁을 하는 것이므로 공격하는 쪽보다는 수비하는 쪽이 훨씬 유리했다.

북부측이 공격을 개시하고 얼마 되지 않아 먼저 서부 방면의 패터슨 부대가 세넌도어 강 골짜기에서 밀리기 시작했다. 느긋하게 진군하던 중 갑작스런 공격을 받자 북부군은 혼란에 빠졌다. 마차와 기마가 방향을 돌려 앞을 다투며 도망을 쳤고, 군중들은 뒤를 돌아볼 겨를도 없이 빠져나가기 바빴다. 순식간에 워싱턴 거리는 아수라장이 되었다. 술집이란 술집은 흙투성이와 피투성이의 군인들로 발 디딜 틈이 없었다. 이때 만약 남부군이 계속 공격했더라면 아마도 워싱턴은 그들의 수중에 들어갔을 것이다. 이렇게 하여 이른바 '불런 전투'라고 불리운 첫 대전에서 북부군은 예상치 못한 패배를 맛보고 말았다.

고집쟁이 매클랜 장군

1차 불런 전투에서 패배한 북부군은 새롭게 전열을 정비하기에 바빴다. 우선 유능한 조지 매클랜을 포토맥군 사령관으로 임명하였다. 매클랜은 오합지졸을 훌륭한 군인으로 양성하는 데 뛰어난 능력을 갖고 있었다. 그는 군대 조직을 강화해야 할 필요성을 절실히 느껴 1년여 동안 전투를 회피하면서 부대 편성에만 주력하였다. 그러다가 1862년 4월, 그의 군대를 버지니아 해안에 상륙시켜 요크 강과 제임스 강을 건너 리치먼드를 우회 공격한다는 작전을 세워 링컨의 승인을 받았다. 그런데 막상 매클랜이 해안에 상륙하자 링컨은 딴전을 부렸다.

"워싱턴 수비할 병력이 부족해 증원군을 파견할 수 없소."

그러자 고집이 센 매클랜은 공격 명령을 철회한 채 진군을 멈추었다. 그리하여 링컨과 매클랜의 불화가 시작되었다.

로버트 리 장군을 사령관으로 바꾼 남부군은 이런 기회를 놓치지 않았다. 버지니아 귀족 출신으로 부드러우면서도 대담한 리 장군은 작전에 돌입했다.

"토머스 잭슨 장군! 지금 북부군의 워싱턴 수비가 허술하니 지금 곧 서쪽으로 가시오. 세넌도어 계곡에서 워싱턴을 위협하여 링컨이 매클랜에게 증원군을 보내지 못하게 하시오!"

"알겠습니다. 장군!"

잭슨 장군은 철벽 같은 방어선을 펴고 치밀하게 작전을 수행하여 '스톤 월'이라는 별명까지 얻었다.

그 사이에 리 장군의 휘하에 있던 남부군은 지원 병력의 방향을 바꿔 해안에 상륙해 있던 매클랜을 공격하였다. 매클랜은 전투 중에도 링컨이 증원군을 계속해서 보내주지 않는다며 행정부에 맹렬한 비난을 퍼부었다.

이 전투에서 리 장군은 2만 명 이상의 사상자와 실종자를 냈고, 매클랜 장군도 약 1만 6천 명의 중사상자를 냈다. 이때 매클랜은 리치먼드를 점령할 수 있는 충분한 기회가 있었지만 북군의 무기와 차량을 남부군에게 넘겨주고 철수함으로써 사령관 지위를 박탈당했다.

후임으로 존 포프가 임명되었으나 그는 무능하여 리 장군과의 마나시스 전투, 즉 2차 불런 전투에서

로버트 리 장군 남북전쟁 당시 남부연합군의 총사령관을 맡았다. 그는 북군보다 병력, 물자 등이 모자란 상황에서도 남군을 이끌고 몇 번의 대승을 거두었다. 뛰어난 군사술과 높은 인격으로 종전 후에도 남부인뿐 아니라 북부인에게도 존경을 받았다.

패전함으로써 남부군에게 메릴랜드로 침입할 수 있는 길을 열어 주었다. 이 때문에 매클랜이 다시 사령관에 임명되어 앤티담 전투에서 리 장군을 저지하였다. 이때 링컨이 매클랜에게 전보를 보냈다.

'귀하의 부하들에게 신의 축복이 있기를 빈다. 가능한 한 빨리 반란군을 완전히 괴멸시키기 바란다.'

그러나 매클랜은 결단성 있는 행동을 취하지 않았다. 오히려 링컨의 요청을 묵살하듯 아내에게 편지를 쓰는 여유를 보였다.

'나는 대통령에게 강경한 편지를 보냈다. 만약 그가 내 의견을 받아들인다면 국가는 구원될 것이다.'

이 사이에 리 장군은 자신의 병력을 무사히 철수시켰다. 이 소식을 전해들은 링컨은 참다 못해 매클랜을 다시 해임시켰다.

조지 매클랜 장군 남북 전쟁에서 장군으로써 북군을 지휘하였다. 매클랜 장군은 전쟁에서 이기는 편이 많았으나 때로는 너무 소극적인 작전으로 남군을 섬멸하지 못하였다. 이러한 점 때문에 군사 작전에서 링컨과 충돌이 많아 결국 해임되고 말았다.

노예해방 선언

앤티담 전투를 계기로 전세는 서서히 북부군에 유리하게 전개되었다. 그럼에도 불구하고 링컨의 처지는 매우 곤란한 상태에 놓여 있었다. 그의 주변에 있던 많은 사람들은 사태를 낙관하지만은 않았다.

"북부군이 남부군을 격파할 수 없다."

이런 식으로 불안을 조성하는 자가 있는가 하면, 영국과 프랑스도 사태를 지켜보다 유리한 쪽을 택할 자세를 보였다. 그들은 남부의 리 장군이 만약 볼티모어를 점령하게 된다면 남부연합을 승인한다는 입장을 취하고 있었다. 특히 프랑스의 나폴레옹 3세는 자신이 지지하는 맥시밀리안 황제에게 멕시코 왕위를 잇게 할 계획을 세웠기 때문에 남부와 우호관계를 맺는 편이 유리했다. 따라서 그는 슬라이델을 통해 남부를 지지한다는 입장을 취했을 뿐만 아니라 남부연합군에게 보낼 순양함 2척, 군함 4척을 건조하고 있었다.

그러나 앤티담 전투 이후 북부의 전세가 유리하게 전개되자 남부연합군에 주려던 배의 건조를 중지하였다. 전세가 역전되어 프랑스가 태도를 바꾼 것이다.

그러나 영국은 전세의 역전만으로 태도를 쉽게 바꾸지 않았다. 자국의 섬유산업을 위해 남부의 면화가 절대적으로 필요했기 때문이었다. 따라서 영국의 입장을 변화시킬 유일한 방법은 전쟁의 초점이 되었던 노예해방을 선언하는 길밖에 없었다.

이처럼 노예해방 문제는 당시로서는 가장 중요한 문제였다. 아무리 연방측이 완전히 세력을 회복한다 해도 그것은 무의미한 것이었다. 링컨은 노예해방을 결정하는 데 오랜 시간을 허비하였다. 그는 리치먼드에서 패전한 후 각료회의에서 이렇게 제안했다.

"반란군의 점령 지구에 있는 모든 노예를 해방하는 선언을 내리고 싶소."

그러자 상원의원인 윌리엄 시워드는 즉각 반대하였다.

"이 시점에서 그 같은 선언을 한다는 것은 리치먼드에서 퇴각하면서 최후의 비명을 지르는 것이라고 오해할 여지가 있다."

링컨도 이에 동감하였다. 그리고 여러 날을 고심하여 작성한 선언을 일시 유예시켰다가 다음에 북군이 승리를 거두었을 때 선포하기로 하였다. 그로부터 앤티담 전투에서의 승리 5일 후인 9월 22일의 각료회의에서 그는 먼저 유머작 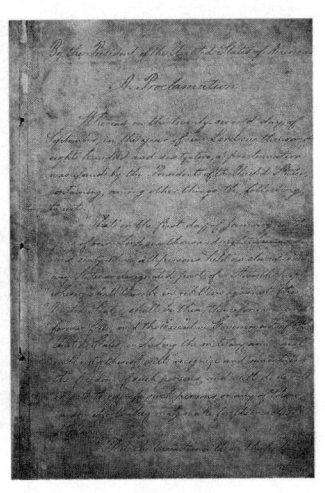 가 안티마스 워드의 작품에서 당시의 상황과는 전혀 어울리지 않는 한 구절을 읽어내려갔다. 이것은 각료들로 하여금 자신의 이야기에 귀를 기울이도록 유도하는 링컨의 작전이었다. 그런 뒤 링컨은 엄숙한 태도로 변하였다.

노예해방 선언문
1862년 7월 22일의 초안이다. 링컨은 남부연합군의 영향이 미치지 않는 몇 개 주에서만 노예제 폐지를 포고하는 것에 낙담했지만 결국 참모들과 함께 남북 전쟁을 지휘하여 승리로 이끌었다.

링컨이 이번 각료회의를 소집한 것은 각료들의 의견을 듣기 위한 것이 아니었다. 링컨은 일찍부터 반란군이 메릴랜드에서 쫓겨가면 곧바로 노예를 해방하겠다고 신에게 맹세하고 있었다. 앤티담에서 북군의 승리는 신에 대한 맹세를 지킬 기회를 부여하는 것이었다. 링컨 대통령은 마침내 결단을 내렸다. 다음날 공포된 노예해방 예비 선언에서 대통령은 육·해군 총사령관으로서 1863년 1월 1일을 기해 연방에 반란 중인 주의 모든 노예에게 다음과 같이 선언하였다.

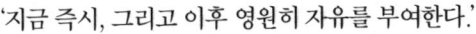

'지금 즉시, 그리고 이후 영원히 자유를 부여한다.'

노예해방 선언문 첫 낭독 링컨과 그의 참모들이 노예해방 선언문을 처음으로 낭독하고 있다.

1776년 이래 미국 역사상 다른 어떠한 사건과도 비교될 수 없는 혁명적인 인간관계를 창조한 선언이었다. 남북 전쟁을 십자군 전쟁과 어깨를 나란히 할 숭고한 전쟁으로 격상시키는 것이었다. 그럼에도 불구하고 현실적으로는 단 한 사람의 노예도 해방시키지 못했다. 이 선언은 반란 상태에 있는 여러 주에만 국한된 것이었다. 그래서 그곳에서는 노예해방을 실시할 수 없었다. 남부에서는 링컨의 선언에 즉각적인 반응을 보였다.

"이것은 마치 노예들에게 주인의 숨통을 조르라고 하는 것과 같다."

북부의 반응은 어떠했을까?

북군의 장병들은 이 선언을 듣고서도 무엇 하나 신기한 자극을 받지 않았다. 민주당은 가을 선거에서 의석수를 많이 확보하기 위한 정치적 수단으로 다음과 같이 북부인들을 설득하였다.

"전쟁이 장기화된 것은 노예 폐지론자들의 책임이라는 사실을 이 선언이 증명하였다."

뿐만 아니라 미국, 캐나다의 유력한 신문들도 이 선언을 냉소

적이며 경멸적인 태도로 보았다. 언제나 그랬듯이 미래를 알리는 메아리가 울려 퍼지기 위해서는 에머슨을 기다려야만 했다. 그는 보스턴에서 개최된 노예해방 축하연에서 다음과 같은 시를 낭송하였다.

"오늘에야 포승줄을 훨훨 풀어버리고 본디 자유로운 몸이 되었네. 진흙 속에 허덕이는 모든 사람들이 모두 일어나 해방의 나팔을 울려 퍼지게 하라!"

노예폐지론은 미국 내의 반응과는 달리 영국을 비롯한 유럽의 자유주의자와 혁신파에게 환영받았다. 북부의 전쟁 목적이 인간의 자유를 수호하는 정신으로 일관된다는 사실을 점차 국내외 여론이 인식하게 되었다. 영국의 몇 개 도시에서는 북부를 지지하는 모임이 열렸다. 맨체스터에서는 6천 명의 노동자가 집회를 열고 다음과 같은 결의문을 채택하였다.

'귀하의 대통령 재임 중에 문명과 그리스도교 정신의 일대 오점인 노예제의 폐지가 실현된다면 에이브러햄 링컨의 이름은 후세에 길이 빛날 것이다. 자유의 선언을 소리 높여 부르짖은 귀하의 결의에 우리들은 경의를 표하는 바이다.'

이에 링컨은 다음과 같이 답하였다.

"오늘의 위기에 즈음하여 맨체스터를 비롯한 전 유럽의 노동계급이 많은 고난을 견뎌야 하는 현실에 직면하고 있음을 알고 있다. 이에 본인은 충심으로 유감의 뜻을 표하는 바이다. 본인은 이 문제에 관한 여러분의 결의 표명이 어느 시대, 어느 국가에 있어서도 그 예를 볼 수 없을 정도의 숭고한 기독교 정신의 발로라고 생각한다. 그런 까닭에 이 같은 우리들의 의견교환은 다른 어떠한 사건이 일어날지라도, 또 귀국 및 우리나라에 어떠한 불운이 닥쳐

오더라도 양국 사이에 평화와 우호가 영원히 변치 않는다는 사실을 보여주는 사례로 환영하는 바이다. 또 이것을 영구불변의 것으로 할 것을 희망하고 있음을 여기에 명시한다."

링컨의 해방선언은 해외 제국에 북부 지지의 강한 바람을 일으켜 영국과 프랑스가 남부 독립을 승인하지 못하도록 하였다. 게다가 앤티담 전투로 남부의 독립 가능성이 매우 희박해졌음을 인정하게 하였다.

게티즈버그의 결전

링컨의 노예해방 선언이 있고 난 후에도 남북 간의 전투는 끊이지 않고 이어졌다. 크고 작은 전투가 이어지는 가운데 1863년 7월, 마침내 북부군은 또 한 번 대승을 거두었다.

1862년 9월, 북부의 그랜트 장군에게 빅스버그를 점령당한 남부의 리 장군은 빅스버그의 압력을 약화시키고 보급로를 확보하기 위하여 펜실베이니아로 진격해 들어갔다. 그는 만약 펜실베이니아를 점령한 후 볼티모어, 필라델피아, 그리고 워싱턴을 점령할 수 있다면 빅스버그의 위협이 해소될 것이며, 대외적으로 유럽이 남부연합을 정식으로 승인하게 될 것이라고 전망하였다. 그것은 최고의 도박이었다. 왜냐하면 남부연합의 수도인 리치먼드를 무방비 상태로 방치하기 때문이었다. 어떤 사람이 그에게 물었다.

"장군님, 만약 장군이 안 계신 동안에 북군이 리치먼드를 공격한다면 어찌하시겠습니까?"

"그때는 손에 쥐고 있는 여왕 카드를 바꿔 가지면 될 테지."

그만큼 리 장군의 이번 작전이 중요한 의미를 지니고 있음을 암시하였다. 이때 남부군은 미시시피 강과 라파하노크 강 사이에 19만 명의 병력을 배치하였으나, 리 장군은 7만 6천 명의 병력을 이끌고 이번 작전에 임하고 있었다. 링컨은 남부군의 진격을 저지하기 위하여 8만 8천 명의 병력을 거느리던 조지 고든 미드 장군을 파견하였다. 저돌적인 미드 장군은 전형적인 군인으로 건전한 판단력과 지형을 관찰하는 데 탁월한 안목이 있었고, 임기응변에 능하였다.

이때 남부연합의 대통령 데이비스는 다음과 같은 환상에 사로잡혀 있었다. 남부를 방문 중인 영국군 장교와의 대담에서 데이비스는 이렇게 말했다.

"메인의 교양 있는 인사들은 매사추세츠에서 이것저것 간섭하는 꼴이 지겨워 연방에서 탈퇴하여 캐나다에 귀속할 계획을 세우고 있다. 이런 점으로 미루어 우리 군대가 펜실베이니아에 있다는 사실만으로도 링컨은 어쩔 수 없이 남부의 독립을 조건으로 하는 교섭에 응해 올 것이다."

데이비스의 환상은 곧 깨지고 말았다. 북부에서는 한 걸음도 물러서지 않았다. 민주당과 공화당의 지사들까지 지원병 응모를 격려하는 등 민간인들까지 군에 가담하여 펜실베이니아를 지키겠다는 결의를 불태웠다. 따라서 링컨은 서부에 배치되어 있는 북군

율리시즈 S. 그랜트 장군 그랜트 장군은 남북 전쟁 말기, 북군 총사령관을 지냈다. 그의 업적은 고착 상태였던 남북 전쟁을 북군의 승리로 확실히 굳혔다는 점이다.

1863년 7월 게티즈버그 격전지였던 게티즈버그에서 남군과 북군 모두에서 많은 사상자가 발생하였다.

의 지원을 받을 필요가 없게 되었다.

1863년 5월 말부터 6월 29일까지 남부군의 주력인 북버지니아군은 챔버스버그와 해리스버그 사이에 활모양으로 포진하고 있었다. 이때 리 장군은 북군의 동태에 대한 확실한 정보가 없었다. 이에 리 장군은 병력을 이동시켜 사우스마운틴 동쪽 산허리에 집결시키고 북군이 공격하기만 기다렸다. 북군의 미드 장군도 수비 대형을 취하여 남군의 공격을 기다리고 있었다. 그런데 전혀 뜻밖의 사태가 벌어졌다.

6월 30일, 남군의 집결을 엄호하는 부대가 군화를 수집하기 위해 게티즈버그 쪽으로 행진하던 중(당시 남군은 군화가 부족하여 고민하였음) 북군의 전초 부대와 마주치게 되었다. 양군은 마치 자석처럼 달라붙어 전투를 벌였다. 잇따라 도착하는 양군 부대 사이에서 7월 1일에서 3일까지 남북 전쟁의 대세를 가름하는 치열한 전투가 벌어졌다.

첫째 날 전투에서는 남군이 핸콕의 북군을 격퇴하였다. 핸콕은 남은 병력을 세미트리 힐에 집결시켜 다음 작전에 대비하였다. 이때 북군의 하워드가 이 언덕 위에 부대를 배치한 것은 탁월한 안목이었다는 평을 받고 있다. 이곳은 방어 진지로서는 최고의 자리였다. 석회암이 낚시바늘 모양을 하고 있었고 그 돌출 부분에서는 서쪽과 북쪽에 있는 남군을 훤히 바라볼 수 있었다. 미드는 남쪽과 동쪽에서 도착하는 부대를 차례로 이곳에 배치하고 있었다.

한편 남군은 이를 포위하는 대형을 취하여 부대를 배치하였다. 리 장군은 다음날인 7월 2일 공격을 결심하였다. 그는 북군을 이중으로 포위하여 섬멸할 예정이었다. 그런데 리 장군의 작전이 맞아 떨어질 기회가 이날 아침 찾아왔다. 북군이 완전한 진용을 갖추기 전에 남군의 한 부대가 북군의 우익에 있는 칼푸스 힐의 일부(낚시바늘의 턱에 해당하는 부분)를 점령하였다. 그러나 남부의 롱스트리트의 부대가 늦게 도착하는 바람에(흔히 있었던 일이었지만) 북군의 좌익에 타격을 주지 못하였다. 게다가 롱스트리트의 부대는 엉뚱하게도 북군의 좌익인 세미트리 리지보다 전진하여, 조그마한 언덕을 점령하고 있던 북군의 3군단을 공격하였다. 3군단은 리틀라운드톱까지 후퇴하면서 방어선을 구축하였는데 이곳은 이른바 낚시바늘을 한눈에 바라볼 수 있는 곳이었다. 만약 남군의 보병 부대가 이곳을 점령했더라면 북군의 여러 진지에 직각 방향으로 포탄을 퍼부을 수 있어 북군에게 결정적 타격을 주었을 것이다. 그러나 북군의 미드는 이곳을 절대 양보하지 않고 사수하였다.

"이곳을 사수하라. 이곳을 내주면 북군은 끝장이다. 각 병사

1861년 남북 전쟁

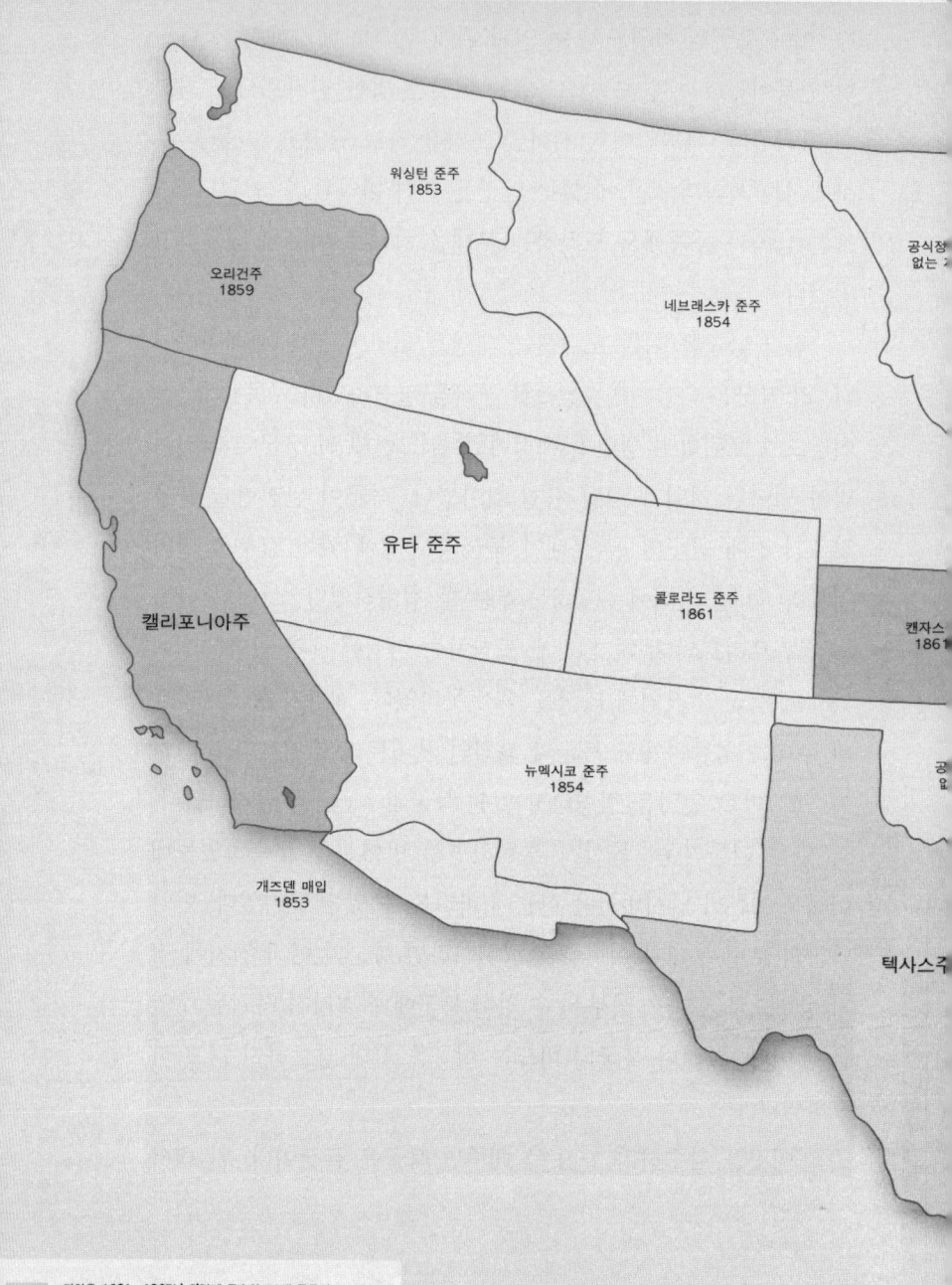

세미트리 힐로 진격하는 남부의 피켓 장군
북군의 하워드는 공격과 수비에 유리한 세미트리 힐 고지를 먼저 선점하여 북군의 승리에 한몫했다.

는 분발하라."

 셋째 날인 7월 3일에 이르러 칼푸스 힐을 놓고 치열한 전투가 벌어졌다. 치열한 공방전 끝에 남군은 그곳에서 쫓겨났다. 정오 무렵이 되자 모든 전선에 마치 태풍전야와 같은 정적이 감돌았다. 미드는 정적 다음에 올 사태를 예측하여 진지 중앙을 보강하였다. 오후 1시가 되자 남군의 포대에서 172문의 포가 일제히 불을 뿜기 시작했다. 그러나 북군에게 결정적 타격을 주지는 못했다. 그러자 남군의 리 장군은 롱스트리트의 반대를 물리치고 다음과 같은 공격명령을 하달하였다.

 "골짜기를 가로질러 북군의 중앙을 돌파하라."

리틀라운드톱을 사수하는 북군 북군은 후퇴하면서 리틀라운드톱이라고 불리는 방어선을 구축하고 남군과 맞서 싸웠다.

리 장군은 정면 승부를 택하였다.

세미트리 리지에서 북군이 내려다보니 회색군복으로 무장한 1만 5천의 남군 병사가 3열 대형으로 3마일 정도 떨어진 숲속에서 나타나 총검을 번득이고 깃발을 펄럭이며 구릉 사이의 골짜기를 따라 진격하고 있었다. 미드 장군은 명령하였다.

"공격 명령이 있을 때까지는 절대 움직이지 말라."

남군 병사들이 골짜기를 반쯤 가로질렀을 때였다. 북군의 포들이 일제히 불을 뿜기 시작했다. 때를 같이하여 총구에서도 불이 뿜어나왔다. 남군의 각 사단은 산산이 흩어져 자취를 감추는 듯하였다. 북군이 자세히 관찰하니 포연이 뒤덮인 가운데 남군의 일부 병력이 빠른 걸음으로 돌격해 오고 있었다. 그들은 풀숲에 몸을 숨겼다가 갑자기 나타났기 때문에 얼굴 표정까지 보일 정도로 가까웠다. 그때였다. 푸른 제복의 북군이 일제히 사격을 퍼부었다. 남군의 준장 2명이 전사하고 사단장 1명이 부상을 입었다. 연대장 가운데 전사자가 15명, 부상자가 5명이나 됐다. 남군의 아미스테드 장군이 칼을 휘두르며 북군 진지에 뛰어들자 1백 명의 부하가 그 뒤를 따랐다. 눈 깜짝할 사이에 세미트리 리지 정상에 남군의 기가 펄럭였다. 그러나 전열을 가다듬은 북군이 남군을 포위하여 모두 사살하거나 생포했다. 남군의 정면 돌파를 정점으로 치열했던 전투는 결국 남군에 많은 사상자를 냈다. 남군의 후퇴로 전투는 다소 주춤했다.

리 장군은 명령을 내렸다.

"빨리 포토맥 강으로 후퇴하라."

남군의 생존자들이 다리를 절뚝이면서 포토맥 강으로 물러섰다. 미드 장군에게는 남군을 괴멸할 수 있는 좋은 기회였다. 북군의 병사들도 추격명령을 고대하였으나 미드는 공격명령을 내리지 않았다.

7월 4일 저녁 무렵, 남군은 화물과 포로들을 이끌고 샤프스버그 서쪽까지 후퇴하였다. 여기서 포토맥 강을 건너려 하였으나 포토맥 강이 범람하여 건널 수가 없었다. 남군은 독안에 든 쥐가 되었다.

링컨은 이번 기회를 놓치지 말도록 간곡히 권유하였다. 북군의 총사령관 하레크는 미드에게 이렇게 타전하였다.

"귀관의 판단에 따라 행동하고 부하 장군에게 귀관의 명령대로 실행토록 하라. 작전회의를 소집할 필요 없이 신속한 행동 바람. 적을 놓아 보내서는 안 됨."

그러나 미드는 7월 12일 작전회의를 소집하는 등 꾸물거리고 있었다. 그 사이에 포토맥 강물이 빠져 이틀 후 남군은 모두 철수하였다.

링컨은 매우 아쉬운 표정을 지으면서 개탄하였다.

"애써 가꾼 곡식을 거둬들이지 않았다."

한편 남부군의 리 장군은 이번 전쟁의 패전 책임이 그의 부하군에게 있었음에도 불구하고 데이비스 대통령에게 다음과 같은 서신을 보내어 스스로 책임을 졌다.

"저의 부하군이 소관의 작전 계획을 완수하지 못했다 하여 그 책임을 지워서는 안 됩니다. 또 국민의 과한 기대를 비난하는 것도 당치 않습니다. 모든 책임은 오직 소관에게 있을 뿐입니다."

게티즈버그 국립묘지
링컨은 게티즈버그 전투가 끝난 뒤, 전쟁의 무대였던 게티즈버그를 국립묘지로 지정하였다.

게티즈버그 전투를 고비로 남군이 주력인 북버지니아군은 전세가 급격히 약화되어 제대로 공격하지 못하였다. 이후의 전투에서 열세를 면치 못하였다.

게티즈버그에서의 전투가 끝나고 링컨은 이 격전지를 국립묘지로 지정한 후 전사자들을 위한 위령제를 지냈다. 이 자리에서 링컨은 그 유명한 '국민의, 국민에 의한, 국민을 위한'이라는 게티즈버그 연설을 하였다. 이 연설은 고대 그리스의 페리클레스와 데모스테네스의 연설에 견줄 만한 것으로 자못 중요한 의의를 지닌다.

리치먼드 공략 작전

게티즈버그 전투 후 리 장군이 이끄는 남부연합군은 절망의 늪으로 빠져들었다. 테네시 강이 완전히 연방군의 손아귀로 들어감에 따라 남부연합은 두 동강이 났다. 그리고 아칸소, 루이지애나, 텍사스 같은 서부 지역들로부터의 보급품 지원을 기대할 수 없었을 뿐 아니라 남부와 동부에 걸친 전 해안이 북부해군에 의해 봉쇄되어 유럽으로부터도 고립되었다. 이제 리 장군의 남부연합군은 자체 힘만으로 이 위기를 극복해야 할 운명에 놓이게 되었다.

그러나 병사들은 너무 지친데다 사기마저 떨어져 위기의 극복은커녕 얼마나 버틸 수 있느냐가 현실 문제로 다가왔다. 오직 한 가지 희망이 있다면 그것은 북부가 전쟁에 염증을 느껴 종전을 요구하는 일뿐이었다.

그러나 그것은 약한 자의 희망일 뿐 1863년 가을 동안에 북부의 그랜트 장군은 공세를 늦추지 않았고, 마침내 1864년 봄 이 전쟁을 종결짓기 위한 최후의 승부수를 던졌다.

이른바 '리치먼드 공략 작전'이 바로 그것이었다.

1865년의 리치먼드 시가 보유하고 있던 대포들 리치먼드 시는 리 장군의 지휘 아래 항전했지만 결국 북군에 항복하고 말았다.

링컨의 재선

2차 세계대전 이전의 근대 국가로서는 예를 찾아볼 수 없는 일이지만 연방정부는 남북 전쟁의 와중에 총선거를 실시하지 않으면 안 되었다. 그 이유는 링컨이 말한 다음과 같은 취지 때문이었다.

"선거를 행하지 않으면 우리들은 자유스런 정치를 행할 수 없다. 만약 반란을 이유로 총선거를 중지하거나 연기해야 한다면 반란자는 그때 이미 우리를 정복하고 파괴했다고 서슴없이 주장할 수 있을 것이다."

1864년 6월 7일, 링컨은 공화당과 민주당 내의 전쟁협력파를 대표하는 전국통일당대회에서 대통령 후보로 지명되고, 북군 군정하의 테네시 주지사로서 용맹을 떨친 앤드루 존슨이 부통령 후보로 지명되었다.

민주당원 기관지인 《뉴욕 월드》는 두 사람의 지명자를 이렇게 혹평하였다.

'무식하고 덜렁대는 상류 시골 변호사를 지명한 것은 상식 있는 인민에 대한 모욕이다.'

뿐만 아니라 평화주의자들도 링컨을 반대하고 나섰다. 링컨이 대통령의 지위를 이용하여 의회의 결의도 없이 인신보호율을 정지시키고, 불법적인 군법회의 판결을 인준했다고 비난하였다. 대통령이 되겠다는 야망을 가진 샐먼 체이스는 각료직을 사임하고, 바트라 장군이라든가 《뉴욕 트리뷴》 편집장인 홀스 글리레 등 정치적 협잡꾼들 그리고 파괴주의들과 손을 잡고 링컨을 비난하였다. 그들은 이렇게 알고 있었다.

"지금도 남부연합을 외교술로 얼마든지 연방정부에 복귀시킬 수가 있는데, 링컨이 장애물이다."

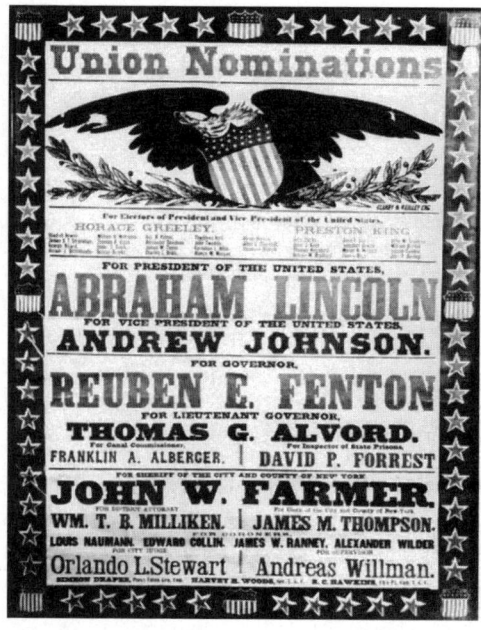

링컨 선거 운동 포스터 링컨은 재선을 위해 1864년 뉴욕에서 대통령 선거를 치러야 했다.

이에 대하여 링컨은 7월 9일 글리레에게 다음과 같은 내용의 편지를 보냈다.

'연방의 회복과 노예제 폐지를 포함한 평화안을 제퍼슨 데이비스로부터 문서로 가져올 사람이 있다면 사람과 장소에 구애받지 않고 나와 만나게 해주시오.'

글리레는 캐나다에 갔을 때 강화를 중재하겠다고 나서는 두 사나이를 만난 일이 있었는데 결국 그들은 협잡꾼에 지나지 않았다.

1864년 민주당은 시카고에서 전당대회를 열고 적대 행동의 중지를 주장하는 선언을 발표하면서 매클랜 장군을 후보로 지명하였다. 이때 그는 후보지명을 수락하겠으나 적대 행동의 중지는 승인할 수 없다는 뜻을 당에 명백히 전달하였다.

1864년 11월 8일에 실시된 선거인단 투표에서 링컨은 212표를 얻었고 매클랜은 21표를 얻는 데 그쳤다. 일반투표에서는 220만 표 대 180만 표의 득표수를 나타냈다. 링컨이 당선되었다.

링컨의 당선은 승리만큼이나 중요한 성과를 가져왔다. 북부는 자신들이 포기하지 않는 한 이 전쟁에서의 승리를 확신하였고, 전쟁을 계속해야 한다는 결의를 보인 것이다.

이런 가운데, 1864년 봄에 시작되었던 북군의 리치먼드 공략은 순조롭게 진행되었다. 그랜트 장군과 셔먼 장군의 주도하에 펼

제퍼슨 데이비스 대통령의 저택 앨라배마 주의 몬트거메리에 있다. '남부의 백악관'이라고 일컬어졌다.

쳐진 이 작전에서 셔먼의 군대는 남에서 북으로 공격하면서 남부연합군을 공격해 들어갔다. 순식간에 조지아를 뚫고 서배너에서부터 대규모 공세를 펼쳤다. 1차 점령목표는 콜롬비아였다. 당초 예상과는 달리 남부연합군의 저항은 그리 심하지 않았다. 셔먼이 진격을 시작한 지 17일째 되는 날 남부군은 콜롬비아를 포기하고, 그들의 최후 방어 진지를 골드스보로로 옮겼다. 따라서 콜롬비아를 경유한 이후부터 셔먼군의 진격은 본격화되었다.

남부군은 밤을 이용하여 소규모 기습공격을 자주 펼쳤다. 반면 낮이 되면 셔먼군의 대규모 공세가 펼쳐졌다. 양측의 희생자가

제퍼슨 데이비스 데이비스는 남북 전쟁 당시 남부연합 대통령을 지냈다. 리 장군이 북군에 항복한 뒤에도 미시시피 지역에서 항전하기로 결심했으나 결국 북군에 의해 반란군으로 체포되었다.

늘어갔으며, 남부군의 방어 진지가 좀처럼 무너질 것 같지도 않았다. 그러나 보급품조차 제대로 받지 못한 채 방어하던 남부군으로서는 버티는 데 한계가 있었다.

마침내 1865년 3월 중순, 골드스보로도 점령되고 말았다. 이제 남부연합군의 마지막 남쪽 진지가 있는 롤리만 점령하면 리치먼드의 함락은 시간 문제였다.

한편, 그랜트 장군의 당초 계획은 셔먼군과 합류하기로 되어 있었으나 그들을 기다리지 않았다. 남부연합군이 거의 와해된 상태였기 때문에 고삐를 늦추는 것은 오히려 그들에게 전열을 정비할 시간을 주는 것이라고 판단했기 때문이었다. 그는 와일더네드, 스포트아, 그리고 콜드하버를 공격한 후 지체없이 제임스 강 도하작전을 전개했고, 1864년 6월에 이르러 피터즈버그에 대한 포위 공격을 감행했다.

이때부터 얼마간 쌍방 간에 팽팽한 접전이 계속되었으나 1865년 3월에 들어서 전세가 급격히 북부군에 유리하게 기울었다. 리 장군의 부대는 병력수가 다소 많기는 했으나 보급이 중단되어 전투력을 거의 상실했다. 그랜트는 이 기회를 놓치지 않고 맹렬한 공격을 퍼부었다. 남부군은 일방적인 공격을 받자 순식간에 많은 희생자가 발생했다. 무리하게 버티는 것은 희생자만 늘릴 뿐이었다.

결국 그해 4월 2일, 리 장군은 수도 리치먼드를 포기하였다.

동시에 그는 제퍼슨 데이비스에게 리치먼드에서 철수할 것을 권고하여 마침내 남부연합정부는 남쪽으로 도주하였다. 이로 인하여 남부연합은 해체되고 말았다.

남부연합의 항복

북부군에 의해 리치먼드가 함락된 얼마 후 링컨이 리치먼드를 방문하였다. 그는 군중들에게 다음과 같은 연설을 했다.

"여러분, 우리 연방군은 리치먼드를 점령하기 위하여 리 장군과 싸운 것이 아니라 리치먼드와 미국의 자유를 위하여 싸운 것입니다."

링컨은 흑인들로부터 대대적인 환영을 받았다. 사실, 당시 흑인들은 사태 파악을 완전하게 하지 못했지만 이제 곧 어떤 기적이 나타날 것이라고 기대하고 있었다.

한편, 남부연합의 리 장군은 리치먼드를 포기하고 퇴각하던 중 그랜트 휘하의 기병대 추격을 받아 그만 포위되었다. 이에 그랜트 장군은 4월 7일 리 장군에게 편지를 보냈다.

'지난 주의 전투 결과로 보아 더 이상의 항전은 무의미하다는 것을 알게 되셨을 겁니다.'

4월 9일에는 서쪽과 남쪽에 남겨졌던 퇴로마저 북군이 차단하였다. 리 장군은 산악 지대의 험로를 뚫고 게릴라전을 전개할 수도 있었을 것이나 그는 책임감이 강한 사람이었기 때문에 그런 방법을 택하지 않았다. 그렇다고 해서 북군의 총탄이 비오듯 쏟아지는 총탄 속으로 뛰어들 수도 없는 노릇이었다. 리 장군은 항복을 생각했다.

리치먼드 점령 1865년 4월 3일에 남부연합의 수도 리치먼드가 점령되었다. 이 전투로 남북 전쟁은 실질적으로 종결되었다.

"더 이상 무고한 생명을 희생시킬 수는 없다. 항복 조건을 결정해야겠다."

리 장군은 그랜트 장군과의 회담을 요청하였다. 두 장군은 애포매톡스에서 회담하였다. 이 회담은 역사상 유명한 일화로 남아 있다.

회담장에 나온 두 사람은 너무나 대조적이었다. 항복하는 리 장군은 수려한 용모에 정장인 회색 군복과 버지니아가 증정한 화려한 군도를 차고 있었다. 항복을 받는 그랜트 장군은 어떤 병사의 군복을 아무렇게나 볼품없이 입고 있었다. 두 사람은 똑같은 괴로움을 극복해야만 했다. 리는 항복해야 하는 괴로움, 그랜트는 항복하는 사람의 비통한 모습을 보는 괴로움이었다. 두 사람은 먼저 멕시코 전쟁 때의 추억을 더듬으면서 이야기를 시작했다. 그러다가 그랜트가 펜을 잡아 항복의 조건을 써내려갔다.

'남부연합의 장교 및 병사들은 항복선서를 한 후 바로 석방한다. 무기와 자재는 북군에게 인계한다. 장교는 허리에 차고 있는 무기를 그대로 휴대해도 좋다. 말을 필요로 하는 병사들은 말을 가져가도 좋다.'

리 장군의 표정이 부드러워지면서 정중하게 사의를 표시하였다. 그러면서 그랜트의 양해를 구했다.

"한 가지 요청을 할까 하는데 어떻겠습니까?"

"좋습니다. 말씀해 보십시오!"

"제 부하들이 그동안 너무 굶주렸습니다. 가능하면 그들에게 식량을 보급해 주셨으면 합니다."

그랜트는 이를 약속하고 2만 5천 명분의 식량을 제공하였다. 이 회담을 통하여 두 장군이 보여준 위엄과 순박함은 모든 사람들을 탄복시켰다.

회담이 끝나자 남군 사령관 리는 문 앞에 서서 연병장을 건너다보았다. 그는 긴 장갑을 낀 한쪽 손바닥을 주먹으로 서너 번 천천히 때렸다. 그리고 애마에 몸을 싣고 자신의 야전사령부로 돌아갔다.

북군의 대열에서는 일제히 환호성이 터져 나왔다. 병사들은 미친 듯이 길바닥으로 뛰어나가 한껏 아우성치며 모자를 하늘로

던지며 열광하였다. 포병들은 대포를 끌어내어 대포를 쏘아댔고 악대들은 연주하고 깃발이 흔들리는 모습은 물결을 이루었다. 이러한 소동이 벌어지자 그랜트 장군은 즉각 중지하도록 명령을 내렸다.

"전쟁은 끝났다. 이제 반란군은 우리 국민이 되었다!"

한편 남부연합의 데이비스 대통령은 4월 2일 북군이 리치먼드에 도착하기에 앞서 특별 열차로 리치먼드를 탈출하였다. 그때 각료 몇 사람이 동행하고 금화 50만 달러를 휴대하고 있었다. 데이비스는 퇴각한다는 생각은 전혀 가지지 않았고 오직 새로운 수도를 찾아나서는 기분이었다. 그는 4월 4일 대국민성명을 통해 이렇게 말했다.

"남부의 국민은 지금이야말로 새로운 국면에 들어서고 있다. 그 기억은 길이 우리들에게 남을 것이다."

그리고 승리를 확실히 하기 위해서는 오직 '물러서지 않는다는 결의' 만이 필요하다고 하였다. 리 장군이 항복했다는 소식에도 불구하고 데이비스의 결의는 전혀 흔들림이 없었다. 그는 또 완전한 패배라는 엄연한 사실을 인정하지 않고 역사적 드라마의 주인공처럼 화려한 꿈을 쫓았다. 그는 노스캐롤라이나의 그린스보로에서 존스턴과 보리가드 두 장군을 남부연합의 각료회의에 출석시켜 그들에게 전투를 계속 할 것을 지시했다. 여러 각료들이 데이비스에게 패배를 인정해야 한다고 설득했으나 그는 막무가내로 이를 거부하였다.

4월 16일, 데이비스 대통령 일행은 국고금 나머지를 한 대의 마차에 싣고 나섰다. 5월 3일 사우스캐롤라이나 아베베르에 도착한 데이비스는 충실한 기병장교 일단에게 끝까지 버텨 줄 것을 부

1862년 리치먼드와 1865년 리치먼드의 비교 사진 남북 전쟁은 1861~1865년간 지속되었다. 위의 두 사진은 1862년과 1865년의 리치먼드 시를 비교한 것이다.

리치먼드를 떠나는 남부 연합정부의 관리들
더 이상의 인명 희생을 막기 위해 리 장군이 항복을 했지만 남부연합 대통령과 정부 관리들은 다른 지역에서 연합 정부를 수립하기로 생각하고 남부의 수도 리치먼드를 떠났다.

탁했다.

"3천 명의 용감한 장병만 있다면 이를 중심으로 국민이 모여들 것이다."

기병들은 눈물을 머금고 사실대로 이야기했다. 그때서야 데이비스는 이를 인정하지 않을 수 없었다.

"이제 모든 희망이 사라졌다!"

각료들도 자신들의 안전을 위하여 데이비스에게서 떠나갔다. 5월 10일, 북군의 기병대가 조지아에서 데이비스 대통령 부처를 체포하면서 남부연합정부의 등불은 완전히 꺼지게 되었다.

암살된 링컨

남북 전쟁은 남부에서 '로버트 리'라는 영웅을 낳은 동시에 북부에서는 보다 더 위대한 영웅 '에이브러햄 링컨'을 탄생시켰다. 그는 무엇보다도 무력과 억압에 의해서가 아니라 사랑과 관용으로 연방을 결속시키려고 노심초사했던 사람이었다. 그는 전시뿐 아니라 평시에도 전례없는 전력을 행사했으나 민주주의 가치와 원칙을 침해한 일은 결코 없었다.

1864년 선거에서 재선된 그는 두 번째 대통령 취임 연설에서 온 국민을 다독이는 연설을 했다.

"누구에게나 악의를 품지 말고 자비심을 가지며, 신이 우리에게 보여주신 보다 정의로운 편에 굳건히 서서 우리가 지금 하고 있는 일을 완수하기 위해, 그리고 전쟁이 만들어 놓은 이 나라 국민의 상처를 아물게 하기 위해 모두 합심하여 노력해 나갑시다."

3주 뒤인 4월 11일에 링컨 대통령은 전후의 전반적인 재건 정책과 관련하여 자신의 견해를 밝힌 연설을 했다. 그러나 이 연설이 마지막 연설이 될 줄은 아무도 몰랐다.

링컨의 연설이 있은 이틀 후인 4월 13일에 워싱턴 거리에서는 연방군의 승리를 축하하는 대축제가 벌어졌다. 온 거리가 기뻐 날뛰는 군중들로 들떠 있었다. 14일 성 금요일의 조찬 석상에서 링컨의 아들 로버트가 대통령에게 리 장군의 사진을 보여주며 말했다.

"잘 생긴 얼굴이다. 전쟁이 이제 끝났으니 다행이다."

그날 아침 각료회의에는 그랜트 장군도 동석한 가운데 해상 봉쇄 해제를 의결하고 각료들에게 평화와 재건에 관심을 기울이도록 종용하였다. 그리고 더 이상 피를 흘리는 일도, 박해하는 일

윌리엄 T. 셔먼 장군
북군의 그랜트 총사령관을 보좌하여 남북전쟁에서 북군을 승리로 이끈 주역 중 하나. 그의 무모하고 대담한 작전은 적군뿐 아니라 아군도 예측할 수 없는 것이었다.

도 있어서는 안 된다고 강조하였다. 그리고 그랜트에게 물었다.

"셔먼 장군으로부터 무슨 좋은 소식이 없소?"

"없습니다."

"곧 무슨 보고가 있을 것이오. 혹시 아주 좋은 소식이 올지도 모르지요. 왜 그런지 아십니까? 어젯밤 내가 이상한 꿈을 꾸었지요. 무엇이라고 확실히 말할 수 없는 이상한 배를 타고 어딘지 알 수 없는 해안으로 쏜살같이 달리는 꿈을 꾸었는데 이런 꿈을 꿀 때마다 중대한 사건이나 대승리가 있었지요. 앤티덤, 게티즈버그의 승리가 있기 전에도 같은 꿈을 꾼 일이 있었지요."

말을 끝내고 링컨은 묘한 얼굴로 그랜트를 바라보았다.

그날 밤 연극을 좋아하는 링컨은 부인과 두 친구를 대동하고 포드 극장으로 향했다. 공연이 시작된 후에 도착하였으므로 연극은 잠시 중단되고 관중들이 일어나 환영의 박수를 쳤다. 대통령이 자리에 앉자 연극은 다시 시작되었다. 링컨의 극장행은 암살자들이 노리는 좋은 기회였다. 링컨의 암살자는 배우였기 때문에 극장의 관리인들도 낯이 익어 전혀 의심하지 않았고 또 암살자는 극장 안의 문이나 통로 등을 잘 알고 있었다. 뿐만 아니라 로얄박스 입구를 경호하고 있던 경호원들도 연극을 제대로 보기 위하여 이층 쪽으로 자리를 옮긴 상태였다.

연극이 다시 이어지고 한 시간쯤 지난 오후 10시 13분, 어디선가 피스톨의 날카로운 굉음이 울렸다. 그 순간 대통령 링컨은 자리에 앉은 채 푹 쓰러졌다. 암살자는 로얄박스 쪽에서 무대로 뛰어내려와 마치 연극배우인 양 피스톨을 흔들어 보였다.

"폭군의 운명은 이런 것이다."

다음은 이 사건에 대한 해군장관 벨즈의 기록이다. 이 기록에 의해 그날 밤의 일을 더듬어 본다.

해군장관 벨즈는 그날 밤 일찍 잠자리에 들었다. 그때 거리에서 누군가가 '대통령이 저격당했다. 그리고 국무장관과 그의 아들도 암살단의 다른 사람에 의해 암살되었다.'고 고함치는 소리가 들렸다. 벨즈는 옷을 갈아입고 거리를 가로질러 15번가에 있는 국무장관 슈어드의 집으로 향했다. 계단 아래 넓은 방은 흥분한 사람들로 가득 차 있었다. 벨즈가 2층 방으로 달려올라가 보니 슈어드는 피범벅이 된 매트 위에 누워 있는데 아래턱이 마치 죽은 사람처럼 축 늘어져 있었다. 옆방에는 슈어드의 아들이 아버지의

포드 극장 링컨이 암살당한 포드 극장의 당시 모습

존 윌키스 부스 부스는 링컨을 암살한 뒤 도망가는 데 성공했지만 12일 후 연방군에 의해 시체로 발견되었다. 그가 어떻게 죽었으며 왜 링컨을 암살했는지는 밝혀지지 않았다.

몸을 육탄방어하다 입은 부상으로 의식을 잃고 쓰러져 있었다.

벨즈는 스탠턴 육군장관과 함께 마차를 타고 대통령이 있는 곳으로 달려갔다. 대통령은 여관의 조그마한 방 매트 위에 누워 있었는데 끝내 의식을 회복하지 못했다. 벨즈는 당시의 상황을 이렇게 기록하고 있다.

'위대한 인간은 매트에 비스듬히 길게 누워 있었다. 그에게는 매트가 너무 작게 느껴졌다. 그가 천천히 깊은 숨을 몰아쉴 때마다 옷이 추켜 올라왔다. 그의 표정은 안정돼 있었으며 보는 사람들로 하여금 감동을 일으키게 하였다.'

어둡고 음산한 밤이었으며 날이 샐 무렵에는 비가 내렸다. 거리에 남아 있는 군중들은 간호하는 사람들이 밖으로 나올 때마다 무슨 좋은 소식이 없느냐며 저마다 걱정의 말을 건넸다. 링컨 부인은 한 시간에 한 번 정도 빈사 상태에 있는 남편의 베갯맡에 다가가 눈물을 흘리면서 있다가 이윽고 슬픔에 겨워 그 자리를 떴다.

4월 15일 오전 7시 20분, 대통령의 호흡은 멈추고 심장의 고동도 멎었다. 링컨의 목사인 가레 박사가 짧은 기도를 드리고 숨소리도 들리지 않는 방 안에서는 육군장관 스탠턴이 조용히 중얼대는 한 마디 말만이 들려 왔다.

"이제 그 사람도 영원한 사람이 되었군!"

여관 응접실에는 슈어드를 제외한 각료들이 모여 앉아 존슨 부통령에게 사건의 전모와 이제 정권이 그의 손으로 넘어갔음을 편지로 알렸다.

벨즈의 기록은 이어지고 있다.

'아침식사를 마치고 대통령 관저로 갔다. 쓸쓸하고 차가운 비가 내려 이것저것 모든 것이 다 음산하게만 보였다. 화이트 하우스 앞에는 수백 명의 흑인들이 모여 있었는데 대부분 여자아이들이었다. 그들은 위대한 사람을 잃은 슬픔에 눈물을 흘렸다. 억세고 용감한 사나이들이 우는 모습도 보았지만 나는 무엇보다도 이 흑인들의 절망적인 모습에 깊은 감동을 느꼈다.'

전쟁이 휩쓸고 간 뒤

남북 전쟁은 북부의 승리로 막을 내렸으나 링컨 암살 후의 국내 정세는 순탄하지만은 않았다. 승자와 패자로 구성된 연방을 무리 없이 운영하기란 결코 쉬운 일이 아니었다.

그런데 당시 대부분의 남부 주에는 합법적인 주정부가 존재치 않았을 뿐 아니라 종전 후 남부군들이 그들의 고향으로 돌아와 보게 된 것은 불타버린 마을, 황폐한 도시, 황무지로 변한 농장 등 온통 폐허뿐이었다. 전쟁 중에 그렇게도 전원적으로 가꾸어졌던 집들에 이제 남은 것이라곤 검게 그을린 굴뚝밖에 없었다. 또한 과거에 부유한 생활을 했던 아낙네들도 이제는 자식들을 위해 구걸해야 했고, 농장주들은 당밀과 꽃 따위를 이전에 자기 노예였던 흑인들에게 팔아 끼니를 잇는 형편이었다. 별스럽지도 않은 간단한 물건마저도 쉽게 구할 수가 없었다. 그들 주변에는 그저 암담함만 있을 뿐이었다.

이런 가운데 흑인들은 자신들의 신변에 무슨 일이 일어난 것인지 잘 몰라 그저 정부에서 무슨 해결책이 나올 것이라는 막연한 기대만 갖고 있었다.

시간이 지날수록 남부의 농장주들 사이에서는 북부인들에 대한 반감이 높아졌고 특히 부인들에게는 그 감정이 한층 더 격렬했다. 따라서 그들에게 무슨 협조를 구하기도 쉽지 않았다. 게다가 하루가 멀다하고 도처에서 크고 작은 사건들이 터졌다. 툭하면 남부인과 북부인들이 서로 치고 받는 것은 물론이거니와 남부인들끼리도 서로 살기 위해 다투는 판이었다.

그나마 이러한 일들이 그럭저럭 무마되어 더 이상 확대되지 않았던 것은 연방군이 불철주야 뛰어다니며 감시를 하고 있었기 때문이었다.

존슨의 유화 정책

전후 문제 처리에 관한 링컨의 구상이 너무도 관대했기 때문에 북부 급진파들은 링컨의 정책에 비난의 화살을 퍼부었다. 그러나 링컨이 암살되고 존슨이 대통령직을 승계하자 그들은 일단 안도하는 모습이었다. 왜냐하면 존슨은 평소에 늘 남부를 가리켜 '썩을 대로 썩어 위험스럽기 짝이 없는 귀족정치 집단'이라고 공격했기 때문이다. 그리고 대농장을 몰수한 후 작게 나누어 성실하게 일하는 소농들에게 공매해야 한다고 말해 왔다.

그러나 존슨은 정권을 잡게 되자 복수심에 불타는 그런 정책은 위험하다는 것을 알게 되었다. 그리하여 1865년 5월 반란자 남부인들에 대한 대사면령을 공포하였다. 이에 따라 거의 모든 사람

시민 전쟁으로 황폐화된 리치먼드 남부연합군의 수도였던 리치먼드는 남북 전쟁 말기 북군의 집중 포화를 받고 황폐해졌다.

들이 사면을 받았다. 그러나 링컨의 암살로 인해 일반인들이 워낙 분개하고 있었기 때문에 링컨이 희망했었던 것만큼은 이루어질 수 없었다.

이런 가운데 존슨은 그해 여름에 의회의 폐회기를 이용해서 약간의 수정을 가한 링컨의 재건계획을 실시하려 하였다. 몇 개 남부 주에 재건 지사를 임명하고, 노예 제도의 폐지를 규정한 수정 헌법 제13조를 인준하였다. 그런데 얼마 후 합법적인 절차를 밟아 재건된 남부연합 각 주의 상하 양원 의원들이 워싱턴에서 열린 연방의회에 참석했을 때, 연방의회는 그들을 가리켜 '존슨 정부의 하수인들'이라고 야유하면서 신임장 심사와 인준을 거부하였다. 왜냐하면 이른바 '존슨 정부의 하수인들'은 사실상 남부식으로 흑인 문제를 해결하고자 했던 것이다. 즉 남부는 그들의 패배와 노예해방을 근본적으로 인정하고는 있었지만 당장 흑인과 동등한 지위를 가져야 한다고 인정할 수는 없었다. 따라서 대부분의 남부 주에서는 재산, 생명, 자유의 보호에 관해서 동등한 권리

앤드류 존슨 링컨의 갑작스런 사망으로 대통령이 된 부통령 존슨은 링컨의 정책을 계승한 것도, 그렇다고 남부의 의견을 적극 반영한 것도 아닌 우유부단한 정치로 양측 모두의 분노를 샀다.

가 있음을 인정하고는 있었지만 실제 사회현실에서의 흑인에 대한 차별대우는 좀처럼 고쳐지질 않았다. 한 가지 실례로서 흑인 단속법은 백인과 흑인의 결혼을 금지하였고, 학교 교육에서도 원칙적으로 차별을 인정했다. 또 불량자 단속법은 글을 모르는 흑인에게 벌금을 부과했고, 벌금을 내지 못할 경우 강제 노동으로 보상하게 되어 있었다.

남부의 백인들은 흑인에게 자유와 평등을 허용하되 그 순서와 과정을 밟아 점진적으로 해야 한다고 생각했다. 따라서 의회의 급진파는 남부에 맹렬한 비난을 퍼부었다.

"남부가 명목만 바꾸었을 뿐, 사실상 노예 제도를 부활시키려 한다."

해방 노예의 선택

흑인 문제는 단순히 노예해방만으로 해결될 수 있는 간단한 일은 아니었다. 1860년 남부에는 4백만 명의 흑인이 있었다. 이 가운데 약 25만은 자유 신분이었고, 19만 명 정도는 연방군에 복무했으며, 30만 정도가 북부가 점령한 여러 주에서 해방을 맞았다. 결국 상당수의 흑인들이 자유를 연습하는 과정에 있었다.

그러나 남부의 농장 안에서만 살아온 3백만 정도의 흑인은 해방과 동시에 자력으로 생계를 꾸려나가야 할 형편에 놓이게 되었다. 이제 그들은 아무런 간섭을 받지 않게 되었지만 집도, 신분도, 그리고 생활수단도 갑자기 사라진 것이었다.

"너희들은 이제 자유의 몸이다."

"주인님! 우리는 그대로 주인님과 같이 살고 싶습니다."

대부분의 흑인은 주인의 이러한 선언에 당황하며 어쩔 줄 몰랐다.

이런 상황 속에 이들을 선동하는 무리만 없었더라면 아마도 그들은 주인과 적절히 타협하며 생활해 나갔을지도 모를 일이었다. 그러나 선동하는 무리들이 이 불행한 대중 속을 돌아다니며 바람을 넣었다.

"주인이 시키는 일들은 이제부터 안 해도 된다! 그들은 좀 더 골탕을 먹어야 정신을 차릴 놈들이다."

"보란 듯이 농장을 박차고 나옵시다. 그리고 과감하게 백인의 교회를 접수하여 우리도 독립할 수 있다는 것을 증명합시다."

얼마 후, 흑인들을 위한 몇몇 학교들이 문을 열었다. 학교는 배움에 굶주렸던 흑인들로 대만원을 이루었다. 그리고 대부분의 흑인들은 여전히 연방정부가 곧 농토와 말을 줄 것이라고 기대했다. 그러나 그것은 북부에서 들어온 선동자들이 그들의 목적을 위하여 흑인들을 이용한 감언이설에 지나지 않았다. 북부의 백인들이 원한 것은 흑인들이 투표권을 얻는 것이었고, 그들은 그럴듯한 구호만 내세워 정치적으로 이용하려 했던 것이다.

1862년 6월 14일자 《하퍼스 위클리》지 노예였으나 남북 전쟁 당시 포의 선장으로서 대담하고 영웅적인 전투를 이끌었으며 후에 하원의원에 당선되어 최초의 흑인 의원이 된 로버트 스몰의 기사이다.

해방 노예들 과거의 비참했던 노예 생활에서 벗어나 인간적인 생활을 할 수 있다는 생각에 해방된 흑인 노예들은 기대에 부풀었다. 그러나 현실은 그들의 기대와는 달랐다.

 이 같은 상황 속에서 의회는 임시해결책으로 흑인에게 백인과 동등한 시민권을 부여하는 시민권 법안Civil Rights Bill을 제정하고, 해방 노예 관리국은 계속 존속시키기로 하였다.
 해방 노예 관리국은 1865년 3월 1일, 1년 기한으로 발족한 관청으로서 군인과 문관들이 흑인의 구호 문제와 취업알선, 교육과 재판 그리고 반역자로부터 몰수한 재산의 운용 등에 관한 일을 맡았다. 따라서 만약 유능한 사람들이 제대로 운영했더라면 긍정적인 성과를 거둘 수도 있었을 것이다. 그러나 사리사욕에 눈이 먼 공무원들이 이것을 맡고 있었기 때문에 성과는커녕 오히려 폐해만 더 야기시켰다. 그들은 부당하게 돈을 갈취했다. 그러나 한 가지 다행스런 일은 노동계약에 관한 문제만은 해방 노예 관리국과 농장주 간의 협조가 잘 이루어졌다. 백인 고용주와 흑인 노동자 사이에 법적인 고용관계의 명문화가 절실했다.
 물론, 이때 상당수의 흑인들은 계약이란 곧 부자유한 것이라고 생각했으므로 계약 자체를 꺼렸다. 이렇게 해서 '소작인 제도'에 의한 농장 경영체제가 뿌리내리기 시작했다.

급진파의 반발

존슨 대통령의 전후 문제 처리를 지켜보던 북부의 급진파는 마침내 그의 유화 정책에 분노를 터뜨렸다.

"도대체 존슨은 남부의 자유지로 만들려는 생각을 갖고 있는 거야?"

이때 유명한 극렬분자 스티븐스가 가만히 있을 리 없었다. 그는 흥분을 가라앉히지 못한 채 앞에 나섰다.

"동지 여러분, 이제 다른 방도가 없습니다. 우리 의도대로 그냥 밀어붙이는 겁니다. 실상, 시민권을 상실한 모든 남부의 주들을 점령지로 취급해야 마땅합니다."

그러자 그 일당들은 이러한 의견을 거들며 소리를 높였다.

"남부연합에 가담했던 사람들의 시민권을 박탈해야만 한다. 흑인의 이익을 위하여 더러운 그놈들의 재산을 몰수하자."

그들은 미국 헌법을 '아무 소용도 없는 휴지 조각'이라고 비난하면서 문맹인 흑인에게까지도 투표권을 부여하자고 요구했다. 그리고 1866년 6월, 14차 헌법 수정안을 제출하여 의회의 승인을 얻고자 했다. 그 수정헌법의 골자는 다음과 같았다.

첫째, 흑인에게 국적과 시민권을 부여한다.
둘째, 흑인 남자의 투표권을 인정하지 않는 주에는 이에 비례하여 연방의회의 의석수를 줄인다.

셋째, 남부연합의 반정부적인 난동이나 반역에 가담한 자는 모든 공직에서 추방한다.
넷째, 남부연합의 전시 채무는 무효로 한다.

이에 존슨 대통령은 급진파가 제출한 법안을 거부함으로써 거센 반발을 샀다. 급진파는 전국을 순방하여 존슨에 대한 비난과 공격을 퍼부었고, 악랄한 방법을 동원하여 존슨의 연설을 방해했다. 그리고 15명의 위원으로 '합동재건위원회'를 조직하여 행정부에 도전하였다.

재건 문제는 마치 혁명으로 느껴질 정도로 분위기가 험악하였다. 급진파는 마침내 존슨의 거부권 행사에도 불구하고, 수적인 우세를 이용하여 남부의 주들을 5개 군관구로 분할하여 5명의 육군소장이 통치하는 법안을 통과시켰다. 그리고 이들 주에서는 반역자가 아닌 백인과 흑인이 선출한 의원들이 의회를 구성하여 흑인들에게 참정권을 부여하는 주헌법을 제정하기로 되어 있었다. 뿐만 아니라, 이런 주헌법의 인준이 끝나면 새롭게 구성된 주의회가 14차 헌법 수정안을 비준하기로 되어 있었다.

남부 백인들의 비밀공작

북부 급진파의 남부 장악 노력에도 불구하고 남부의 백인들은 여전히 실질적인 힘을 갖고 있었다. 그들은 토지, 직장, 자본을 바탕으로 전쟁 전과 다름없는 체제를 유지했다. 뿐만 아니라 법망을 피해 흑인들에게 사적인 형벌을 가하였다. 1867년에 테네시에서 조직되어 남부 전역으로 확대된 큐클럭스클랜(Ku Klux Klans) 조직은 흑

KKK 비밀 폭력 집단인 KKK단은 흑인들에게 무차별로 폭력을 휘둘렀다.

인들에게 조직적인 폭력을 행사하였다.

처음 그들은 밤이 되면 수의로 몸을 감싸 유령으로 분장한 후 장난삼아 흑인들을 공포 속으로 몰아넣는 것을 재미로 삼았다. 그리고 그 방법은 흑인들을 괴롭히는 효과적인 방법으로 인식되어 남부 전역에 확대되었다. 그 최고 지도자는 '그랜드 위저드Grand Wizard'라고 불렸고, 각 주는 '그랜드 드래곤Grand Dragon'에 의해 지배되었으며, 그 회원은 '유령Spectre'이라고 불렀다. 그들은 한밤중에 길고 하얀 수의를 입고 흰 천으로 덮은 말을 타고 다녔다. 옷 속에서 송장 뼈 소리를 내거나, 긴 장대에 해골을 올려놓고 다니거나, 묘지의 비석에 걸터앉는 단순한 행동으로 흑인들을 공포 속에 몰아넣었다. 때로 그들은 유령 모습을 하고 흑인들의 집 앞에 나타나 엄청난 양의 마실 물을 달라고 했다. 사실은 옷 속에 숨겨둔 가죽 주머니에 물을 붓고는 다 마신 척 했다.

"자네, 연방에 절대로 가입하지 않겠다고 맹세하게!"

흑인들은 겁에 질려 그대로 복종하였다. 따라서 폭력을 행사하지 않고서도 선거 때면 흑인들을 투표장에 나오지 못하게 할 수 있었다. 그러나 시간이 흐르면서 흑인들이 그들의 행동에 면역이 되자 그들은 서서히 폭력을 사용하기 시작했다. 흑인들을 묶어 말로 끌고 다니는가 하면 꿇어앉힌 채 마구 구타하였고, 심한 경우 공화당원에게까지 폭력을 가했다.

남부의 백인들이 폭력을 휘두르기 시작하자 마침내 연방정부가 간섭하기에 이르렀고, 의회는 이들의 활동을 금지하는 법을 제정하였다.

그러나 이미 그들의 세력이 깊이 뿌리박혀 있었기 때문에 아무런 효과를 거두지 못하였다. 이로써 법으로 흑인들에게 평등권을 보장해 주려던 급진파의 노력은 수포로 돌아가고 말았다.

대통령 탄핵 소동

의회 내에서 압도적인 우위를 차지하고 있던 북부 급진파는 남부에 대한 그간의 노력이 실패로 돌아가자 그 책임을 존슨에게 돌렸다.

"존슨을 탄핵하자, 존슨을 축출하자! 그렇지 않으면 연방국이 그를 해치울 것이다."

이러한 분위기 속에서 존슨 대통령이 의회의 급진파와 가까운 국방장관 에드윈 스탠턴을 해임하자, 의회는 상원의 동의 없이는 대통령이 임의로 각료를 해임할 수 없도록 하는 신분 보장법을 제정하였다. 동시에 하원에서는 존슨 대통령 탄핵안을 표결에 붙이면서 상원에 대해서도 탄핵안을 지지할 것을 촉구하였다.

존슨 대통령에 대한 탄핵 사유는 연방의회의 정책에 대한 반대와 또 그러한 정책을 비판했을 때 대통령의 품위를 손상하는 과격한 용어를 사용했다는 것 등이었다. 결국 상원에서 탄핵 재판이 열렸다. 그러나 존슨에게 불리하게 작용했던 의회의 초기 여론 속에서도 그가 각료를 해임한 것은 월권행위가 아니었음이 밝혀졌다. 그리고 이보다 더 중요하게 작용한 것은 만약 탄핵안이 통과되어 대통령이 물러나게 될 경우, 그것은 위험한 선례를 남기게 된다는 점이 지적되었다.

결국 존슨 대통령에 대한 탄핵 시도는 7명의 공화당 의원이 등을 돌림으로써, 1표 차로 부결되고 말았다. 그리하여 존슨 대통령은 임기가 만료될 때까지 계속해서 집무하였다.

변화된 남부

남북 전쟁 후 남부의 경제 문제는 정치 못지않게 심각했다. 대농장주들은 혁명 후의 프랑스 귀족처럼 형편없이 몰락했고, 농장주와 노예 사이에 맺어졌던 오랜 인간관계도 끊어져 버렸다. 농장주들은 드넓은 농장을 어떤 방법으로 경작해야 할지 몰랐고, 해방된 노예들도 어떻게 살아가야 할지를 몰랐다.

이때 가장 일반적으로 시행된 방법은 대농장을 소규모로 흑인 소작인들에게 나누어 경작하게 하고 필요한 모든 물건들을 미리 빌려 주는 방법이었다. 농장주들은 흑인 소작인에게 집, 농기구, 비료, 종자 따위를 먼저 빌려주고 그 대가로 수확의 3분의 2를 차지하였다. 그 결과 대부분의 농장주들은 영농자금을 은행에서 융자 받지 않을 수 없었다. 은행가들은 융자 조건으로 환금이 용이한 담보인 담배나 면화 같은 단일 경작물을 재배하게 하였고,

리치몬드의 담배 농장 창고 1865년 11월 11일자 《하퍼스 위클리》지. 버지니아 리치먼드의 담뱃잎 창고.

특히 남부에서는 쌀이나 사탕수수의 재배를 강요하였다. 이에 따라서 재건된 남부에서는 다각적 경작과 낙농을 겸한 소농 형태가 생겼는가 하면, 빈농 계급으로 몰락한 백인들이 생겼다.

한편 남북 전쟁은 남부의 공업에도 많은 변화를 가져왔다. 전쟁을 위해 생산되었던 무기나 각종 공산품을 활용할 필요가 있었을 뿐만 아니라 대부분 소작인이 된 흑인과 생존 경쟁을 할 수밖에 없었던 가난한 백인들을 위해서도 공장 건설은 필요했다.

남부에는 당시 석탄, 철광석 등 자원이 풍부하였으므로 우선 광산을 개발하여 상당수의 노동자들을 취업시켰다. 또 대량생산되는 면화의 효과적인 활용을 위한 면직물 공업의 육성도 필요하였다.

이러한 공업화 과정에는 많은 장애 요소들이 있었다. 즉 오래도록 이어 내려오는 농업 위주의 사회전통이 그러했고, 과다한 철도 운임, 고율관세 등의 장애를 극복해야만 하였다. 그러나 다른 한편으로 남부의 공장들은 노동자의 저임금과 대농장 제도의 유풍이라고 할 수 있는 남부 특유의 온정주의 등의 혜택을 볼 수 있었다.

대서부의 개척

원시 그대로의 서부

남북 전쟁이 끝난 후에도 프런티어 라인은 네브래스카, 캔자스, 텍사스 부근으로 한정되어 있었다. 또한 캘리포니아, 오리건에서도 동부 지역의 일부만이 개척되었을 뿐이었다. 록키 산맥이 걸쳐 있는 대서부는 아직도 손길이 닿지 않은 대평원과 사막으로 남아 있었다. 문자 그대로 원시의 모습 그대로였다.

처음에 이곳에 왔던 스페인 탐험가 코로나도는 이곳을 가리켜 '북미의 황야' 라고 표현하였다. 멕시코와 캐나다로 무작정 뻗어나간 황야는 망망대해만큼이나 무한하고 거칠게 보였다. 게다가 이곳은 연료로 쓰거나, 주택, 울타리, 외양간 따위를 지을 만한 목재도 찾아볼 수 없다시피 했다. 토지를 비옥하게 적셔주는 비는 거의 내리지 않았고, 그 대신 맹렬한 우박과 수분이 없는 눈이 세찬 바람을 타고 몰려오곤 했다. 이 같은 바람은 대서부의 평원 위에 극심한 열과 냉기를 주기적으로 몰고 와 드문드문 흐르는 강물들을 바싹 말려버리거나 꽁꽁 얼려버렸다. 따라서 이곳은 자연의 혜택을 누려오던 서유럽이나 미국 동부 지역의 백인들에게는 그다지 개발할 가치가 없는 곳으로 여겨졌다.

이러한 서부를 찾는 사람들은 몇몇 모험심 강한 탐험가들과 경제적, 시간적 여유가 많은 여행가들에 지나지 않았다. 이러한 극소수의 서부 방문객들조차도 대부분이 배편으로 대륙 남단을 돌아서 왔다. 말을 타고 황야를 횡단하고 록키 산맥을 넘다가 불의의 사고를 당하는 것보다는 느긋한 바다여행도 할 겸 배를 이용하는

대서부의 개척 1850년 무렵부터 아메리카 서부에 거주하던 개척자들이 사용했던 것으로 서부극 영화에도 곧잘 등장한다.

것이 훨씬 안전하고 재미있을 것이라고 생각했다. 그러나 남북 전쟁이 끝나고 한 세대가 지나는 동안에 황량한 땅으로 외면당했던 대서부도 시대적 요구에 의해 서서히 정복되기 시작하였다.

대평원의 숨결

원시 그대로의 대평원은 일부 탐험가들이나 여행가들에 의해 그 모습이 드러남으로써 차츰 활기를 띠게 되었다. 최초의 콜로라도 준주지사였던 윌리엄 길핀은 초원과 평야에서 벌어지는 목축업을 다음과 같이 표현했다.

"그것은 마치 바다 속에 있는 어류와 같다."

사실 대평원에서의 모습은 오로지 자연에 의해 자동적으로 유지되는 자연생태계 그것이었다. 헤아릴 수 없이 많은 북미산 토끼들과 몰못류의 동물들이 평원 곳곳에 널려 있는 풀들을 먹고 그들의 삶을 이어나가는가 하면 수천만에 달하는 이리와 늑대들은 토끼들과 몰못류 동물들을 잡아먹으며 살아간다. 보다 더 중요하고 장관을 이루는 것은 거대하다고 할 만한 들소떼들이었다. 대초원을 누비던 인디언들은 이러한 들소 떼에 의지하면서 생활을 영위하였다. 들소고기는 그들의 식량이었고, 가죽은 의복과 천막 재료로 이용되었다. 그들의 생활은 들소사냥을 둘러싼 생활이었으며 의식과 예배는 그 성공을 위한 형식과 절차였다.

수백 년 동안 인디언들은 들소떼를 추적했으며, 그 들소떼들의 번식기에는 굶주림에 시달렸다. 그러나 16세기에 스페인 사람들이 말을 들여온 뒤부터는 사냥 범위가 넓어졌고, 동시에 타부족에 대한 침범이 용이해짐으로써 부족 간에 치열한 투쟁이 벌어지기 시작했다.

또한 말의 등장과 함께 사냥기술이 발달함에 따라 들소를 비롯한 여러 짐승들이 급격히 감소하였다. 따라서 사냥감을 얻기 위한 부족 간의 전투는 점점 더 빈번해졌고 살벌해졌다. 인디언들은 살아남기 위하여 적개심에 불타는 훌륭한 전사로 변모해갔다.

자신의 생애 대부분을 평원의 인디언들 그림을 그리는 데 보낸 조지 캐틀린은 그들의 삶을 다음과 같이 말했다.

"코만치족은 이제껏 보아온 기수들 중 가장 뛰어난 기술을 가졌으며, 이 세상의 어느 종족도 그들을 능가할 수 없다고 여겨진다."

그들과 인접해 있던 수우족, 샤이안족, 블랙피트족 등은 도저히 코만치족을 따라갈 수가 없었다. 또한 남부의 오사지, 파우니

샤이엔 부족의 야영지
1883-1888년의 샤이엔 부족의 야영지.

와 같은 몇몇 종족들도 말타기, 사냥 등에 뛰어났지만 역시 코만치에는 미치지 못했다. 다만, 남부 사막인 애리조나와 뉴멕시코에 사는 나바호족과 아파치족만이 코만치족과 대적할 만한 힘과 기술을 가지고 있었다.

1860년경에는 이러한 인디언들 약 25만이 서부에 흩어져 살았다. 그리고 약 18만의 백인들도 광대한 평원 여기저기에 정착해 있었다. 이러한 가운데 남북 전쟁이 일어나면서 양군에서 탈영해 온 사람들이 몰려들어 서부의 인구는 무시 못할 정도로 증가하였다.

토지에 대한 열기

서부 지역의 인구가 증가하는 가운데 서부로의 이주를 부채질한 것은 1862년에 제정된 자작농지법이었다. 이 법에 의하면 누구든지 국유지에 5년간 거주하며 개척에 종사하면 160에이커의 토지를 정부로부터 무상으로 받을 수 있었다. 그런데 160에이커의 토지로는 수지타산이 맞지 않았기 때문에 농사를 시작하기가 어려웠다. 이에 정부는 1873년, 식목법을 제정하여 40에이커의 토지에 나무를 심는다는 조건으로 다시 160에이커의 토지를 무상으로 주었다. 또한 1877년에는 사막개발법을 제정하여 3년 안에 자신이 소유하고 있는 토지의 일부에 물을 끌어들이기만 하면 에이커당 1달러 25센트의 헐값으로 640에이커까지의 토지를 살 수 있게 하였다. 이 밖에도 1878년에는 다시 새로운 토지법을 제정하여 경작이 불가능한 토지를 에이커당 2달러 50센트를 주고 160에이커까지 살 수 있게 하는 등 적극적인 이주 정책을 썼다.

이로 인하여 이곳으로 이주해온 사람들은 최소의 비용으로 약 1천300에이커까지의 대토지를 소유할 수 있게 되었다. 그러나 이러한 토지법에는 허점이 많아 그 허점을 이용한 토지사기가 번번이 일어났고, 결과적으로 영세 자작농들보다는 대토지회사가 큰 이득을 보았다. 그리하여 1890년까지 실제로 자작농에게 돌아간 토지는 모두 합쳐 약 5천만 에이커에 불과했다. 반면 같은 기간 동안에 철도회사에게 돌아간 토지는 약 1억 8천만 에이커에 이르렀으며 대토지회사로 넘어간 토지까지 합치면 자작농이 받은 토지는 사실상 미미했다. 그럼에도 불구하고 서부의 광대한 토지는 여전히 이주민들

초기 서부 개척민의 삶 일반적인 서부 개척민들은 소박한 통나무 집을 지어 살았다.

민주화·산업화 시대　　　　　　333

을 손짓했으며, 이 지역에 잘 맞는 토지 이용방법이 개발·발전되면서 대서부는 차츰 새로운 모습으로 변모하였다.

광부들의 행진

대서부의 개척에 선도적 역할을 한 사람들은 '골드러시'에 캘리포니아로 몰려온 광부들이었다. 이들은 1848년부터 1858년까지 약 10년 동안 5억 5천만 달러의 금을 캘리포니아에서 캐냈다.

그러나 1858년에 콜로라도의 파이크스피크에서 금광이 발견되면서 골드러시는 방향을 동쪽으로 돌리게 되었다. 이로 인해 약 1년 동안에 콜로라도에는 10만여 명의 광부들이 모여들었고 하룻밤 사이에 덴버 같은 도시가 생겨났다. 뿐만 아니라 같은 시기에 네바다의 콤스턱에서도 금광이 발견되었다. 이곳에서는 1859년부터 1879년까지 20여 년 동안에 무려 3억 달러 이상의 금과 은이 채굴되었고, 이곳에도 하룻밤 사이에 버지니아시티와 같은 도시가 생겨났다.

그러나 이런 광맥이 줄어들어 경기가 쇠퇴하여 광부들이 새로운 광맥을 찾아 다른 지역으로 이동함으로써 하룻밤 사이에 생겼던 광산 도시는 순식간에 폐허로 변하고 말았다. 이후 많은 광부들이 아이다 호, 몬타나, 와이오밍 등지에서 금과 은, 그밖의 금속 광산을 개발하였지만 그 규모는 전과 비교가 안 되었다. 마지막으로 다코타의 서부 지역인 블랙힐즈에서 대금광이 발견되어 다시 한번 골드러시를 일으켰다.

여기까지의 골드러시 기간은 결코 긴 것은 아니었지만 미국 사회에 여러 가지 영향을 미치게 되었다.

대서부의 여러 곳에서 채굴된 금과 은은 미국의 부를 증대시켰으며, 특히 많은 양의 은은 1890년대에 '은화 자유주조 운동'을 일으키는 원인이 되기도 했다. 또한 무법과 폭력이 난무한 다코타의 데드우드나 애리조나의 툼스톤은 서부 영화에 소재를 제공하였다. 그리고 비록 골드러시는 사라졌지만 록키 산맥과 케스케이드 및 시에라 산맥 사이의 고원 지대는 광산 지대로 그 명맥을 이어나갔다. 그런가하면 '노다지'라는 뜻의 보난자Bonanza를 캐는 데 실패한 광부들은 농민이나 목동이 되거나 또 다른 광산으로 일자리를 구하러 떠났다.

서부의 광산 거리

금과 은을 찾아 모여든 사람들에 의해 생겨난 서부의 광산 거리는 이제까지의 프런티어와는 아주 다른 이색 지대의 모습을 나타냈다. 하루아침에 광맥을 캐내 큰 부자가 된다는 부푼 꿈과 기대가 있었으므로 거리의 사람들은 대담하고, 낙천적이었다. 그러나 한편으로는 술이나 도박에 몰두하는 불량배들도 많았다.

어쨌든 많은 사람들이 하루가 멀다 하고 광맥을 찾아 헤맸다. 그러나 광맥을 찾기란 그리 쉬운 일은 아니었으며 요행히 광맥을 찾았다 해도 그 광석으로부터 금이나 은을 얻어내기까지는 많은 비용이 들었다. 이런 사람들은 다른 곳을 찾아 헤매든지 그렇지 않으면 광맥 찾는 일을 포기하고 다른 일거리를 구하였다. 그러나 이들마저도 대자본의 회사들이 출현하자 고용노동자로 들어가는 경우가 많았다. 버지니아 같은 곳에서는 이 고용자들에게 일당 4달러의 노임이 지불되었다.

한편, 산에서 노다지를 캐내어 큰 부자가 된 사람들은 광산 거리에 호화저택을 짓고 동부의 부호들 못지않은 호화로운 생활을 하였다. 그러나 실제로 재미를 본 사람들은 광산을 개발한 사람들이 아니고 뉴욕이나 샌프란시스코의 투자가들이었다.

광산붐을 타고 부를 이룬 또 다른 사람들은 화물 운송업자들이었다. 금이나 은을 비싼 값으로 팔기 위해서는 이를 필요로 하는 장소까지 운반해야만 했다. 운송업자들은 이런 점을 이용해 비싼 운송료를 받기 일쑤였고, 때로는 운송을 거부하는 등 횡포를 부렸다.

또한 광산 거리는 짧은 기간에 형성된 것이었으므로 관공서나 재판소가 설치되기까지는 소동과 혼란이 그치질 않았다. 특히 금과 은이 여기저기에 쌓여 있었으므로 강도들이 날뛰기 쉬웠다. 강도들은 금과 은을 운반하는 마차들을 탈취했고, 심한 경우 광산으로 직접 쳐들어가 금과 은을 휩쓸었다. 치안이 극도로 혼란해지자 자체 경찰단 조직을 촉구하는 여론이 형성되었고, 곧이어 경찰단의 활동이 개시되었다. 그러나 경찰단은 강도나 불량배 집단에 비해 많은 희생자를 내는 등 소기의 목적을 이루기에는 한계가 있었다.

카우보이의 세상

광산 거리와는 대조적으로 서부의 텍사스에서 캐나다에 이르는 대평원에서는 전후 20여 년에 걸쳐 소의 방목이 이루어졌다. 대평원에서의 방목은 멕시코인이나 텍사스인에 의하여 이미 행해지고 있었다. 그중에서도 특히 소에게 낙인을 찍는 일, 밧줄을 던지고

소떼를 몰아넣는 기술은 스페인 사람들이 자랑하던 일이었다. 이들로부터 방목 기술을 배운 서부 대평원의 미국인들은 거부의 꿈을 안고 열심히 소를 길렀다. 그 결과 남북 전쟁이 끝나고 얼마 되지 않을 무렵에는 약 6, 7만 마리의 소가 텍사스의 넓은 평야에서 풀을 뜯고 있었다.

금 채광자들 골드러시로 서부는 일확천금을 노리는 금 채굴업자들로 북적였다.

당시 소값은 동부 시장에서 마리당 40달러를 호가하였으나 텍사스에서는 3~4달러에 지나지 않았다. 이에 텍사스의 목축업자들은 소들을 동부로 운송해서 팔 경우 많은 이득을 얻게 될 것으로 생각하여 소몰이의 대장정을 구상했다. 그리하여 소몰이를 전문으로 하는 카우보이들이 목축업자들에게 몰려왔고 마침내 1866년부터 소들을 몰며 엉덩이에 불이 나도록 말을 달렸다. 도중에 무법자들을 만나면 총격전을 벌이기도 하고, 인디언들의 습격을 받아 혈투도 벌였다. 뿐만 아니라 농경지를 지나게 되는 경우도 있어 농민들로부터 갖은 항의를 받았다.

이런 과정에서 그들은 적지 않은 소들을 잃었지만 그럼에도 불구하고 목축업자의 입장에서는 결과적으로 꽤 수지맞는 일이었다. 이렇게 시작된 장거리 소몰이의 도착지는 대개 캔자스의 애빌린, 위치토, 엘즈워스 등이었다. 뿐만 아니라 좀 더 많은 소값을 받기 위해 심지어는 텍사스로부터 뉴멕시코, 콜로라도를 거쳐 와이오밍의 샤이엔까지 소를 몰고 가는 경우도 있었다.

카우보이 1800년대 카우보이들의 모습.

카우보이들에게는 한 번에 수천 마리의 소를 몰고 가는 일도 어려웠으나, 그들을 더욱 괴롭히는 일은 역시 습격자들이었다. 따라서 장기간의 소몰이가 끝나면 대부분의 카우보이들은 난폭할 대로 난폭해져 그들의 도착지는 무법과 폭력의 거리로 변하기 일쑤였다.

농민의 진출

광부와 목축업자들에 이어 대서부에 옮겨온 사람들은 농민이었다. 이들은 1870년대 말부터 서부의 대평원으로 진출하기 시작하여 10여 년 동안에 대평원을 거대한 농경 지대로 바꿔 놓았다. 그러나 대평원을 농경 지대로 바꾸기까지는 많은 고난을 겪어야 했다.

우선 농민들보다 먼저 진출한 목축업자들로부터 농토와 작물을 어떻게 보호하느냐가 문제였다. 농민들은 방목하는 소의 침입을 막기 위해 농토에 나무 울타리를 치기 시작했다. 그러나 나무로 울타리를 칠 경우 경제적 부담이 너무 컸다. 따라서 그들은 나무 울타리 대신 철조망을 이용함으로써 울타리 문제를 해결하였다. 1876년부터 생산되기 시작한 철조망은 목재보다는 값이 훨씬 쌌다.

또한 강우량이 부족한 대평원에서 농경에 필요한 물을 어떻게 얻느냐 하는 것도 문제였다. 그들은 풍차를 이용하여 지하수를 끌어올리는 방법으로 이 문제를 해결할 수 있었다. 그러나 지하 50~200미터 깊이까지 파야 지하수를 얻을 수 있었고, 1미터 파는 데 6달러의 비용이 들었다. 거기에 풍차 설치 비용까지 합한다면 농민으로서는 너무나 부담이 큰 것이었다. 따라서 농민들은 땅을 깊이 갈아 물기가 있는 흙으로 농작물의 뿌리를 싸고, 그 위에 흙을 덮어 수분의 증발을 막는 건조농법을 사용하였다. 또 농민들은 북유럽, 터키, 크림 반도 등지에서 대평원에 적합한 새로운 품종의 작물들을 들여와 환경 문제를 해결하였다.

그러나 대평원의 농업은 소규모보다는 대규모로 하는 것이 유리하였으므로 농업의 기계화가 일찍이 발달하였다. 특히 농업의 기계화는 소맥 생산에서 그 위력을 발휘하여 1에이커의 땅을 경작하는 데 인력으로 60여 시간이 걸리는 것을 불과 3시간 만에 해치울 수 있었다. 농부 1명이 경작 가능한 면적도 약 8에이커에서 135에이커로 15배 이상 확대되었다. 따라서 대부분의 농민들은 어떻게 해서든지 농기계를 구하고자 했다. 그러나 자영농지법에 의해 가까스로 160에이커의 땅을 받은 대부분의 소농들은 기계를 구하기가 어려운 실정이었다. 따라서 차츰 대기업농의 소작인이나 농업노동자로 전락해 갔다.

대서부와 인디언

서부의 광부, 목동, 그리고 농민들의 운명은 대평원의 원주민인 인디언에 비하면 비교도 안 될 정도로 좋은 것이었다. 왜냐하면 인디언들의 운명은 대서부의 개척이 시작되면서 멸종의 위기로 빠지지 않을 수 없었기 때문이었다.

　남북 전쟁이 시작될 무렵인 1861년에 미국에는 약 30만 명의 인디언들이 남았고, 이중 20만 명 정도가 서부의 대평원에 살고 있었다.

　이 인디언에 대하여 연방정부는 전쟁 전에 일정한 거류지를 결정하여 백인들과 격리시켰고, 인디언들이 소유하고 있는 땅이 필요할 때에는 반강제적으로 조약을 맺고 그 땅을 점유하였다. 그리고 인디언들이 거주하는 지역에는 내무성 소속의 관리를 파견하여 그들의 생활 전반을 관리하였다. 뿐만 아니라 어쩌다 백인과 충돌하면 군을 투입하여 해결하는 일방적인 정책을 써 왔다. 따라서 백인들이 조약을 무시하고 인디언 거주 지역에 침입하는 사례가 빈번하였다. 게다가 인디언 거주지의 관리인은 악덕 상인들과 결탁하여 갖가지 부정한 방법으로 탄압·착취함으로써 인디언과 백인과의 분쟁은 그칠 날이 없었다.

　1862년에는 미네소타의 수우족이 자신들의 거주지가 너무 협소하다는 구실로 반란을 일으켜 약 700명의 백인을 살해하였다. 이에 수우족을 관리하던 군대는 반란을 진압하는 과정에서 체포한 38명의 수우족을 공개 처형한 후 수우족 전체를 다코타 지방으로 추방하였다. 이후 1864년에는 콜로라도에서 광부들의 불법 진출에 항의하여 아라파호족과 샤이안족이 반란을 일으켰다. 이 반란의 진압 책임자 존 시빙턴 대령은 진압 초기에 족장인 블랙케틀과 협정을 맺어 인디언들을 안심시킨 후 기습공격을 가하여 500명의 인디언을 학살하였다. 이 때문에 각지에서 인디언의 반란이 그치질 않았다. 특히 와이오밍에서는 1866년에 광부에게 부당하게 주거지를 빼앗긴 수우족이 다시 일어나 페터만 대위의 부

이주를 권유받는 인디언 아메리카 합중국 정부 대표는 아메리카 남동부 인디언 부족을 미시시피 강 서쪽 지역으로 이주할 것을 요구했다.

대를 기습하여 82명의 군인들을 살해한 사건이 일어났다.

이와 같은 일련의 사건들로 인해 정부는 종래의 인디언 정책을 재검토하지 않을 수 없었다. 결국, 1867년 인디언 평화위원회가 발족되었고 수우족과는 일단 휴전이 성립되었다. 그러나 위원회가 작성한 새로운 정책은 사실상 종전보다 더 인디언에게 불리했다. 게다가 사냥꾼들이 몰려들어 인디언의 생활 기반인 들소까지 멸종 위기에 처하게 됨으로써 인디언과 백인 사이의 싸움은 좀처럼 그칠 기미가 보이지 않았다.

카스터 연대의 전멸

1864년 존 시빙턴 대령의 속임수로 억울하게 500여 명의 부족민

카스터 장군

을 잃은 아라파호족과 샤이안족은 보복의 기회만 기다리며 수우족과 공동으로 육군에 대한 전쟁준비를 하고 있었다. 아라파호족과 샤이안족은 주로 육탄전에 대비한 훈련을 했고, 추장 시팅 불이 이끄는 수우족은 약 2천의 기마대를 조직하여 몬태나에서 훈련하고 있었다.

이즈음 1874년에 사우스다코타의 블랙힐즈에서 금광이 발견되었다. 그러나 그곳은 이미 수우족들의 지정 거류지였다. 그럼에도 불구하고 많은 백인들은 금을 캐야겠다는 일념으로 규약을 무시하고 블랙힐즈로 몰려들었다. 이에 수우족들은 자신들의 거류지 안으로 침범해 들어오는 백인들을 모조리 몰살하였다. 이때, 육군은 시팅 불이 이끄는 수우족을 토벌할 목적으로 리틀빅혼 강과 로즈버드 강이 만나는 지점에 진지를 구축하였다.

1876년 6월 마침내 육군 사령관 테리 장군은 조지 암스트롱 카스터 중령을 대장으로 하는 기병 제7연대에 수우족 공격 명령을 내렸다. 이때 카스터는 그간의 전투 경험을 통해 너무 자신만만했기 때문인지는 몰라도 다소 성급한 공격을 했다. 원래 기본적인 작전은 당연히 본대가 수우족을 포위하고 난 뒤에 공격했어야 했다. 그러나 카스터는 본대의 포위 작전이 어느 정도 진행되기도 전에 공격을 개시하였다. 시팅 불이 이끄는 인디언의 병력이 약 3천500여 명에 달한다는 것을 조금도 고려하지 않았던 것이다.

카스터 연대가 막상 수우족 진영에 뛰어들었을 때는 그 병력 비율이 10대 1에도 못 미쳤다. '아차 실수를 했구나!' 하고 생각했으나 때는 이미 늦었다. 당초 계획과는 정반대로 카스터 연대가 오히려 수우족에게 완전 포위된 상태에서 전투가 시작되었다. 카스터의 병사들은 마치 기적이라도 만들겠다는 듯이 맹렬히 저항했으나 수적으로 워낙 열세였기 때문에 전투가 시작된 지 얼마 안 되어 카스터 연대는 완전히 전멸했다. 다음달 테리 사령관의 본대가 이곳에 도착하였을 때 머리가죽이 벗겨진 카스터 중령의 시체와 264구의 보기 흉한 시체들만이 흩어져 있을 뿐이었다.

수우족의 추장 시팅 불 시팅 불은 인디언 보호 구역으로 이주하라는 일방적인 미국 정부의 명령에 대항하여 싸웠던 수우족을 이끌었다.

이후 수년 동안 육군과 시팅 불과의 싸움은 계속되다가 1881년에 겨우 쌍방이 화해하였고, 한때는 수우족의 추장 시팅 불이 버팔로 빌의 쇼에 나간 일도 있었다. 그러나 1890년에 다시 대대적인 저항을 하다가 그도 결국 사살되었고, 수우족들은 다시 거류지로 되돌아갔다.

최후의 반항자 아파치족

백인에 대한 인디언의 조직적인 반항은 그 수를 헤아릴 수 없을 정도로 많았지만 최후를 장식한 것은 애리조나에 근거를 둔 아파치족이었다. 아파치족은 매우 전투적인 부족으로 1860년대부터

아파치족

1880년대에 이르기까지 수시로 반란을 일으켰다. 그러나 유능한 추장들은 모두 죽거나 지정 거류지로 들어갔고, 추장은 아니었으나 제로니모라는 지도자가 최후까지 지휘하였다.

제로니모도 한때는 지정 거류지에 들어갔으나 사무국 관리들의 학대에 분개하여 부하들을 거느리고 멕시코로 도피하였다. 그곳에서 부하들에게 장차 있을 전투에 대비하여 강한 훈련을 시키면서도 틈만 있으면 애리조나에 침범하여 육군에게 타격을 주었다. 그의 부하들이 펼치는 습격은 잔인하기 이를 데 없었다. 그들은 밤에 육군 진영에 잠입하여 졸고 있는 보초들의 머리를 잘라 나뭇가지에 걸어 놓거나, 백인 여자들을 살해하여 머리끝부터 발끝까지 피부를 벗겨낸 채로 울타리에 걸어놓고 도망치곤 했다. 뿐만 아니라 어린 아이들의 머리를 잘라 땅바닥에 세워 놓고 그 위에 무거운 돌을 올려놓는 경우도 있었다.

그러나 이렇게 용감하고 잔인했던 아파치족도 육군의 위세

앞에서는 오래 버티지 못하였다. 결국 1886년에 화해한 뒤 오클라호마의 지정 거류지로 되돌아갔다. 아파치족의 저항을 마지막으로 인디언과 백인의 싸움은 막을 내렸다.

이후 연방정부는 1887년에 도오즈 개별토지 소유법을 제정하여 새로운 인디언 정책을 마련하였다.

이 법은 부족의 토지 공유를 인정한 거류지 제도를 폐지하고 토지를 각 개인이 분할 소유하게 하는 것이었다. 그리고 성인 지주에게는 시민권을 주어 생활 근거를 마련하도록 하였다. 이어 1891년에는 인디언에게도 의무교육제를 실시하였고, 1894년에는 거의 모든 인디언에게 시민권이 부여되었다.

제로니모 제로니모는 1860년대부터 1880년대까지 아파치족의 군사 추장으로 백인과의 전쟁에 앞장섰다.

프런티어의 소멸

1890년 미국 국세조사 보고서는 '이제 프런티어는 소멸되었다.'라고 발표하였다. 그렇다고 해서 합중국 내에서 평방마일당 6명 이상이 거주하지 않는 토지가 완전히 사라진 것은 아니었다. 그러나 이제 분명한 것은 프런티어 라인이 적어도 캐나다 국경에서부터 멕시코 국경까지 이어지게 된 것이었다.

남북 전쟁 후 네브래스카에 이어 1876년에 콜로라도가 주로 승격되었으며, 1899년에는 노스다코타, 사우스다코타, 몬타나, 그리고 워싱턴이 주로 승격되었다. 다음해 와이오밍과 아이다호까지 주가 되었다.

오클라호마는 오랫동안 인디언 거류지였다. 그러나 그 주변을 미국인들이 개발하자 규약을 위반하고 침범하는 백인들이 증가하였다. 결국 연방정부는 1899년에 인디언으로부터 오클라호마 서부의 절반을 228만 달러에 사들여 백인들에게 개방하였다.

그리고 그해 4월부터 처음으로 백인들이 이 지역으로 들어오기 시작했는데, 첫날 하루 동안에 말이나 포장마차를 타고 이주해 온 사람들의 수가 1만 명을 훨씬 넘었고, 하루가 다르게 도처에서 거리가 형성되었다.

1912년 마침내 뉴멕시코, 애리조나까지 주로 승격되면서 광부, 목축업자, 농민, 그리고 인디언이 등장한 대서부의 일대격변도 막을 내리게 되었다.

산업 국가로의 등장

정부의 친기업 정책

남북 전쟁 후 미국의 공업화는 북부를 중심으로 매우 빠른 속도로 진행되었다. 공업화가 급속하게 추진된 이유는 첫째, 전쟁에서 북부가 승리함으로써 북부의 기업가들이나 상인들이 남부의 대지주들을 정치적으로 손쉽게 제거할 수 있었다는 점을 들 수 있다. 그 결과 북부는 다른 정치 세력으로부터 아무런 방해도 받지 않고 강력한 정책을 자유롭게 펼 수 있었다.

둘째, 미국은 풍부한 천연자원과 넓은 국내 시장을 갖고 있었다는 점이다. 때문에 원료 획득이나 시장 확보를 위해 신경을 쓸 필요없이 오직 국내 발전에만 전념할 수 있었다.

셋째, 유럽으로부터 이민이 몰려들었다는 점을 들 수 있다. 그 결과 미국은 공업화에 필요한 값싼 노동력을 쉽게 구할 수 있었다. 좀 더 직접적인 이유는 정부가 친기업적인 태도를 취했다는 점을 들 수 있다. 즉 정부의 고율관세 정책으로 상품들의 가격이 워낙 고가였기 때문에 기업가들은 가격 경쟁에 대한 두려움 없이 국내 상품의 가격을 높일 수 있었다. 정부의 통화긴축 정책은 원자재 구입 부담을 줄여줌으로써 기업 활동을 촉진시켰다. 동시에 정부는 기업가들에게 보조금 및 융자 특혜도 주었다.

이와 같은 행정부의 친기업 정책은 법원에서도 뒷받침받았다. 대법원은 정부의 친기업 정책을 법적으로 보장하기 위해, 해방 노예를 시민으로 보호한 수정헌법 14조의 '정당한 법 절차' 조항을 즐겨 인용하였다. 즉 대법원은 1898년의 '스미스 대 에임스' 판결에서부터 '어떠한 주도 정당한 법 절차 없이는 어떤 사람으로부터 생명, 자유, 재산을 박탈할 수 없다.'는 조항 속에서 '사람'이란 말은 단순히 한 개인만을 의미하는 것이 아니라 기업체 또는 회사도 포함하는 것이라고 확대 해석하였다. 그것은 곧 기업이 무엇인가에 투자하여 정당한 이윤을 추구하는 데 정부가 간섭할 수 없다는 것을 의미함으로써 기업가들에게 행동의 자유를 부여한 것이었다.

대륙횡단철도

남북 전쟁 후 미 행정부의 친기업 정책과 더불어 급속한 산업화에 가장 큰 영향을 미친 것은 철도 산업이었다.

철도는 사실 전후 미국 경제 발전의 원동력이라 해도 지나친 말이 아닐 정도로 산업체에 크게 공헌하였다. 그래서 이 시기를 '철도의 시대'라 불렸고, 대륙횡단철도의 완성으로 그 절정에 이르렀다.

캘리포니아의 골드러시 때부터 이미 철도의 필요성이 인식되었다. 대륙횡단철도의 건설은 남북 전쟁 중인 1862년에 의회가 유니언 퍼시픽 철도회사와 센트럴 퍼시픽 철도회사의 설립을 인가하면서 시작되었다.

유니언 퍼시픽 철도회사는 네브래스카의 오마하로부터 서쪽으로, 센트럴 퍼시픽 철도회사는 캘리포니아의 새크라멘토로부터 동쪽으로 공사를 진행시켰다. 먼저 착공한 센트럴 퍼시픽 회사의 초기 공사는 매우 순조롭게 진행되었다.

그러나 시에라네바다 산맥을 만나면서부터 난관에 봉착했다. 당시의 기술로는 산맥에 터널을 뚫는 것이 쉬운 일이 아니었다. 따라서 산맥을 넘어가는 방법을 택할 수밖에 없었던 철도회사는 힘든 공사를 진행할 수밖에 없었다. 무엇보다도 각종 설비자재를 운반하는 것이 힘들었다. 운반 속도가 배 이상이나 떨어졌고, 그간에 없었던 부상자가 속출해 공사장을 떠나는 인부들이 늘어났다. 때문에 회사에 비상이 걸리고 간부들에게는 긴급지시가 내려졌다.

"무슨 수단을 써서든지 인부를 구하라."

회사 간부들은 수소문 끝에 7천여 명의 중국인 노동자들을

대륙 횡단 철도를 만든 사람들

모았고, 공사는 다시 활기를 되찾았다.

한편, 유니언 퍼시픽 회사는 비교적 쉽게 프런티어 지역을 통과하였다. 공사가 어찌나 순조롭게 진행되었는지 회사 간부들은 작업지시만 해놓고 낮잠을 자기가 일쑤였고, 인부들도 하루가 다르게 뻗어 나가는 철도를 보며 힘든 줄을 몰랐다.

그러나 공사 막바지에 제동이 걸렸다. 록키 산맥의 사우스페스를 지나는 과정에서 암반을 만난 것이다. 당시의 단순한 기구만으로는 도저히 공사를 진척시킬 수가 없었다. 이에 회사는 위험을 감수하며 폭파 공법을 사용키로 하였다. 그러나 이러한 결정은 결국 일을 두 번 하는 꼴이 되고 말았다. 일단 폭파하여 장애물을 없앤 뒤 다시 그 부분을 채우며 레일을 놓아야 했기 때문이다.

공사가 진행되면서 두 회사가 서로 작업하는 모습을 어렴풋이 볼 수 있을 정도로 접근하자 인부들은 그간의 피로도 잊은 듯 환호성을 지르며 공사를 서둘렀다. 시간시간마다 쌍방의 간격이 좁혀졌다.

　마침내 1869년 유타 프로몬토리 포인트에서 역사적인 만남이 이루어졌다.

　쌍방의 기관사는 샴페인을 터뜨렸다.

　"브라보! 우리의 철도를 위하여!"

　드디어 금과 은으로 만든 마지막 못이 힘차게 침목에 박혔다.

　이후로 미국의 철도망은 전국적으로 거미줄같이 퍼져나가 1900년에는 거의 32만 킬로미터에 이르게 되었다. 미국이 건설한 철도의 길이는 당시 유럽 전체에 놓인 것을 능가하는 것이었고, 세계 철도의 40퍼센트를 차지하는 것이었다.

　이처럼 대륙횡단철도의 완공과 더불어 철도망의 팽창은 철도 건설과 관련된 모든 산업의 급속한 발전을 가져왔을 뿐만 아니라 상품 수송 능력을 배가시킴으로써 기업의 발전은 물론 국민의 생활 수준 향상에도 크게 이바지했다.

독점과 통합의 시대

철도망의 급속한 팽창과정에서 행정부는 철도회사들에게 막대한 특혜를 주었다. 정부는 준공한 노선에 1킬로미터당 약 2만 5천 달러를 대여했을 뿐만 아니라 노선 사용권과 부대용지의 소유권까지 인가하였다. 예를 들어, 유니언 퍼시픽 철도회사는 철도 건설을 통해 약 2천만 에이커에 달하는 토지를 취득하게 되었다. 그런데 이러한 특혜를 얻어내는 과정에서 철도회사들은 정치가를 매수하는 경우가 많았다.

　이런 부패의 대표적인 상징이 유니언 퍼시픽 철도회사와 관련되어 1872년에 발생한 '크레디트 모빌리에 부정 사건' 이었다. 이 사건은 회사 중역들이 회사 주식을 뇌물로 줌으로써 일어난 것이었다.

그렇다고 해서 철도회사들이 모두 순탄하게 일한 것만은 아니었다. 철도회사들도 역시 치열한 경쟁에서 살아남기 위해 파격적으로 운임을 인하하거나 운임의 일부를 비밀리에 되돌려주는 이른바 리베이트와 같은 출혈 경영을 함으로써 항상 파산할 위험을 안고 있었다.

그러므로 자금력이 약한 수많은 작은 회사들은 몇 개의 커다란 철도망으로 점차 흡수되어 1900년에는 미국 철도의 3분의 2 이상이 코넬리어스 벤더빌트, 제임스 힐, 해리먼, 제이 구드, 존 록펠러와 같은 대철도업자들의 손으로 넘어갔다.

이렇듯 산업화의 시대는 경쟁의 시대인 동시에 독점과 합병의 시대이기도 했다.

철도회사들의 합병 과정에서 수단으로 나타난 것이 '트러스트'였다. 트러스트란 개별 기업들의 소유권은 그대로 남겨두되, 그들의 경영권을 하나로 통합하는 기업형태였다. 당시 트러스트의 대표적인 인물이 바로 존 록펠러였다. 그의 사업수완은 1879년 전국 정유업의 90퍼센트를 지배하는 정도까지 이르렀다. 이러한 록펠러의 트러스트 모형은 다른 기업에 영향을 미쳤다. 시카고의 매코믹 하베스터 농기구 회사는 농업기계 부문을 거의 독점하였고, 1890년과 1891년에 설립된 아메리카 연초회사와 아메리카 제당회사는 각각 담배와 설탕 부문을 거의 독점하였다. 그리고 통조림, 소금, 위스키, 성냥, 과자, 전선, 못 등과 같은 제조 부문에서도 독점기업이 생겨났다.

앤드루 카네기는 강철시장을 완전히 독점하지는 못했지만 사실상 지배하는 것과 다름없었다. 그는 철도회사들로부터 리베이트를 받아내는 등의 야비한 방식을 통해 경쟁회사들을 통합하여 1892년 전국 강철 생산의 1/4 이상을 차지하는 굴지의 기업으로 성장하였다.

존 데이비슨 록펠러

미국의 새로운 산업지도자들은 정직과 근면을 바탕으로 재산을 모은 사람들로 인식되지는 않았다. 그들이 살았던 시대는 사실 '강도짓을 하는 귀족의 시대' 또는 마크 트웨인의 말을 빌려 말한다면 '겉 다르고 속 다른 도금의 시대'로 묘사되었다. 그렇다면 그렇게 인식되는 시대의 탁월한 사업가들 중 한 사람인 록펠러는 과연 어떤 인물이었을까?

그는 1839년 뉴욕의 리치포드에서 약품 판매업자의 아들로 태어났다. 그는 19세가 될 때 클리블랜드에 생산업체를 갖고 있었고, 북군에게 소금과 돼지고기를 팔아 막대한 이득을 취했다. 그는 사업의 규모가 커감에 따라 새로운 분야에 대한 투자기회를 엿보고 있었다.

1859년 펜실베이니아의 타이터빌에 최초의 유전이 뚫리자 거기에서 나오는 석유가 산업 윤활유, 등잔불 원료 등으로 쓰일 가능성이 보였다. 그는 뒤돌아보지 않고 석유산업의 정유 부문에 뛰어 들었다. 그리고 새뮤얼 앤드루스와 헨리 플래거 같은 경험 많은 기업가들을 모험에 끌어들였다. 1867년에 이루어진 이들의 동업은 1870년, 마침내 스탠다드 오일이라는 주식회사를 설립하였다. 당시 이 회사의 정유 능력은 그다지 눈에 띌 정도는 아니었다.

그러나 록펠러는 이 분야에서 왕자의 자리를 차지하기 위한 계획을 추진하고 있었다. 첫 번째 공격 방향은 원유수송을 맡고 있는 철도회사였다. 그는 의식적으로 자기 회사의 정유제품 운송을 철도에 집중시키고, 수송량이 늘어나자 수송운임의 일부를 반환해 줄 수 없느냐고 철도회사와 흥정하기 시작했다. 처음에 철도회사들은 완강히 거부했다. 그러나 록펠러 회사 제품의 수송량이 기하급수적으로 늘어나자 철도회사들도 더 이상 록펠러의 요구를 거절할 수 없게 되었다. 록펠러는 철도로 운반되는 모든 기름에 운임의 일부를 돌려받는 데 성공하였다. 록펠러는 경쟁회사들이 철도회사에 내는 보조금을 오히려 돌려받게 된 것이다. 이렇게 되자 록펠러를 의식한 경쟁회사들은 철도에 의지할 필요가 없는 송유관을 설치하려 했으나, 스탠다드 오일 사의 방해를 받았다.

존 데이비슨 록펠러
스탠더드 석유회사를 창설하여 미국의 석유산업계에 막대한 영향을 끼쳤다.

1870년대 전반기에 록펠러의 경쟁자들은 그의 무서운 압력에 굴복하였으며, 1870년대가 끝나면서 록펠러는 전국 정유 능력의 90퍼센트를 지배하게 되었다.

이후 록펠러는 1882년에 미국 최초의 트러스트를 창설함으로써 사업가로서의 지위를 굳혔다. 40개의 크고 작은 회사들을 조종하면서 독점하자 이에 분노를 느낀 국민들은 스탠다드 오일 트러스트를 여러 차례에 걸쳐 법원에 기소하였다.

　　마침내 법원이 스탠다드 오일 트러스트의 해체를 명하자, 록펠러는 회사를 모회사와 자회사 관계를 기본으로 하는 지주회사로 개편하여 회사를 유지시켰다. 이런 과정을 통해 록펠러는 말년에 10억 달러에 가까운 재산을 모았고, 그 일부분은 시카고 대학 록펠러 의학연구소, 일반교육이사회, 록펠러 재단 등에 자선사업 자금으로 내놓았다. 록펠러를 지지하는 사람들은 '록펠러는 미국의 기업 형태를 개선하는 데 이바지했으며, 19세기 당시 혼란 상태에 있던 미국의 석유산업에 안정과 능률을 가져다 준 사업가였다.'고 긍정적인 평가를 내렸다.

　　반면 비판자들은 '시장을 지배하기 위해 수단과 방법을 가리지 않는 무자비한 기업가였다.'라고 평가하였다.

　　록펠러에 대한 평가는 어떻든지, 분명한 것은 산업계를 지배하고자 한 그의 야심은 19세기 말 미국의 요란한 기업 환경 속에서 규칙을 만들기도 하고 깨뜨리기도 하였다.

앤드루 카네기

앤드루 카네기는 록펠러와는 근본적으로 다른 인생의 길을 걸었던 사람이다. 그는 1835년 스코틀랜드에서 태어났고, 1848년 부모를 따라 미국으로 건너왔다. 13세의 어린 나이로 방직 공장에 취직하여 주급 1달러 20센트를 받으며 일을 시작했다. 1년 뒤에는 피츠버그 전신사무소 사환으로 들어갔고, 1853년에는 펜실베이니아 철도회사의 총지배인 토머스 스코트의 전신기사로 취직했다. 25세 되던 해인 1860년에 그 철도회사의 피츠버그 지사 책임자로 임명되었다.

그가 철도분야에 계속 종사했더라도 부자가 되었으리라는 것은 의심의 여지가 없다. 그러나 그는 남북 전쟁 후 책임자 자리를 사임하고 철강이나 석유에서 더 큰 가능성을 찾아보려고 했다.

1872년 우연한 기회에 런던에 간 그는 영국인 베서머가 발명한 베서머 용광로를 구경하게 되었다. 불과 10분 사이에 쇳물이 강철로 변하는 것을 보는 순간 강철의 포로가 되었고, 미국으로 돌아와 곧바로 동생인 톰을 만났다.

"우리도 이제부터 제강을 해보자."

자신에 넘치는 말투였다. 오래 전부터 제강 얘기를 해왔던 톰은 빙그레 웃음을 지으며 말했다.

"언제, 어디서 시작하실 거죠?"

"곧 할거야. 장소는 지금부터 물색하고 말이야."

그런데 카네기가 제강업을 시작한 1873년은 미국 역사상 유례없는 불경기가 찾아온 최악의 해였다. 그러나 그는 용기를 잃지 않고 일꾼들을 불러 모았다. 공장은 피츠버그에 세웠고, 친구인 매컨드레스와 펜실베이니아 철도회사 사장이 그를 적극 지원해 주었다. 어려움 속에서도 사업은 그런대로 운영되었다. 그 당시 카네기는 '하나의 사업에 전 재산을 다 건다.'는 확고한 신념을 가지고 전력투구하였다. 앞으로 강철 수요가 여러 분야에 걸쳐 급증할 것이라고 예측했기 때문이었다. 예상은 적중했다.

1875년 9월부터 강철주문이 쇄도했다. 레일, 배, 고층건물, 승강기, 교량 등 강철의 사용 범위가 급속히 확대되었다. 당시 카네기가 경쟁회사들을 물리친 방법은 최신기계를 도입해 원가를 절감함으로써 다른 회사들보다 싸게 파는 것이었다.

이런 식으로 돈을 모은 카네기는 불경기임에도 4개의 경쟁 기업을 사들일 수 있었다. 이후 헨리 클레이 프리크와 그밖의 다른 경영자들의 충고를 받아들여 공장들을 수직적인 체계로 통합하였다. 코크스의 원료가 되는 석탄을 싸게 공급받기 위하여 석탄 광산과 철 광산들도 사들였다. 그리하여 1900년에 카네기 스틸 철강회사는 미국의 강철 생산업계를 지배하였고, 영국의 모든 제철소들을 합친 것보다 더 많은 강철을 생산하게 되었다. 이렇게 거부

앤드루 카네기 철강왕이라고 불린 앤드루 카네기가 세운 카네기 철강회사는 1900년대에 미국의 강철산업계를 독점하였다.

가 된 그는 말년에 회사를 모건에게 판 다음 그의 재산 중 2억 5천만 달러를 기부하여 대학, 도서관, 병원, 공원, 음악당, 수영장, 교회 등을 짓게 하였다. 그는 1919년 죽기 전까지 3억 5천만 달러 이상을 기부하여 카네기 재단 등 사회 복지시설 확충에도 크게 기여하였다.

도시로 밀려드는 물결

앤드루 카네기와 그의 부모가 보다 나은 생활을 위해 스코틀랜드에서 미국으로 건너왔듯이 수백만의 유럽인들이 남북 전쟁 후 대서양을 건너 미국으로 건너왔다.

이들 '새로운 이민자' 들은 이탈리아인, 그리스인, 폴란드인,

러시아인과 같은 남유럽과 동유럽 출신이 대부분이었다. 남북 전쟁이 끝나고 제1차 세계대전이 발발하기 전까지 미국으로 건너온 이민자의 수는 2천600만 명을 상회하였다.

이들은 대부분 미국의 도시에 정착하였고, 거기에 미국의 농촌에서 몰려온 사람들까지 합쳐 도시인구는 1870년과 1900년 사이에 무려 3배나 늘었다. 시카고의 경우는 1880년에 접어들면서 주민의 90퍼센트 가까이가 외국 태생이거나 이민자의 자녀들이었고, 밀워키, 디트로이트, 뉴욕 등과 같은 도시들도 이와 비슷한 경향을 보였다.

이처럼 미국으로 건너온 이민자들은 진정으로 열심히 일하여 자신들의 장래를 개척하려는 사람들로서 당시 급속한 산업화에 필수적인 노동력을 제공했다. 이민자 대다수는 연령층이 14~45세 사이로 인생의 황금기에 이른 사람들이었다. 1900년에 미국에 들어온 이민들의 80퍼센트 이상이 바로 이 연령층이었다.

경제학자 존 코몬즈는 이들과 당시 상황에 대해서 이렇게 말했다.

'미국으로 들어온 이민들은 대부분 부양가족이 없는 근로연령층이었기 때문에 매우 생산적이었다. 그들을 쓸모 있는 노동인력으로 키워준 것은 그들의 모국이었고, 돈 들이지 않고 값싼 임금으로 막대한 이득을 본 것은 미국 기업이었다.'

조수처럼 밀려드는 이민의 물결은 값싼 노동력을 필요로 하는 기업가들에게는 횡재를 안겨주었다. 반면에 노동자들은 이민의 물결에 때로는 적대

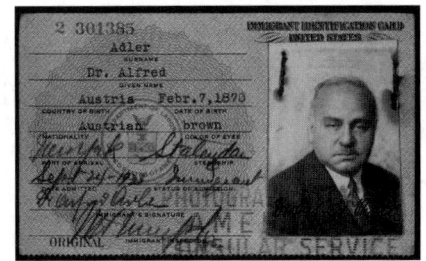

이민자 카드 이민자들은 미국 정부로부터 이와 같은 이민자 카드를 발급받았다.

감까지 갖기 시작했다. 만약 노동력이 넘쳐날 경우에는 자신들의 지위를 개선할 가능성이 그만큼 줄어들 것이라고 생각했기 때문이다.

노동자들의 저항

남북 전쟁 후 급격히 발전한 공업화로 노동자들의 생활 수준은 높아졌고 고용의 기회도 많아졌지만 문제는 대부분의 노동자들이 저임금과 장시간의 노동에 시달리고 있었다는 점이다. 이에 노동자들은 노동조건을 개선하기 위해 전국적인 규모의 조합을 조직하여 기업가들과 맞서게 되었다.

우선 전국적인 조합 운동은 숙련 노동자들을 중심으로 한 기능조합의 결성에서 시작되었다. 1866년에 주물공인 윌리엄 실비스가 지방에 있는 기능조합들을 모아 조직한 전국노동연합이 바로 그것이었고, 얼마 동안은 64만 명의 회원을 가질 정도로 발전하였다. 그러나 전국노동연합은 노동조건의 개선보다는 정치 운동에 보다 많은 관심을 가졌다. 따라서 그 투쟁방법도 파업보다는 노사분규를 완만히 해결하는 데 역점을 두었다. 1873년의 공황으로 산업계가 타격을 받자 전국노동연합도 그 세력을 거의 잃게 되었다.

전국노동연합에 뒤이어 탄생한 노동조합은 노동기사단이었다. 1869년에 재단사인 유리아 스키븐스가 조직한 이 조합은 처음에는 비밀결사의 성격을 지녔다. 노동기사단은 전국노동연합과는 달리 노동자 개인을 가입 대상으로 하였다. 이 조합은 숙련, 미숙련, 남녀, 흑백을 구분하지 않고 노동자는 누구든지 모두 가입할 수 있었다. 노동기사단이 요구한 사항들은 8시간 노동제, 미성년의 노동 금지, 소득세 실시, 그리고 국립은행 폐지 등이었다.

그러나 노동기사단 역시 전국노동연합과 마찬가지로 파업보다는 중재에 역점을 두어 노동조합으로서는 성격이 온건하였다. 따라서 초기 단계에는 발전 정도가 매우 부진하였다. 그러나 1878년에 기계공인 테렌스 파우더리가 지도자가 되어 파업을 시작한 뒤부터는 급속히 발전하여 1886년에는 그 회원수가 70만에 육박하였다.

헤이마켓 광장 사건
헤이마켓 광장 사건을 묘사한 당시 일러스트

그러나 그해 5월에 이른바 '헤이마켓 광장 사건'을 계기로 상황이 급격히 악화되었다. 이 사건은 시카고의 헤이마켓 광장에서 1일 8시간 노동을 요구하는 노동자들의 시위를 해산시키다가 경찰이 총을 발포함으로써 일어난 대유혈극이었다. 이 사건의 진범은 끝내 밝혀지지 않았으나 4명의 무정부주의자가 처형당했고, 노동기사단이 이 사건에 관련되었다는 혐의를 받았다. 이후부터 노동기사단은 너무 과격하다는 비난을 받아 급격히 쇠퇴하여 1893년경에는 사실상 소멸되고 말았다.

한편, 피츠버그에서도 1881년에 기능공 중심의 온건한 노동조합이 조직되었다. 그러다가 5년 뒤인 1886년에 새뮤얼 곰퍼즈라는 연초공이 개조하여 이른바 '미국 노동 총연맹'으로 발전하였다.

이와 같이 조직된 미국 노동 총연맹은 숙련공 중심의 조직이었음에도 불구하고 노동기사단과는 달리 경우에 따라서는 파업도 불사한다는 투쟁방법을 제시하였다. 그러면서 1일 8시간, 1주 6일제의 노동, 임금인상, 미성년자의 노동 금지 등 경제적인 투쟁을 주목표로 삼았다. 직접적으로 정치에 참여하는 것은 피하되 노동자에게 유리한 정강을 내세우는 정당을 지지한다는 방침도 세웠다. 미국 노동 총연맹은 노동기사단이 그 세력을 잃어가는 동안에 조직을 확대하여 1900년에는 그 회원이 무려 100만 명에 이르렀다.

노사 간의 대충돌

남북 전쟁 후에 일기 시작한 노동조합 운동은 급진적인 발전을 보였으나 그렇다고 해서 19세기 후반의 노동자들의 권익이 신장된 것은 아니었다. 오히려 노동자들은 불경기가 닥칠 때마다 고용주로부터 해고되거나 생존을 위하여 파업으로 대항하였지만, 고용주들이 온갖 수단을 다 동원하여 저지하였기 때문에 성과가 거의 없었다. 따라서 이 시기에는 노동쟁의가 대개 유혈사태로 번지곤 하였다.

헤이마켓 광장 사건이 있은 후, 1892년에는 펜실베이니아의 홈스테드에서 3천 명의 카네기 제철공장 노동자들이 파업을 일으켰다. 그러나 회사가 돈을 주고 고용한 300여 명의 사설폭력단이 경찰과 합세하여 저지하는 바람에 파업은 수많은 부상자들만을 발생시킨 채 실패하였다.

또한 1894년에는 시카고 교외에 있는 풀만 차고회사 노동자들이 철도노조와 합세하여 파업을 일으킴으로써 한때 시카고 이남에 있던 철도가 마비 상태에 빠졌다. 그러나 회사는 법원으로부터 파업 금지 명령을 받아 파업 중인 노동자들을 위협했고, 연방정부마저 연방우편물의 수송을 보호한다는 구실로 군대를 출동시킴으로써 파업은 실패로 돌아갔다. 이때 파업을 지휘한 철도노조 지도자 유진 뎁스는 법원의 명령에 불복했다는 이유로 유죄 선고를 받았다. 특히 이 파업은 19세기 후반에 일어난 어떤 파업보다도 격렬했으며, 정부와 기업이 결탁하여 파업을 탄압했음이 명확히 드러난 사건으로도 잘 알려져 있다.

노사의 충돌 파업을 일으킨 노동자들을 군대가 강제로 해산시키고 있다.

급변하는 농촌 경제

남북 전쟁 후 30여 년간은 이전보다 더 많은 토지가 경작지로 편입되었다. 동시에 농지와 농가 건물의 가격은 2배, 농기구와 기계의 가치는 거의 3배로 뛰어올랐다. 개인농의 경우 종래에는 자급자족적이면서 극히 일부만 상업적으로 운영되던 방식이 차츰 상업적인 방향으로 옮겨갔다. 이제 미국의 농민들은 자기 지역으로부터 벗어난 다른 시장들을 겨냥하여 생산하게 되었고, 가격구조 또한 세계 시장이 결정하는 가격에 따라가게 되었다.

이와 같이 농업이 변화한 데는 기술의 발전, 특히 수송과 판매 부분에 일어난 기술 발전의 영향을 크게 받았다. 즉, 선박에 증기력이 응용되면서 하천 수송에 혁명이 일어났고, 철로를 달리는 증기 기관차는 미국을 전체적으로 개발할 기회를 열어 놓았다. 증기력의 영향을 받은 또 다른 부분은 대량 수송이었다. 1870년대와 1880년대에 개발된 증기력 추진의 원양선박은 특히 화물 적재 능력이 커져 종전의 3, 4배 이상의 화물을 수송하게 되었다. 그리고 냉동 기술의 발전으로 곡식이나 면화는 물론 쇠고기처럼 상하기 쉬운 물품도 유럽 시장으로 실어 나를 수 있게 되었다. 1875년에 처음으로 증기 화물선에 실린 냉동 쇠고기가 뉴욕을 출발하여 영국의 리버풀에 도착하였다.

증기기관과 견줄 정도로 중요한 기술 발전은 전신과 해저전선이었다. 전신은 미국 내에서 빠른 통신을 가능하게 하였고, 1866년에 대서양에 부설한 해저전선은 국제통신에 혁명을 가져왔다.

대서양의 해저전선 건설 1866년 7월 허트 컨텐트 만에 아일랜드와 미국 뉴펀들랜드를 잇는 대서양 해저전선이 부설되었다.

수송과 통신의 변화는 세계 상품시장을 확장시켰다. 이제는 영국 리버풀이 면화와 밀 교역의 중심지가 되었다. 그리고 1880년대 중엽에 이르면 미국의 밀 재배 농민들은 밀 가격이 현 주거지 근처의 지방 제분소가 아니라 영국의 리버풀에서 결정된다는 것을 알게 되었다. 그들이 받은 밀 판매대금은 리버풀 가격에서 수송비를 뺀 액수였다.

생산된 밀을 가장 가까운 철도 화물역에 싣고 가면 등급이 매겨지고 곡물창고에 저장되었다. 그러고 나서 밀은 캔자스나 미니애폴리스 같은 제분 공업도시나 해외시장으로 보내기 위해 항구로 운반되었다. 이러한 밀 수출은 1870년에 3억 달러에 불과했지만 1900년에는 8억 4천만 달러에 이르렀다.

남북 전쟁 후 농산물 생산이 급증한 대체적인 이유는 농기계가 널리 활용된 점을 들 수 있다. 1990년 초까지 용수철써래, 복합쟁기, 양날로 된 곡식단 묶는 기계, 자동 곡식단 묶는 기계 등이 농업 생산에 도입됨으로써 생산성 증가에 기여하였다.

농업의 전문화

수송과 판매에 나타난 변화들은 1865년 이전에 이루어진 것보다 더 큰 지역적 전문화를 불러왔다. 동북부의 농민들은 옥수수, 밀, 쇠고기 생산에 있어서 서부 지역과 경쟁할 수 없다는 것을 알게 되었다. 그러나 동북부는 도시가 발달해 있었으므로 농민들은 낙농품, 닭, 채소 등을 도시 시장에 공급하였다.

통조림 공업의 발달은 과일과 채소시장을 확대시켰다. 남북 전쟁 전에는 통조림 공장이 몇 개 되지 않았고, 대부분이 볼티모어, 뉴욕, 보스턴, 포틀랜드 등지에서 포장되었다. 포장물은 주로 굴, 왕새우, 물고기, 복숭아, 옥수수 등이었다. 이러한 것들은 당시에는 값비싼 사치품으로 소비되거나 여행자나 선원들만 구입하였다. 그러나 남북 전쟁 후 통조림 산업이 농업 지대로 확산되었다. 1900년대 말에 동부에서는 메릴랜드, 뉴욕, 펜실베이니아, 뉴저지, 오하이오, 인디애나, 일리노이, 위스콘신 등에서 주로 생산되었으며, 서부에서는 캘리포니아가 주도했다. 통조림 식품은 도시인들에게 사치품이 아닌 일상식품이 될 정도로 생산량이 크게 증가하였다. 그 결과 지역적 전문화가 나타나기 시작했다.

스위프트 컴퍼니 스위프트 컴퍼니의 노동자들이 고기를 도축하고 있다.

동부와 서부에서 통조림 산업이 발달하면서 남·북 다코타에서 오클라호마에 이르는 중앙 지역들은 밀 생산에 주력하였고, 오하이오, 인디애나, 일리노이, 아이오와, 미주리 등은 옥수수 생산에 주력하였다.

축산업에도 같은 현상이 나타났다. 미국에서 생산되는 옥수수는 대부분이 가축사료로 사용되었기 때문에 가축생산, 특히 돼지나 소는 옥수수 생산 지대를 위해 중요한 입지 조건으로 여겼다. 동북부에서는 도심지에 공급할 낙농 가축이 주류를 이루었고 서부에서는 목장 산업이 우세하였다. 그 결과 1880년대 초 목장산업은 텍사스에서 캐나다 국경선까지 그 영역을 확대하였다.

이와 같은 축산업은 곧 대기업화되고 축산업자들은 그 지역의 최대 지주가 되었다. 쇠고기의 판매는 더욱더 복잡해졌다. 목장에서 키운 소들은 마지막으로 살을 더 찌우기 위해 옥수수 지대로 데려갔다. 거기서 다시 오마하, 캔자스시티 또는 시카고의 도살장에 보내졌다. 그리고 냉동설비를 갖춘 철도 차량으로 동북부 시장으로 보내졌다. 이런 발전의 선구적 역할을 한 사람은 구스타부스에프 스위프트, 필립 디 아머 등이었다.

스위프트는 1882년 뉴욕시장을 석권하여 지배권을 획득하였다. 그는 얼음 덩어리로 채운 냉동차에 부드럽게 손질된 고기를 실어 뉴욕의 냉동창고로 보냈고, 거기서 고기는 다시 정육점으로 분배되었다. 냉동된 고기는 처음에는 대중에게 반발을 샀다. 소비자들은 도살된 지 1주일 이상 되는 고기를 먹으려 하지 않았다. 그러나 냉동고기가 가까운 도축장에서 도살된 고기보다 훨씬 쌌기 때문에 그런 편견은 곧 사라졌다.

남부의 현금작물은 여전히 면화, 담배, 쌀, 설탕이었다. 그러나 남부의 농업은 남북 전쟁으로 붕괴하였다. 해방된 노예들은 도시로 일자리를 찾아갔고, 그러면서 임차농과 소작농이 남부 전역에 걸쳐 보편화되었다. 임차농들은 지주의 희망에 따라 토지를 경작하였기 때문에 토지운영의 자유가 없었다. 소작농들은 생활에 필요한 물품들을 얻기 위해서 주변 상점들에서 돈을 빌려야 했다. 따라서 이들 대부분은 빚에서 벗어나기 어려웠다. 그렇다고 해서 지주들이 큰 이익을 얻은 것도 아니었다. 면화와 담배 지대에서는 토양이 점차 메마르고 그곳에서 생산된 제품의 가격마저 떨어져 이익을 보기가 힘들었다.

대부분의 농민들은 토지를 소유하고 있었지만, 농업의 상업화 속에서 운영 자본을 얻기 위해 은행가나 상인들에게 토지를 저당 잡히는 일이 빈번하였고, 은행가나 상인들이 경작할 곡물과 생산 방식을 지정했다. 이러한 농업 경영, 즉 농민과 자본가 간의 계약 방식에 의한 농업 생산이 대개는 쌍방에게 이롭다는 것이 증명되었다.

농민들의 동요

농업이 점차 상업화됨에 따라 농민들은 많은 문제에 부딪혔다. 농민들은 이런 현상이 독점적인 중간 상인과 은행가들이 꾸며낸 음모라고 생각했다. 어떤 경제학자는 농민들의 불만을 3가지로 분류하였다.

> 첫째, 독점주의 때문에 농산물 가격이 다른 물품보다 더 큰 비율로 떨어졌다.
> 둘째, 철도 소유주나 곡물창고 주인 같은 독점적인 중간 상인들이 농업에서 생기는 이윤을 흡수했기에 농민들은 수송 수단의 개선으로부터 별다른 이익을 보지 못했다.
> 셋째, 돈을 빌려주는 금융업자들의 이자율 때문에 사실상 농민들은 빚에 허덕일 수밖에 없었다.

농민들의 불만이 타당한지 차치하더라도 그들이 많은 문제로 고통을 받았다는 것은 분명하다.

뉴잉글랜드에서는 농촌인구가 감소하였다. 1880~1900년에는 농경지 면적은 메인, 뉴햄프셔, 버몬트 등지에서 1/3내지 1/2이 줄었다. 생존이 불가능하게 된 뉴잉글랜드 농민들은 새로운 땅에서 농업을 시작하든가, 아니면 공장 노동자가 되는 수밖에 없었다. 남부에서는 면화의 과잉생산으로 가격이 계속 떨어졌고, 서부에서도 그런 현상은 마찬가지였다. 따라서 캔자스, 네브래스카 및 기타 중서부 지역의 많은 농민들은 동부로 이주하기 시작했다. 1887년과 1891년 사이에 18만 명 이상이 캔자스를 떠났다. 그들 사이에서는 다음과 같은 말이 유행하였다.

'우리는 신을 믿는다. 그런데 우리는 캔자스에서 파산하였다!'

농촌 생활의 파탄은 농장을 미국 사회의 토대로 보았던 제퍼슨적 견해의 붕괴를 의미했다. 그리고 농민들은 한때 미국에서 우세한 지위를 차지했지만 이제는 소수파가 되었음을 알게 되었다. 농업의 상업화가 결국 농민들의 보금자리였던 농촌 공동체를 파괴하였다. 이러한 가운데서도 일부 성공한 농민들은 보다 크고 능률적인 농업경영자가 되려고 하였다. 그러나 대부분의 소농민들은 땅을 일구어 이윤을 남기는 것이 더욱더 어려워졌다는 것을 깨달았다.

농민의 정치 운동

분노한 농민들은 불만을 정치적 방법에 호소하였다. 농촌 생활의 개선을 위해 1867년에는 사회문화 조직인 '공제조합'이 창설되었다. 농민공제조합은 1870년대 정치에 손길을 뻗쳐 독점의 폐지와 개혁을 내세웠다. 농민공제조합은 특히 일리노이, 위스콘신, 미네소타 주정부에서 상당한 세력을 확보했다. 농민공제조합의 영향은 동쪽으로는 펜실베이니아와 조지아로부터, 서쪽으로는 캔자스와 텍사스까지 미쳤다.

농민공제조합은 1874년에 80만 명의 회원을 자랑하였지만, 1880년에 이르러서는 그 회원수가 급격히 감소하여 15만 명 정도에 지나지 않았다. 그럼에도 불구하고 농민공제조합이 입법사항에서 성공한 부문이 있었다. 철도 화물운임과 곡식창고에 대한 주정부의 규정을 얻어낸 것이다.

1877년 연방대법원은 시카고 주정부가 곡물창고비에 간섭한 것과 관련된 '먼 대 일리노이' 판결에서 공익과 관련된 기업을 주정부가 규제할 권리가 있음을 주장하였다. 그러나 이 판결의 효력은 1886년에 와배시 사건이 일어났을 때 대법원이 그와 같은 주의 조치는 주간 통상에 대한 의회의 독점적 통제권을 훼손시켰다고 판결함으로써 상실되었다.

한편, 농민들은 자신들의 어려움을 해결하는 다른 방법으로 통화 제도에도 눈을 돌렸다. 빚을 진 농민들은 농산물 가격의 인하가 어떻게 그들의 채무를 더 무겁게 만드는가 하는 것을 분명히 알았다. 만일 옥수수, 담배, 밀, 면화, 쇠고기 등의 가격이 떨어지면 빚을 갚기 위해 더 많이 생산하지 않으면 안 되었다. 그러나 생산량이 늘어나면 시장에 과잉으로 공급되어 농산물 가격은 더욱 더 떨어진다. 그러므로 이러한 문제를 해결하려면 연방정부가 지폐의 발행량을 증가시켜 통화량 자체를 늘려야 한다고 생각했다.

그리하여 그들이 초점을 맞춘 것이 남북 전쟁 당시 발행된 그린백지폐였다. 그들은 정치 운동을 전개하여 그린백지폐의 숫자를 늘릴 것을 촉구하였다. 그린백지폐의 양을 3억 달러로 줄이고

금으로 환수하도록 결정한 1875년의 태환법을 폐지하라고 1879년까지 요구하였다.

농민동맹과 인민당의 창설

1870년대 말에 잠정적으로 농산물 가격이 오르고, 그에 따라 농민의 불만이 완화되어 농민공제조합은 서서히 쇠퇴하였다. 그 이후 농민들의 활동은 여러 형태의 농민동맹으로 나타났다.

1875년경에는 텍사스 램파스의 일부 농민들이 말도둑을 잡고 떠돌아다니는 가축들을 모으기 위하여 조직을 만들었다. 그들은 독점주의라고 생각되는 대토지회사와 목축회사들에 대해서도 반대 운동을 전개하였다. 다른 지방에서도 조직이 만들어져 1885년에는 텍사스의 대동맹이 5만 명의 회원을 갖게 되었다.

이들의 운동은 점차 텍사스로부터 남부로 퍼져 나갔다. 뿐만 아니라 1887년에는 루이지애나의 농민연합과 1888년에는 아칸소의 농업바퀴와 통합하여 미국농민노동자연합을 형성하였다. 이 밖에도 노스캐롤라이나 농민조합은 1888년에 이르러 4만 2천 명의 회원을 보유했고, 남부의 흑인 농민들은 유색인 전국농민동맹에 가입하였다.

일반적으로 서북부동맹으로 불리는 전국농민동맹은 밀을 생산하는 주들에서 강하게 나타났다. 1890년에 이르러 캔자스는 13만 명의 회원을 가졌고, 네브래스카, 남·북 다코타, 미네소타 등이 그와 비슷한 세력을 가졌다. 그리고 이들 동맹의 회원들은 합중국 은행의 폐지, 누진소득세, 철도의 국유화, 외국인의 토지소유 금지, 은화의 무제한 주조를 요구하였다. 남부동맹도 국영창고

그린백당의 정계 진출
농민의 이익을 대변하는 그린백당은 피터 쿠퍼를 내세워 1876년의 대통령 선거에 출마하였다.

계획, 즉 연방정부가 창고를 짓고 면화, 옥수수, 밀, 담배, 설탕, 보리 등과 같은 기본 농작물을 저장하는 계획을 지지하였다. 이 계획에 따르면 농민들은 국영 창고에 농작물을 저장하고 물품증권을 받아 물품가격의 80퍼센트까지 현금으로 사용할 수 있었다. 즉 농산물을 창고에 저장하여 시장이 호전될 때까지 기다리면서도 그 가치의 80퍼센트까지는 현금처럼 사용할 수 있었던 것이다.

한편 농촌의 항의 집단들이 전국을 무대로 직접적인 정치 활동을 시작했다. 1890년 6월에 인민당이 창설되면서 변화의 바람이 불었고, 인민당의 전국지명대회가 1891년 7월에 오마하에서 개최되자 여기에 농민동맹집단, 노동기사단 및 기타 여러 개혁단체들이 참석하였다. 그리고 이때 캔자스의 인민당 지도자 메어리 에렌 엘링리스는 농민 열성분자들을 열광시켰다.

"정치적 행동은 경제적 문제를 해결하는 열쇠를 제공한다. 옥수수를 덜 심어서 지옥을 더 만들어라."

그들은 또 오마하에서 아이오와의 제임스 비 위버를 대통령 후보로 지명하고 은화의 무제한 주조, 누진소득세, 우편저축은행, 철도·전신·전화의 국유화, 외국인의 토지소유금지, 이민 제한, 8시간 노동제를 요구하는 정강을 제시하였다.

산업주의 시대의 정치

눈부신 산업적, 경제적 발전과는 대조적으로 '도금 시대'의 정치는 이전의 활력을 잃은 듯 보였다. 산업 혁명은 광범위한 경제적 변화를 가져오고, 수많은 새로운 문제를 일으켰으나 정치는 이런 문제들을 해결하는 데 아무 공헌도 하지 못했다.

이와 같이 정치가 힘을 잃은 이유는 무엇보다도 앤드루 존슨 대통령이 의회의 탄핵으로 파면 직전까지 간 사건이 계기가 되었다. 정치권력은 주로 의회에 집중되었고, 대통령의 권한과 위신이 쇠퇴하였다. 게다가 이런 추세를 뒤집을 만큼 탁월한 능력을 가진 대통령도 나타나지 않았다. 존슨 이후 율리시즈 그랜트 대통령처럼 모두가 평범하고 창의력이 없었다. 이들은 사실상 의회에 예속되어 있었다.

그랜트에 이어 1876년 선거에서 남부 민주당원들의 협조를 얻어 간신히 대통령에 당선된 공화당의 러더퍼드 헤이스는 의회와 대기업의 요구에 대체로 순응하는 전형적인 도금 시대의 대통령이었다.

1880년 선거에서 대통령이 된 공화당의 제임스 가필드도 당선 이후 관직 싸움의 소용돌이에 휘말렸다가 그만 암살당하고 말았다.

이후 1884년 선거에서는 뉴욕 출신의 민주당원 그로버 클리블랜드가 대통령이 되었지만, 공화당 출신의 전임자들과 별로 다를 것이 없었다. 그 역시 철저한 보수주의자였고 금본위주의자였으며 또한 재산권의 옹호자였다. 단지 다른 것이 있었다면 관세를 낮추려고 했는데 이것도 공화당이 우세한 의회의 반대로 뜻을 이루지 못하였다. 오히려 관세 문제는 1888년 선거에서 공화당의

벤저민 해리슨 벤저민 해리슨은 제23대 대통령으로 당선되었지만 당시 당면했던 통화, 관세 등의 문제는 해결하지 못한 채 임기를 마쳤다.

벤저민 해리슨이 당선되면서 더욱 인상되는 방향으로 나아갔다.

해리슨 행정부는 사업가들에게 가장 유리했던 매킨리 관세법을 제정하였다. 또한 원호법을 제정하여 공화당의 주요 지지 세력인 북군의 제대군인과 유가족들에 대한 연금 지불을 확대하였다.

이런 가운데 사실상 도금 시대의 정부가 당면했던 가장 시급한 문제는 역시 부정, 부패, 통화, 관세 문제들이었다. 그러나 기존의 공화, 민주 양당은 문제해결을 위한 노력을 하지 않았다. 따라서 문제해결의 방안으로 제3당의 출현을 기대했다.

제3당의 도전은 서부와 남부의 농민반란 형태로 나타났다. 1867년의 농민공제조합 운동에 이어 1875년과 1889년 사이에 농민동맹들이 결성되었다. 1890년에 캔자스를 선두로 지역별로 인민당이 결성되어 마침내 1892년에는 전국적으로 통합된 인민당이 네브래스카의 오마하에서 탄생하였다.

이런 가운데 1892년 선거에서는 민주당의 클리블랜드가 다시 대통령에 당선되었다. 그의 통치는 1893년부터 불어닥친 경제공황으로 불안해졌고, 그러한 경제의 소용돌이 속에서 그는 현상유지의 옹호자 이상의 역할을 하지 못하였다.

1896년 선거에 이르면서 기업가와 금융가에 대한 반감이 하나의 거대한 조직으로 구체화되기 시작하였다. 마침내 민주당과 인민당이 합세하여 윌리엄 제닝스 브라이언을 대통령 후보로 내세워 윌리엄 매킨리를 후보로 내세운 공화당에 대항하였다. 그러나 1896년 선거에서 민주·인민 세력은 패배하였고, 공화당은 장기 집권의 기반을 마련했다. 대통령에 당선된 매킨리는 미국 역사상 평균 52퍼센트라는 최고의 관세율을 지정한 '딩글리 관세법'을 1897년에 제정하였다. 1900년에는 금화만을 합법적인 통화로 규정한 '금본위제법'을 만들었다. 미국 역사상 최대의 기업 통합 운동이 아무런 방해도 받지 않은 채 일어났다. 이 사실은 보수주의와 산업주의가 승리했음을 말해주는 것이기도 했다.

혁신주의 시대

진정한 민주 사회로

남북 전쟁 이후 급속한 산업발전은 미국을 크게 변모시켰다. 국가 경제는 과거와는 비교도 안 될 정도로 팽창하였고, 사회 곳곳에는 새로운 문명의 이기들이 등장하여 국민 생활을 몰라보게 바꾸었다.

그러나 이러한 발전적 변화의 뒤안길에는 수많은 사람들의 고통이 숨어 있었다. 겉보기에는 그럴 듯해진 거리마다 적지 않은 동냥꾼들이 무리를 지어 돌아다녔고, 후미진 뒷골목에는 허기진 배를 움켜잡고 죽지 않기 위해 발버둥치는 모습들이 즐비했다. 또한 공장 노동자들은 장기간 노동에 혈색을 잃어갔고, 때로는 작업장에서 아까운 생명을 잃곤 하였다.

이런 가운데 대기업들은 오로지 기업의 확장에만 혈안이 되었고, 급기야는 국민 전체의 경제적 자유와 정치적 민주주의가 심각한 위험에 빠지게 되었다. 통합과 독점을 통해 경제권을 장악한 기업가들은 주의회는 물론 연방의회까지 매수하였고, 국민의 귀와 눈인 언론계에까지 손길을 뻗쳐 자신들에게 유리한 여론을 조성하였다.

이 시점에서 사회 도처에 만연된 부정부패를 일소하여 새로운 변화에 적응한 미국을 진정한 민주 사회로 개혁하려는 목소리가 높아졌다. 이렇게 시작된 것이 이른바 '혁신주의 운동'이었다.

이 운동은 어떤 정당이나 사회단체가 전국적으로 추진한 통일된 운동이 아니었다. 때문에 운동이 전개된 지역과 그 주도 계층이 다양했고, 그 목표 또한 제각기 달랐다. 어떤 사람은 독점 규제에 목표를 두었고, 어떤 사람은 정부 내에 존재하는 부정부패의 일소나 여성의 평등권에 목표를 두었다. 또 어떤 사람은 노동자들의 생활권 보호에 목표를 두었다. 제국주의 정책을 지지하는 사람들이 있는가 하면, 그것을 맹렬히 반대하는 사람도 있었다. 이런 점에서 혁신주의 운동은 서로 다른 목표를 추구하는 여러 가지 운동들의 총체였다.

그늘진 사람들을 위하여

혁신주의 운동은 그 주도 계층에 따라, 또 목표하는 바에 따라 매우 다양한 양상을 띠었다. 그러나 크게 보면 공통점이 있었는데, 바로 사회정의 운동이었다.

이 운동은 1800년대 말부터 영국의 영향을 받아 시작되었다. 본격적인 궤도에 오르게 된 것은 1889년에 영국에서 사회사업가로 훈련받고 돌아온 제인 애덤스가 시카고에 헐 하우스라는 빈민 구호소를 세우면서부터였다.

이때부터 미국에서는 그늘에 가려져 있는 빈곤을 추방하기 위한 운동이 활발하게 전개되었다. 이 운동에는 주로 법률가, 언론인, 기업가, 개혁적인 기독교도들이 참여하였다. 특히, 기독교도들은 '개인의 영혼을 구하기 위해서는 무엇보다도 먼저 그 개인이 살고 있는 사회부터 구원하는 것이 필요하다.'고 주장하면서, 이른바 '사회복음의 교리'에 입각하여 행동하였다. 그리고 이러한 사회복음의 교리는 주로 월터 라우쉔 부시, 워싱턴 글래든과 같은 개신교 목사들에 의해 대중들에게 전파되었다.

그러나 사회를 구원한다는 이념을 실제 행동으로 옮기는 데 공헌한 사람들은 영국으로부터 들어온 구세군이었다. 그리고 당시 미국 사회가 얼마나 정의롭지 못한가 하는 것을 폭로하여 사회정의의 이념을 대중들에게 불어넣어 준 사람들은 이른바 '폭로자'라고 불린 언론인들이었다. 이들은 대개가 신문사, 잡지사의 기자들로서 사회 구석구석에 가리워져 있는 빈곤, 부패, 횡포 등을 들추어냄으로써 국민들로 하여금 분노를 일으키게 하였다.

한 예로 아이다 엠타벨은 1904년에 록펠러가 운영하는 스탠다드 오일 사의 온갖 부조리와 부패 그리고 회사통합 과정에서 보여준 무자비성 등을 속속들이 들추어내어 여론을 조성했다. 이 사실에 접한 대중들은 하나같이 분노하며 비난했다.

〈매클루어스 매거진〉
정치가나 기업가들의 부정, 부패를 폭로하여 사회 전반에 영향을 끼쳤다.

1906년 데이비스 그레이엄 필립스가 정치인들의 부패를 파헤쳤다.

"정치인들은 기업가들이 주는 우유나 과자를 먹지 않으면 영양실조에 걸린다."

어떤 잡지에서는 그러한 기업가들이나 정치인들의 스캔들을 폭로하는 글을 실어 수많은 독자들의 관심을 불러모았다.

이와 같이 당시의 미국 사회를 예리하게 직시한 언론인들은 만일 미국 사회가 변화를 모색하지 못한다면 결국은 기업의 횡포, 정치가들의 허위 속에서 죄 없는 대중들만 빈곤에 허덕이는 나라가 될 것이라고 국민들에게 인식시켰다.

정치개혁 운동

혁신주의 운동의 또 다른 공통점은 그것이 정치개혁 운동이라는 점이다. 혁신주의자들은 링컨 스티픈스가 〈도시의 수치〉라는 글을 통해 시 정부의 부패상을 폭로한 이래 청렴하고 합리적으로 운영되는 시정부를 수립하고자 노력했다.

당시 개혁을 가로막는 가장 큰 방해 세력은 지구당 조직의 정치 보스들이었다. 그들은 각 지구당 조직의 책임자들로서 그 지역의 술집 경영자, 기업가, 언론인들과 결탁하여 시정부를 지배했다. 이들 정치 보스들은 가난에 허덕이는 인민들에게 일자리를 주선하는 대가로 선거 때 그들의 표를 마음대로 끌어모았다. 혁신주의자들은 가장 시급한 정치적 과제가 이들 썩어빠진 '두목들'의 손바닥 위에서 휘청거리고 있는 시정부를 시민들의 품으로 돌려주는 것이라고 판단했다.

이렇게 하여 시작된 시정부 개혁 운동은 텍사스의 갤베스턴을 시작으로 전국적으로 확산되었다. 갤베스턴 시민들은 시정부를 5명으로 구성된 위원회에 맡겨 시정을 관장하게 하였다.

이와 같은 위원회 계획은 1907년의 아이오와의 디모인 시를 비롯한 여러 도시들에서 채택되었다. 그리고 경우에 따라서는 그 도시를 전문 경영인이 관리하는 계획도 채택하였는데, 이것은 기업이 전문 경영인을 채용하는 것처럼 도시도 행정전문가를 고용하여 시정을 담당하게 한 제도였다.

이 제도는 1908년 버지니아의 스탠턴 시가 처음으로 채택한 이후 각 도시로 확산되었다. 그리하여 혁신주의 시대가 끝날 즈음에는 위원회에 의해 운영되는 도시는 400여 개, 전문 경영인에 의해 운영되는 도시는 45개가 되었다. 그 결과 톰 존슨이 시장인 오하이오의 클리블랜드를 비롯한 여러 도시에서 혁신주의자들은 부정부패를 일삼던 정치가 및 기업인들의 각종 특권과 특혜를 몰아내는 데 성공하였다.

이후 개혁의 물결은 시정부의 차원에서 주정부 차원으로 확대되었다. 예를 들면, 캘리포니아의 혁신주의자 하이램 존슨 지사는 남태평양 철도회사가 주정부에 미치는 영향력을 제거하는 데 성공하였다. 다른 주에서도 혁신주의자들은 주정부를 국민들과 친근해지도록 노력하였다. 정치의 민주화는 특수 이익집단의 대변자로 전락한 주의회의 권한을 약화시키고, 그 대신 주지사의 권한을 강화하는 방향으로 나갔다.

민주화 장치로서 주민발의권과 주민투표의 방법이 1902년 오리건에서 처음으로 채택되었다. 주민발의권은 주민들이 원하는 법을 제정하거나 수정하기 위하여 주의회에 청원서를 낼 수 있는

여성 참정권의 요구
1912년 5월 6일 뉴욕에서 여성 참정권을 요구하는 행렬이 이어지고 있다.

권한으로서, 만일 그것이 관철되지 않을 경우에는 그 문제에 대해 주민이 직접 투표할 수 있도록 하였다. 주민투표는 기존의 법에 대해 주민의 찬성이나 반대 의사를 투표해 묻도록 청원할 수 있는 방법이었다. 1918년까지 20개 주가 이러한 방법을 채택하였다.

이 밖에도 혁신주의자들은 보다 나은 공직자를 선출하기 위해 예비선거를 채택하였다. 그동안 소수의 유력한 간부들이 입후보자를 선정하던 관례를 깨뜨리고, 일반 당원들이 입후보자를 직접 선출하는 민주적인 방법이었다.

정치의 민주화를 실현하는 또 다른 방법은 여성들에게 참정권을 부여한 것이다. 여성 참정권은 1897년에 콜로라도가 처음으로 부여해 점차 확대되어 1914년에는 서부 12개 주가 채택하였고, 1916년에는 몬타나에서 처음으로 여성이 연방 하원의원에 당선되었다.

공직자 소환도 정치적 민주주의를 실현하기 위한 또 다른 방법의 하나였다. 시장이나 주지사와 같은 공직자를 선출한 유권자들이 그 공직자에 대해 불만족스럽게 생각할 때 특별 선거를 실시하여 그 직위를 박탈하는 제도였다.

이런 장치들은 모두 주정부 차원에서의 민주화를 촉진하는 데 크게 기여하였다. 그러나 이러한 것들이 전국적으로 확산되기 위해서는 연방정부 차원에서 운동이 필요했고, 그것은 시어도어 루스벨트와 우드로 윌슨이라는 진보적인 대통령이 출현함으로써 가능하게 되었다.

시어도어 루스벨트의 등장과 트러스트 해체

뉴욕의 귀족 가문에서 태어나 하버드 대학에서 교육을 받은 루스벨트는 1901년 매킨리 대통령이 암살됨으로써 예기치 않게 대통령이 되었다. 그리고 이때부터 미국에서는 혁신주의 시대가 열리게 되었다.

루스벨트의 정치관은 다음과 같았다.

'연방정부는 어떤 특별한 세력의 대변자가 아니다. 바로 공익의 조정자가 되어야만 한다. 또한 대통령은 바로 이런 조정자의 중심인물이 되어야만 마땅하다.'

이러한 그의 견해는 거대한 트러스트에 대한 정책에서 여실히 나타났다. 그는 경제집중의 원칙에는 반대하지 않았다. 그러나 기업의 통합이 사회적으로는 이롭지 못한 권력의 남용을 초래했다고 보았다. 따라서 그는 처음부터 트러스트의 규제를 주장한 혁신주의자들과 손을 잡았다. 그는 1901년 12월에 처음으로 의회에 보낸 교서에서 자신의 뜻을 밝혔다.

시어도어 루스벨트 미국의 제26대 대통령인 시어도어 루스벨트는 정치적 부패를 혁신하겠다는 일념하에 혁신파와 손을 잡고 불법적 독점을 일삼던 기업들을 해체하였다.

'미국 국민들은 트러스트가 자신들의 복지를 훼손시킨다고 생각한다. 그리고 이런 생각은 기업 활동이 어떠한 형태이든지 간에 합리적으로 감독, 통제되어야 한다는 확신에 기반을 둔 것이다. 나 또한 이것이 옳다고 생각한다.'

이러한 루스벨트 대통령의 정책 핵심은 주식회사의 활동을 광범위하게 조사하고, 그 결과를 국민들에게 공개할 수 있는 힘을 정부가 획득하도록 했다. 이에 그는 악명 높은 몇몇 기업의 통합을 해체하기 위하여 몇 가지 조치를 취하였다.

첫 번째 공격 대상은 북부 증권회사였다. 이 회사는 J.P. 모건 같은 금융가와 제임스 힐 같은 철도업자들이 만든 지주회사로서 철도에 대한 독점권을 행사하고 있었다. 루스벨트는 법무성에 이 회사에 대해 셔먼 트러스트 금지법 위반을 적용시킬 것을 명령하였다. 모건과 힐은 완강히 반발했다.

그러나 루스벨트는 조금도 흔들리지 않았고, 결국 대법원은 북부 증권회사의 해산을 명령하였다. 뿐만 아니라 루스벨트는 그것이 트러스트 해체의 시작에 불과할 뿐이라는 것을 알리기라도 하듯 미합중국 철강회사 같은 또 다른 독점기업들에 대해 엄중히 경고했다.

'만일 대기업들이 현 정부가 불법이라고 간주한 무엇인가를

행하여 왔다면 나는 그것을 끝까지 척결할 것이다.'

이러한 루스벨트 대통령은 그의 재임기간 동안 상당수의 기업 활동을 해체시켰다. 그러나 그는 근본적으로는 경제집중이 확대되는 당시 추세를 완전히 뒤엎을 생각은 없었다. 다만 기업의 이익과 공중의 이익 사이에서 충실한 중재자로서의 역할을 해낼 정도의 힘을 가지면 된다고 보았다.

루스벨트의 노동 정책

1890년대까지만 해도 연방정부가 노사분규에 개입할 때면 언제나 그것은 고용주들을 위한 조치로 나타났다. 그러나 루스벨트 행정부가 들어서면서 그 양상이 다소 달라지기 시작했다. 루스벨트는 노사분규시 정부가 개입할 때는 고용주뿐만 아니라 노동자의 입장도 고려하였다. 광산노조 조합원들에 의해 1902년에 일어난 격렬한 파업기간 동안에 루스벨트는 그러한 생각을 행동으로 옮겼다. 당시 광부들은 존 미첼의 지도하에 20퍼센트의 임금인상과 1일 8시간 노동제 그리고 광산노조의 승인을 요구하였다. 회사측에서는 악명높은 조지 베에르를 대표로 내세워 거만함과 경멸로 가득찬 반응을 나타냈다.

이 파업이 석탄 공급에 지장을 줄 정도로 장기화될 조짐이 보이자, 루스벨트는 정부의 개입을 결정했다. 이때 그는 회사측의 주장을 두둔한 것이 아니라, 백악관으로 노사 양측대표들을 초대하여 그들에게 연방정부가 최대한으로 공평하게 취하는 조정을 받아들이도록 요구했다. 노동자 대표인 미첼은 루스벨트의 제안을 받아들였으나 과거 이권에 집착한 베에르는 그 제안을 쉽게 받아들이지 않았다. 이처럼 회사측 대표들이 정부의 조정안에 순순히 따를 의사를 보이지 않자 은근히 화가 난 루스벨트는 그 대표들에게 엄중히 경고했다.

"만약 당신들이 내 제의를 받아들이지 않는다면 어쩔 수 없이 단호한 조치를 취할 수밖에 없다. … 회사측에서 뾰족한 대책을 강구하지 못하니 연방군을 투입하여 광산을 다시 가동시키는 방법밖에 없겠구만."

게다가 얼마 후에는 정치가는 물론 언론, 그리고 아마도 가장 큰 영향을 미쳤다고 보여지는 J.P. 모건마저 회사측에 압력을 가했다. 사태가 이에 이르자 회사측에서도 자신들의 주장을 누그러뜨리지 않을 수 없었다.

마침내 정부의 최종 조정안인 임금 10퍼센트 인상, 1일 9시간 노동이 양측대표에 의해 채택되었고, 이것은 곧 노동자들로 하여금 이제는 정부의 개입 없이도 회사 측과 맞서 타협할 수 있다는 생각을 갖게 했다.

이와 같은 일이 있었음에도 루스벨트는 자신을 기업가의 편도 아니요, 노동자의 편도 아니라고 보았다. 때때로 그는 고용주들을 위해서 연방군이 파업에 개입하도록 명령하였다. 그리고 비록 조합을 결성하는 것이 노동자들의 권리라고 믿었음에도 조합과 타협하기를 거절하는 것은 고용주들의 권리라고 생각했다. 이처럼 루스벨트가 실제로 목표한 바는 구조적인 변화라기보다는 규제를 통한 부분적인 수선작업이었다.

루스벨트의 재선 준비

루스벨트 대통령은 1차 임기 동안에 과감한 개혁을 단행할 수 있었음에도 불구하고 차기 대통령 선거를 의식하여 다소 주저하는 면이 있었다. 그는 1차 임기 동안에 차기 대통령 선거에 승리하기 위한 재선작업을 하는 데도 상당한 정열을 쏟았다. 무엇보다도 보수적인 공화파를 달래야 했다. 즉 1904년의 대통령 후보 지명시 그들이 후보지명을 방해하지 않도록 노력한 것이다. 이렇게 그가 노력한 데는 그럴만한 이유가 있었다. 왜냐하면 당시 당내에서 상당한 영향력을 발휘하던 넬슨 알드리치나 마크 해나 그리

연설하는 루스벨트
1903년 뉴캐슬에서 대통령 후보 출마 연설을 하고 있는 루스벨트

고 조셉 캐논 같은 사람들이 루스벨트의 정치적 성향에 의심을 품고 있었기 때문이었다. 만일 루스벨트가 그들과 공개적으로 투쟁을 해나갔다면, 그들은 1904년에 그를 후보지명에서 제외시킬 수도 있었다.

그러나 실제로는 전혀 반대 상황이 벌어졌다. 루스벨트는 보수와 혁신 양측에 여러 가지 혜택을 베풀었고 남부의 불안정한 정치조직을 자신에게 유리한 쪽으로 재정비하였다. 또한 북부의 기업가들에게도 매우 호의적인 제스처를 취했다. 그 결과 그는 당내의 반대파를 무력하게 하였고, 쉽게 대통령 후보로 지명되었다.

그리고 총선거에 들어가서는 민주당 후보 알톤 파커와 맞서 미국 역사상 최대의 승리 중 하나로 손꼽히는 압승을 거두었다. 루스벨트는 일반 투표의 57퍼센트 이상을 얻었고, 남부의 몇 개 주를 제외하고는 단 한 주도 잃지 않았다. 그는 이제 개혁의 날개를 마음껏 펼칠 수 있는 상태가 되었다.

규제 조치의 확대

루스벨트는 2차 임기 중에도 공익의 대변자로서 행동하겠다는 신념에서 정치적으로 중도노선을 걸었다. 그 결과 선거 운동에 기여했던 기업가들의 불만을 샀고 동시에 중서부 혁신주의자들의 감정도 건드렸다.

그러나 그는 조심스럽고 온건한 변화를 받아들이는 대다수 미국인들을 기쁘게 했다. 그는 거의 반세기 이상이나 미국에서 가장 강력한 세력을 유지해온 철도 산업에 규제를 가하기 시작했다. 1877년의 주간 통상법이 바로 그 초기 정책이었다. 이 법은 정부에게 철도와 관련해 상당한 권한을 부여하고자 한 것으로서, 주간통상위원회를 설치하여 철도 운송요금을 결정하고 철도회사의 기록을 심사하며 회계 방법을 감독하게 하였다. 그러나 상원의 공화당 보수파가 주간통상위원회의 재정을 재심사하는 법원의 권한을 확대하기 위하여 수정안을 내놓았다. 이후 상·하 양원이 계속적으로 교섭을 벌이는 동안 루스벨트는 보수적인 변화를 선택하였고, 1906년 6월에는 철도회사가 자의적으로 높은 요금을 결정할 수 없도록 한 헵번 철도규제법이 통과되었다.

헵번법은 루스벨트의 두 번째 임기 중 가장 개혁적인 법령으로 새로운 규제 조치 가운데 하나였다. 그가 행한 개혁조치에는 여러 가지가 있었다.

그는 콜롬비아와 그 외 몇몇 지역에서 고용주들이 산업재해를 받은 노동자들에게 보상하도록 한 법안의 승인을 얻었다. 또한 의회가 식품과 약품의 질을 높이기 위한 법을 제정하도록 압력을 가하였다. 이른바 식품·의약규제법으로 불린 이 법안은 불량식품과 위험하고 효력이 없는 의약품의 판매를 금지하였다. 그런가 하면 1906년에는 업톤 싱클레어가 소설 《정글 The Jungle》에서 가축 수용장에서 벌어지는 고기류 조리 과정의 불결함을 폭로하자 루스벨트는 식육검사법의 통과를 주장하였다. 그리고 이 법으로 식용고기에 전염된 많은 질병을 제거하는 데 성공하였다.

뿐만 아니라 루스벨트는

노동법의 개정 사진작가 루이스 W. 하인은 1908년 인디아나의 유리 공장에서 한밤중에 이 사진을 찍었다. 루스벨트가 노동자의 권익을 보호하는 노동법을 제정하기 전에는 공장주들이 어린 아동들까지 밤낮 없이 작업을 시켰다.

1907년부터 규제에 대한 자신의 생각을 꾸준히 확대시켜 더욱 엄격한 법안들을 제안하기 시작하였다. 그 결과 나타난 조치들 중에는 8시간 노동제, 상속세와 수입세 도입, 주식 시장의 규제, 철도 회사 재산의 평가 외에도 여러 가지가 있었다.

자연자원은 국민 모두의 것

정부가 공익의 대변자로서 행동해야 한다는 루스벨트의 생각은 자원보존 정책에서도 잘 나타났다.

산림, 하천 등의 자원은 국민 모두의 것으로서 공익을 위해 합리적으로 개발되고 관리되어야 함에도 불구하고, 당시에는 소

국립공원 미국의 국립공원은 광활한 자연이 잘 보존되어 있어 자연 생태계적 가치가 높다.

수의 이익만을 위해 이용되어 너무나 많은 낭비가 초래되었다.

그는 천연자원은 장차 후손들을 위해서라도 마땅히 보존해야 한다고 생각하였다. 그리하여 1905년 산림청의 권한을 강화하고, 열성적인 자원보호주의자 지퍼드 핀초를 책임자로 임명하였다. 동시에 정부의 국토개발 전문가들에게 국민 모두에게 이익이 되는 국토개발 사업을 지시하였다. 또 공공의 이익에 어긋나는 사업들을 모두 취소함으로써 2,500여 개 이상의 댐건설이 백지화되었고, 1억 5천만 에이커의 광대한 숲이 국유림으로 편입되었다. 대륙 전체에 매장되어 있는 지하자원의 반 이상을 차지한 땅이 국유지로 편입된 것이었다.

1908년에 루스벨트는 주 단위로 자연자원을 보호하기 위해 전국 주지사 회의를 소집하였다. 그 결과 루스벨트가 백악관을 떠난 1909년 3월에는 미국내 국립공원이 2배로 늘어났고, 16개의 국립명소, 51개의 야생동물 서식처가 생겨났다.

공화당의 분열

1908년 대통령 선거에서 루스벨트가 재출마후보를 거절하자 공화당은 윌리엄 하워드 태프트를 대통령 후보로 내세웠다.

법률가 출신의 태프트는 선거에서 민주당의 윌리엄 제닝스 브라이언을 누르고 대통령에 당선되었다. 그러나 이후 태프트 대통령은 서서히 혁신주의 노선을 버리고, 보수 세력 쪽으로 기울어 갔다.

그 결과 1909년에는 중서부 농촌 지역 혁신주의자들의 반대에도 불구하고, 대기업가들에게 혜택을 주는 페인-알드리치 관

윌리엄 하워드 태프트
미합중국의 제27대 대통령. 재임 1909~13년. 태프트는 공화당 내의 보수 세력과 진보 세력의 불화를 조정하지 못했다. 그 결과 1912년의 대통령 선거에서 공화당의 진보 세력은 탈당하여 진보당을 조직하기에 이르렀다.

세법이 제정되었다. 또한 태프트 행정부는 알래스카의 광물 매장 지대를 광산업자 구겐하임에게 넘겨줌으로써 자원보호주의자인 지퍼드 핀초 산림청장을 비롯한 많은 혁신주의자들과 충돌하였다.

루스벨트와 공화당의 혁신주의자들은 태프트 일파에게 배반감을 느끼지 않을 수 없었다. 해외여행 중이던 루스벨트가 귀국하자, 공화당의 혁신주의자들은 그를 중심으로 모이기 시작했다.

루스벨트는 1910년에 캔자스의 오사와토미 연설에서 진보적인 정강을 발표함으로써, 태프트 행정부에 정식 도전장을 던졌다. 이제 공화당은 보수적인 태프트와 진보적인 루스벨트파로 분열하였다. 루스벨트는 지역이나 개인의 이익보다 국민의 이익을 앞세운 이른바 '신국민주의'를 주장하면서 대기업을 견제하기 위해 관세법을 개정하고 회사규제법을 더욱 강화할 것을 요구하였다. 또한 부의 재분배를 위한 누진소득세와 상속세의 부과, 그리고 사회적 약자들을 보호하기 위한 근로자 보상법 등의 제정을 요구하였다. 그러면서 보수파와 진보파의 대립은 더욱더 표면화되었다.

보수파들이 태프트를 다시 대통령 후보로 지명하려고 하자,

진보파들은 이에 대한 반발로 탈당하여 새로이 진보당을 조직하고, 루스벨트를 대통령 후보로 지명하였다.

새로운 자유

1912년 대통령 선거가 가까워지면서 공화당내 분열이 노골화되자 민주당이 승리할 가능성이 더욱더 커졌다. 그리고 바로 이때 민주당은 프린스턴 대학의 총장 우드로 윌슨을 대통령 후보로 지명하였다. 윌슨은 자신의 정강을 '신자유 New freedom'라고 부르면서 독점기업을 타도함으로써 경쟁을 부활시킬 것을 주장하였다.

본격적인 선거전에 돌입한 윌슨과 태프트는 치열한 공방전을 벌였다. 그러나 분위기는 이미 개혁 쪽으로 기울어졌고, 윌슨의 신자유가 대중들에게 미치는 영향은 대단했다. 결국 우드로 윌슨의 승리로 돌아갔다.

백악관으로 들어간 윌슨은 선거공약을 반영한 시정 방침을 설정하였다. 대중을 대기업의 강력한 지배로부터 해방시키고, 개인을 모든 형식의 압제로부터 자유롭게 한다는 것이었다. 이 목적을 달성하기 위해 윌슨은 우선 열렬한 개혁주의자들을 모아들였다. 그리고 처음부터 의회의 모든 일에 직접 개입하였다.

"일단 국민의 칭찬과 신뢰를 얻은 이상 어떤 힘도 대통령에게 맞서지 못하게 할 것이다."

1913년 4월, 그가 연방의회에서 교서를 낭독할 뜻을 비추자 일부 상원의원들은 전례 없는 일이라는 점을 들어 반대했다. 그러나 윌슨이 그러한 것에 신경을 쓸 리가 없었다. 윌슨이 의사당에 들어갔을 때 의사당내 분위기는 냉랭하기 이를 데 없었다. 다소

우드로 윌슨 우드로 윌슨은 자신의 이상주의적 신념을 구현하려 노력하였다.

창백한 모습으로 연단에 선 윌슨은 부드럽게 연설을 시작했다.

"나는 무엇보다도 먼저 상·하양원 의원 여러분에게 이렇게 직접 얘기할 기회를 갖게 된 것을 기쁘게 생각합니다. …미국의 대통령이 한 인간으로서 다른 인간들을 위한 공동의 일에 있어 그들과 협력할 각오가 되어 있다는 것을 스스로 확인할 수 있는 기회를 갖게 되어 행복하게 생각합니다."

연설이 끝나자 의사당이 떠나갈 듯한 우렁찬 박수가 터져나왔다. 이것은 대통령으로서 윌슨의 성공적인 시작을 알리는 신호이기도 했다.

윌슨의 개혁 정책

윌슨의 정책은 분명하고도 강력했다.

"현재의 관세는 세계시장으로부터 우리를 차단하고, 과세의 원칙을 짓뭉개고, 정부를 특정 개인들에 대한 봉사기관으로 만들고 있다."

윌슨은 이러한 주장을 하면서 세율을 조속히 인하할 것을 요구했다. 그러나 이런 요구는 자유무역을 원한다는 것은 결코 아니었다. 다만 미국의 기업가들이 유럽 생산자들과의 경쟁을 중요하게 생각하기를 원했던 것이다.

이처럼 새로운 관세가 거론되자, 이미 예상했던 일이 벌어졌다. 로비스트 집단이 워싱턴에 쇄도했다. 상원은 과거 어느 때보다도 많은 서신이나 신문기사로 골치를 앓았다. 게다가 상원의원들 중에 당시의 이런 분위기로 인해 동요하는 자도 생겨났다. 이에 윌슨은 새로운 관세에 반대하는 의원들의 투자나 재산을 면밀히 조사해 들어갔다.

"로비스트들에게 막대한 돈이 사용되고 있다는 증거를 갖고 있다."

윌슨의 관세 인하 정책에 반대하던 사람들도 더 이상 자신들의 목소리를 높일 수가 없게 되었고, 마침내 새로운 관세가 가결되었다. 그러나 관세를 인하하자 세수입이 급격히 감소되었다. 이에 윌슨은 감소된 세수입을 만회하기 위해 연 4,000달러 이상의 수입자에 대해 균일한 세금을 1퍼센트 내지 6퍼센트까지 부과한다는 연방소득세를 신설하였다. 이러한 미국 최초의 소득세에 의해 미국은 소득의 재분배를 향한 첫걸음을 내딛게 되었다.

은행 제도의 개혁

소득세 신설에 이어 윌슨이 손을 댄 분야는 시대에 뒤떨어져 이미 그 효력을 상실해버린 은행 제도였다. 당시 은행 제도는 사실 1863년 남북 전쟁의 비용을 조달하기 위해 조급하게 만들어졌다. 그때까지만 해도 5인 1조가 되어 약간의 자본금을 출자하고 일정액의 국고채권 모집에 응한 단체는 거의 모두가 은행 설립 허가를 받을 수 있었다. 특히 그러한 은행들은 국채의 교환을 통해 은행권을 발행하고, 그 은행권은 금화, 은화, 그리고 약간의 경화와 더불어 미국 통화의 총량을 구성하였다.

이로 인하여 기묘한 현상이 나타났다. 즉 국가산업이 발전하면 할수록 은행권의 유통이 더욱더 필요하게 되었다. 그런데 미국의 산업 발전은 정부로 하여금 남북 전쟁 당시 발행된 국채의 상환을 쉽게 하였다. 그리고 국채가 감소하면서 은행권의 수도 줄었다. 은행권이 국채를 담보로 했기 때문이었다. 그 결과 통화의 수요가 급증하는 시기에 통화가 자취를 감추게 되었다. 그 때문에 미국 경제에서는 디플레이션이 일어났고 화폐 가치가 올라갔으며, 농산물 값이 떨어져 농민들의 불만이 크게 고조되었다. 게다가 은행 상호 간에도 화폐 가치가 차이 나 도움을 주고받을 수조차 없었다. 따라서 이런 상황에서 횡재를 하게 된 것은 J.P. 모건 같은 금융재벌들이었다. 이들에 의한 통화 독점이 어느 정도 심했는가 하는 것은 연방의회에서 행해진 한 조사를 통해 밝혀졌다. 그들 대금융가들 중의 한 사람인 베이커 씨도 통화 집중이 너무 과도하다는 것을 인정하였다.

"당신은 이 이상 더 나아가면 국가적 위험이 온다고 생각합니까?"

이와 같은 질문을 베이커에게 던졌다.

"물론입니다. 돈이 선량한 사람들의 수중에 있다면 별 문제가 없겠지만, 고리대금업을 재미삼아 하는 사람들의 수중에 들어가면 매우 불행한 결과를 낳을 것입니다."

"그렇다면 현재는 돈이 악덕 고리대금업자들 손에 있다는 말씀이신가요?"

"예외가 없는 것은 아니지만 대체로 그렇다고 봅니다."

"이러한 문제를 해결할 묘안으로 어떤 것이 있을 수 있다고 생각하십니까?"

"글쎄요. 해결책이야 여러 가지가 있을 수 있겠지만 해결에 앞서 무엇보다도 정부에서 현상태가 어느 정도 심각한가 하는 문제를 제대로 인식하는 것이 필요합니다."

이와 같은 문제를 해결하기 위해 윌슨에게 두 가지의 해결책이 제시되었다. 하나는 보수파가 제시한 것으로 대금융가들의 감독을 받는 중앙은행을 설립하는 것이었고, 다른 하나는 진보파의 안으로 연방정부가 화폐의 유통을 감독하도록 하는 것이었다. 이에 윌슨은 금융가들의 세력이 너무 비대해졌음을 의식하여 은행을 정부 감독하에 두었고, 1913년 연방 지불준비법을 제정하였다. 이 법은 중앙은행으로서의 기능을 가진 12개의 연방 지불준비은행을 전국에 설립하도록 하였다. 이 은행들은 민간인이 소유했지만, 7명으로 구성된 연방 지불준비 이사회의 감독을 받도록 했다. 연방 지불준비 이사회의 이사들은 대통령이 임명했다.

따라서 이 법은 금융을 국유화하는 차원이 아니라 정부 책임하에 새로운 금융 중심지를 형성함으로써 대금융가들의 힘을 약화시키는 데 기여하였다.

독점 사업에 종지부를 찍어라

윌슨은 대통령 재임 기간에 '어떠한 독점도 변호의 여지가 없는 것'이라고 주장한 바 있다. 그런데 루스벨트 시대의 셔먼법은 독점사업에 실질적인 종지부를 찍기에는 너무 거리가 멀었다. 그러므로 관세와 은행 문제를 해결하기 위해 160여 일간이나 쉬지 않고 연방의회를 열었던 윌슨은, 불과 1개월의 휴가 후 트러스트 문제와 씨름하기 위해 다시 의회를 소집했다.

그는 북을 치면서 갖가지 개혁의 선두에 섰고, 사실상 그런 방법 이외엔 별다른 방법이 없었다. 1914년에 윌슨은 연방통상규제위원회의 설치를 의회에 제안했고, 이를 위해 새로운 트러스트 규제법인 클레이턴 트러스트 금지법을 제정하였다.

이 법은 독점을 조성하거나 경쟁을 약화시키는 가격 협정을 일체 금지하고, 제조업자들이 소매상인에 대해 판매가격을 강제하는 것을 용납하지 않았다. 법을 위반할 경우에는 위반 회사의 경영자가 개인적으로 책임지도록 규정했고, 그런 위반사항을 조사하는 전담기관도 설치하였다.

그러나 노동조합은 이 법의 적용범위에서 제외되었다. 노동자들의 파업에 대해서는 보상할 수 없는 손해가 생기는 것을 막는

독점기업들 독점기업들의 행태를 풍자하는 카툰

경우를 제외하고는 재판소로 하여금 일체의 파업금지 명령을 못하도록 했다.

따라서 곰퍼스는 클레이턴법을 가리켜 '노동 자유의 헌장'이라고 불렀지만 실업계는 쓰디쓴 기분으로 이 법을 받아들였고, 그들을 위한 또 다른 기회가 오기만을 고대했다.

5
열전 시대

The History of United States of America

열전 시대

미국 내에서 개혁 운동이 전개되는 동안 유럽에서는 전면전의 위기가 감도는 가운데 1914년에 마침내 제1차 세계대전이 발발하였다. 전쟁 초기에 미국은 중립을 고수한 채 교전국과의 교역을 통해 이익을 얻었다. 그러나 독일의 미국 상선 공격을 계기로 1917년에 연합국 측에 가담하였고, 이로 인해 미국 경제는 호황을 누릴 수 있었다. 전쟁은 1918년 독일이 연합국의 휴전 조건을 수락함으로써 종결되었다.

그러나 이것은 미국에게 큰 시련을 안겨주었다. 미국이 내세운 이상이 국제 정치의 이기적이고도 냉엄한 현실에 부딪힌 것이다. 이에 미국은 고립주의를 선택했고 내부적으로 급진적인 물결이 이는 가운데 번영을 누렸다. 그렇지만 그러한 번영의 이면에는 적지않은 문제들이 도사리고 있었다.

1929년의 주식 시장 붕괴와 더불어 마침내 대공황으로 확대되었고 미국은 물론 세계가 경기 침체의 몸살을 앓게 되었다. 이에 따라 미국인들은 프랭클린 루스벨트의 뉴딜을 선택했다. 뉴딜의 목표인 구호·복구·개혁의 추진으로 수년간 경기가 회복되었다. 그러나 1937년 중반부터 또다시 불황이 시작되었다.

이 무렵 유럽과 아시아를 무대로 제2차 세계대전이 발발했다. 초기에 미국은 1차 대전 때와 유사한 입장을 취했다. 그러다가 1941년에 참전하였고, 이것은 미국에게 기적 같은 행운을 안겨주었다. 군수물자 자원을 위한 산업 생산의 증가로 경기 침체의 암운이 걷혔고, 마침내 경제 전반에 활기가 넘치기 시작했다.

제1차 세계대전과 미국

윌슨의 밀사 하우스 대령

미국인들이 급속한 산업화 과정에서 대두된 사회개혁 문제에 정신을 쏟고 있는 동안, 유럽은 영토와 이권의 팽창이라는 제국주의 시대를 맞아 시간이 지남에 따라 긴장이 고조되었다. 독일, 이탈리아, 오스트리아로 이루어진 3국 동맹과 영국, 프랑스, 러시아로 이루어진 3국 협상 세력이 팽팽히 맞선 가운데 사소한 문제를 둘러싸고 첨예한 대립을 보여 전쟁으로 돌입할 위기를 맞았다. 특히 1912년과 1913년에 일어난 발칸 전쟁은 이러한 위기 상황을 일촉즉발의 단계에까지 몰아가고 있었다.

그러나 유럽 열강들이 이러한 위기를 얼마나 실감하고 있는지는 의문이었다. 바로 이즈음 미국의 윌슨 대통령은 하우스 대령을 유럽으로 보냈다. 그는 세계 문제에 상당한 식견을 갖고 있었으며 이러한 상황에 대해 우려를 표했다. 명목상으로는 해외여행이었지만 사실은 하우스 대령에게 윌슨 대통령이 직접 하달한 임무가 있었다.

"대령은 유럽 열강들의 의향을 타진해보고 가능하다면 미국이 조정자로서의 역할을 할 수 있도록 대책을 마련하시오."

하우스 대령은 먼저 베를린을 방문했다. 거기서 그는 폰티르피츠 제독을 만났고, 그 자리에서 이렇게 말을 꺼냈다.

"제독, 무슨 방법을 동원해서든지 전쟁을 피해야 합니다."

그러나 폰트르피츠 제독의 말은 전쟁을 예고하는 듯하였다.

"평화를 유지하는 유일한 방법은 강력한 군사력으로 가상적

프란츠 페르디난트 황태자

국에게 위협을 주는 것뿐입니다."

하우스 대령은 씁쓸한 마음으로 카이제르를 만났다. 그러나 그도 마찬가지였다.

"독일은 평화를 바라고 있지만, 지금 팔방으로 위협받고 있습니다. 유럽의 모든 총구가 독일을 향하고 있습니다."

이처럼 정세의 향방은 결코 좋지 않았다. 게다가 빌헬름 황제는 영국에 경의를 표하면서 다음과 같이 말했다.

"미·영·독 3국은 같은 혈족이므로 서로 화해하는 것이 마땅합니다. 하지만 독일 군대는 세계 제일이고, 그 때문에 평화가 보증되는 것입니다."

이 말은 하우스 대령을 크게 실망시켰다.

하우스 대령은 미국의 입장에 대해서는 몇 마디 말도 건네보지도 못한 채 프랑스로 향했다. 그러나 거기서도 큰일을 할 수는 없었다. 이 나라에서는 혁명이 한창이었기 때문이었다. 그래도 하우스 대령은 프랑스 국민이 호전적이 아니라는 것과 알자스로렌을 탈환키 위해 복수전을 펼칠 기색이 없다는 것을 관찰할 수 있었다.

하우스 대령이 영국에 갔을 때는 영국 국민들이 너무도 침착한 것처럼 느껴졌다. 이런 가운데 윈스턴 처칠이나 영국 해군성은 독일을 경계해야 한다고 주장했다.

"독일은 지금 대함대를 급히 편성하고 있습니다. 그러나 우리 영국도 이에 대한 대책을 마련하는 것이 좋겠습니다."

하지만 그들은 별다른 반응을 보이지 않았으며 오히려 평상시와 같다는 듯 너무도 만족하는 것을 보고 하우스 대령은 놀라지 않을 수 없었다.

영국 수상 윈스턴 처칠

유럽 주요 국가들의 정세를 살펴본 하우스 대령은 윌슨 대통령에게 "독일이 칼을 갈고 있는지도 모른 채 프랑스는 혁명에 몰입해 있고, 영국은 사교계의 행사에 완전히 도취되어 있습니다."라고 편지를 썼다.

세계대전의 발발과 미국

하우스 대령이 윌슨에게 편지를 보낼 때까지도 유럽에서 세계 전쟁이 발발하리라 예상했던 사람들은 거의 없었다. 그러나 1914년 6월 29일에 이러한 분위기를 뒤바꿔놓는 사건이 터졌다.

보스니아의 수도 사라예보를 방문 중이던 오스트리아의 페르디난트 황태자 부처가 세르비아의 민족주의자에 의해 암살된 이른바 '사라예보 사건'이 일어났다. 이에 오스트리아 정부는 독일 정부로부터 '백지수표'로 알려진 무조건적인 지원 약속을 받고 그해 7월 세르비아에 선전포고를 했다. 이때 하우스 대령은 윌슨으로부터 받은 자신의 임무를 생각하며 당시의 독일 수상 앞으로 편지를 보냈다.

"각하, 미국은 아무런 도움도 될 수 없는 것일까요? 이 무서운 전쟁을 막기 위해서 제가 무엇을 시도할 수는 없을까요?"

그러나 그는 아무런 회답도 받을 수 없었다.

그해 8월 13일, 독일은 프랑스에게 선전포고를 했다. 마침내 제1차 세계대전이 시작된 것이다. 이에 미국은 그저 놀랄 뿐이었다. 20세기에 그것도 유럽 강국들 간에 전쟁이 시작된 것은 그들이 무엇인가 큰 착각을 한 것으로 생각되기만 했다. 이때 윌슨이 병석에 있는 부인에게 말했다.

"부인, 인류가 이처럼 우매하다니 믿을 수 없소. 당신은 이 사실을 믿을 수가 있겠소?"

그녀는 윌슨의 조언자였다. 그러나 그녀는 얼마 후에 사망하고 말았다. 이때 윌슨은 절규하며 울부짖었다.

"오, 신이시여! 저는 어떻게 하면 됩니까?"

세계대전은 미국 내에서 흥미를 끌고 있었으나 그것은 영화팬이 갖는 흥미와 다를 것이 없었다. 유럽에서 이상한 쇼가 시작되고 미국 국민은 관객으로서 바라봤을 뿐이다. 다만 주식거래소의 폐쇄만이 이 쇼를 현실로 받아들일 수 있게 하였다.

참는 데도 한계가 있다

미국인들은 제1차 세계대전을 영화 보듯 하고 윌슨 대통령은 미국의 중립을 선언했다. 2주 후에는 미국 국민들을 향해서도 동의를 구했다.

"우리 미국은 사상뿐만 아니라 행동에 있어서도 공평무사해야 할 것입니다."

미국 국민들은 중립을 지키자는 데는 동의했지만, 사상에 있어서 공평하자는 데는 모두가 동의하지 않았다. 유럽에 조상을 둔 모든 미국인들은 과거 가족으로부터 많은 것을 계승했다. 아일랜드계 미국인은 영국에 대한 옛날의 원한을 아직 잊지 않았으나 그 밖의 사람들에게는 영국과의 문화적 결합이나 사업상의 관계 등이 영국에 대한 호의적인 편견을 갖게 했다. 그런가 하면 프랑스에 대해서는 대부분의 미국인들이 친근한 감정을 갖고 있었다. 독립 전쟁 당시 프랑스의 원조를 잊어버린 사람은 없었다. 이런 가운데 미국의 여론은 점차 독일을 비난하기 시작했다. 항상 약자의 루시타니아 호 격침

전쟁을 선언하는 윌슨 대통령 미국의 참전으로 제1차 세계대전의 방향은 바뀌기 시작했다.

편을 들던 미국인들은 아무런 죄도 없는 나라들을 침입한 독일의 파렴치한 행위를 용납할 수 없었다.

"우리가 독일의 군사적 도발을 좌시한다면 우리의 후손들은 우리를 향해 욕심 많은 방관자였다고 말할 것이다."

그럼에도 불구하고 윌슨 행정부는 여전히 중립 정책을 고수했다. 여기에는 이유가 있었다. 그때까지만 해도 미국은 중립국으로서 상당히 이익을 보았다. 물론 전쟁이 시작된 초기에 미국 기업은 해외 시장을 잃지나 않을까 우려했다.

그러나 그들은 곧 안심할 수 있었다. 연합국측의 각종 물품 구입량이 예상보다 훨씬 컸기 때문이다. 그러면서 미국은 갑작스런 공업과 농업의 팽창을 경험했다. 임금과 각종 물가가 상승했고 주식거래가 재개된 월스트리트에서는 주식값이 믿지 못할 만큼 치솟았다. 카바레는 밤새도록 만원이었고, 새로운 춤이 연이어 등장했다. 사치품을 파는 가게는 손님이 터질 듯이 붐볐다. 미국인들은 호황 속에서 즐거운 비명을 질렀다.

그러던 중 마르느 전투 이후 승기를 놓친 독일이 영국 근해에 전투 구역을 설치하고 세계를 향해 다음과 같이 경고했다.

"이 구역 내로 들어오는 선박은 어떠한 선박이라도 잠수함 공격을 받게 될 것이다."

독일이 이러한 선언과 함께 영국 여객선이 독일 잠수함의 공격을 받아 격침되면서 그 배에 타고 있던 124명의 미국인이 사망하는 사건이 발생했다. 이에 미국의 여론은 한결같이 독일을 비난했다. 그리고 다음해에는 프랑스 여객선이 격침되어 미국인의 희생이 늘어갔다. 이때에도 윌슨 대통령은 독일의 비도덕적 행위에 항의하는 정도로 그쳤다.

그러나 1917년 2월, 독일이 멕시코에 보낸 이른바 '치머만 각서'가 폭로되면서 미국의 태도가 급변했다. 치머만 각서는 독일의 외무장관인 치머만이 멕시코 정부에 보낸 문서로서 "만약에 독일이 미국과 전쟁을 하게 될 경우 멕시코가 독일을 지원해 준다면 1848년에 미국에게 빼앗겼던 영토를 되찾을 수 있다."라는 내용이 담겨 있었다. 이 내용을 전해들은 미국 국민들은 흥분하기 시작했다.

미국 도처에서 참전을 요구하는 소리가 꼬리를 물고 일어났다. 게다가 그해 3월에는 3척의 선박이 또다시 격침당했고, 4월에는 러시아 혁명이 발발하여 러시아군이 전선에서 이탈하였다. 갑작스런 변화로 연합국의 전열에 차질이 생기면서 전세가 불리해지자 미국에게도 그 영향이 미쳤다. 이제 윌슨도 더 이상 망설일 수가 없었다. 마침내 그는 1917년 4월에 열린 상·하 양원 합동회의에서 독일과의 전쟁을 선포했다.

포스터 제1차 세계대전 중에 발행된 각국의 징병과 국채 구입을 호소하는 포스터.

"미국이 이 전쟁에 참가하는 가장 큰 이유는 위협받고 있는 세계의 민주주의를 지키기 위한 것입니다."

미군의 투입

1917년 4월 미국이 참전을 결정했을 때는 1916년부터 5개년 계획으로 정규군을 22만 명, 주방위군을 45만 명으로 증강한 지 1년밖에 되지 않았을 때였다. 따라서 전반적인 전쟁준비가 그다지 신통치 않았다. 그렇다고 해서 준비가 다 될 때까지 기다릴 수도 없었다. 따라서 미비하지만 우선 2만여 명의 병력을 프랑스로 급송하였다. 그러면서 본격적인 전쟁준비에 박차를 가했다. 가장 시급한 것은 병력이었다. 이에 징병제를 실시해 약 300만 명의 병사들을 모아들일 수 있었고, 이밖에 약 200만 명 정도가 지원하여 전쟁이 끝나갈 무렵에는 육군과 해군을 합쳐 약 500만 명 정도가 되었다.

다른 한편으로, 미국은 이 전쟁을 지원하기 위해 전시산업 이사회를 창설했고, 월가의 은행가인 버나드 바루크를 책임자로 임명하였다. 여기서는 긴급 정도에 따라 사업의 우선순위를 정했고, 노동력 분배와 각종 물자구입을 통제했다.

또한 미국은 식량공급 문제를 해결하기 위하여 허버트 후버를 책임자로 하는 식량청을 설치하였다. 여기서 후버의 활약은 대단했다. 그는 소맥이 수확되기 전에 미리 그 값을 지불함으로써 생산의욕을 증진시켰고, 올라갈 만큼 올라간 그 밖의 농산물 가격을 고정시켜 생산을 촉진시켰다. 그 결과 약 200만 호에 달하는 가구가 뒤뜰과 앞마당에 채소밭을 일굴 정도가 되었다. 뿐만 아니라 어린이들마저도 '후버 아저씨가 좋아하지 않는다.'며 오트밀에 사탕을 넣지 않아 50만 톤에 달하는 사탕을 절약했고, 이것은 프랑스로 보내져 유용하게 쓰였다. 이런 모든 것들이 작용하여 미국은 흉작이 들었던 1918년에도 1914년의 2배에 달하는 식량을 수출할 수 있었다.

연료 문제도 심각했다. 병력 수송을 위해 열차운행이 늘어나면서 석탄이 부족해졌다. 이 문제를 해결하기 위해 비군사용 공장

여성의 참정권 획득
전시 중의 여성 근로자의 노고에 대한 보답으로 정부는 여성에게 참정권을 부여했다.

여성 노동자의 증가
참전한 남성의 빈자리를 채우기 위해 여성 노동자의 수가 대폭 증가하였다. 미국 정부는 여성의 노동을 유도하고 그들을 적극 활용하였다.

은 매주 월요일마다 가동을 중단했다. 또한 전쟁 장비를 운용할 가솔린을 공급하기 위해 미국인들은 자발적으로 일요일에는 자동차를 사용하지 않았다.

그런가 하면, 이 전쟁을 원활하게 수행하기 위해서는 노동자들의 협조도 절실했다. 이에 행정부는 노동자의 근로조건을 개선해 파업을 예방하려 하였고, 그 결과 노동자들의 처지가 상당히 개선되었다. 또한 전시 중에 여성 근로자들의 노고에 보답키 위해 여성에게 참정권을 부여하는 법도 제정되었다.

이와 같은 거대한 작업을 진행하려면 약 350억 달러에 달하는 경비가 필요했다. 이에 행정부는 1/3은 소득세, 사치품세 등 각종 세금을 징수하여 해결하였고, 나머지 2/3는 전시공채를 발행하였다.

미국 해군의 활약

행정부가 국력을 총동원하여 전쟁 지원 체제를 갖추는 동안 퍼싱을 총사령관으로 하는 미군은 속속 유럽으로 파견되었다. 이때 주로 서부전선 일대로 투입된 육군의 전투성과는 그다지 두드러지지 않았다.

그러나 육군과 비교할 때 해군의 공헌은 컸다. 해군이 해상전에 본격적으로 투입되었을 당시 독일의 잠수함은 월평균 60만 톤 규모에 달하는 연합군 선박을 파괴하고 있었다. 그 결과, 독일 잠수함에 의해 격침된 연합군의 선박은 1917년 한 해 동안에 총 650만 톤에 달했다. 정말 엄청난 규모였다. 이를 지켜보던 영국의 젤리코 제독은 미국의 심즈 제독을 향해 우려 섞인 말을 전했다.

"우리가 이 같은 선박 피해를 조속히 저지하지 못한다면 결국 독일에게 승리를 주고 말 것이다."

이 문제는 사실 식량조절과 직접적으로 관련이 있었다. 영국 근해는 독일 잠수함이 장악했기 때문에 영국은 외부로부터 식량을 조달받을 수 없었다.

이처럼 어려운 상황에서 돌파구를 연 것이 미국 해군이었다. 미국 해군은 교묘하기 이를 데 없는 독일 잠수함의 공격을 사전에 저지하려고 구축함을 활용한 호위 수송작전을 펼쳤다. 이것은 각종 전쟁 지원물자를 실은 수송선 사방에 구축함을 배치하여 독일 잠수함들을 사전에 탐지하는 것이다. 이 방법에 의해 사전 포착된 독일 잠수함은 미국 구축함의 맹렬한 공격에 대부분이 격침되거나 큰 피해를 보았다.

미국 구축함의 기동력과 수중목표 공격 능력이 어찌나 뛰어났던지 구축함으로 구성된 호위 선단이 떴다 하면 독일 잠수함들은 아예 수중 깊숙이 들어가 나올 생각을 하지 못할 정도였다.

그 결과 1917년 말부터는 독일 잠수함에 의한 연합군의 선박 피해가 종전의 1/3정도로 줄어들었다. 식량은 물론 병력 수송도 전보다는 훨씬 원활해졌고 그만큼 연합군의 작전도 과감하게 이루어질 수 있었다.

윌슨의 14개조 원칙

연합군의 해상작전이 활기를 띠는 가운데 세월은 어느덧 1917년 말에 이르러 전쟁이 고비를 맞았다. 러시아 혁명으로 탄생한 볼셰비키 정권이 독일과의 단독 강화를 통한 휴전을 모색함으로써 연합국 내에 혼선을 야기시켰기 때문이었다.

이에 미국의 윌슨은 독일과 러시아의 단독 강화를 견제하고, 다른 한편으로는 연합국의 결속을 다짐하기 위하여 1918년 1월 8일, 전후 평화에 대한 구상을 담은 '14개조 원칙'을 발표하였다.

이 원칙은 자유주의와 민족자결주의 원리에 따라 전후의 세계질서를 재수립하려는 기본 지침이었다. 여기에는 공개 외교, 해양의 자유, 자유무역, 군비축소, 민족자결의 원칙에 따라 국가 간의 국경선 조정, 폴란드의 독립, 국제연맹 창설 등의 조항이 포함되었다.

14개조 원칙이 공식 발표되자 연합국의 국민들은 대대적인 환영의 뜻을 표시했다. 그러나 유럽의 위정자 중에는 각국이 전쟁 중에 체결한 비밀조약과 이 원칙을 어떻게 조화시키느냐 하는 문제에 대하여 우려를 나타내는 사람도 있었다.

독일, 오스트리아, 이탈리아 동맹측은 14개조 원칙을 휴전의 조건으로 해석하였다. 그리고 러시아와 단독 강화 이후 전개된 연합국의 대공세로 심한 타격을 받은 독일이 10월 미국에게 휴전을 제의하였다.

이에 윌슨은 독일에게 전제정치의 폐지를 요구하는 한편 영국과 프랑스에 대해 휴전에 임할 것을 촉구하였다. 영·프 양국의 초기 반응은 냉담하기 이를 데 없었다. 그러자 윌슨은 특사 하우스 대령을 통해 '만약 영국과 프랑스가 끝내 휴전을 주저한다면

제1차 세계대전의 종결 1919년 제1차 세계대전이 종전되고 군인들이 돌아왔다. 뉴욕에서 참전 군인들의 퍼레이드가 열려 많은 시민들이 그들에게 환호하고 있다.

미국만이라도 독일과 강화조약을 맺게 될 것'이라는 미국의 입장을 표명함으로써 영국과 프랑스의 주의를 환기시켰다. 동시에 그는 독일과 휴전하는 전제 조건으로 배상 문제를 넣겠다고 하여 마침내 영국과 프랑스로부터 휴전 동의를 얻어내는 데 성공하였다. 그리하여 1918년 11월에 이르러 1차 세계대전은 사실상 막을 내렸다.

파리 평화회의

독일과의 휴전이 성립된 지 1주일 뒤 윌슨 대통령은 스스로 미국 수석대표로 취임하여 파리 평화회의에 참석한다고 발표했다. 그러나 공화당이 그의 파리행을 저지했다. 재직 중의 대통령이 해외로 나간 일이 없었다는 것이다. 이에 윌슨은 의원들을 설득했다.

"의원 여러분, 물론 여러분들이 무슨 말씀을 하시는 것인지는 충분히 이해합니다. 그러나 그 자리는 바로 세계 전쟁을 종결짓는 자리입니다. 세계의 평화가 무너지면 미국의 평화는 보장될 수 없는 것입니다."

또한 윌슨은 대표단을 구성하는 데 있어서 당시에 공화당이 다수당으로 되어 있다는 현실을 무시하고 공화당을 대표할 만한 단 한사람의 위원도 임명하지 않았다. 이러한 일들은 장차 체결될 강화조약에 대하여 상원이 비준권을 갖고 있는 만큼 앞날이 결코 순탄치 않으리라는 것을 예상하게 했다.

파리 평화회의에 참석한 윌슨은 유럽의 국민들로부터 대대적인 환영을 받았다. 그러나 정작 회의에 들어가서는 영국 수상 로이드 조지와 프랑스 수상 클레망소의 현실주의 정책에 부딪쳐 곤

베르사유 조인식 조인식 장소로 사용된 차량 내부

경에 빠졌다. 이들은 정도 차이는 있으나 독일에 대해 강경한 처벌을 주장했다.

"독일군이 영국군과 프랑스군에게 그리고 국민들에게 어떤 짓을 했는데 그 따위 이상주의적인 주장만 합니까?"

이에 윌슨은 14개조 원칙을 조금 수정할 수밖에 없었다. 그리하여 1919년 6월 28일에 마침내 '베르사유 조약'이 성립됨으로써 윌슨이 주장한 '승리 없는 평화'와는 거리가 먼 패자에게 일방적으로 가혹한 조약이 성립되었다.

베르사유 조약 전승국 대표들. 왼쪽부터 프랑스 수상 조지 클레망소, 미국 대통령 우드로 윌슨, 이탈리아 수상 비토리오 올란도, 영국 수상 로이드 조지.

윌슨은 장차 항구적인 평화기구로 국제조직만 창설된다면 강화조약의 미비점은 시정될 수 있다고 믿고 영국, 프랑스를 설득하였다. 그 결과 국제연맹 규약을 베르사유 조약안에 삽입시키는 데 성공하였다. 그리고 이것을 그의 외교에서 최대 성과로 인식하면서 귀국하였다. 그러나 그가 자부한 이 최대의 성과 때문에 윌슨의 외교는 국내에서 패배를 맛볼 운명에 처했다.

베르사유 조약과 국제연맹

윌슨이 파리 평화회의에서 베르사유 조약에 국제연맹 규약을 포함시키는 데 성공했으나 사실 그것은 후버나 랜싱 그리고 프랑스의 클레망소의 반대를 물리치고 성립된 것이었다. 또 그런 평화조약에 미국이 도장을 찍을 것이냐 마느냐 하는 것에 대해 미국 의회의 승인을 얻으려면 상원의 2/3의 찬성이 필요했다. 이를 위해 윌슨은 잠시 미국으로 돌아왔다. 이때 하우스 대령은 다음과 같이 조언했다.

"각하! 상원에 들어가실 때는 화해하는 기분으로 들어가시지요. 파리에서 외국 대표단을 대하신 것처럼 부드럽게 하신다면 모든 게 잘 될 겁니다."

그러나 윌슨은 차분하게 말했다.

"하우스, 인생에서는 싸우지 않고서는 가치가 있는 그 어떠한 것도 얻을 수 없는 것일세."

공화당은 조약 내에 포함된 국제연맹 문제에 대해 반대 입장을 밝혔다. 주된 이유는 집단안전보장을 골자로 하는 국제연맹이 가맹국의 내전에 간섭할 가능성이 있고 상호불간섭의 원칙을 표방했던 먼로주의가 침해될 우려가 있다는 데 있었다.

그러나 여론은 미국의 국제연맹 가입에 관한 윌슨의 입장을 일방적으로 지지하는 경향을 보였다. 이런 여론에 힘입어 윌슨은 1919년 7월에 베르사유 조약안을 상원에 제출하였다. 그리고 강경한 어조로 열변을 토했다.

"무대는 완성되었습니다. 그리고 운명은 이미 그 자체를 나타냈습니다. 그러나 이는 우리가 생각한 결과가 아니라 신이 우리에게 가르쳐준 것입니다. 이제 우리는 후퇴할 수 없습니다."

예상과 달리 국제연맹 규약 제10조가 문제로 대두되었다.

'가맹국은 각 가맹국의 영토보전 및 정치적 독립을 존중하고 또 외부의 침략을 막아줄 의무를 갖는다.'

그러나 윌슨에게는 이 10조가 가장 중요했다. 유보조건을 붙

베르사유 조약을 맺고 있는 윌슨 대통령

인다는 것은 그 내용이 어떠한 것이든 용납할 수 없었다. 따라서 정당성을 인식시키려면 국민에게 직접 호소하는 수밖에 없다고 판단하였다.

"전국 유세를 통해 국민들을 설득시키고 말겠다."

그의 의지는 단호했다. 이에 주치의가 강력하게 만류했다.

"각하! 지금은 건강이 몹시 악화되어 있습니다. 그 몸으로 유세를 떠나시면 안 됩니다."

그럼에도 불구하고 윌슨은 그해 9월에 전국 유세의 길을 떠났다. 주로 중서부와 태평양 연안 지대를 20여 일에 걸쳐 여행하면서 30여 차례의 연설을 하였다. 가는 곳마다 대중들의 반응은 열렬했다.

"윌슨 만세! 당신은 우리 미국인들의 등불이자 세계의 등불입니다!"

"당신이 하는 일은 정말 감동적이오!"

이런 상황 속에서 불행하게도 윌슨에게 불운이 덮쳤다. 9월 25일 콜로라도의 푸에블로에서 연설을 하다가 그만 쓰러지면서 하반신이 마비되고 말았다.

유세는 중단되었고 얼마 동안 사경을 헤매는 고투 끝에 건강은 다소 회복했지만 그는 대통령 임기가 끝날 때까지도 병원 신세를 면치 못했다.

부결된 국제연맹 비준

윌슨이 국민들의 동의를 얻기 위해 유세 중이던 9월 10일에 상원은 윌슨이 제출한 평화조약안에 대한 심의를 마치고 45조의 유보조건들을 붙여 본회의에 보고하였다.

이때 민주당 의원들이 윌슨에게 양보할 것을 요구했다.

"여보시오. 비준을 얻으려면 조금 양보하시오. 몇 가지 유보조건들만 인정하면 될 터인데 뭘 그러시오."

그러나 윌슨은 그들의 말을 전혀 듣지 않았다.

마침내 11월 19일 상원은 표결에 들어갔다. 표결 대상은 14개 유보조건이 붙은 안과 유보조건이 전혀 붙지 않은 두 가지 안이었다. 결과는 둘 다 부결되었다. 그러나 여기서 조약안이 완전히 부결된 것은 아니었다. 일부 온건파 공화당원들이 민주당과 합세하여 다시 한 번 표결에 붙일 것을 건의했다. 또한 상당수의 단체들이 타협을 요구했다.

그런가 하면 강경하게 반대하던 영국과 프랑스측에서도 유보조건을 어느 정도는 수락하겠다고 밝혔다. 이에 주변 의원들은 윌슨을 다시 설득했다.

"이 정도 됐으면 당신도 한 발짝 물러서 보시오."

그러나 윌슨의 태도는 변함이 없었다.

이러한 국내외의 움직임 속에서 좀 더 손질을 가한 조약안이 표결에 붙여졌다. 결과는 마찬가지로 부결되고 말았다. 이제 국제연맹의 미국 가입은 미국 자신에 의해 불가능한 것이 되고 말았다.

윌슨의 마지막 희망은 자신을 지지하던 민주당 후보가 1920년 대통령 선거에서 당선되는 것뿐이었다. 그러나 국제연맹 가입을 정강으로 내건 민주당 후보 제임스 콕이 공화당 후보 워렌 하딩에게 패하고 말았다. 윌슨에게 남은 것은 이제 상처투성이의 마음뿐이었다.

이렇게 국제연맹 가입 문제로 베르사유 조약안 자체가 거부됨으로써 미국과 독일의 전쟁 상태는 완전하게 종결되지 못했다. 그러나 다행스럽게도 1921년 7월 상·하 양원 합동회의에서 전쟁 종결을 택함으로써 비로소 양국의 평화는 회복될 수 있었다.

외국의 모든 것을 거부한다

베르사유 조약이 체결된 1919년은 많은 미국인이 실망을 금치 못한 해였다. 그들은 1차 대전이 끝나고 파리 평화회의가 열렸을 때 유럽 강대국이 보여준 편파적인 이기심에 실망하였다.

미국이 전쟁에 참전하게 된 경위는 물론 경제적인 이유가 크게 작용했지만, 세계의 민주주의를 안전하게 지키고자 참전한 것도 사실이었다.

그러나 전후에 미국인들은 숭고한 뜻을 갖고 참전했던 미국이 세계에서 고립되어 있음을 알게 되었다. 이때부터 많은 미국인들은 다른 나라 문제에 대해서는 냉담한 고립주의 태도를 나타냈고, 오직 자신들의 일에만 관심을 갖기 시작했다. 그러면서 그들은 이렇게 말했다.

"배은망덕도 유분수지, 물에 빠진 놈 건져주었더니 보따리 내놓으라는 꼴이니…. 녀석들과 더 이상 거래할 필요가 없는 거야. 돈 주고 뺨 맞는 것도 한 번이면 족하다구."

이렇듯 미국인들이 유럽인들로부터 받은 실망은 시간이 지날수록 더해갔고 분노감마저 일으켰다. 설상가상으로 1917년에 러시아에서 사회주의 혁명이 일어나 그 영향이 미국에 직접적으로 미쳤다.

러시아 혁명이 유럽 각국의 공산주의자들을 자극한 데 이어 미국 내의 급진주의 세력에까지 추파를 보내왔다. 그리하여 1919년 시애틀에서 일어난 파업을 시작으로 노동자들의 파업이 꼬리를 물고 일어났다. 수백만 노동자들이 일으킨 파업의 목표는 임금 인상, 보다 짧은 노동시간, 단체협약의 승인 등이었다. 이러한 요구 대부분은 합법적이었으며 비교적 온건했다.

그러나 극렬한 선동가들이 날치는 것도 무시할 수 없을 정도였다. 이들은 거리를 돌아다니며 폭력을 휘둘렀고, 파괴를 서슴지 않았다. 그리고 1919년 봄에는 지도적인 기업가라든지 정치가들을 해칠 목적으로 열면 폭발하도록 장치된 소포를 발송하였다.

이 몇 달 동안에 우체국이 중간에서 발견한 폭발 장치 소포물만도 수십 개에 이르렀고, 그중에서 몇 개는 발견 못한 채 목적지에 배달되었는데, 조지아 관공서에서 받은 소포로 관리가 중상을 입었다. 이후 얼마되지 않아 또다시 8개의 폭탄이 도시에서 수분 간격으로 폭발해 그 조직이 전국적인 규모임을 시사했다. 이들 중

하나는 워싱턴에 있는 법무장관 A. 미첼 파머의 저택 정면을 파손시켰다.

빨갱이 소동

미국 내에서 급진적인 분위기가 한층 고조되어 국민들로부터 심한 반발을 산 가운데 이른바 '빨갱이 소동(Red Scare)'이 일어났다. 이 사건은 집에서 발생한 폭발사고로 화가 난 법무장관 파머가 미국의 법과 질서를 문란하게 만들고 있는, 즉 후에 그 자신이 말했던 '혁명의 불길'을 진압하기 위해 강력한 조치를 취할 것을 법무성에 명령한 데서 비롯되었다. 붉은 깃발을 흔들고 다니며 여기저기에 폭발물을 던지곤 했던 과격한 폭도들은 물론 그들과 조금이라도 관계 있는 모든 사람을 체포하라는 것이었다.

1920년 새해 첫날부터 급진주의자들의 근거지에 일제 기습작전이 전개되었고, 이때 체포된 자들이 6천 명을 훨씬 넘었다. 이때는 범죄에 대한 어떠한 증거도 필요하지 않은 것 같았다. 코네티컷 하트퍼드에서는 체포된 사람들과 그 친척들에 관해서 문의하러 온 사람들까지 구류되었다.

이때 파머 습격단이 구성되었다는 정보하에 그들의 무기와 폭발물이 숨겨져 있는 창고를 급습했으나 찾아낸 것은 권총 3자루뿐이었고, 폭발물은 없었다. 이처럼 사태가 심각해져감에도 불구하고 계속해서 많은 사람들이 체포되었고 그들은 아무런 기소장도 없이 형무소에서 몇 주일을 보냈다.

대부분은 결국 석방되었지만, 미국 시민들이 아닌 5백여 명의 급진주의자들은 결국 외국으로 추방되었다. 시민의 자유를 엄청나게 침해했음에도 불구하고 미첼 파머는 호의적인 찬사를 받았고, 비록 일시적이긴 했지만 인기를 누렸다.

이러한 빨갱이 소동은 당시 유명했던 이탈리아 출신 무정부주의자 니콜라 사코와 바르톨로메오 반제티가 체포되면서 절정에 다다랐다. 사코와 반제티는 매사추세츠에 있는 어느 공장의 경리직원과 경비를 살해한 혐의로 1921년에 기소되었다.

이 재판은 큰 관심 속에 진행되어 세계적인 사건이 되었다. 이들의 재판을 담당했던 웹스터 타이어 판사는 공공연하게 편견을 드러냈다. 그들이 유죄 판결로 사형선고를 받는다는 것은 너무도 당연한 일로 받아들여졌다.

그러나 이후 여러 해를 지나면서 이 재판은 흥미를 더해갔다. 즉 젊은 저널리스트 그룹, 잠에서 깨어난 혁신주의자들, 많은 지식인들이 사형선고를 받은 두 사람의 용기와 의연함에 크게 감명받았다. 피고들의 무죄를 주장하는 항의 집회가 전 세계에서 열렸다. 알베르트 아인슈타인, 아나톨 프랑스 같은 저명인사들로부터 관용과 재심을 요구하는 탄원서가 쏟아져 들어왔다. 그러나 재판이 벌어지는 매사추세츠의 여론은 피고들에게 적대적이었다. 그리고 하버드 대학 총장을 위원장으로 한 특별위원회는 이 재판이

사코와 반제티 사건 풍자화 1927년 《데일리 워커》지에 실린 사코와 반제티 사건에 대한 풍자화.

공정했다고 주장했다. 결국, 사코와 반제티는 많은 사람들이 순교자라 믿는 가운데 1927년 전기의자 위에서 사형에 처해졌다.

흑인들의 수난

제1차 세계대전이 끝난 후 수년 동안 전개된 과격한 분위기로부터 미국 흑인들만큼 많은 고통을 당한 사람도 없었다. 대다수의 흑인들에게 이 전쟁은 사회적, 경제적 향상을 위한 절호의 기회를 제공하는 것처럼 보였다. 군복무를 마친 40만 명 이상의 흑인들은 전선에서 돌아가면 국민들로부터 감사의 말을 들을 수 있을 것이라고 기대했다. 그들 중 상당수가 전쟁으로 인하여 죽순처럼 생겨난 공장의 일자리를 찾아 북부의 산업도시로 이주하였다. 거의 하룻밤 사이에 인종적 통계가 바뀔 정도로 각 도시마다 흑인 수가 급증하였고, 거대한 흑인 사회가 생겨났다. 그리고 그들은 자신들의 군복무가 사회적 지위를 향상시킬 것이라고 기대했던 것처럼 북부로 이동함으로써 북부에서 인종적 편견으로부터 탈피하고, 경제적 이득을 얻을 수 있는 기회가 마련될 것이라고 생각하였다.

그러나 1919년의 미국의 분위기는 야만적으로 흉악하게 변해 있었다. 남부에서는 린치 행위가 극성을 부려 이 해에만 70명 이상의 흑인들이 백인 폭도들의 손에 죽었다. 북부의 상황도 마찬가지였다. 흑인들을 꺼리는 사회적 분위기는 여전하였고, 공장에서 일하던 흑인 노동자들은 백인 퇴역 군인들이 귀향해 일자리를 대신함으로써 일시 해고에 직면했다. 게다가 백인들은 흑인 노동자들이 낮은 임금에도 만족했기 때문에 결국 자신들에게 손해를 주는 결과를 초래했다고 생각했다.

흑인 부대 제1차 세계대전 당시 흑인들로만 구성된 흑인 부대가 있었다.

그 결과 가는 곳마다 혼란과 폭력이 난무했다. 1917년에 필라델피아, 세인트루이스 등지에서 발생한 인종폭동으로 수십 명의 흑인들이 사망한 데 이어 1919년에 이르러서는 상황이 더욱 악화되었다.

시카고의 무더운 7월 어느 날, 미시간 호수에서 수영하던 10대 흑인 소년이 급류에 휩쓸려 백인들이 있는 곳으로 가게 되었다. 그때 백인들이 그 소년에게 돌팔매질을 하여 그만 소년이 익사하고 말았다. 이 사건은 이 도시에 이미 심각해진 인종분규에 불을 붙이는 도화선이 되었다. 이후 약 1주일 동안 시카고에서는 백인과 흑인 사이에 일대 교전이 벌어졌다. 서로 거리를 누비고 다니며 상대방을 구타하기 일쑤였고 총을 쏘아대며 집과 재산을 파괴하였다. 그 결과 백인 15명과 흑인 23명이 사망하였고, 530여 명의 중상자가 발생했다. 시카고의 그해 여름은 그야말로 '피로 물든 여름'이었다.

그러나 이것이 1919년에 일어난 유일한 폭동은 아니었다. 약 석 달 동안, 곳곳에서 폭동은 끊이지 않았고 총 120명의 사상자를 내는 결과를 낳았다.

무능한 하딩 대통령

빨갱이 소동, 백인과 흑인 간의 불화 등으로 사회가 어수선한 가운데 1920년 대통령 선거가 치러졌다. 선거 결과는 공화당의 워렌 하딩이 당선되었다.

비교적 알려지지도 않았었고, 여러 해 동안 공직에 있었으면서도 주목할 만한 일도 한 적이 없는 하딩이 당선되리라고 예측한 사람은 아무도 없었다. 하딩은 젊은 시절 오하이오 주의 메리온에서 신문사의 편집인으로 평범한 생활을 했다. 그러다가 그는 멋진 외모, 세련된 말투, 상냥함 덕분으로 주의회로 진출했고, 운 좋게도 그의 당 지도자들 사이의 정치적 협상 결과에 따라 대통령 자리에까지 오르게 된 것이었다.

이처럼 의외의 횡재를 한 하딩은 사실 대통령으로서 자신에게 주어진 여러 가지 책임에 두려움이 앞섰다. 따라서 그는 자기 주변에 있는 지명인사들의 도움을 받아 어떻게 하든 책임을 완수하려고 애썼다. 그는 우선 각료들을 임명함에 있어 대상자들의 능력에 대해 심사숙고했다. 동시에 불안정한 외교관계를 안정시키기 위해 각료들뿐만 아니라 저명인사들과 여러 가지 방안들을 놓고 검토를 거듭했다. 그런가 하면 때로는 왕성한 인도주의 정신을 발휘하기도 했다. 일례로 그는 1921년에 철도노조위원장으로서 사회민주당을 창설하여 활동하다 투옥된 유진 뎁스를 사면하였다. 그러나 그는 대통령직을 탐내던 때조차도 마치 자기 자신이 여러 가지로 모자라는 점이 많다는 것을 인식하기라도 한듯 주변에서 문득 전개되는 여러 상황들에 대해 당혹감을 나타냈다. 그는 자신의 능력에 대해 친구들에게 이렇게 말했다.

"나는 조그마한 시골 출신으로 능력이 한정된 사람입니다. 나는 내가 대통령이라는 사실이 실감나지 않습니다."

또한 그는 복잡한 문제들에 접하게 될 때면 늘 난처해하고 불안해졌다. 한번은 어떤 기자가 질문했다.

"요즈음 유럽의 정치 상황을 어떻게 보고 계십니까?"

"유럽의 문제에 대해서는 전혀 아는 바가 없다."는 그의 대답은 대통령으로서의 자격을 의심해볼 만한 것이었다. 또 한 번은 스스로 한 가지 경제 법안을 제의해 놓고서도 그것에 관한 기자의 질문에 대해 이렇게 말하는 것이었다.

"나는 이런 세금 문제에 대해서는 전혀 관여치 않고 있다."

그의 대답은 곧 주위의 사람들을 놀라게 했고, 다른 한편으로 그가 자신의 권위의 상당 부분을 각료들과 정치 동료들에게 나누어줬음을 알리는 결과가 되었다.

그럼에도 압도적으로 공화당 편이었던 당시의 미국 언론들은 하딩을 가리켜 '현명하고 효율적인 지도자'라고 묘사했다.

이와 같은 상황 속에서 하딩에게 결정적인 타격을 가한 것은 그의 일과 후 생활이었다. 그는 일과가 끝난 후에는 자주 옛 친구들과 어울렸다. 그들은 거의 매일 밤마다 모여 불법화된 술을 마시고 포커판을 벌이며 매력적인 여자들과 놀아나곤 했는데, 이곳에 하딩이 종종 같이 있었던 것이다. 이 사실은 한동안 거의 알려지지 않았다.

그러나 1922년에 하딩의 친구들이 수백만 달러의 공금을 유용했다는 사실이 폭로되었다. 뿐만 아니라 병원과 재향군인회의 복지를 위해 사용될 2억 5천만 달러의 공금도 유용되었음이 밝혀졌고, 법무장관이 금주법을 시행하고 외국인 재산을 처분하는 과정에서 막대한 이득을 얻은 것도 폭로되었다. 그리고 내무장관은 와이오밍의 티폿 도움과 캘리포니아의 엘크 힐스에 있는 정부 소유의 유전 지대를 두 명의 부유한 석유업자 싱클레어와 도헤니에게 빌려주고, 그 대가로 50만 달러의 뇌물을 받아 개인적인 용도로 사용하였음이 밝혀졌다.

이러한 사실들의 전모를 늦게서야 알게 된 하딩 대통령은 절망감을 감추지 못했고 이렇게 털어놓았다.

"정말이지 지금은 이 자리가 가시방석입니다. 나는 나의 적들과는 별 문제가 없습니다…. 그러나 나의 원망스럽고 신의 저주를 받을 친구들… 그들은 나를 수많은 밤을 뜬눈으로 마룻바닥에서 서성이게 하는 녀석들입니다."

이후, 지치고 풀이 죽은 하딩 대통령은 1923년 여름에 시애틀을 거쳐 샌프란시스코로 여행하던 중 이름 모를 질병으로 사망하였다.

캘빈 쿨리지 행정부

하딩 대통령의 사망으로 부통령 캘빈 쿨리지가 뒤를 이었다. 쿨리지는 하딩과는 달리 완고하고 차분한 편이었으며 진지하고 청교도적인 삶을 추구하였다. 또한 그는 지나치게 정직하여 비판을 받을 여지가 거의 없을 정도였기 때문에 갖가지 추문으로 술렁거리던 정계도 곧 평온을 되찾을 수 있었다. 그러나 그가 안정을 슬로건으로 하는 보수주의를 표방했다는 점에서는 하딩과 다를 바 없어 그의 집권기는 기업가들에게 가장 유리한 시기가 되었다.

혁신주의 시대에 기업을 규제하기 위하여 만들어졌던 조치들과 불공정 거래를 막기 위해 구성된 연방 통상 규제위원회, 수력 전기 회사를 견제하기 위해 설치되었던 연방 전력 규제위원회도 친기업적인 위원들에 의해 운영됨으로써 사실상 기능이 정지되었다. 정부의 친기업적인 정책을 극명하게 보여주는 또 다른 좋은 예는 부자들에 대한 세금의 인하였다. 그것을 실천한 사람은 아메리카 알루미늄회사 사장 출신이며, 세계적인 재벌인 재무장관 앤드루 멜론으로 그의 생각은 다음과 같았다.

"부자들에게 높은 소득세를 부과하는 것은 투자를 억제하는 결과를 가져와 국가의 경제 성장을 늦추게 될 것이다."

결국 그는 제1차 세계대전 중에 높아진 세율을 낮추기 시작했고, 1921년에 과도 이윤세를 폐지하였다. 또 개인 소득 부가세를 최고 65퍼센트에서 50퍼센트로 낮추었다. 그리고 법인소득세는 11퍼센트로 낮추었다.

이 당시 내각 구성원 중 가장 눈에 띄는 인물은 상무장관인 허버트 후버였다. 그는 종종 혼자서 연방정부의 거의 모든 것을 관장하는 것처럼 보일 정도로 여러 분야에서 적극성을 보였다. 무엇보다도 그는 상무장관직을 이용하여 더욱더 훌륭하게 조직화되고 보다 효율적인 국민 경제를 촉진하려 하였다.

"국민 경제를 일으키는 일만이 국가 빈곤을 추방하는 길이다."

이렇게 주장하면서 상무성에서 8년간 일하는 동안에 계속 민간 부문에서의 자발적인 협력을 장려하였다. 또 그는 기업의 생산비를 줄이기 위하여 표준화 운동을 일으켜 기업들로 하여금 부속품의 상호교환이 가능한 공통적인 생산기술을 도입하는 데 기여하였다. 이에 따라 미국에서는 병의 모양이나 벽돌의 크기까지도 통일됐다.

쿨리지는 1924년 선거에서 대통령에 재선되었다. 그는 1925년 3월 4일에 처음으로 라디오를 통해 방송된 취임연설에서 단호히 말하였다.

"나의 집권기에 이처럼 완벽한 상태를 변화시키려는 정부의 어떠한 개입도 없을 것이다. 그리고 성공한 사람들을 속박할 아무런 이유가 없으며, 어떠한 산업 규제도 가해지지 않을 것이다."

캘빈 쿨리지 하딩 대통령의 뒤를 이은 캘빈 쿨리지 부통령 역시 대다수의 국민들이 원하는 개혁과는 거리가 먼 정책들을 폈다.

쿨리지의 생각으로는, 그의 역할은 공공비용과 세금을 감소시킴으로써 모든 사람들에게 성공의 기회를 부여하는 것이었다. "우리에게 문제가 없는 것은 아니다. 그러나 우리의 가장 중요한 문제는 새로운 이익을 얻어내는 것이 아니라, 우리가 이미 갖고 있는 이익을 유지하는 것이다."

그의 말처럼 이 소극적인 시정방침이야말로 쿨리지를 당선시킨 기업가들이 원한 것이었다. 이는 곧 '기업의 새로운 시대'가 왔다는 것을 의미했고 기업수가 1920년 250만 개에서 1929년에 300만 개로 늘어났다는 사실에서도 잘 나타나고 있다.

기술의 발전과 자동차

'기업가의 황금 시대'였던 1920년대에 주목할 만한 사실은 기술의 발전이었다. 상당수의 기업들이 치밀한 원가계산, 즉각 점검, 실험실 분석과 같은 '품질관리' 과정을 통해 산업의 생산성과 능률성을 높였다.

기술의 발전은 곧 국민생활 수준을 향상시켰다. 1920년에 웨스팅 하우스 방송국이 대통령 선거전을 중계함으로써 보급되기 시작한 라디오가 1930년에 이르러서는 미국 전체 가정의 40퍼센트 수준까지 보급되었다.

1927년에는 찰스 린드버그가 뉴욕과 파리간 단독 비행에 성공함으로써 항공 산업이 급속도로 발전하기 시작하였다. 뿐만 아니라 1923년과 1929년 사이에 미국은 전 세계 국가들을 전부 합친 것보다도 더 많은 전기를 생산하여 같은 기간에 제조업에서의 전기는 70퍼센트가 증가하였고 1930년에는 도시와 인근교외 주민의 5/6가 전기를 사용할 수 있게 되었다.

그러나 가장 주목할 만한 변화는 자동차의 보급이었다. 제1차 세계대전이 일어나기 전까지만 하더라도 자동차는 돈 있고 여유 있는 사람들의 여가 선용을 위한 사치품에 불과했다. 그러나 1929년에 이르러서는 450만 대에 달하는 자동차가 판매되었고 한 가구당 거의 1대 꼴로 자동차를 소유하는 수준이 되었다. 이에 따라 순식간에 거의 모든 주가 가솔린 주유소로 뒤덮였고 도심지에는 교통 신호등이 등장하는 등 미국에서 이제 자동차는 하나의 생활필수품이 되었다.

그런가 하면 자동차의 소유는 그 사람의 사회적 지위를 측정하는 중요한 기준이 되기도 했다. 신형차를 가진다는 것은 곧 성

자동차 자동차는 미국인의 생활을 바꾸어 놓기 시작했다.

공과 번영을 상징했고, 남들보다 크고 비싼 차를 가진다는 것은 그만큼 그 사람이 높은 지위에 있다는 것을 증명하는 듯했다.

헨리 포드

헨리 포드는 1863년 7월에 미시간 주 디서본의 작은 농장에서 태어났다. 어린 시절부터 유별나게 기계 만지기를 좋아했던 그는 27세 때인 1890년 9월에 디트로이트로 이사하였고, 에디슨 전등회사에 입사하여 2년 만에 기계주임이 되었다. 이때부터 포드는 가솔린 엔진 실험에 정열을 쏟기 시작하여 33세 때인 1896년 6월에 마침내 제1호차를 가동시키는 데 성공하였고 3년 뒤인 1899년에는 2호차를 완성하였다.

그러나 포드의 목적은 한두 대의 자동차를 만드는 데 있었던 것이 아니었다. 대량생산을 통하여 많은 사람들이 싼 값으로 자동

헨리 포드와 V8 엔진
헨리 포드는 자동차의 연구와 생산에 평생을 바쳤고 그러한 노력으로 대기업가가 될 수 있었다.

차를 쓸 수 있도록 하자는 데 그 목적이 있었다. 그러므로 그는 자금을 모아 자동차 공장을 세우려고 자본주를 구했다. 그러나 자본주는 쉽게 나타나지 않았을 뿐 아니라 바로 이 시기에 실직까지 당했다. 그에게 자동차 공장을 세우는 일이 더욱 급박해졌다. 자신이 만든 자동차가 우수한 성능을 발휘한다는 것이 많은 사람들에게 인정되기만 하면 자금은 걱정하지 않아도 될 것 같았다. 이를 위해 그는 자동차 경기에 나가기로 결심하였다. 사람들에게 인정받는 데는 자동차 경기에 나가 우승하는 것이 가장 빠른 길이라고 생각한 것이다.

  1902년 초여름 포드는 그때까지 온 힘을 기울여 결점을 보완한 경기용 자동차를 시운전하였다. 시운전 결과 차의 속력은 매우 빠른 편이었다. 마침내 시합날이 다가왔다. 당시 자동차 경주 선수권을 가진 윈튼과 무명의 포드가 대결을 벌이게 되었다. 포드가 직접 자신의 차를 몰고 경기장에 나타났을 때 사람들은 그의 차를 보고 코웃음을 쳤다.

"뭐야! 저 포드의 차가 윈튼의 상대란 말인가? 승부는 보나마나 뻔하겠군."

그러나 경기 결과는 뜻밖에도 시속 72킬로미터의 신기록을 세운 포드의 승리로 돌아갔다. 미국의 자동차 업계가 발칵 뒤집혔다. 포드 공장으로 기자들이 몰려왔고 여기저기서 자본가들이 나타나 포드에게 회사의 설립을 제의했다.

이렇게 하여 그해 여름 10명이 넘는 사업가들이 자본을 모아 헨리 포드 자동차 회사를 설립했다.

회사 설립 후 포드는 화물차부터 만들기 시작하였는데 그것은 자동차란 돈 많은 사람들만의 것이 아니고 일상생활에 필요한 하나의 기계임을 널리 알리고 싶었기 때문이었다. 그는 그해 초겨울에 접어들어 튼튼하고 실용적인 화물차를 완성하였다. 그는 화물차의 시운전에 신문기자들을 초청하였다. 약 시속 40킬로미터로 눈 위를 달린 시운전은 30분 만에 끝났다. 그리고 다음날 신문에는 '눈이 쌓인 길을 경마보다 더 빨리 달리다.' 라는 제목의 기사가 대문짝만하게 실렸다.

그러나 이렇게 화려하게 출발한 포드 자동차 회사는 운영난을 견디지 못해 그만 1년 만에 도산하고 말았다.

포드가 한창 실의에 잠겨 있을 때 쿠퍼라는 자동차 경주 선수가 찾아왔다. 돈을 댈 테니 경주용 자동차를 만들어 달라는 것이었다. 포드는 당장 그 제안을 수락하였고, 마침내 '999' 라는 이름

포드 자동차의 조립라인 일렬로 늘어서 A형 자동차를 조립하고 있는 생산 라인의 노동자들.

으로 4개의 실린더가 달린 경주용 차를 만들었다.

시운전 날 많은 사람들이 놀랐다.

"정말 대단한 속도야."

"마치 괴물이 번개를 업고 뜀박질하는 것 같군요! 나는 저 차를 못 타겠소."

쿠퍼조차도 머리를 내저을 정도였다. 그러면서 그는 포드에게 스피드광으로 소문난 '올들피일드' 라는 사람을 소개해주었고 경기장에서 포드의 '999' 는 타의 추종을 불허했다.

이 사실은 즉시 신문지상에 보도되었고 1주일 후인 1903년 6월 17일에 마침내 포드 자동차 회사가 디트로이트에 설립되었다. 자동차는 만들기가 무섭게 팔려 나갔다. 그러나 아직도 값이 비쌌고 보완해야 할 결점도 많았다. 포드는 그러한 문제점을 해결하기 위하여 끊임없이 연구와 실험을 계속하였다.

1908년에 발표한 T형 자동차 T형 자동차의 조작은 너무나도 쉬워 누구나 운전할 수 있었다.

그 결과 1908년 10월에 새로운 자동차 설계를 발표했다. 이때 완성된 'T형 자동차'는 모든 면에서 다른 자동차를 수년 앞선 새로운 기술의 결정체였다. 'T형 자동차' 생산은 첫해에 6천850대, 다음해인 1909년에는 1만 대를 생산함으로써 회사는 계속 번창하였다.

그로부터 5년 후인 1914년 또 놀라운 일이 일어났다. 이 해 몇 주 동안에 포드 자동차 회사는 미국의 산업화 과정에 깊은 영향을 미친 2개의 기술혁신을 이룩하였다. 그 첫째는 컨베이어 벨트를 이용하여 움직이는 조립라인을 만드는 데 성공함으로써 공장 전체가 정확하게 연결되어 놀랄 만한 속도로 작업이 진행되었다. 이렇게 하여 단 2분 만에 자동차 1대를 생산해 낼 정도가 되었다. 둘째는 생산의 인간적 측면을 생각하여 노동시간을 8시간으로 줄이고 기본임금을 5달러로 2배나 올려 생산성 증대를 이룩한 것이었다.

이와 같은 기술 혁신의 결과 1914년 한 해 동안에 73만 대의 자동차가 생산되었고 1920년대 초에 이르러 포드 자동차 회사는 미국 자동차의 60퍼센트와 세계 자동차 생산고의 반을 생산했다. 이제 자동차에 관한 한 그에게 도전할 자는 아무도 없었다.

번영의 그늘

1920년대에 기업이 번창했다는 것은 반대로 사회의 나머지 세력들, 특히 노동자와 농민의 지위가 상대적으로 떨어졌다는 것을 의미했다. 농산물 가격은 공업 생산품 가격에 비해 떨어졌고, 국제 시장에서도 정부의 보호 없이 외국의 값싼 농산물과 경쟁하는 불리한 위치에 놓이게 되었다.

노동자의 세력도 전반적으로 약화되었다. 1920년대에 노동조합에 가입한 노동자는 미국 전체 노동자의 12퍼센트에 해당하는 500만 명에 지나지 않았다. 여기에는 이유가 있었다. 미국의 노동조합이 대체로 기능직과 오래된 직종의 노동자에만 한정되고 자동차, 화학, 전기 등 새로운 대량 생산업체의 노동자들에게는 손길을 뻗치지 못했기 때문이었다. 뿐만 아니라 '빨갱이 소동'이 벌어진 1920년대 초에 '노동조합은 급진주의와 관련된 위험한 것'이라는 인상을 줘 대중들로부터 외면당했다.

한편, 이러한 기회를 노려 기업가들은 노조 결성 반대 운동을 전개하였다. 그들은 노조에 가입하지 않은 노동자들에게만 취업의 기회를 주려고 하였다.

"노조가입을 의무화하는 것은 결코 미국적인 것이 아니다."

이렇게 주장하면서 클로즈드 숍Closed Shop을 비난하였고, 더 나아가 기업들은 노동 운동을 막기 위하여 스파이를 고용하여 노동자들 속에 침투시키기도 했다. 물론 노조결성이 허용되는 경우도 있었다. 그러나 '어용적인 회사 노조'일 따름이었다. 그 결과 1920년대에 회사 노조 수는 계속 늘어나 1928년에는 회원수가 150만 명에 이르렀다. 이에 반해, 노동총연맹과 같은 독립 노조 세력은 계속 쇠퇴하여 1930년에는 회원수가 전국 노동자의 7퍼센트에 불과했다.

그럼에도 불구하고 1920년대의 미국 경제는 번영을 누렸고, 노동자들도 어느 정도 혜택을 받았다. 고용주들은 노동조합의 결성을 반대하는 대신, 노동자들의 불만을 완화하기 위하여 회사 나름대로의 복지시설과 제도를 도입하였다. 그들은 노동자들에게 주식을 배당해 참여의식을 높이고 연금과 보험 혜택을 줌으로써 생활의 안정감을 높여주었다. 그리고 유급 휴가 및 여행의 기회를 주어 노동자들의 사기를 높이려고 하였다. 이에 따라 상당수의 노동자들이 생활의 안정을 느끼면서 그들도 서서히 기업정신에 물들어갔다.

이제 그들도 당시의 풍조인 소비주의, 물질주의, 보수주의 물결 속으로 빠져 들어간 것이다.

사회가 병들어가고 있다

기업의 발전과 함께 싹튼 물질문화가 확산됨에 따라 미국 사회는 물질만능의 소비주의와 변화를 거부하는 보수주의의 방향으로 나아가게 되었다. 이러한 추세에 지식인들은 반항하였다. 그에 따라 그들과 일반 대중과의 간격은 더욱더 벌어졌다. 그러나 1920년대

지식인들은 이전 지식인들이 그랬던 것처럼 과감한 개혁을 시도하지는 못했다. 다만 소극적인 방법으로 사회를 비판하면서 대중이 경각심을 갖길 바라는 정도였다. 기존 사회의 잘못된 가치관을 거부하면서도 그것을 타도하거나 개혁할 의지는 없었던 것이다.

이런 지식인들 중 어니스트 헤밍웨이는 그의 1925년 작품 《태양은 다시 떠오른다》에서 지식인들에게 환멸을 가져다준 당시의 휘청거리는 사회상을 묘사하였고, 4년 뒤에 쓴 《무기여 잘 있거라》에서는 제1차 세계대전에 참전한 미국 장교를 주인공으로 전쟁에 대한 경멸을 표현하였다.

셔우드 앤더슨은 소설 《가난한 백인》에서 산업 사회의 비인간화를 풍자하였다. 이 소설에서 컨베이어 벨트는 주인이 되고, 그 옆에서 일하는 사람들은 노예가 되어 기계로 인한 인간성 상실이 얼마나 무서운 결과를 낳게 될 것인지를 보여주었다.

어니스트 M. 헤밍웨이
20세기를 대표하는 작가로 사회의 폐해를 예리하게 비판하였다.

그런가 하면 싱클레어 루이스는 《메인스트리트》에서 조그마한 중서부 마을의 생활 모습을 그려 도시 생활자들이 얼마나 우둔하고 어리석은가 풍자하였고, 《배빗》에서는 자기 만족적이고, 물질주의적인 기업가들과 함께 하는 현대적인 도시에서의 생활을 조롱하였다.

뿐만 아니라 젊은 비평가 해롤드 스턴스가 22편의 논문을 모아 만든 에세이집 《미합중국의 문명》에서 작가들은 미국 생활이 거의 모든 면에서 무가치하고 불쾌한 것이라고 결론내렸다.

 1920년대의 지식인들은 미국 생활을 지배한 이른바 '성공윤리'를 공개적으로 거부하면서 부모 세대들이 가졌던 전통적인 목표에 등을 돌렸다. 이는 피츠제럴드의 유명한 소설 《위대한 개츠비》에도 잘 나타나 있다. 주인공 개츠비는 그가 사랑하는 여인을 차지하기 위하여 그의 모든 생활을 부를 축적하고 사회적 지위를 높이는 데만 소모한다. 그러나 그가 추구해온 세계는 가식과 사기와 잔인함이 가득한 세계임이 판명되며, 개츠비는 결국 파멸의 길을 걷게 된다.

금주 운동

미국에서 금주 운동은 역사를 갖고 있었다. 금욕과 절제를 강조하는 윤리가 강하게 뿌리박고 있는 미국에서는 술을 폭력, 매음 같은 악의 원천으로 생각하고, 따라서 술의 주조와 판매가 금지되어야 한다는 주장이 이미 1800년대 중엽에 나타났다.

 술은 새로운 이민이 많이 모인 대도시에서 제조되고 판매되었기 때문에 금주 운동은 자연히 배척 운동과 관련이 있었다. 또한 범죄가 난무하는 도시를 적대시하던 농촌 지역에까지 영향을 미쳤다. 농민들은 술이 도시의 외국인들과 미국을 도덕적으로 타락시킨다고 믿었다.

 이 같은 농촌 지역의 압력으로 1919년에 마침내 '금주법'이 의회를 통과하였다. 이제 술의 제조와 판매가 법으로 금지되었다. 그러나 1년 만에 그 법이 지켜지지 않는다는 사실이 명백해졌다. 미국인들이 술 끊기를 거부했던 것이다. 게다가 당시 모든 위스키는 수천 마일의 해안선과 국경선을 통하여 마구 밀수입되었다. 따라서 술의 유통을 막는 것은 거의 불가능했다. 그리고 주류 밀매점으로 알려진 비밀술집과 주류 밀매업자들을 뿌리뽑기 위해서는 실질적으로 미국의 모든 마을들을 순찰해야만 했고, 시민 개개인들도 사실상 가정에서 은밀하게 술을 만들어 마시는 경우가 많았다. 따라서 이러한 술과 관련된 모든 불법 행위들을 정부의 힘만으로 감시한다는 것은 불가능할 수밖에 없었다.

금주법을 풍자하는 당시의 카툰 "존, 왜 옛날 잡지들을 읽고 있어요?" "주류 광고들을 보고 있는거야."

그러나 이와 같은 법과 정부의 무력함보다 더 놀라운 것은 금주법이 조직화된 범죄를 조장했다는 사실이었다.

예를 들면 알 카포네는 시카고에서 대부분 불법 알코올 제조에 기반을 둔 엄청난 범죄 제국을 구축하였다. 그는 사업을 방해하는 자들과 맞서기 위하여 1천여 명이 넘는 총잡이들을 고용하였는데, 이들의 광적인 행동으로 1920년과 1927년 사이에 250여 명에 달하는 인명 손실을 가져왔다. 뿐만 아니라 시카고 외의 다른 지역에서도 이와 유사한 범죄 집단들이 활개를 쳐 마침내 그러한 범죄 집단들 사이에 전쟁까지 벌어졌다. 간단히 말해 금주법은 전국적인 웃음거리가 되었을 뿐 아니라 추문거리가 되고 말았다.

현대판 K.K.K.단

1920년대의 소비주의와 보수주의 물결에 따라 나타난 또 하나의 운동은 K.K.K.Ku Klux Klan단의 활동이었다. K.K.K.단은 원래 남북전쟁 직후 당시 재건 사업에 대한 남부의 반대자들이 북부의 정책에 반발하여 조직한 집단이었다. 이러한 초기 조직은 1870년대에 사라졌다. 그러나 초기 K.K.K.단을 유명하게 만든 〈한 국가의 탄생〉이라는 영화가 초연된 직후인 1915년에 남부인들은 다시 현대판 K.K.K.단을 조직하였다.

현대판 K.K.K.단은 처음에는 옛날과 같이 지도자인 윌리엄 J. 시몬즈가 주장한 대로 위험스러울 정도로 반항적으로 되어 가고 있는 흑인들을 협박하는 일을 주로 하였다. 그러나 제1차 세계대전 후부터 그들의 관심은 흑인들보다는 오히려 가톨릭교도, 유태인, 그리고 여러 외국인들에게 쏠렸다. 그들은 자신들의 지도자들이 천명했던 것처럼 미국 생활에서 순수하지 못한 외국적인 여러 영향력들을 몰아내는 데 몰두하였다.

그러다가 1924년에 이르러 그들은 수백만 명의 회원을 가지고 막대한 자금을 무기로 하여 각 주의 정치에까지 영향을 미쳤다. 한 예를 들면 인디애나주의 K.K.K.단은 데이비드 스테팬슨의 지도 아래 주지사를 선출하고 국회의원들의 대부분을 선출하면서 그 주에 대한 정치적 통제권을 행사하였다.

K.K.K.단의 조직원들은 일종의 비밀의식과 비밀언어를 채택했다. 그들은 공들여 만든 백색 제복을 착용한 채 흰 두건을 썼고 비밀회합을 가진 뒤 불십자가를 휘두르며 극적으로 행진했다. 그러면서 때때로 외국인들에게 잔인하고 격렬한 폭력을 휘둘러댔다. 공개적인 채찍질, 온몸에 타르를 발라놓고 그 위에 새털을 씌

워놓기, 방화, 사형 등 K.K.K.단이 출몰하는 곳에서는 항상 끔찍한 일들이 벌어졌다.

간단히 말해 K.K.K.단은 인종적인 순수성을 보존하기 위해서 뿐만 아니라, 1920년대의 미국 사회가 갖고 있는 가치관, 도덕관과는 다른 외부의 문화들을 방어하기 위하여 싸웠다.

물론 이들이 당시 미국 사회의 모든 계층들로부터 환영받은 것은 아니었다. 그들의 지지기반이래야 쇠퇴해가는 농촌 지역의 중하층 계급들이 고작이었다. 그럼에도 불구하고 K.K.K.단이 제기했던 당시 미국 사회의 여러 문제들은 수년 동안 상당수의 미국 사람들 사이에서 그 힘을 유지하였다.

큐 클럭스 클랜(KKK)
미국 각지에서 흑인·유대인·동양인에게 테러를 자행했다.

스콥스 재판

전통적인 미국인들, 특히 농촌 지역의 미국인들은 미국이 청교도들에 의해 세워진 프로테스탄트 국가라고 생각했다. 그러나 1920년대에 들어서면서 그들은 외부에서 밀려들어오는 신앙들로부터 위협을 느끼기 시작했고, 가톨릭교나 유태교 같은 외국의 신앙들로 인하여 그간 쌓아온 미국의 전통이 흔들린다고 생각했다. 게다가 진화론 같은 과학이론이 이러한 추세를 부추기는 데 대해 두려움마저 느꼈다.

이에 미국인들은 전통적 가치와 제도를 보존하려는 일환으로 성서의 내용을 문자 그대로 믿는 근본주의 신앙에 도달하였다. 그러므로 성서의 권위에 도전하는 과학 이론과의 충돌은 불가피했으며, 그러한 충돌의 하나가 1925년의 '스콥스 재판'이었다.

테네시의 고등학교 과학교사였던 존 스콥스는 어느 날 수업시간에 학생들에게 다윈의 진화론을 가르쳤다. 이것은 당시의 테네시주 법률에 의거할 때 위법이었다. 테네시주가 1925년 3월에 '어떤 공립학교 선생이든지 성경에서 가르치는 것처럼 인간을 신이 창조하였다는 사실을 부정하는 어떤 이론도 학생들에게 가르칠 수 없다.'고 규정한 법안을 채택했기 때문이다. 그러므로 스콥스는 곧 기소되었고, 이 사건에 그의 교사로서의 행위 자체를 옹호하던 미국 민권자유연맹이 끼어들었다.

존 스콥스 테네시의 고등학교 과학교사인 존 스콥스는 수업시간에 다윈의 진화론을 가르쳤다는 이유로 고소되었다.

이 연맹에서는 스콥스를 변호하기 위하여 변호사인 클라렌스 대로를 내세웠다. 반면, 스콥스의 처벌을 요구하는 근본주의자들은 농민 운동의 기수였던 윌리엄 제닝스 브라이언을 내세웠다.

이 재판을 취재하기 위하여 전국에서 기자들이 몰려들었고 재판장은 마치 서커스장같이 소란스러웠다. 먼저 브라이언의 심문이 시작되었다.

"피고인 스콥스는 무엇보다도 먼저 신을 모독했고, 다음으로는 법을 위반했으며 또 한 가지 주목해야 할 사실은 그토록 허무맹랑한 이론인 진화론을 성스러운 교육의 현장에서 어린 학생들에게 가르쳤다는 사실입니다."

반대 심문 과정에서 대로는 이렇게 열변을 토했다.

"모든 종교의 교리가 단 한 가지로만 해석될 수는 없는 것입니다. …스콥스가 신을 모독했다는 증거는 확실치 않습니다. 그리고 그가 법을 위반하였다고 하는 증거 또한 불확실합니다. 왜냐하면 진화론이 성서에 위배되는지 그렇지 않은지 여부는 성서와 진화론에 대한 해석상의 차이일 수 있기 때문입니다."

대로는 또 이렇게 요구하였다.

"이 법정에 계신 재판관 이하 여러분들의 이해를 돕기 위하여 진화론을 연구한 전문가의 증언을 허용해주시기 바랍니다."

그러나 대로의 이러한 요구는 받아들여지지 않았고 당시의 상황으로 봐서 스콥스가 유죄 판결을 받으리라는 것은 뻔한 일이었다. 결국, 스콥스는 유죄 판결을 받았다. 그러나 다행스럽게도 처벌받지는 않았다.

이 사건으로 미국 사회는 외래적이고 새로운 것에 대해 반대하는 보수적인 세력이 강한 영향을 미친다는 것이 드러났다. 그리고 다른 한편으로는 혁신주의자들의 낙관적인 인간관과는 달리 당시의 대중은 합리적인 사고방식을 갖지 못했다는 사실도 알려주었다.

이처럼 1920년대는 신·구 물결이 대립, 공존하는 시대였다. 그리고 이 같은 두 개의 대립요소는 1928년 대통령 후버가 프로테스탄트 교도와 금주 운동을 대변했고, 경쟁 상대였던 민주당의 알프레드 스미스는 가톨릭 교도와 금주법 폐지 운동을 대변했다는 데에서 잘 알 수 있다.

허버트 후버 대통령

후버는 1874년 8월 아이오와 웨스턴브랜치의 빈민가에서 태어났다. 그의 조상은 독일에서 미국으로 건너온 퀘이커 교도였는데, 대장장이였던 그의 아버지는 불행하게도 후버가 여섯 살 되던 해 장티푸스로 죽었고, 어머니 역시 그가 여덟 살 되던 해에 폐렴으로 죽었다. 친지들 밑에서 자란 그가 스탠포드 대학 지리학과에 입학 자격을 얻은 때는 17세 때인 1891년이었다.

대학을 마친 후 잠시 동안 광산 노동자로 일했고, 이것이 계기가 되어 1899년에는 중국 정부로부터 광산 지배인이 되어 달라는 초청을 받았다. 이후 14년간 부인 헨리와 함께 중국에서 살았고, 40세가 되었을 때 세계 제일의 광산기사가 되어 경제적으로도 안정된 생활을 하게 되었다.

1914년 제1차 세계대전이 일어나자 유럽에 살던 미국인들의 생활이 어려워졌다. 이때 그는 페이지 대사의 요청으로 구호기구를 설치하여 어려움에 직면하게 된 미국인들을 본국으로 돌려보내는 데 공헌하였다. 그리고 얼마 후 곤경에 처해 있는 벨기에인들에게 식량을 공급하던 벨기에 구호대의 책임자가 되어 달라는 요청을 받았다.

이것은 그에게 새로운 생애의 시작이었다. 이때부터 그는 모든 사업의 이해를 돌보지 않았다. 어떠한 공직에서도 보수를 받지 않았고 그 대신 자선단체들을 지원해주었다.

1917년 미국이 참전하면서 그는 월슨 대통령에 의해 식량청 책임자가 되었고 '식량은 전쟁을 이기게 한다.'는 표어를 내걸며 연합군측 식량공급에 지대한 역할을 하였다. 뿐만 아니라 그의 노력은 전후 유럽의 경제적 어려움을 해결하는 데 큰 도움을 주었다.

이후 후버는 능력을 인정받아 하딩 대통령에 의해 상무장관으로 발탁되었고 구호사업을 계속적으로 추진할 수 있었다. 후버가 지휘하는 상무성은 예전에는 그리 중요한 정부기관이 아니었다. 그러나 공업생산과 국내외 무역량이 증가하면서 점차 강력한 기구가 되었다. 후버는 강압보다는 설득의 방법으로 자신의 구상을 펼쳤고, 경제적 낭비요소를 제거하기 위한 노력의 일환으로 생산물의 표준화와 각종 정보 전달체계를 신속화하는 기술개발에 박차를 가하였다. 그는 불필요한 경쟁 형태를 가능한 한 줄여야 한다는 입장을 고수했지만, 결코 독점을 옹호하지는 않았다.

허버트 후버 제1차 세계대전 당시 식량청 책임자로 활약했다. 그의 농업 정책으로 인해 농작물의 생산이 촉진되면서 미국은 수월하게 전쟁을 수행할 수 있었다. 1929년 제31대 대통령으로 당선되어 당시 미국을 덮친 대공황을 타개하기 위해 여러모로 애썼으나 실패하였다.

이러한 정책은 직업 정치인들의 호감을 사지는 못했다. 뿐만 아니라 그는 개인적으로 정치단체를 만들지도 않았다. 그는 소년 시절의 수줍음을 그대로 가지고 있었고, 비판에 민감했으며, 공식적인 일 이외에는 사람들과 자주 접촉하지도 않았다. 더욱이 그의 연설은 그렇게 어려운 내용도 아니었으나 대중에게 별다른 감명도 주지 못했다. 그럼에도 불구하고 그는 꾸준한 저술과 연설을 통해 단체협약과 소년 노동의 폐지, 건강보험, 노령보험 등을 주장하며 자유주의적인 신념을 피력했다.

이러한 것들이 그가 과감한 개혁을 원한다는 것을 의미한 것은 결코 아니었다. 사실 그는 반동에도, 개혁에도 모두 적의를 품었고, 단지 '힘찬 개인주의'를 원하며 농촌의 프로테스탄트 교도와 금주 운동을 대변했다. 그 결과 그는 1928년의 공화당 전당대회에서 대통령 후보로 지명되었고 민주당 후보인 알프레드 스미스와의 대결에서 승리를 쟁취할 수 있었다.

대공황과 뉴딜 정책

어두운 목요일

1928년 8월에 후버 대통령은 이렇게 천명하였다.

"오늘날 미국에 살고 있는 우리들은 지금까지 그 어느 나라의 역사 속에서도 찾아볼 수 없는 빈곤 극복의 절정에 도달해 있으며, 이제 구빈원은 우리 사회에서 그 자취를 감추고 있다."

그리고 1929년이 시작되고 나서도 미국인들은 지난 몇 년 동안의 호황일로의 번영이 계속 지속되고, 나아가 놀랄 만한 경제, 사회적 발전이 뒤따라 올 것이라고 믿었다. 그해 3월 쿨리지 대통령은 백악관을 떠나면서 말하였다.

"현재 가격으로 볼 때 주식가는 싼 편이다."

뿐만 아니라 당시의 경제 전문가들마저도 이렇게 단언했다.

"미국 경제는 여전히 건재하다."

그러나 많은 미국인들의 그러한 전망에도 불구하고 미국 경제는 그해 9월부터 사실 어두운 먹구름 속으로 빠져 들어가고 있었다. 주식시장의 주가는 벌써 몇 번의 하락을 되풀이하면서 그때마다 다시 상승하여 간신히 현상유지를 했다. 그러다가 그해 10월 23일 수요일에 이르러 증권시장에서는 마침내 돌발사태가 발생했다. 정오가 되자 개장 무렵의 침묵을 깨고 '팔자'는 주문이 쇄도하였다. 거래고가 어찌나 많은지 주가 표시기가 다 기록할 수 없을 정도였다. 이쯤 되자 노련한 투기꾼들은 이날 저녁부터 주식시장에서 발을 빼려고 안간힘을 쓰기 시작했다. 게다가 이런 소문마저 주식 시장에 퍼졌다.

"더 많은 담보를 제공할 능력이 없는 한 빠져나오는 방법밖에 없다."

신문은 그날 밤 서둘러 주식시장을 떠나가는 주식 투자자들에 관한 이야기로 거의 전 지면을 할애하다시피 했다. 이런 와중에 사태를 조금이라도 호전시키려는 의도에서 다음과 같이 예고하였다.

"내일이 되면 주식시장은 반드시 조직적인 지원을 받게 될 것입니다."

그러나 주식시장은 이미 절망의 늪으로 깊이 빠져 들어갔다. 다음날인 10월 24일 이른바 '어두운 목요일'이 되었을 때, 큰손들은 물론 대부분의 주식 투자자들은 중매인에게 주식판매가를 지정조차 하지 않았다. 이러한 상황에서 중요한 것은 손실을 조금이라도 줄이는 것이었다.

"되도록 비싸게 팔아 주시오!"

판매자들의 절망적인 외침 소리가 입회장에서 쏟아졌다. 그러나 구매자들의 '사자' 소리는 단 한마디도 들리지 않았다.

이날 저녁, 폭락 사태를 거듭하는 주식시장의 지주들 여러 명이 월가의 성자들 중의 하나인 토머스 라몬트 사무소에 긴급히 모여들었다. 회의가 시작된 지 30분이 채 지나기도 전에 그들은 의견 일치를 보았다.

"최소한 공황은 막아야 한다."

이를 위해 2억 4천만 달러의 유지 자금을 출자했고, 이 조그마한 성은 3일간 엄청난 해일을 그런 대로 막아주는 듯했다. 그러나 이들 주변의 또 다른 거물들이 지원을 해주지 않는 한 더 이상 지탱하리라 기대하는 것은 무리였다.

이때, 후버 대통령은 국민들에게 말했다.

"이 나라의 기본적인 사업, 즉 상품 생산과 분배는 여전히 건전하며 또한 번영을 약속해줄 만한 기반 위에 서 있다."

그러나 사람들은 그 말을 믿지 않았다. 그 결과 10월 29일에는 또 한 번의 대폭락 사태가 발생했다. 이번에는 은행가들도 손 들어버렸고, 11월 중순에 이르렀을 때 손실 총액은 300억 달러에 달했다. 대부분의 주식은 휴지 조각과 다를 바가 없었다. 경제 전문가들이 영원할 것이라고 믿었던 번영은 이제 사라져 버렸고, 마침내 '대공황'이 시작되었다.

극복될 수 없는 위기

주식 시장이 붕괴되었을 때는 허버트 후버가 대통령에 취임한 지 겨우 7개월밖에 안 되었을 때였다. 그 짧은 기간 동안 그리고 이전에 그가 상무장관으로 있던 여러 해 동안, 그는 과도한 주식 투기와 거래의 무질서한 관행에 대해 항상 경고하였다. 1929년 3월에 그가 대통령에 취임한 후 관심을 가졌던 것은 투기를 어떻게 하면 무리 없이 가라앉힐 수 있겠는가 하는 문제였다. 그러나 그의 관심에 따른 몇 가지 조치는 별다른 효과를 거두지 못했고, 마침내 10월에 그가 우려하던 붕괴가 시작되었다.

후버는 이러한 붕괴는 단기적인 것에 불과할 것이라고 믿고 있었는데 그것은 곧 근거가 없음이 판명되었다. 그리고 경제가 불경기의 늪으로 더욱더 깊이 빠져들어감에 따라, 그의 대중적 이미지도 더욱더 나빠졌다. 상황이 악화되자 대중은 후버에 대해 가혹한 태도를 취했던 것이다.

주식시장의 붕괴 직후 후버 대통령이 최초의 대응책으로 취한 조치는 그해 11월 중순에 기업 지도자들과 노동 지도자들을 백악관에 모아놓고 부탁한 것이었다.

"임금은 내리지 말고 노동자들을 더 이상 해고하지 말 것, 이미 해고된 노동자들에게 구호를 제공해 줄 것, 노동자들은 파업을 하지 말 것."

그리고 11월 15일에 그는 대중에게 공언하였다.

"미국의 경제와 기업의 강력함에 대해 확신을 잃는 것은 어리석은 것이다."

그러나 그의 그러한 노력도 경기지수가 계속 떨어짐에 따라 더욱더 쓸모없는 것임이 판명되었다.

1930년 여름에 이르러서는 세계 도처의 거의 모든 산업 국가들이 역사상 가장 극심한 불경기 속에 빠졌다. 미국은 관세 장벽을 높임으로써 다른 나라들과 보호주의를 향한 경쟁에 뛰어들었다. 이에 대해 1천여 명에 달하는 경제학자들이 경고를 했음에도 후버는 1930년 6월에 스무트 홀리 관세법에 서명함으로써 국제무역을 더욱더 억제하였다. 후버는 회고록에서 이렇게 썼다.

"1931년 4월에 이르러서는 미국이 국내 경기 침체로부터 야기된 일시적인 불경기로부터 이미 회복되고 있었다."

사실 바로 그때 유럽 경제의 붕괴가 가속화되어 그 결과 대공황으로 빠져들어갔고, 미국의 어려움도 한층 더 가중되었다.

1931년 봄 오스트리아의 은행 파산은 독일과 영국으로 파급되었다. 영국의 잉글랜드 은행은 금 지불을 이행하지 못했고 마침내 금본위제를 포기했다. 영국의 이러한 조치에 대응하기 위해 미국도 안간힘을 다했다. 그러나 아무런 효과도 없었고 오히려 미국 경제의 회복은 더욱더 어렵게만 되어갔다.

사태가 이에 이르자 후버는 마침내 1932년 1월에 '재건금융공사'을 설립하여 기업과 금융기관에 대한 융자를 확대하고 주정부의 구호 계획을 지원하였다. 그러나 경제 위기에 대한 후버의 대응은 그의 '자발주의 철학에 대한 끈질긴 집착' 때문에 한계가 있었다. 개인주의야말로 미국의 경제, 사회적 발전에 있어서 역동적인 요소라고 후버는 생각했다.

그래서 그는 연방정부의 구호계획에 반대했다. 왜냐하면 그것은 개인이나 공동체로 하여금 실업수당에 의존하는 나약한 정신 상태만을 조장할 뿐이라고 믿었기 때문이었다.

후버가 연방정부 차원의 구호계획 실시를 거부한 데 대해 미국인들은 미국적 특성을 보호하려는 것이라고 생각하기보다는 냉혹하고 무자비한 인간성의 발로라고 지적하였다. 그리고 후버가 '실제로 굶주리는 사람은 아무도 없다.'고 발언하였지만, 그것은 곧 거짓임이 드러났다. 빈곤이 미국 도처를 휩쓸었다. 집 없는 사람들이 모여 있는 곳은 '후버 촌', 공원 벤치에서 잠자는 사람들이 덮는 신문지는 '후버 담요', 빈 지갑은 '후버 깃발'로 불렸다.

이런 상황 속에서 후버의 명예를 더욱 실추시킨 사건은 이른바 '보너스 군대'의 진격이었다. 그것은 1932년 여름에 2만여 명에 달하는 제1차 세계대전 제대 장병들이 워싱턴에 모여 1945년까지 만기가 되지 않은 보너스 증서에 대한 즉각적인 지불을 요구하는 청원서를 연방정부에 제출한 사건이었다.

이때 후버는 무질서를 우려한 나머지 군대에 명령을 내려 그들을 몰아내도록 하였다. 더글러스 맥아더 장군의 지휘하에 군대는 최루탄을 발사하고 총검을 사용하여 제대 군인들을 워싱턴에서 몰아냈다.

이 사건은 1932년 대통령 선거에서 이미 벼랑에 몰린 후버에게 더욱더 어려움을 가져다주었다. 이때 민주당에서는 뉴욕 주지사인 프랭클린 루스벨트를 대통령 후보로 지명했고 그는 미국 국민을 위한 '새로운 정책New Deal'을 약속하였다. 이에 반해 공화당 후보 후버는 "민주당이 집권하면 사태는 더욱더 악화될 것입니다."라고 주장하면서 경제적 붕괴에 빠진 국민들의 지지를 얻으려고 하였다.

예를 들면 후버는 "루스벨트가 제안한 관세인하 정책은 수많은 도시와 읍내 그리고 농장 들판에 잡초가 무성하게 만들 것이다."라고 경고했다. 그러나 유권자들은 압도적으로 변화를 선택

루스벨트의 선거유세
1932년 대통령 선거에서 루스벨트는 무엇보다 '경제회복'을 기치로 내세웠다.

하였으므로 11월 선거에서 루스벨트는 42개 주를 휩쓸고 선거인단 투표에서 472대 59로 후버를 침몰시켰다.

불경기와의 씨름

1932년의 대통령 선거에서 루스벨트가 대통령에 당선되었지만 정식 취임까지는 3개월이 남아 있었으므로 이 남은 기간을 후버 행정부가 꾸려야 했다. 이 마지막 기간의 경제적 상황은 침체와 후퇴가 뒤범벅이 된 어두운 시기였다. 산업생산이 떨어져 제철 회사들은 그 생산능력의 1/5에도 못 미쳤다. 전체 노동력의 1/4 이상이 일자리를 갖지 못했고, 그중에서도 그나마 연방정부의 구호 혜택을 받을 수 있는 사람들은 25퍼센트에 불과했다.

농장 폐쇄는 계속 늘었고, 은행도산이 잇따라 일어났다. 그러자 38개 주지사들은 1933년 3월 초에 이르러 은행의 휴업을 선언했다. 국민들은 불안에 휩싸인 채 3월 4일의 새 정부 출범만을 기다리고 있었다.

1932년 선거 유세 때 루스벨트는 '새로운 정책'을 약속했다. 그러나 그 약속에는 구체성이 없었다. 예를 들면 중요한 부문의 하나인 연방지출 문제에 있어서 루스벨트는 그간의 지출에서 25퍼센트를 삭감할 것을 주장했는데, 이것은 후버보다 더 보수적인 입장이었다. 그러면서도 루스벨트는 이렇게 약속함으로써 예산삭감에 대한 발언에서 발뺌하려고 하였다.

"우리 시민들 중의 어느 누구가 그렇게 되든지 굶주림과 무서운 가난이 닥쳐 필요하게 된다면 예산의 균형을 깨뜨리고서라도 추가 자금의 배정을 요구할 것입니다."

루스벨트는 선거연설 도중 행정부가 추진하게 될 몇 가지 시책을 제시하였는데, 민간자원 보존단, 공익회사의 규제, 주식 거래에 대한 통제, 보다 효율적인 정부 경제 계획의 수립이 포함되었다. 그러나 이러한 것들에 대해 보다 구체적이고 완전한 정의를 내리지 않았는데 논란의 대상이 될지도 모를 경제 문제들을 가능한 피해 보려는 의도도 있었고, 사실상 완전히 체계화된 정강도 없었기 때문이었다. 그러므로 리처드 홉스태터는 "뉴딜의 중심에는 철학이 있는 것이 아니라 단지 기질만 있었다."고까지 말하였다.

프랭클린 D. 루스벨트
루스벨트 대통령은 경제 대공황과 제2차 세계대전이라는 시대적 난제를 잘 해결해 제2차 세계대전 이후 미국이 강대국의 지위에 오를 수 있는 토대를 만들었다.

루스벨트의 기질은 실험에 개방적이었고, 대담했으며 당시의 분위기에 맞는 것이었다. 비참한 경제 상황에 빠진 미국 국민은 루스벨트의 대담한 약속을 들으며 용기를 얻었다.

"어떤 방법이든지 택하여 실험하는 것이 상식이다. 만일 그것이 실패한다면 솔직히 인정하고 다른 것을 실험해보자. 그러나 무엇보다도 중요한 것은 무엇이든지 해보자는 것이다."

루스벨트는 미국의 어느 대통령보다 불리한 조건을 맞이했다. 싸늘하고 음침한 날에 취임연설을 하면서 이렇게 주장하였다.

"나의 굳은 신념은 우리가 두려워해야 할 것은 두려움 그 자체라는 것이다."

또 미국 경제를 활성화하기 위해 연방정부가 해야 할 몇 가지 일을 제시하였고, 이렇게 말하였다.

"이번에 소집될 특별회기에서 경제 위기에 대응하기 위한 실효성 있는 입법이 이루어지지 못한다면, 나는 우리가 외국의 적으로부터 침략받을 때 나에게 주어질 권한만큼 강력한 행정력을 추구하게 될 것입니다."

〈시카고 트리뷴〉은 그의 이러한 연설을 '용기 있는 신념의 우세한 노트'라고 찬양하였다. 그러나 그 신문은 얼마 있지 않아 루스벨트 행정부를 끈질기게 비판하였다.

다음날인 1933년 3월 5일에 루스벨트 대통령은 전국 은행 휴업을 선포하고 3월 9일에는 의회소집을 요구하였다. 3월 15일에 은행들의 반 이상이 다시 정상업무를 시작했다. 3월 12일에 루스벨트는 라디오 '노변담화'에서 "이제 금융제도는 안정되었습니다."라고 국민들에게 확언하였다. 다음 몇 주 동안에 현금 인출보다 예금이 많았는데 이것은 국민이 대통령의 발언을 받아들였음을 의미하는 것이었다.

3월 9일부터 시작하여 6월 16일까지 의회의 특별회기, 이른바 '100일'은 루스벨트 대통령의 메시지 전달과 열띤 입법이 계속된 기간이었다. 의회의 정책 심의 속도가 훨씬 빨랐다. 이러한 행정부와 입법부의 박력 있는 행동주의는 국민, 그 가운데서도 특히 대공황의 가장 밑바닥 희생자인 수백만 실업자들로부터 환영을 받았다.

나에게 할 일을

대공황의 희생자인 실업자 수는 엄청났다.

《포츈》은 1932년 9월에 아무런 소득이 없는 미국인의 숫자를 3천4백만 명으로 추산하였다. 이 밖에 다른 사람들은 아직 일자리를 갖고 있다는 점에서는 운이 좋았지만, 그럼에도 불구하고 노동시간과 임금이 줄었기 때문에 소득이 크게 감소하였다.

일자리를 찾는 수백만의 실업자들은 매일같이 쓸데없는 일만 되풀이하였고, 정열과 자신감을 잃었다. 고용 광고가 나오면 지원자인 실업자들이 긴 행렬을 이루었다. 소련의 어느 구인광고에는 10만 명이 지원하였다. 해고당한 숙련공들은 자신들의 기술과 능력에 훨씬 못 미치는 일자리라도 얻기 위해 안간힘을 썼다.

캐롤라인 버드는 그의 저서 《보이지 않는 상처》에서 2차 대전이 일어나기 전에 연방정부가 군비를 위해 인력을 조사했던 사실을 인용했는데, 인디애나주의 어느 조사에 나타난 예를 보면, "한 읍내의 근로자 가운데 거의 반이 엉뚱한 일을 하고 있다. 판금공이 해운 서기로 일하고, 주형공이 오물처리를 맡고, 천공기 기술자는 청소부가 되어 있다."고 되어 있다.

실업자에게 엄습한 불경기는 경제적인 것은 물론 심리적인 것도 컸다.

조지 오웰은 영국의 실업자에 대한 연구에서 "실업자는 덫에 걸려 멍청해진 동물처럼 자기운명을 멍하니 보고 있는 것"이라고 밝혔다. 개인주의와 자립심이 두드러진 미덕으로 예찬되는 미국에서는 더욱더 나쁜 결과를 가져왔다. 뉴욕의 가정에 대한 어느 연구에 따르면, 먹을 것을 찾는 실업자들의 특징은 '깊은 모욕'으로 고통당하는 것이라고 지적하였다. 이 시기의 분위기를 스터즈

"우리는 떠돌이 노동자가 아닌 시민이 되고 싶다." 경제가 더 나빠질수록 사람들은 직장에서 내쫓기고 빈곤해졌다.

터걸은 그의 역사서인《어려운 시절》에 묘사하였는데, 경제적 위기로 발생한 '내면적 좌절'을 이렇게 지적하였다.

"모든 사람들은 정도의 차이가 있기는 하였지만 자기의 몰락이나 모든 불운에 대한 책임을 자신에게 돌렸다. 그것들은 모두 자기 자신의 잘못이고 게으름 때문이며 자신의 능력 부족 때문이라고 인정하였다. 그렇기 때문에 각자는 그것을 받아들이고 조용히 있어야 한다고 생각했다."

그리하여 혁명에 대한 요구가 1930년대를 통하여 미국 전역을 휩쓸었다. 여러 종류의 급진파들은 자신들이 관찰한 갖가지 무기력함을 공격하였다.

그러나 사회봉기에 대한 외침보다 프랭클린 루스벨트의 '경제 피라미드의 밑바닥에 있는 잊혀진 사람들'에 대한 약속이 더 설득력 있음이 입증되었다.

뉴딜의 '구호 계획', '개혁 계획'은 고조되던 혁명 감정을 억누르는 데 성공하였다. 당면 문제들 가운데서 실업이 가장 어려운 문제로 남았고 민간 노동력의 실업률은 2차 세계대전 직전까지도 10퍼센트 이하로 떨어지지 않았다. 그러나 실업 부문에서의 미미한 회복세마저도 경제가 다시 활기를 띠는 방향으로 나가고 있다는 증거가 되었다.

100일간의 입법

실업자들의 어려운 처지는 특별의회 회기의 즉각적인 관심을 끌었다. 공황을 가져오게 한 문제들을 해결하고, 국민에게 안정과 번영을 다시 가져다주기 위해서는 무엇보다도 우선 실업자들에게 일자리를 만들어주는 것이 가장 중요하였기 때문이다. 이에 의회는 1933년 3월에 민간 지원 보존단을 창설하여 30여만 명에 달하는 18세에서 25세 사이의 청년들을 전국의 산림지방으로 파견하였다. 이들 청년들은 거의 1천500여 개에 달하는 수용소에 수용되어 캠프 생활을 하고 매일 짜여진 일과에 따라 식목, 홍수예방, 토양의 산화 방지 등을 위한 작업을 하면서 일당 1달러 정도의 돈을 받았다. 이렇게 시작된 사업은 마지막에 가서는 참가인원이 무려 50만 명에 육박했고, 1941년에는 200만 명을 훨씬 넘었다.

1933년 5월 의회는 실업자들의 짐을 덜어주려고 추가로 법을 제정하였다. 연방 긴급구호법이 지정되어 주정부와 시정부에 대해 직접지원으로 5억 달러가 제공되었는데, 이것은 단지 융자 혜택만 제공했던 후버 행정부에 비하면 상당히 진전된 정책이었다.

뉴딜 정책 1936년 앨라배마. 연방정부는 공공사업진흥국을 창설하고 숙련된 노동자를 필요로 하는 850만 개의 일자리를 창출했다. 고용된 노동자들은 많은 다리와 고속도로, 공원들을 건설하고 보수했다.

그리고 루스벨트는 술의 제조와 판매를 금지함으로써 큰 논란을 빚어왔던 금주법을 폐지하였다. 그 결과 알코올 함유도 3.2도가 되는 맥주가 판매되기 시작했다. 노란 빛깔의 거품나는 이 액체의 판매가 침체에 빠져 있던 미국인들의 생활을 변화시켰다면 의아하게 들리겠지만, 사실이 그러했다. 그 때문에 막대한 국가 수입이 생겼고, 상당수의 실업자들이 그것과 연관된 여러 업자들에게 고용되었다. 1933년에는 이에 따라 술통이나 상자를 만들기 위해 수백 개의 제재소가 산림 주변에 건설되었다.

또한 의회는 특별회기 동안에 다음 세 가지 법을 제정하여 정부의 경제 계획 수립이 확실히 진일보했음을 보여주었다. 그 세 가지는 지역적인 에너지 및 홍수제어, 개발을 제공한 테네시 계곡 개발공사, 산업을 부흥시키기 위한 국가부흥청, 그리고 약화된 농업 부문에 활력을 넣기 위한 농업조정청의 설치에 관한 법이었다.

테네시 계곡 개발공사

테네시 계곡 지대를 개발하려는 루스벨트의 계획은 상원의원 조지 노리스의 노력으로부터 많은 영향을 받았다.

1차 세계대전 중에 정부는 탄약을 생산할 두 개의 질소 산업 설비 공장을 세우고, 앨라배마의 테네시 강에 거대한 수력발전소를 건설한 적이 있었다. 전쟁이 끝나고 정부는 이들 시설을 처분하려고 하였지만 사려는 사람이 없었다. 노리스 상원의원은 이들 시설의 확장과 그것을 국가가 운영할 것을 주장함으로써 그 주변 지역에 전기와 비료를 공급하려고 하였다. 그러나 그러한 목표를 달성하려는 법안들은 쿨리지 대통령에 의해 모두 거부되었다. 그러다가 루스벨트가 대통령이 되고 나서야 비로소 노리스는 자기와 같은 생각을 가진 대통령을 만나게 된 것이다.

1933년 5월 루스벨트 대통령은 마침내 테네시 계곡 개발공사를 창설하는 법에 서명하였다. 그 법은 테네시 계곡 개발공사라는 독립된 공사에게 테네시 강과 그 지류에 댐과 발전소를 건설할 권한을 부여함으로써 전기와 비료를 생산하고 테네시주, 노스캐롤라이나주, 캔터키주 등 7개 주에 대한 홍수 관리 시설을 개발할 권한을 주었다.

노리스 댐 1933년 10월에 착공하여 1936년 3월에 완공된 테네시 계곡 계발공사(TVA)의 첫 번째 수력발전댐이었다.

이제 정부는 전기를 생산함은 물론 그것을 소비자에게 파는 일에 종사하게 되었고, 공공의 이익을 위하여 사업하고 있는 회사들이 국민들에게 받고 있는 각종 요금이 적정한지 어떤지를 측정할 기준치를 마련해주었다. 이러한 테네시 계곡 개발사업이 갖고 있는 개념을 가리켜 어느 의원은 이렇게 비판하였다.

"그것은 우리의 미국적 체제에 소비에트적 관념을 접합시키려는 시도이다."

그러나 대부분의 미국인들은 그 사업이 사회주의적인 것이라고 비판하는 데 대해 긍정적인 호응을 보이지 않았다. 그들은 에릭 골드맨이 말한 대로 그 사업은 변덕스럽고 파괴적인 강을 가장 후진적인 지역의 개발에 얽어 매어보려는 매우 대담한 시도라고 믿었고, 그러한 시도에 대해 크게 놀랐다.

푸른 독수리

뉴딜 경제 계획 중 가장 야심적인 사업은 1933년 6월에 루스벨트가 국가 산업부흥법에 서명함으로써 진행되었다. 이 법에 따라 광범위한 정부 계획을 추진하기 위하여 국가 부흥청이 창설되었다. 그것은 제1차 세계대전 당시의 전시산업 이사회를 모델로 한 것으로서 정부 감독하에 산업을 자율적으로 규제하여 경제를 소생시키려고 한 것이다.

이 계획을 실현하기 위하여 만든 장치는 각 산업 부문의 대표들이 기초한 공정경쟁 규약들이었는데 생산, 가격, 임금을 규제하도록 되어 있었다. 이러한 규약들이 일단 대통령으로부터 승인받으면, 그것들은 법원에서 발행하는 영장에 의해 시행될 수 있었다. 루스벨트는 국가 부흥청의 출발에 즈음하여 다음과 같은 기본원칙을 강조하였다.

"각 산업들은 자신들 스스로가 단결하여 행동하기만 한다면 국가 전체의 이익을 위해 상당한 일을 해낼 수 있을 것이라고 말한 바 있는데, 오늘부터 그러한 산업들은 자신들이 원하던 바대로 행동할 수 있는 권리를 가지게 된다."

국가 부흥청은 지칠 줄 모르는 정력가인 휴 존슨의 영도하에 활기차게 출발하였다. 그는 협동의 상징으로 '푸른 독수리'를 마크로 내세워 그것을 공장이나 가게는 물론, 상품에도 붙이게 하였다. 독수리 마크를 붙이지 않은 고용주는 협동에 반대하는 사람들이므로, 그들이 생산하는 물건을 사지 말도록 국민에게 촉구하였다. 그 결과 약 2백만 명의 고용주들이 국가 부흥청이 설정한 근로기준을 받아들였다.

그러나 국가 부흥청의 산업부흥 계획은 정부가 의도한 만큼 잘 이루어지지 않았다. 계획을 추진하는 과정에서 여러 가지 문제들에 부딪혔다. 그 가운데는 국가 부흥청에서 만들어진 것도 부분적으로 있었다.

월터 립프만이 지적한 바와 같이 '푸른 독수리'는 경제 회복을 가져올 수 있는 유일한 수단이며 보다 빨리 움직일 수 있는 새라는 이미지를 국민에게 알리려고 대대적으로 선전했다. 그러나 경제 회복의 속도가 실제 약속한 것만큼 빠르지 못하자 실망이 커졌다.

또한 국가 부흥청은 석탄, 강철에서부터 빗자루에 이르기까지 500여 종에 달하는 다양한 산업들을 규제하려 하였기 때문에 상당히 복잡한 문제들에 부딪혔다.

중소생산자들은 이 사업계획이 대기업가들에게만 유리하도록 만들어졌다고 비난하였고, 노동자들은 그 계획이 물가에 비해 임금이 떨어지도록 만들어졌다고 비난하였다.

그럼에도 불구하고, 국가 부흥청은 2년 동안 존속하며 몇 가지 업적을 남겼다.

첫째, 그 규약들은 소년 노동과 착취 공장과 같은 극악한 근로조건을 제거하는 데 어느 정도 기여하였다. 그리고 산업 조정계획은 각 산업 부문이 축소되던 추세에 제동을 걸었다. 그렇지만 그것은 경제성장을 가져오지는 못했다. 국가 산업부흥법에는 33억 달러의 공공사업 지출에 대한 조항이 포함되어 있었지만, 이 사업의 운영자인 해롤드 이키즈가 자금을 아주 천천히 지출하였기 때문에 경제를 촉진시키는 데는 한정된 영향만 미쳤을 뿐이었다. 즉 오티스 그래함이 지적한 바와 같이 국가 부흥청은 강력한 팽창적인 원리가 없는 가운데 이렇다 할 결과를 낳지 못하였다.

농업조정법

대공황은 농민에게도 큰 타격을 주어 1920년대 말에 110억 달러였던 현금 소득이 1932년에는 47억 달러로 떨어졌다. 농민들을 괴롭히던 만성적인 문제는 과잉생산과 농산물 가격의 하락이었으므로, 이를 해결하기 위해서는 우선 너무 많이 생산되는 농산물의 양을 줄여 가격을 올려야만 했다.

1933년에 제정된 농업조정법은 바로 그와 같은 방향에서 농업문제를 해결하려 하였고 그 영향은 전국의 농촌 사회에서 곧 분명하게 나타났다. 1920년대 농업에 관한 법들은 생산을 제한할 수 없는 문제가 있었다. 뉴딜을 시행하는 과정에서도 그러한 문제는 여전히 남아 있었다. 그러나 농업조정법을 실현하는 과정에서 농민들의 반응은 거꾸로 일어났다. 즉 농업조정법은 단순한 생산제한 단계를 넘어서서, 이미 생산되어 있는 잉여농산물을 파괴하기로 결정하였기 때문이다. 이에 농민들은 정부로부터 돈을 받고 1933년에 1천만 에이커의 땅에서 면화를 뽑아버리고, 600만 마리의 돼지를 죽여 식료품이 아닌 다른 목적에 사용하였다. 이것은 물론 수백만의 동포가 굶주리는 상황에서 도덕적으로 문제가 있었다.

한편, 이 기간 중에 농산물 생산을 줄이는 데 있어서 자연도 한몫을 하였다. 1933년 초에 동부지방에 가뭄이 시작되어 점차 서쪽으로 이동하고 대평원의 주들에서 가장 심각한 피해가 발생했다. 이 가뭄은 기상대 과학자의 표현대로 미국의 기후 역사상 최악의 것이었는데, 거의 10년 동안 미국의 주요 지역들을 휩쓸었다. 바짝 마른 흙은 먼지로 변했고, 바람이 땅을 휩쓸어 메마른 지면의 흙을 어마어마한 모래 폭풍우로 날려 보냈다. 도날드 워스터는 그의 신랄한 연구서인 《먼지분지》에서 이러한 모래 폭풍우의 끈질긴 황폐화를 다음과 같이 묘사하였다.

"날이면 날마다, 해마다, 모래가 창문을 두드리고, 흙먼지가 입술을 덮고, 봄철은 절망으로 바뀌고, 빈곤은 사람들로 하여금 자신감을 잃게 하였다."

모래 폭풍 1935년 봄, 뉴멕시코 지역. 가뭄으로 인한 모래 폭풍 때문에 많은 농부들이 농작지를 떠났다.

이러한 파국에 대해 연방정부는 융자, 토양 보전기술, 삼림병풍벽 등의 다양한 가뭄피해 구호계획으로 대처하였다. 그러나 오래 기다리던 해결책인 정상수준의 강우량은 1941년이 올 때까지 회복되지 않았다.

이런 가운데 농산물 가격은 예상대로 올랐고, 농민의 소득은 늘어났다. 또한 정부는 토지를 담보로 빚을 얻은 농민들에게 장기간 낮은 금리로 융자를 해주었는데, 이 계획은 나중에 주택을 담보로 빚을 진 도시인들에게까지 확대되었다. 마침내 정부의 통제정책이 농업에 있어서 성공을 거둔 것이다.

사회보장 입법

대공황으로 일어난 문제 가운데 가장 고통스러웠던 두 가지 측면은 실업의 발생과 저축의 소멸로 일어난 불안감과 무력감이었다. 독일, 프랑스, 영국 같은 서방의 다른 산업 국가에서는 이미 20세기의 첫 10년에 이르러 사회보험 정책을 실현하고 있었다. 미국도 그와 비슷한 정책을 개발해야 한다고 많은 사람들이 주장하였지

사회보장법 입법
1935년 8월 14일 루스벨트가 사회보장법에 서명하고 있다.

만 성공하지 못하였다.

그러나 이제 1930년대의 경제적 붕괴, 그리고 '타운센드 플랜'에 대한 관심이 커짐에 따라 사회보장은 정치적으로 가능하게 되었다. 캘리포니아의 의사인 프랜시스 타운센드는 1933년에 정부가 노인에게 정부가 줄 혜택에 관한 계획안을 수립하였다. 세 명의 수척한 할머니들이 쓰레기통을 뒤지는 것을 본 것이 그가 계획을 수립하게 된 동기였다.

타운센드 플랜에 따르면 60세 이상의 모든 은퇴 노인에게는 매월 200달러를 주도록 하였다. 타운센드는 자신의 계획이 단순히 연금계획으로서 기능만을 발휘할 것이 아니라 경제를 활성화하기 위한 전략이 될 것이라고 주장하였다.

현금을 소유하게 된 노인들이 매달 지출을 하면 수요가 그만큼 창출되어 실업을 줄이게 될 것이라는 것이었다. 계획에 필요한 자금을 조달하기 위하여 타운센드는 원료품 생산 판매에서부터 소매단계에 이르는 거래의 모든 단계마다 2퍼센트의 판매세를 부과하고자 했다.

그러나 이렇게 하면 국민소득의 거의 반 이상이 전체 인구의 10퍼센트도 안 되는 노인에게 옮겨갈 것이라는 이유를 들어 의회가 동조하지 않았다. 그럼에도 불구하고 타운센드 플랜으로 일어난 흥분은 그것보다 다소 온건하긴 했지만, 여러 가지 대안들로 이루어진 사회보장법이 통과되는 길을 열어 놓았다.

1935년 8월 14일에 루스벨트가 서명한 사회보장법은 여러 가지 혜택을 포함하였다. 고용주와 피고용인에게 부과하는 세금으로 충당되는 노령보험 및 생존자 보험이 포함되어 있었다. 연방정부는 주정부가 가난한 자들을 위한 노령연금, 의존적인 자녀들과 맹인, 불구자들을 위한 구호의 손길을 제공하도록 자금 지출에 대한 권한을 주었다. 또한 각 주들이 운영할 실업보상계획도 새로 수립하였는데 자금은 연방정부로부터 조달받게 되어 있었다.

루스벨트는 이 법에 서명하면서 말했다.

"인생행로에서 위험과 불안정이 발생한 시기에 그것으로부터 완전히 벗어날 수 있을 정도로 정부가 완벽한 보호수단을 제공할 수는 없다."

그러나 그는 사회보장의 달성을 역설하면서 말했다.

"우리는 직업을 잃고 가난으로 찌든 노령층에 대한 조치로 서민과 그 가족에게 어떤 보호조치를 제공할 법을 만들려고 합니다. 이 법은 개인의 필요에 부응할 것은 물론 경제에 있어서 안정화 역할을 할 것입니다. 사회보장은 수립되고 있지만 결코 완성은 되지 않을 어떤 구조물의 한 주춧돌을 표현하고 있을 뿐입니다."

사회보장법에는 몇 가지 취약점이 있었다. 수혜 대상 가운데는 많은 종류의 직종이 포함되지 못하였고, 농업 노동자와 가내수공업 근로자들이 제외되었다. 또 자금을 조달하기 위해 고용주와 피고용인에게 세금을 부과함으로써 준비금을 마련하려고 하였는데, 시중의 돈을 흡수해 그렇지 않아도 약화된 경제를 더욱더 축소시키는 역할을 하였다. 그럼에도 불구하고 루스벨트는 다음과 같이 주장하였다.

"피고용인들의 연금적립을 통해 얻어진 소유감각은 가치가 있다. 우리는 적립금 납부자들이 후에 그들의 연금과 실업 수당을 받아낼 수 있도록 조치를 취했다. 그러므로 어떤 나쁜 정치가가 나와도 나의 사회보장계획을 절대로 없애지는 못할 것이다."

노동조합

뉴딜 기간은 노동조합주의의 전성기였다. 이 시기에 일어났던 광범위한 노조 운동, 특히 공업 부문에 있어서의 노조 운동은 노동조합 회원수가 감소하던 1920년대의 추세를 뒤집어 놓았다. 노동자들은 연방정부의 새로운 지원으로 크게 이득을 보았다. 그것을 장려한 것은 1933년의 국가 산업부흥법과 1935년의 국가 노동관계법(와그너법)이었다.

국가 산업부흥법 제7조 a항은 국가 산업부흥법에 따라 체결된 모든 협약에서 피고용인은 간섭, 억압 또는 강제없이 자신들이 선출한 대표를 통해 조직을 이루고 집단적으로 교섭할 권리를 가지도록 보장하였다.

이것은 노동조합 운동에 활력을 불어넣었다. 연합광산 노조의 지도자들은 광부들에게 대통령이 노조가입을 지지했다는 사실을 강조함으로써 전국의 탄광 지대에서 노조 가입 붐을 일으켰다. 그리하여 연합광산 노조의 회원수는 3배 이상 늘었고, 다른 노조들도 크게 세력을 강화하였다.

국가 산업부흥법 7조 a항은 피고용인들의 노동조합 조직권과 단체교섭권을 인정하기는 하였지만, 그럼에도 불구하고 고용주들이 이에 협조하지 않을 경우에 대처할 수 있는 효과적인 절차는 마련하지 못하였다. 이에 대하여 노동 역사가 데이비드 브로디는 말하였다.

"7조 a항은 유쾌하게 출발했지만 허점이 드러났기 때문에 국가 산업부흥법이 무효화되기 오래 전에 이미 시행되지 않았다."

대법원이 1935년 5월 27일에 국가 산업부흥법을 무효화하였을 때 의회는 이미 7조 a항보다 더 효과적으로 노조결성을 보호하는 노동법안을 심의하고 있었다. 그리하여 7월 5일에 루스벨트 대통령이 국가 노동관계법에 서명했는데 그 법에 대해 윌리엄 류첸버그는 다음과 같이 썼다.

"노동자의 단체 교섭권을 정부가 보다 더 강력하게 보호할 수 있게 하였다."

이 법으로 '국가 노동관계 이사회'라는 기구가 설치되었다. 이 기구는 교섭 대표들을 선출하기 위한 선거를 감독하고 노조를 결성하는 과정에서 고용주들이 노동자들에 대해 부당행위를 못하도록 막는 권한을 가졌다.

국가 노동관계법은 노동자들의 권리를 보호한다는 의미에서 그 앞의 국가 산업부흥법 제7조 a항보다 약간 나았다. 왜냐하면 대법원이 1937년에 '국가 노동관계 이사회 대 존스 앤드 롤린 철강회사' 판결에서 그 법을 합헌이라고 선언하였기 때문이다.

1941년에 이르기까지 국가 노동관계 이사회는 200만 명의 노동자에게 영향을 미친 거의 6천 회의 선거를 감독하였고 2만 건 이상의 불공정 행위를 접수하였다.

국가 노동관계법이 통과되면서 노동 운동에 있어서 분쟁을 표면화시키고 나아가서는 분열마저 야기시켰다. 미국 노동연합이 내세운 숙련공 위주의 직능 노조주의 노선에 대해 새로운 산업 노조주의의 물결, 즉 산업 전체를 기반으로 노동자들을 조직하려는 움직임이 도전했기 때문이다.

존 L. 루이스 1880년생인 존 L. 루이스는 어려서부터 탄광의 노동자로 일하다가 1920~60년 미국광산노동자연합(UMWA)의 위원장을 지냈다. 특유의 과격함과 탁월한 지도력으로 미국 주요 산업분야에서 거대 노동 조합을 결성하도록 추진하였다.

1935년 10월의 미국 노총 연례대회에서 산업 노조주의자이며 연합광산 노조 지도자인 존 루이스는 대량생산 부문을 가진 산업의 노동조합 조직계획을 대대적으로 추진하였다. 그러나 루이스의 제안은 투표에서 부결되었다.

"미국 노총은 정체해 있으며 그의 얼굴은 과거를 향해 돌리고 있다."

그는 이렇게 비판하면서 산업 노조주의를 위한 투쟁을 주도하기 시작하였다. 루이스는 연합복장 노조의 시드니 힐맨 등과 더불어 산업조직위원회를 창설하였다.

이것은 미국 노총에 속한 하나의 위원회로 출발하였는데, 그의 전투적인 정강 때문에 본기구인 미국 노총과 충돌하였다. 그리하여 그들은 사업조직위원회를 산업조직회의로 명칭을 바꾸었다.

산업조직회의를 앞장 세워 전개된 운동은 격렬해졌고 또한 상당한 성공을 거두었다.

그 후 6년 동안에 노조 조직화를 반대하던 자동차, 철강, 고무 등과 같은 기간산업에서도 노조가 결성되었다. 그리고 얼마 후 수많은 노사분규가 일어났는데 그 가운데 가장 유명했던 것이 '러퍼블릭 철강 공장'의 경우였다. 그리고 이를 통해 연좌파업이 가장 효과적인 전략임이 입증되었다.

제너럴 모터스는 1937년 2월에 노동자들이 미시간의 프린트 공장에서 44일간에 걸쳐 연좌파업을 일으키자 연합자동차노조를 교섭단체로 승인하였다. 이 새로운 파업 방법을 채택한 노동자 수는 1936년과 1937년 사이에 거의 50만 명에 이르렀다. 이러한 방법 이외에도 전통적인 파업 방법이었던 조업 중단은 수천 회나 일어났기 때문에 1937년은 노사관계의 역사에서 가장 격렬한 한 해가 되었다. 이와 같은 1930년대의 동요가 있은 뒤 노동 운동은 직능노조주의에서 벗어나 산업노조주의로 발전하였고, 그 기반을 공고히 함으로써 미국 사회에서 보다 적극적으로 정치적, 경제적인 역할을 할 준비를 해나갔다.

뉴딜의 의의

뉴딜 정책으로 대공황의 문제가 완전히 해결된 것은 아니었다. 1936년 경기가 어느 정도 회복되는 것처럼 보였으나 다시 1937년 중반부터 불경기가 찾아오기 시작하여 1938년에는 최악의 상태가 되었다. 실업자는 전체 노동력의 1/5인 1천만 명에 이르렀다. 그러므로 실업 문제는 제2차 세계대전이 일어나 군수산업으로 인한 호경기가 찾아올 때까지는 뾰족한 해결 방법이 없었다. 이것이 바로 뉴딜 정책이 드러낸 한계였다.

그럼에도 불구하고 뉴딜 정책이 지니는 의의는 대단히 크다. 뉴딜은 경제적 자유주의 입장에서 수동적이었던 국가를 간섭주의의 국가로 만들어 놓았고, 소득 분배의 공평을 기하고 사회 보장의 필요성을 인식시켰다. 정치적으로는 하층 중산 계급 및 노동자 계급이 크게 대두하였다. 뉴딜을 지지한 사람들은 바로 이 계층에 속한 사람들이었다.

뉴딜 정책의 내용이 사실 과거의 정책들과 전혀 색다른 것은 결코 아니었다. 독점배격, 노동자의 권익옹호, 사회보장제도는 19세기 말부터 시작된 혁신주의 운동이 항상 내걸었던 정책이었다. 다만, 뉴딜은 미국이 일대 경제 난국을 맞이했을 때 그러한 정책을 단시일에 대담하게 구현한 것뿐이다. 말하자면 뉴딜은 전통적인 것을 근간으로 한 혁신이었던 것이다. 따라서 제2차 세계대전 후 어떤 정당이 정권을 장악했더라도 뉴딜 정신을 살리고 그 정책을 보다 현실에 맞게 추구하지 않을 수 없었다.

제2차 세계대전

방아쇠는 당겨지고

미국인들은 대공황으로 골머리를 앓고 있었다. 그러나 그보다 더 심각한 문제가 유럽과 아시아에서 고개를 바짝 쳐들었다. 제2차 세계대전을 예고하는 어두운 흐름이었다.

독일의 오스트리아 합병 1938년 3월 베를린. 오스트리아 합병은 다수의 독일인이 거주하고 있는 체코슬로바키아의 수데덴을 합병하기 위한 단계라고 말하는 히틀러에게 독일 의회가 갈채를 보내고 있다.

제1차 세계대전의 패전국인 독일은 어려움 속에 놓여 있었다. 국가의 위기 속에서 히틀러가 나타났다. 그는 국제연맹을 탈퇴하고 1935년 3월에는 베르사유 조약의 군비 조항을 일방적으로 파기하고 군비 증강에 착수하였다. 그뿐만 아니라 주변의 폴란드, 체코슬로바키아, 오스트리아에게 현재 독일인들이 거주하는 영토를 내놓으라고 위협하였다.

한편 무솔리니가 이끄는 이탈리아는 같은 해 5월 대동원령을 발표하고 10월에 에티오피아를 공격하였다.

이 당시 미국의 일반적인 여론은 '유럽의 분쟁에 또다시 휘말려 들지 말자.'는 쪽으로 기울어 있었다. 이러한 분위기 속에서 1935년 '중립법'이 제정되었다.

미국은 이 법으로 교전국에 대한 융자와 무기판매를 할 수 없게 되었다. 또한 미국 국민이 교전국의 선박으로 여행하는 것도 금지되었다. 교전국들은 무엇을 구입하든 간에 현금을 지불해야

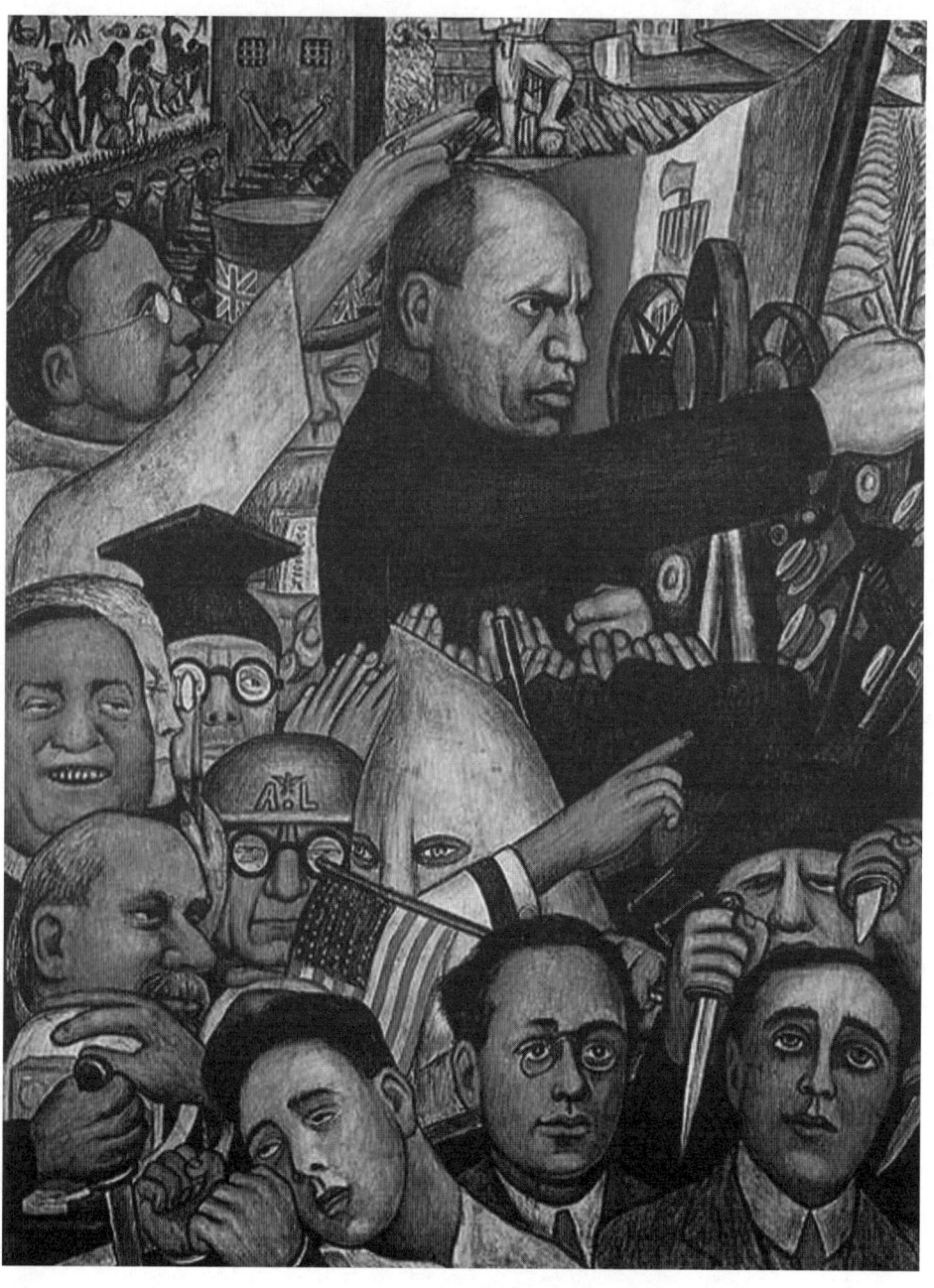

만 했다. 미국의 이러한 입장은 유럽을 정복하겠다는 독일의 야망을 더욱 크게 했을 것이다.

1936년 3월 독일은 비무장 지대인 라인란트 지방에 군대를 주둔시켰고, 이탈리아는 5월에 에티오피아를 완전히 점령하였다. 한편 일본은 1937년에 선전포고 없이 중국을 공격했다.

1938년에는 독일이 본격적인 행동을 개시하였다. 4월에 오스트리아를 합병하였고 9월에는 체코슬로바키아의 수데텐 지방으로 침략의 손길을 뻗쳐 나갔다.

대전의 위기는 영국, 프랑스, 독일의 수뇌들이 맺은 뮌헨 협정으로 일순간 진정되는 듯했다. 그러나 1939년 3월 독일이 뮌헨 협정을 깨뜨리고 체코슬로바키아를 해체시킨 데 이어 9월에는 선전포고 없이 폴란드를 공격했다.

사태가 점점 심각해지자 유화 정책을 추구하던 영국과 프랑스가 독일에 선전포고를 하였다. 마침내 제2차 세계대전이 시작된 것이다.

전쟁이 일어나자 미 국방성과 해군성은 즉각 군비증강을 제의하였다. 루스벨트는 영국을 도우려고 했지만, 고립주의자들이 우세한 의회의 반발에 부딪혀 적극적으로 행동하지 못했다. 그러나 1940년 9월에 루스벨트는 뉴펀들랜드, 버뮤다, 카리브 해에 있는 영국의 해군 기지를 이용하는 대가로 50척의 낡은 군함을 영국에 넘겨주었다. 이것은 미국이 연합국의 편에 서서 전쟁에 개입하려는 의도가 있음을 나타낸 것이었다.

무솔리니의 모습을 그린 포스터

격동 중의 선거

1940년에는 대통령 선거가 있었다. 가장 중요한 쟁점은 참전 문제였다. 집권당인 민주당은 전국대회 역사상 처음으로 대통령의 3선을 겨냥하는 루스벨트를 단 한 번의 표결을 통해 후보로 지명하였다. 공화당은 기업가 출신이며 과거 민주당원이었던 웬델 윌키를 대통령 후보로 내세웠다.

두 후보 사이에는 국내외의 기본 정책에 있어서 뚜렷한 차이가 없었다. 루스벨트는 뉴딜을 계속 밀고 나갈 것을 주장했고, 윌키도 뉴딜에 상응하는 경제 정책을 제시했다. 다만 윌키는 헌법에 명문화되어 있지는 않지만 전례 없는 대통령의 3선에 반대하면서 헌법을 수정하여 3선 금지를 명문화할 것을 제의하였다. 윌키는 또한 다음과 같이 말했다.

"미국의 제2차 세계대전 참전에는 적극적으로 반대한다… 루스벨트가 진정으로 중립을 지킬 의지가 있는지 의심스럽다."

이에 대해 루스벨트는 중립에 대한 의지를 다음과 같이 표명했다.

"우리 미국인의 자식들은 외국의 전쟁에 파견되지 않을 것입니다. 그들은 오직 막강한 군대가 되기 위하여 훈련받을 것이고, 막강한 군대가 존재함으로써 미국은 전쟁의 위협으로부터 벗어날 것입니다."

미국인들은 1932년 공황의 절정에서 루스벨트에게 걸었던 기대를 또 한 번 중립유지에도 걸게 되었다. 여기에 기본 정책상 뚜렷한 차이가 없는 한 전직 대통령이 유리하다는 과거의 선례가 작용하여 선거 결과는 루스벨트에게 미국 역사상 최초의 3선 대통령이라는 영광을 안겨 주었다.

영국에게 무기를

1940년 선거에서 루스벨트는 압도적인 승리를 거두었다. 루스벨트는 1940년의 마지막 몇 달 동안에 이번 전쟁에서 미국의 역할에 미묘하지만 깊은 변화를 주기 시작하였다.

국민에게는 '미국은 연합국에게 단순히 원조를 제공하는 정도의 기존 정책을 계속 유지할 것'이라고 주장하였지만, 실제로 원조는 훨씬 더 새로운 형태로 변하고 있었다.

1940년 12월 영국은 거의 파산 상태에 있었으나 여전히 장갑사단 10개 분의 자재, 비행기, 화물선 등 막대한 물자가 필요했다. 만약에 종전과 같이 현금으로 대금을 지불해야만 한다면 그것은 불가능했다.

이런 영국의 상황에 대해 처칠은 루스벨트에게 하소연 섞인 편지를 보냈다.

"우리에게 도구를 주시오. 그러면 우리는 일할 것이오…."

루스벨트는 이미 영국의 곤란한 상황을 인식하고 있었다. 그는 노변담화의 초고를 준비했다. 그것은 그가 3선 대통령이 된 후 최초로 작성한 원고였으며, 선거 따위에 신경을 쓰지 않고 자유롭게 안을 짜낸 최초의 담화문이었다. 이때 해리 홉킨스가 그에게 표어 하나를 제공했다.

영국 공군 장교의 군복을 입은 처칠 1947년 9월 런던 근교의 비긴힐 항공기지에서 공군의 승리를 축하하는 군중에게 손을 흔들고 있는 장면.

'우리는 민주주의의 거대한 무기고가 되지 않으면 안 된다.'

루스벨트는 미 대륙과 나치 독일 사이에는 오직 하나의 방법밖에 없다는 것을 잘 알고 있었다. 그것은 바로 영국함대였다. 루스벨트는 이러한 사정을 설명하였다.

"침대 속에 틀어박혀 머리에 모포를 뒤집어썼다 해도 우리는 위험에서 벗어날 수 없으며, 그러한 위험에 대한 공포에서 벗어날 수도 없다."

그리고 루스벨트는 영국에 대한 무기대여를 설명하면서 유명한 비유를 사용했다.

"누구라도 지금 불타고 있는 이웃집에게 호스를 빌려줄 때, 먼저 대금부터 지불하라고 하지는 않을 것이다."

루스벨트는 곤경에 처해 있는 영국을 돕기 위해 남모르게 노력하였다. 가장 중요한 문제는 영국을 전면적으로 지원하는 데 반대하는 법적 제약을 어떻게 돌파하느냐 하는 것이었다. 이 문제는 1892년으로 거슬러 올라가 실마리를 찾게 되었다. 그것은 발령된 채로 잊어버린 법령을 찾아냄으로써 가능해진 것이다.

"공공복지에 유익할 때는 군수품 대여를 의회가 허가한다."

여기서 루스벨트는 무기 대여법을 생각하게 되었고, 의회에 대해 70억 달러치의 군수품을 영국에게 대여하도록 허가해 줄 것을 요구했다. 이 법안은 의회에서 심한 반발에 부딪혔다. 그러나 루스벨트도 만만치 않았다. 루스벨트는 대통령 선거에서 2천700만 표를 얻었다. 이것은 2년 후 재선을 원하는 의원들에게는 무시할 수 없는 일이었다. 상원의원 중 한 사람인 휘일러가 비난했다.

"무기 대여법에 찬성하는 것은 4명 중 1명의 미국 청년 묘소를 파헤치는 셈이다."

루스벨트는 이에 대해 반박했다.

"휘일러의 말이야말로 미국인들의 공공 생활 속에서 그간에 이야기된 것 가운데 가장 진실하지 못한 비애국적인 말이다. 무기 대여법이야말로 미국으로 하여금 민주주의의 무기고로서 역할을 할 수 있도록 하는 것이다."

여론도 루스벨트의 편을 들었고, 마침내 의회는 많은 표 차이로 무기 대여법을 통과시켰다. 무기 대여법이 통과되었다는 소식을 들은 처칠은 루스벨트에게 감사의 편지를 썼다.

"어려운 시대에 이처럼 귀중한 원조를 받게 된 것은 모든 영국인들이 축복을 받은 것이며 그 모든 축복을 당신에게 바칠 것입니다."

분노의 폭발

무기 대여법이 제정된 후, 루스벨트는 곧 또 다른 심각한 문제에 직면하였다. 독일 잠수함들의 방해를 제지하고, 군수품을 영국에 안전하게 도달할 수 있도록 보장하는 문제였다. 미 국방장관 스팀슨은 미 해군이 직접 영국까지 선박들을 호송해야 한다고 주장하였다. 그러나 루스벨트는 고립주의자들의 반대를 의식하지 않을 수 없었다. 그는 반대파들이 수긍할 만한 적당한 이유를 제시하면서 이 일을 추진하는 것이 옳다고 판단했다. 이때 이용한 것이 서반구 방위 개념이었다.

서쪽 대서양은 중립 지대인 동시에 미국의 책임 해역이라는 것이다. 이 개념을 내세워 선박들을 영국으로 호송하였고, 영국 선박에게 독일 잠수함의 위치에 관한 정보를 무선으로 전해주었다.

일본에 대해 선전포고를 승인하는 루스벨트 대통령 1941년 12월 8일 루스벨트 대통령은 일본에 선전포고 함으로써 제2차 세계대전 참전을 알렸다.

처음에 독일은 미국의 적대적 행동에 대해 아무 도전도 하지 않았다. 그러나 1941년 6월 히틀러의 독일군이 소련 영토 깊숙이 침공하면서 상황은 달라졌다. 많은 사람들은 소련이 끝까지 항복하지 않을 것이라고 예언했다. 그 예언대로 되자 루스벨트는 소련에도 무기 대여 혜택을 주기 위하여 의회를 설득하였다. 이제 미국의 산업은 독일군과 맞서고 있는 두 전선에 활력을 제공하고 있었다. 미 해군은 유럽으로 물자 수송을 할 때보다 더 적극적인 역할을 했다.

독일 잠수함들은 소련을 침공하기 한달 전인 5월에 브라질 앞바다에서 미국 상선인 로빈 무어 호를 격침시켰다. 이에 대한 미국의 항의에 히틀러는 이렇게 선언하였다.

"독일은 어떠한 명목으로든지 영국과 암암리에 거래하는 모든 선박을 격침시킬 것이다."

다행스럽게도 이후 몇 달간은 아무런 사건도 없었다. 그러나 9월에 들어서면서 독일 잠수함들은 미국 선박에 대해 더욱더 집요한 공격을 시작했다. 이달 초에 독일 잠수함들은 영국 선박에게 독일 잠수함들의 위치를 알려주던 미 구축함 그리어호에 발포하였다. 이를 계기로 루스벨트는 미 해군에 명령을 하달하였다.

"독일 잠수함이 발견되는 즉시 무조건 발포하라."

10월에는 미국 구축함 커니호가 아이슬랜드 해상에서 공격받아 11명의 승무원이 죽고, 곧이어 류벤 제임스호가 115명의 승무원을 잃었다. 그런데도 루스벨트는 상선들이 무장을 할 수 있도록 허락하였을 뿐 독일에 대해 결정적인 조치를 강구하지 않았다.

미국이 제2차 세계대전에 참전하게 된 직접적인 계기는 태평양에서 일어났다. 유럽에서 전쟁이 일어나기 전인 1937년부터 일본은 이미 중국을 공격하고 있었다. 중국에 동정적이었던 미국은 중국에 재정적인 지원을 하는 한편, 일본에게는 매우 중요한 석유와 고철의 수출을 금지하였다.

이로 인해 미국과 일본의 관계는 극도로 악화되었다. 일본은 미국을 향해 중국의 장제스 정부에 원조를 중지하라고 요구하였고, 미국은 일본에게 중국에 대한 침략을 즉각 중지할 것을 요구하였다. 사태의 진전은 일본의 군국주의자들로 하여금 미국과의 전쟁이 불가피하다고 생각하게 하였다. 게다가 일본은 1941년 4월에 소련으로부터 미국과 전쟁을 할 경우 중립을 지키겠다는 약속을 받아냈다.

미국은 1941년 11월 일본의 암호문을 입수함으로써 전쟁이 임박했다는 사실을 알고는 있었으나, 공격 지점을 정확히 알 수 없었다. 때문에 하와이의 진주만과 필리핀의 마닐라 기지에 경계령만 내리고 있었다.

마침내 1941년 12월 7일 새벽 미국에 대한 일본의 공격이 시작되었다. 일본 항공기들이 하와이 진주만을 기습 공격한 것이다. 이 공격으로 미국의 태평양 함대는 항해 중이던 3척의 항공모함을 제외하고 모조리 손상을 입는 결정적인 타격을 입었다. 8척의 전함이 파손되고 2척은 완전히 침몰해버렸다. 2천 명 이상이 사망하였고 1천여 명이 부상당했다. 일본군은 가벼운 손실만을 입었을 뿐이었다.

일본의 진주만 공습으로 미국은 순식간에 태평양에서 힘을 잃어버리게 되었다. 그러나 이 사건은 루스벨트 대통령이 2년 이상이나 애쓰고도 할 수 없었던 일을 이루어 놓았다. 이 사건으로 미국민들은 즉각 참전을 지지하였고, 전쟁 수행을 위해 하나로 단결하였다. 12월 8일 루스벨트는 의회 합동회의장에서 차분하게 연설을 하였다.

"어제 미국은 일본 해군과 공군에게 계획적인 공격을 받았습니다."

몇 시간도 채 되지 않아 상원은 만장일치로 하원은 388대 1로 일본에 대한 선전 포고를 승인하였다. 이제 미국은 25년도 채 안되어 다시 무서운 대전란의 소용돌이 속으로 빠져 들어간 것이다.

전세는 연합국으로 기울고

일본으로부터 진주만 기습을 당한 지 2주일 후인 1941년 12월, 루스벨트 대통령은 영국의 처칠과 워싱턴에서 전략회의를 하였다.

"미드웨이 일본 함대를 쳐부수다" 1942년 6월 5일자 〈미네소타 모닝 트리뷴〉지

두 사람은 주 공격 목표를 독일로 정하고, 미·영 양국군을 통괄 지휘할 합동 참모부를 두기로 합의하였다. 그리고 이듬해 1월 독일, 일본, 이탈리아에 대항해 싸우는 26개국 대표들이 모여 서로 동맹 관계를

맺었음을 알리는 국제연합 선언에 서명하였다.

연합국측 동맹국들은 미국이 무기고의 역할을 할 것으로 기대하였다. 곧 미국은 주요 연합국들과 새로운 무기대여 협정을 체결하였다. 협정에는 전쟁 비용을 각국의 지불능력에 따라 부담하도록 하였다. 협정을 체결하는 동안에 일본은 아무런 방해도 받지 않고, 연속적인 승리를 거두며 동남아시아 전역을 휩쓸었다.

미 전시 정보국(OWI) 입대 권유 포스터 "일본 선박의 33%가 침몰당했다. 이 중 77%는 우리 해군이 한 것이다."

일본군은 순식간에 싱가포르, 동인도, 타이, 그리고 버마까지 점령하였고, 1942년 3월 말에는 쿠릴 열도에서 솔로몬 군도에 이르는 태평양 서쪽의 거의 반을 지배하였다. 그리고 1942년 5월에는 필리핀을 함락하여 명실상부한 대제국을 건설하였다. 그러나 미국 항공기들이 1942년 5월, 산호해 전투에서 승리함으로써 일본군의 진격은 멈추어졌다. 미드웨이 해전에서도 일본 해군이 격파되어 동쪽으로 더 이상 진격할 수 없었다.

유럽 전선에서도 전세는 점차 연합국에게 유리하게 전개됐다. 소련군은 스탈린그라드 전투에서 독일군에게 크게 승리한 후 독일 본토를 향해 진격했다. 같은 시기에 아이젠하워 장군의 미군과 몽고메리 장군의 영국군이 합세하여 롬멜 장군의 독일군을 몰아냈다. 이탈리아 본토로 진격하기 위해 시실리 섬에도 연합군이 당도했다.

전쟁이 낳은 기적

제2차 세계대전은 미국에게는 행운을 안겨주었다. 가장 골칫거리였던 경제 대공황의 문제를 해결해준 것이다. 막대한 정부지출은 엄청난 경제 성장을 가져왔고, 실업 문제를 말끔하게 해결하였다.

유럽에서 전쟁이 시작된 1939년 9월부터 일본이 진주만을 공격한 1941년 12월까지 미국은 점진적으로 군비를 증강하였다. 1940년 6월에 루스벨트 대통령은 버지니아 대학에서 연설을 한 적이 있었다. 그는 다음과 같은 약속을 하였다.

"이 나라의 물적 자원을 침략자들과 맞서 싸우고 있는 여러 나라들에게 대대적으로 확대시킬 것이다."

다음해에 의회는 제1차 세계대전 당시 사용했던 전비보다 더 많은 액수인 약 370억 달러를 배정하였다. 이는 미국의 이른바 '민주주의를 지키기 위한 무기고'의 확장을 위한, 그리고 히틀러와 대항하여 싸우고 있는 나라들에게 군수 물자를 공급하기 위한 것이었다.

1941년 12월 미국의 제2차 세계대전 참전은 미국의 생산력을 보다 더 높은 수준으로 끌어올렸다. 미국 전역의 공장들로부터 쏟아져 나오는 막대한 양의 군수 물자는 '너무 과대하게 추정한 것이 아니냐.'는 걱정을 뛰어넘었고, '미국은 연간 약 5만 대의 항공기를 생산할 수 있을 것'이라고 한 루스벨트의

여군 모집 포스터, 1944 "오늘 조국을 위함은, 내일의 당신을 위한 것. 가장 가까운 국방부 신병 지원소를 방문하시오."

전쟁 전 주장마저도 생산 능력을 과소평가한 것으로 나타났다. 루스벨트가 추측했던 수치는 이미 1942년에 돌파했고, 1944년에 이르자 그 수치는 사실상 당초 예상의 2배를 넘어섰다.

이와 같은 전시 경제는 생산을 조정하고, 가격을 통제하여 인력을 할당하기 위한 많은 정치기구를 필요로 했다. 그 결과 1940년까지만 해도 800만 명이 넘었던 실업자는 방위 산업의 수요와 군입대로 없어졌다.

1945년까지 군복을 입었던 남녀는 1천200만 명이었다. 이제는 노동력이 남아서가 아니라 부족한 점이 문제가 되었다.

전시 외교

연합국들은 전세가 유리해지자 전쟁의 목적을 분명하게 해두어야 할 필요성을 느꼈다. 루스벨트와 처칠은 1943년 1월에 모로코 카사블랑카에서 만나 이번 전쟁의 궁극적인 목표를 독일과 이탈리아의 무조건 항복으로 결정하였다. 그리고 같은 해 말 루스벨트와 처칠은 테헤란으로 스탈린을 만나러 가는 도중 이집트의 카이로에서 중국의 장제스를 만났다. 여기서 세 사람은 '일본이 무조건 항복할 때까지' 전쟁을 계속하자고 합의를 보았다. 이어서 루스벨트와 처칠은 테헤란으로 가서 스탈린을 만났다.

회담의 주된 목적은 노르망디 상륙작전, 즉 스탈린이 정열을 다해 집착하던 제2전선의 돌파구에 관한 협정이었다. 이 회담에서 소련군이 동부 지역으로 진격하여 이 작전을 지원해 줄 수 있다면 전반적인 작전 형태는 어떻게 될 것인가에 관한 논의가 벌어졌다. 갑자기 스탈린이 루스벨트에게 질문했다.

테헤란 회담 1943년 연합군 수뇌부들이 테헤란에 모여 유럽의 전선에 대해 회담을 가졌다. 좌측부터 소련의 스탈린, 미국의 루스벨트 대통령, 영국의 처칠 수상.

"누가 이 작전을 총지휘하게 됩니까?"

"아직 결정을 보지 못했소."

그러자 스탈린은 노골적으로 말했다.

"최고 지휘관이 선정되기 전에는 이 작전의 실현을 믿지 않을 것이오."

사실 루스벨트는 최고 지휘관 선정에 갈등을 겪고 있었다. 경륜으로 보아 그 자격이 있다고 생각되는 마셜을 임명할 것인가, 아프리카, 이탈리아 전선에서 공을 세운 아이젠하워를 임명할 것인가 망설이고 있었다. 이때 처칠이 몸을 내밀고 지중해에 관한 연설을 시작했다.

"유럽의 연약한 하복부, 즉 발칸 반도, 터키, 로드즈 섬에 대해 공격을 가하는 것이 어떻겠습니까?"

스탈린은 불신감에 가득찬 채로 이 연설을 들었다. 그는 프랑스로 상륙하기를 바라면서, 신속히 작전시행 일자가 결정되고, 지휘관이 선임되기만 원했다. 스탈린은 처칠에게 불만을 터뜨렸다.

"당신은 노르망디 상륙작전을 깊이 생각이나 한거요? 아니면 단지 우리 소련측을 안심시키기 위한 친절에서 그 작전을 말하고 있는 데 지나지 않는 거요? 솔직히 말해보시오."

결국 노르망디 상륙 작전이 선택되었다. 루스벨트는 홉킨스의 정성어린 충고나 처칠, 스탈린의 의견과는 정반대로 아이젠하워를 총지휘관으로 결정했다. 이때 마셜은 워싱턴에서 유럽 및 태평양의 전 작전을 지휘하고 있었다. 루스벨트는 마셜에게 말했다.

"자네가 국외로 나가 있으면 나는 밤에 잠이 안 온다네."

규율을 중히 알고 또 이해득실을 떠난 마셜은 루스벨트의 이 같은 결정을 단 한마디의 의문도 제기하지 않고 받아들였다.

노르망디 상륙작전

노르망디 상륙작전의 D-day는 처음에는 1944년 6월 5일로 결정되었다. D-day가 가까워지자 연합군은 더욱더 맹렬한 공중 공격을 가했고, 상륙부대가 영국 남부의 여러 항구에서 승선하기 시작했다. 그러나 갑자기 일기가 불순해지면서 바다에는 거친 풍랑이

노르망디 상륙작전의 준비 노르망디에 상륙할 부대를 방문한 아이젠하워 장군.

노르망디 상륙 작전
1944년 6월 6일 개시한 노르망디 상륙 작전은 성공적으로 이루어져 이후 제2차 세계대전의 향방을 결정지었다.

몰아쳤다. D-day를 연기하는 게 어떻겠냐는 의견에서 아이젠하워 장군은 고민했다.

"연기냐, 강행이냐! 연기를 한다면 노르망디 해안의 조수 조건을 고려할 때 적어도 한 달을 기다려야 할 텐데…."

계속된 고민 끝에 아이젠하워 장군은 최후의 결정을 내렸다.

"이번 작전을 강행한다. 공격 개시는 6월 6일 내일이다."

6일 새벽 최초로 피라미드 부대가 해안에 상륙했다. 동시에 글라이더로 수송된 공병부대가 착륙했다. 이어 독일 방어부대에 대한 공중 폭격과 함포 사격이 뒤를 이었고, 얼마 후 4천200여 척의 선박으로 운반된 5개 사단 병력이 상륙했다. 마지막으로 12만 명의 병사들이 프랑스에 발을 들여 놓았다. 이때 시종일관 침묵을 지키고 있던 스탈린이 감탄하며 말했다.

"이처럼 넓은 구상과 웅대한 규모로 전개된 작전은 전쟁 역사상 일찍이 본 일이 없다."

이 작전을 취재한 신문기자 어니 파일은 믿을 수 없을 만큼 사나운 파도를 뚫고 나가는 수천의 선박을 보며 말했다.

"그것은 마치 가장 활기에 넘친 시각의 뉴욕 항이 수평선 저 편까지 넓어지면서 전 해상을 차지하고 있는 것 같았다."

수송선들은 차례를 기다려야만 했다. 배 주변 여기저기에 독일군의 포탄이 떨어져 높다란 물기둥들이 치솟았다. 상륙한 부대 전방에서는 혈전을 알리는 외마디 소리와 총소리, 포탄소리가 요란했다. 대기 중인 선박 안에서는 병사들이 구명대를 몸에 두르고 카드놀이를 하고 있었다. 얼마 되지 않아, 해안을 가로지른 철조망 위에는 양쪽의 무수한 사상자들이 죽은 물고기처럼 걸렸다.

그러나 이미 승패는 드러난 셈이었다. 독일군의 완강한 저항에도 불구하고, 연합군은 6월 7일 셰르부르항을 점령한 이후, 생─로와 캉을 빼앗았다. 마침내 독일군이 센 강 방면으로 퇴각하기 시작했고, 오랜 숙원이던 유럽 대륙의 제2전선이 형성되었다. 독일 본토를 강타하기 위한 발판이 마련된 것이다.

프랑스는 마치 마술처럼 해방되었다. 프랑스의 레지스탕스 조직이 연합군의 진격을 도왔다. 미 제1사단과 프랑스 제2기갑사단이 파리에 입성하였다. 뒤이어 칸느와 툴롱간의 프랑스 남부가 탈환되었고 서부와 북부도 캐나다군과 영국군에 의해 점령됐다. 그 결과 그해 가을에는 미군이 독일 국경에까지 도달했다. 독일군은 벨기에의 아르덴느 숲에서 최후 반격을 시도하였으나 미군의 진격을 멈추게 하지는 못했다. 동부 전선에서도 소련군이 독일 국경에 도착하였다. 이제 연합군의 승리는 시간 문제였다.

유럽 전선의 연합군 진격로 지도

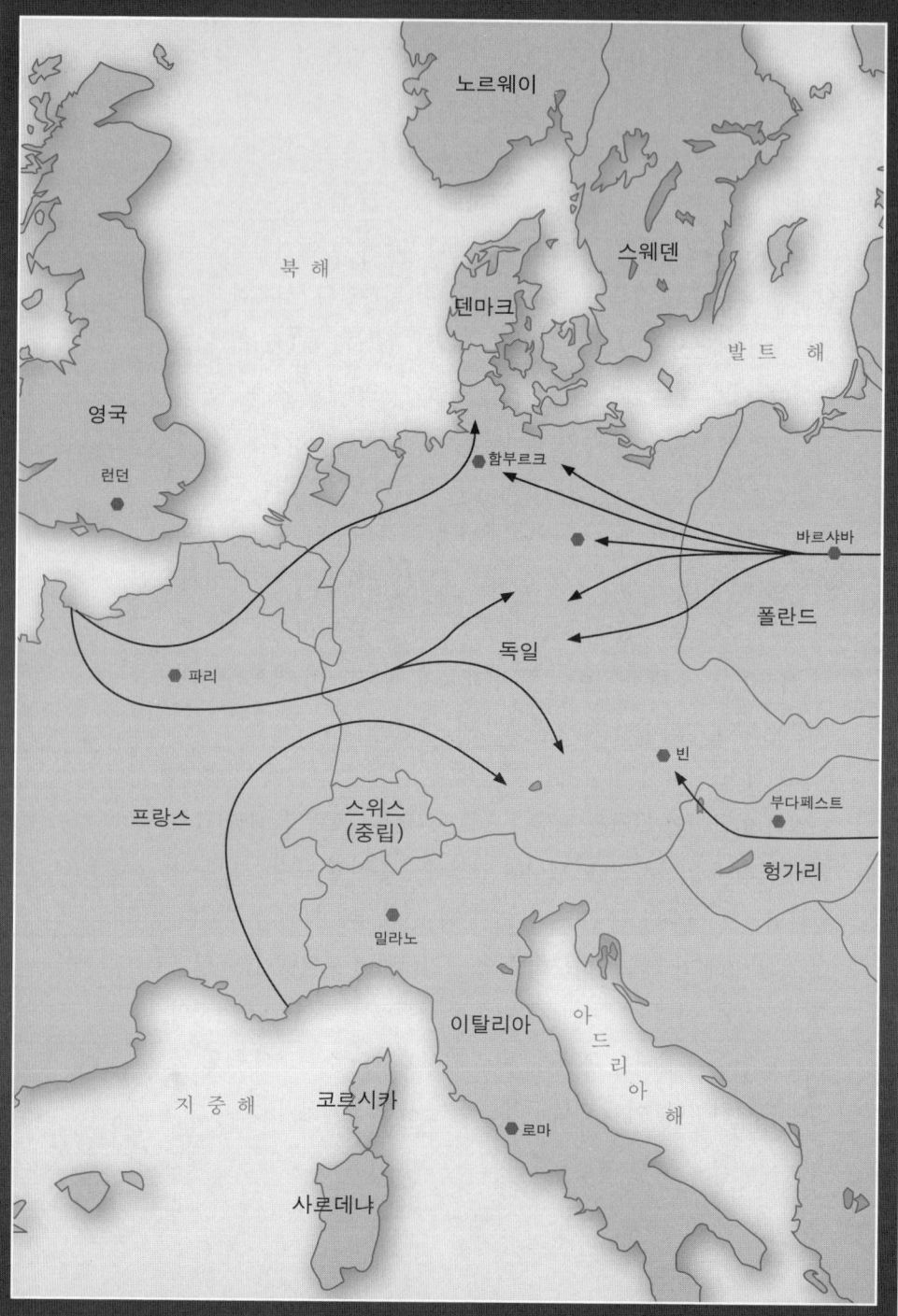

4선 대통령 루스벨트

노르망디 상륙작전에 성공한 연합군이 최후의 승리를 위하여 독일을 향해 빠른 속도로 진격하던 1944년 11월 루스벨트는 대통령 선거전을 치러야 했다. 그는 공화당의 토머스 듀이를 물리치고 4선 대통령이 되었다. 그는 출마의사가 없었으나 각오를 밝힌 적이 있었다.

"대통령 후보로 지명된다면 훌륭한 전사로서 지명을 수락하고 성심성의를 다해 봉사할 것이다."

루스벨트의 이 말이 전국대회에서 그를 당연히 지명하게 했다. 오히려 전국대회의 쟁점은 부통령 후보의 지명에 있었다. 부통령의 인선은 보통 때라면 그다지 어렵지는 않았을 것이다. 그러나 전쟁 중인데다가 루스벨트의 건강이 그리 좋지 않았다. 이런 상황에서 부통령의 선출은 쉽사리 결정할 문제가 결코 아니었다.

민주당은 이 문제에 있어 당의 좌파로 알려져 있고, 소련과의 협조를 주장한 헨리 월리스와 법관 출신이며 보수적인 제임스 번즈를 둘러싸고 두 파로 갈라졌다.

루스벨트는 월리스를 그다지 탐탁하게 생각하지 않았고, 번즈는 좌파측에서 워낙 완강하게 반대하였다. 그러므로 중도파로서 평을 받고 있는 트루먼이 자연히 부각되었다. 결국 3차 투표에서 트루먼이 부통령으로 지명되었다. 이때 트루먼은 사양의 뜻을 밝혔다.

"나는 부통령으로 모자라는 점이 많다."

그러나 루스벨트가 워낙 간곡하게 간청했으므로 트루먼은 부통령 지명을 수락했다. 좌파인 월리스의 탈락은 민주당 내부에서 소련과의 협조를 경계하는 보수 세력의 대두를 의미하는 것이었

루스벨트 대통령의 취임 연설 4선 대통령 루스벨트가 취임식에서 연설하고 있다.

다. 그리고 루스벨트의 4선은 미국인들이 전쟁뿐만 아니라 전후의 평화에 있어서도 그의 영도력에 커다란 기대를 갖고 있다는 하나의 의사 표시였다.

얄타 회담

연합군의 노르망디 상륙작전은 독일군에게 결정적인 타격을 주었다. 이제 독일이 할 수 있는 일이라곤 항복의 시기를 선택하는 일 뿐이었다. 루스벨트, 처칠, 스탈린의 3거두는 전후 문제에 대한 사전 논의를 위하여 1945년 2월 소련의 얄타에 모였다.

이 회담에서 루스벨트는 소련이 독일과의 전쟁에서 가장 많은 희생을 치렀고 또 당시 진행 중에 있던 일본과의 전쟁과 그 전후 문제처리에 있어 소련의 협조가 반드시 필요하였으므로 소련

얄타 회담 좌측부터 윈스턴 처칠, 프랭클린 루스벨트, 요시프 스탈린. 1945년 2월 얄타 회담에서 제2차 세계대전 승전국 지도자들은 전후 문제에 대해 논의했다.

에 대해 유화적인 태도를 취했다. 루스벨트는 처칠의 회의적인 태도에도 불구하고 스탈린에게 많이 양보했다. 당시 두 개의 임시정부를 갖고 있던 폴란드의 독립 문제에 있어서 루스벨트는 처칠이 지지하는 임시정부를 거부하고, 스탈린이 지지하는 임시정부를 승인하였다. 그리고 소련이 폴란드의 동쪽 영토를 갖는 대신 폴란드는 그 잃은 만큼의 영토를 독일 영토에서 보상받도록 하자는 데 합의를 보았다.

   루스벨트는 최종적인 결정이 이루어진 것은 아니었지만, 독일로부터 거액의 배상금을 받아내야겠다는 스탈린의 주장을 호의적으로 받아들였다. 덧붙여 소련은 일본으로부터 쿠릴 열도를 얻고, 중국으로부터는 군사 기지와 그 밖의 이권을 얻도록 양해되었다. 결론적으로 얄타 회담은 제2차 세계대전에서 소련을 실질적인 승리자로 인정한 것이었다. 그 대가로 스탈린은 새로 만들어진 국제연합에 가입하고, 독일 항복 이후 3개월 이내에 일본에 대한 전쟁에 참여하기로 약속하였다.

루스벨트는 얄타 회담에 대해 의회에 보고하면서 지지를 호소했다.

"3국은 얄타 협정을 통해 공통의 기반을 찾았으며, 최종 결정은 앞으로도 3자의 합의로 이루어질 것입니다."

루스벨트는 전후에 확고한 평화가 유지되려면 반드시 3국의 협조체제가 선행되어야만 한다고 판단하고 스스로 중재자의 역할을 담당하려 했던 것이다. 그러나 루스벨트의 얄타 외교에 대한 비판이 이미 일부에서 일어나고 있었다.

영국의 처칠은 스탈린이 당시 독일과의 전쟁 과정에서 동유럽 일대에, 그리고 일본과의 전쟁 과정에서는 극동에 공산 세력을 확대하려고 한 점을 주시하며, 시종일관 이를 저지하려는 입장을 취했다.

이 당시 루스벨트가 어느 정도로 소련의 진의를 파악했는지는 의심스럽다. 루스벨트는 자신의 조정 능력을 과신했을지도 모른다. 아쉽게도 루스벨트는 2차 세계대전의 최종 승리를 보지 못한 채 1945년 4월 12일 조지아의 웜 스프링스에서 사망하였다.

무조건 항복

루스벨트가 사망하자 부통령인 해리 트루먼이 대통령직을 계승하였다. 그리고 같은 해 4월 말에는 히틀러가 자살하여 독일은 사실상 와해 상태에 있었다. 히틀러의 후계자 칼 되니츠 제독은 소련과는 전쟁을 계속하면서도, 영국에 대해서는 휴전을 제의하였다.

이것은 그가 연합국을 동서로 분열시키려는 의도에서 시도한 것이었다. 그러나 이를 알아챈 영국의 몽고메리 장군이 그의 제의를 거부하여 협상이 실패로 돌아가자, 독일은 1945년 5월 초 연합국에게 무조건 항복하였다.

독일이 항복하자 트루먼은 우선 세계안전보장기구의 헌장을 만들기 위해 50개 연합국 대표들을 샌프란시스코에 초청하였다. 연합국들은 1945년 6월 국제연합헌장에 서명하였고, 미국의 상원도 이를 비준하였다.

독일 문제에 대한 최종 결정을 내리기 위해 연합국의 3거두는 1945년 7월에 베를린 교외의 포츠담에서 다시 만났다. 미국의 트루먼, 소련의 스탈린, 영국에서는 국내 선거에서 처칠을 패배시킨 애틀리가 참석하였다. 회담은 소련이 입장을 바꾸었기 때문에 처음부터 난항을 거듭했다.

회담 결과 미국과 영국의 서방측과 소련측은 독일을 분할 점

독일군 장성 알프레드 조들이 무조건 항복문서에 사인하는 모습
독일이 전제조건 없이 항복함으로써 전쟁이 종식되었고, 독일은 연합국의 통제를 받게 되었다.

령하여 군정하에 두되 베를린은 공동 점령하기로 합의하였다. 독일에 대한 합의는 끝났으나 아직도 일본이 남아 있었다. 그동안 태평양 전선에서는 미군이 1944년 10월 일본의 주요 함대들을 궤멸시켰고, 1945년 2월에는 맥아더 장군이 마닐라를 점령하였다. 같은 시기에 미군은 일본의 주요 섬들을 확보함으로써 본토 공격의 발판을 마련하였다.

이때는 이미 포츠담에서 3거두가 독일 문제를 협의하고 일본에 대하여 무조건 항복을 촉구한 후였다. 그러나 일본에서는 아무 반응이 없었다. 트루먼은 그간 비밀리에 시험한 원자폭탄을 사용하기로 결정했다. 1945년 8월 6일 한 대의 B29 폭격기가 히로시마에 역사상 처음으로 원자폭탄을 투하했다. 그 결과는 상상을 초월한 것이었다. 거의 10만 명이 죽었다. 어떤 자는 폭발하는 순간에 죽었고, 또 어떤 자는 오랜 고통 끝에 죽었다. 그래도 여전히 일본 육군은 항복할 의사가 없는 듯했다.

이때 소련이 급히 일본에 선전포고를 했다. 그리고 또다시 8월 9일에 두 번째 원자폭탄이 나가사키에 투하되었다. 엄청난 파괴가 또 한 차례 이루어졌다. 더 이상 일본은 항전을 계속할 수 없었다.

마침내 일본은 8월 15일에 무조건 항복을 선언하였고, 제2차 세계대전이 막을 내렸다.

6
발전과 긴장의 시대

The History of United States of America

발전과 긴장의 시대

제2차 세계대전 후 미국은 평시 체제로의 전환을 통한 경제 부흥과 공산 세력의 팽창 억제라는 두 가지 중대한 과제에 직면했다. 이를 위해 트루먼 행정부는 '페어딜 정책'과 '마셜 플랜'을 추진했다. 이어 아이젠하워 행정부는 국제적 협조 체제의 강화와 반공 태세 강화를 위한 대내외 정책을 펼쳤다. 그 결과 경제·사회 그리고 외교 부문에서 보다 발전된 변화가 일어났다. 그렇지만 발전 과정에서 야기된 문제점 또한 적지 않았다. 도시 문제, 경기 후퇴, 달러화의 불안정, 그리고 자연자원의 낭비 등과 같은 문제들이 새롭게 또는 반복적으로 드러났다.

35대 대통령에 당선된 케네디는 '뉴 프런티어 정책'을 실현해 대내적으로는 사회 정비, 경기 회복을 시도했고 대외적으로는 소련을 비롯한 공산권과의 경쟁에서 자존심을 지키려 하였다. 또한 존슨은 위대한 사회 건설을 표방하면서 빈곤 추방과 교육 발전에 주력했다.

전후 20여 년간의 변화·발전을 통해 미국은 세계 강국으로의 위상을 다져나갔다. 그러나 소련을 비롯한 공산권과의 계속된 대립과 경쟁 속에서 국제적 긴장 상태는 계속되었다. 이러한 긴장 상태는 닉슨 시대의 닉슨-브레즈네프 선언을 계기로 완화되기 시작했다. 하지만 그것은 긴장 완화 무드의 토대 마련에 불과했고 포드·카터 시대에 이르는 1970년대 말까지도 냉전이 종식될 기미는 보이지 않았다.

그러나 레이건 시대에 이르러 핵 감축 시대가 열림으로써 보다 급격하게 긴장 완화 무드가 조성되었다. 부시 시대에 소련의 붕괴에 이은 미국·러시아 간의 전격적인 합의로 마침내 냉전의 시대가 청산되었다.

전후 미국과 냉전

우리 생애 최고의 해

1945년 8월 일본의 항복으로 전쟁이 끝났다. 이제 미국 국민들은 나라 밖으로 향했던 눈을 거두어 안으로 모아들였다. 전쟁이 끝난 후 해결해야 할 문제들이 쌓여 있었다. 가장 먼저 해결해야 할 문제는 수백만의 귀환 장병들을 어떻게 시민 생활로 복귀시키느냐 하는 것이었다. 이에 트루먼 대통령은 1946년 말까지 전쟁 중 1천 600만 명에 육박했던 병력을 제대시켜 100만 명 정도로 축소시켰다. 그리고 이들 제대 군인들에 대하여 이른바 'GI 권리장전'이라고 일컬어진 '군인 재조정법'을 적용하여 정부 융자를 해주었다. 집을 사고, 사업체와 농장을 운영하고, 노동현장에서 실습교육을 받도록 해 민간 생활로 쉽게 옮겨갈 수 있도록 도와주었다.

　1천만 명이 훨씬 넘는 노동인력이 노동시장에 갑자기 투입되었다. 경제 전문가들은 심각한 실업 문제가 발생할 것이라고 예측했다. 그러나 그들이 예측했던 것과는 달리 미국 경제는 별다른 문제없이 전시 경제에서 평시 경제로 전환되었다.

　전쟁이 끝나고 남자들이 돌아옴에 따라 소득원이 둘인 가정들이 많이 생겨났다. 소득이 늘어나면서 저축도 증가했고, 저축의 증대는 미국 산업의 확장을 촉진시켰다. 또한 전쟁 물자를 공급하느라 억제되었던 소비자 물품에 대해서도 수요가 늘어났다. 이제 미국인들은 대공황과 제2차 세계대전으로 억눌려 있던 소비 욕구를 자유롭게 분출시키기 시작했다. 그들은 그간에 미루어 놓았던 희망, 즉 새로운 주택, 자동차, 가전제품 등의 구입을 실현시키려고 하였다. 각 가정마다 여러 형태의 물품 구입목록이 작성되었다.

구입목록에서 가장 우선은 주택이었다. 그러나 수백만의 제대 군인들에게 집을 제대로 공급하기란 어려운 일이었다. 시간도 부족했다. 갑자기 늘어난 수요를 충족시키기 위하여 건설업계에서는 안간힘을 썼다. 윌리엄 래비스라는 어느 건축업자는 전쟁 중에 방위산업 근로자들을 위해 신속하게 짓던 건축 경험을 활용하였다. 그는 뉴욕시로부터 30마일 정도 떨어진 곳에 넓은 농토를 사서 눈 깜짝할 사이에 많은 주택을 지었다. 조립공정의 방법을 써서 대량으로 건설한 것이다. 3개의 침실을 갖춘 주택이 1만 달러 이하로 팔렸다. 다른 건축업자는 5천 달러 이하의 주택도 공급하였다.

제대장병 융자를 받은 제대 군인들과 그 밖의 무주택자들은 주택을 열심히 사들였다. 그 결과 주택건설에 착공한 건수는 1945년 32만 6천 건에서 1950년에 190만 건으로 급증하였다. 그럼에도 그때까지 주택 공급은 수요를 따라가지 못했다. 또한 전후에 다시 자리 잡은 가정들에 의해 베이비붐이 일어났고 이는 1970년대까지 주택 건설시장에 영향을 미쳤다.

자동차 이용이 증가함에 따라 레비 타운이나 그와 비슷한 교외의 주거 지역들이 많이 생겼다. 그에 따라 집과 직장, 쇼핑센터, 교회 간의 거리가 멀어지게 되자 자연히 자동차를 소유하는 것이 일반화되었다.

전쟁 중에 일시적으로 중단되었던 디트로이트의 자동차 공장들이 다시 가동되기 시작하였다. 전후 몇 년 사이에 미국의 자동차 공장은 제너럴 모터스, 포드, 크라이슬러 이외에도 스타드 베이커, 허드슨, 카이저 등과 같은 소규모 회사들이 6개나 더 있었다. 이들 기업가들은 더 큰 이익을 얻기 위해 연구를 거듭했다. 그 결과 일반 대중들이 실용적으로 사용할 수 있는 자동차를 생산하였다. 자동차 수요는 계속 늘어나 1946년에는 350만 대가 팔렸고, 1949년에 이르러 자동차 생산은 미국 역사상 처음으로 500만 대를 넘어섰다.

일본의 항복 1945년 8월 15일 일본의 항복으로 제2차 세계대전이 끝났다.

공장에서 쏟아져 나온 다양한 생산품들은 그것들을 사려는 탐욕스러운 손을 발견하였다. 1920년대에 조성되었던 붐은 대공황으로 침체되고 말았으나 이제는 소비자 문화가 제모습을 갖춰가고 있었다. 헐리우드의 영화 제작자인 새뮤얼 골드윈은 1946년에 〈우리 생애 최고의 해〉라는 영화를 만들려고 생각하였다. 그에 앞서 '과연 그 제목에 대해 관중들이 어떤 반응을 보일 것인가' 하는 궁금증이 생겨 갤럽에 여론조사를 의뢰하였다. 그 결과에 따르면, 이 기간은 실로 대부분의 미국인들에게 있어서 최고의 해였음이 증명되었다.

실질 생계비를 달라

전후 소비가 급격히 증가함에 따라 물가가 빠르게 상승하였다. 이에 노동조합들은 보다 높은 임금을 요구하였다. 그러나 그들의 요

해리 S. 트루먼 제33대 대통령. 중국, 소련과 대치 중인 냉전 가운데서도 균형있는 감각으로 성공적인 외교정책을 보여주었다.

구는 쉽게 받아들여지지 않았다. 마침내 1946년에 대대적인 파업사태가 발생했다. 그중 몇 개는 그다지 심각치 않았지만 광부들의 파업은 상당한 영향을 미쳤다. 이 파업은 미국 공업의 조업을 정지시킬 우려가 있었으므로 국가적으로 위험하게 생각되었다. 미국이 석탄을 공급하기로 약속했던 유럽을 위해서도 위험한 것이었다.

노사 간에 협상이 벌어졌다. 탄광노조측에서는 지도자인 존 루이스가 협상 테이블에 나왔다. 부드러운 목소리에 예의 바른 스코틀랜드인인 그는 로맨틱한 웅변으로 탄광주들을 매혹시켰다. 탄광주들 중 어떤 사람은 루이스를 가리켜 "그는 윈스턴 처칠과 같이 당당한 영어를 사용한다."고 말했다.

루이스가 제시한 임금 인상 수준은 확실히 높았다. 노사 간에 팽팽한 의견대립이 계속되었다. 그러면서도 회의 도중 휴식시간이 마련되면 루이스는 창가로 가서 나무나 꽃을 바라보고 셰익스피어의 글을 인용해가며 봄에 관한 노래들을 흥얼거렸다. 이러는 동안 밖에서는 수많은 광부들이 피켓을 들고 구호를 외쳤다.

"단 하나의 전선으로 뭉치자… 생계임금을 얻기 위한 전선으로… 총탄 대신 생활에 필요한 것들을…."

협상은 진행되었다. 광부들의 위생과 안전을 위한 자금을 마련해야 한다는 의견에 대해서는 노사 간에 의견이 일치했다. 그러나 이 자금의 관리에 양측의 주장이 달랐다. 루이스는 이 자금을 '노조가 단독으로 관리해야 한다.'고 주장했다. 이에 대해 트루먼은 1946년에 있게 될 중간 선거를 염두에 두고 신중하게 움직였다. 그는 노동조합의 표가 필요했던 것이다.

"불쌍한 해리! 정말 골치 아픈 시기에 대통령이 되었군!"

트루먼을 지켜보던 주위 친구들이 트루먼에게 동정의 말을 건네기까지 했다.

트루먼 행정부의 갖은 노력에도 물가상승은 좀처럼 억제되지 않았고, 여러 산업 부문에서의 파업도 심심치 않게 계속되었다. 트루먼의 민주당 정부는 국민들에게 서서히 신임을 잃어갔다. 결국 1946년 중간 선거에서 민주당은 공화당에게 다수당의 자리를 빼앗기게 되었다.

물의를 일으킨 법

1946년의 중간 선거 결과로 다수당을 차지한 공화당은 제80차 의회에서 정부 예산을 대폭적으로 삭감하고, 트루먼 대통령이 제안한 각종 교육지원, 사회보장의 확충 등에 반대하였다. 그뿐만 아니라 트루먼의 거부권 행사를 무시하고 고액 소득자들에게 유리하게 된 세금 감면안을 통과시켰다. 이 의회가 제정한 법 중에서 가장 큰 물의를 일으킨 법은 '태프트-하틀리법'이었다.

태프트-하틀리법은 뉴딜 시대의 노동조합에 유리했던 노동법인 와그너법을 대신한 것이었다. 주목적은 노동자들의 전국적인 파업을 막으려는 것이었다. 이 법이 제정됨으로써 정부는 노동자들이 파업에 들어가기 전에 60일간 냉각기를 두도록 노동조합에 압력을 넣을 수 있었다. 만약에 노사분쟁이 해결되지 않을 경우에는, 고용주가 제시한 조건을 노동자들의 비밀투표에 붙이도록 하였다.

또한 이 법은 노동조합에 가입한 노동자만을 고용하는 클로즈드 숍 제도를 금지하였다. 그리고 노동자들이 파업을 강행하게 된다면 고용주들이 노동계약을 파기하고 파업으로 인해 발생한 손해에 대해 보상하도록 노동조합에 요구할 수 있게 하였다. 동시에 이 법은 노동조합 세력을 견제하기 위하여 노동조합의 재정상태를 의무적으로 공개하도록 하였고, 노동조합이 정치적인 목적으로 헌금을 하는 것도 금지하였다.

뿐만 아니다. 노동조합을 이끄는 지도자들에게는 자신들이 공산주의자가 아니라고 서약하도록 강요까지 하였다. 한마디로 태프트-하틀리법은 지금까지 노동조합에 유리했던 뉴딜 시대의 노동입법을 뒤집어 놓는 것이었다.

이 법에 대해 노동조합과 민주당측에서는 즉각적인 반대의사를 표명하였고, 트루먼 대통령은 거부권까지 행사하였다. 그러나 의회는 이를 무시하고 다시 이 법안을 통과시켰다. 이는 트루먼이 제2차 세계대전 후 수차례에 걸쳐 의회에 교서를 보내 그가 의도하는 국내 정책은 뉴딜을 계승하고 그 업적을 더욱 공고히 하는 방향으로 전개하겠다고 밝힌 것을 완전히 무시하는 처사였다. 트루먼은 공화당이 우세한 의회를 앞에 놓고서는 자신의 포부를 현실화시킬 만한 기회를 가질 수 없었다.

트루먼 독트린

전후 문제 처리에 이어 트루먼이 소련과의 협조에 우려를 표했던 것은 결코 기우가 아니었다. 소련은 제2차 세계대전이 끝난 후 터키와 그리스 내의 공산 게릴라들을 공공연하게 지원해 압력을 가했다. 마침내 친서방적인 그리스 정부에 대해 공산주의자들이 반란을 일으켰다.

이때 영국 정부는 그리스 정부측을 지원했다. 그러나 국내 경제 문제가 극도로 악화되어 더 이상 지탱하기가 힘들게 되자, 영국은 그리스로부터 군대를 철수시키면서 미국에게 그리스에 대한 더 이상의 지원이 불가능하다고 통고했다.

이에 트루먼은 영국이 짊어졌던 부담을 미국이 대신할 것을 결의하고, 1947년 3월 의회에 그리스와 터키에 군사 및 경제를 원조하기 위해 4억 달러를 지출할 것을 요청하였다. 그는 의회 연설에서 양국에 대해 미국이 협조할 필요가 있다고 강조하며, '트루먼 독트린'을 발표하였다.

"무장하고 있는 소수 공산 세력과 이를 지원해주며 정복을 획책하는 나라에 대하여 저항하는 여러 자유국가들을 지원하는 것이 미국의 정책이 되어야 한다고 믿는다."

정책의 입안자는 케넌이었다.

"빈틈을 찾아 흘러 나가는 시냇물 같은 소련 공산주의의 팽창을 막기 위해서는 서방 국가들의 집단적인 안보력을 강화할 필요가 있다."

트루먼이 이러한 케넌의 주장을 받아들인 것이다. 결국 트루먼 독트린은 그리스 정부가 공산 게릴라들을 쳐부수는 데 도움을 주었고, 터키에 대한 소련의 압력을 완화시키는 역할을 했다. 더욱 중요한 것은 미국 외교 정책의 기반이 되었다는 것이다. 이 새로운 기본원칙의 수립은 이후 20년 동안이나 계속 영향을 미쳤다.

트루먼은 '공산주의는 이데올로기적 위협이다.' 라고 생각했다. 즉, 공산주의는 분할될 수 없다는 딘 애치슨의 주장과 같은 것이었다.

한 국가가 공산주의로 전락하면 주변 여러 국가들에 도미노 효과를 갖게 된다고 판단했다. 공산주의의 팽창은 그 어느 곳에서든 민주주의에 대한 위협이라는 것이었다. 그러므로 공산주의 압력에 대한 투쟁이 소련을 겨냥한 것이든 그렇지 않든 세계 모든 곳에서 공산주의에 대항하여 투쟁하는 친서방국들을 적극 지원하겠다는 것이 미국의 정책이었다.

마셜 플랜

소련 공산주의의 팽창을 막기 위해서는 군사적인 대응도 중요하지만, 무엇보다도 공산주의가 침투하기 쉬운 빈곤의 문제를 해결하는 일이 더욱 중요했다.

전쟁으로 피폐해진 서부 유럽 국가들은 식량, 에너지의 부족과 더불어 국제수지의 악화까지 겹쳐 심한 곤란을 겪고 있었다. 특히 프랑스와 이탈리아의 경제적 빈곤 상태는 참담하리만큼 심하였다. 이에 트루먼 행정부는 유럽의 경제 부흥이 시급함을 느끼게 되었고, 그러한 복구 작업에 미국의 대대적인 경제 원조가 필요하다고 생각했다.

이와 같은 미국 정부의 생각은 1947년 6월 국무장관인 조지 마셜이 하버드 대학 졸업식에서 행한 연설에서 공식적으로 표명

트루먼과 조지 마셜
1947년 7월 외교 사절로서 파리를 방문한 트루먼 미합중국 대통령(왼쪽)과 마셜 국무장관.

되었다.

"우리나라의 정책은 어떤 국가나 교의에 대항하기 위해서 있는 것이 아니라 기아, 빈곤, 절망, 혼돈 상태에 대항하기 위하여 있는 것이다."

마셜은 유럽을 향해 다음과 같이 말했다.

"유럽 제국들 스스로가 자국의 재건을 위해 노력하는 것이 우선이며 그럴 경우 미국도 기꺼이 도와주겠다."

이러한 미국의 경제 원조 제의에 대해 서부 유럽 국가들은 물론 동부 유럽 국가들까지도 즉각적으로 환영의 뜻을 표했다. 소련은 동부 유럽의 위성국들에게 미국의 제의를 거부하도록 압력을 넣었다. 미국 내에서도 좌파들은 물론 일부 상원의원들도 마셜의 제의에 반대하였다.

그러나 유럽의 상황이 마셜 지지파에게 유리하게 전개되었다. 1948년 2월에 체코슬로바키아에서 공산주의자들이 쿠데타를 일으켜 정권을 잡았다. 이탈리아에서도 공산당이 선거에서 승리할 가능성이 높아졌다. 이러한 공산주의 세력의 팽창을 직접 눈으로 본 미국 의회는 마침내 1948년 4월에 이른바 마셜 플랜이라고 불려진 유럽부흥법을 통과시켰다. 이에 따라 미국은 유럽 16개 국에 대해 1억 달러를 지원함으로써 재정 상태를 안정시키고, 국가들 간의 협력을 증진시켜 달러 부족을 메꾸었다. 그리하여 1948년에서 1951년 사이에 이들 16개 나라들은 전쟁 전에 비해 공업 생산은 25퍼센트, 농업 생산은 14퍼센트가 증가하였다.

트루먼의 재선과 페어딜

마셜 플랜이 시작된 1948년은 미국에서 대통령 선거를 치르는 해였다. 공화당은 토머스 듀이를 대통령 후보로 지명하였고, 민주당은 트루먼을 후보로 지명하였다. 이 시기에 민주당은 당내 결속이 깨진 상태에 있었다. 민주당 내에서 좌파에 속하는 헨리 월리스는 진보당을 따로 결성하여 대내적으로는 뉴딜보다 과감한 개혁을, 대외적으로는 소련과의 우호관계를 제창하였다. 한편, 민주당 내 남부 출신 의원들은 트루먼의 흑인 민권법안에 반대하여 독자적인 후보를 지명하였다. 선거 운동 초기부터 트루먼의 승리는 어려운 것으로 예상되었다.

이와 같은 상황에 안심한 공화당은 적극적인 선거 운동을 추진하지 않았고 다음과 같이 말했다.

"민주당보다 능률적인 정책을 시행할 것입니다."

이에 반해 트루먼은 매우 적극적인 선거 운동을 전개했다.

"공화당이 다수당이었던 지난 80차 의회가 무엇을 남겼습니까?"

트루먼은 전국을 돌면서 연설하였다.

"결과를 놓고 볼 때 80차 의회는 무능한 의회였습니다. 따라서 만약 공화당이 집권한다면 그들의 선거 공약은 하나도 실현되지 않을 것입니다."

결국 예상과는 달리 트루먼이 대통령에 당선되었고, 의원 선거에서도 민주당이 다수당의 자리를 차지하였다.

트루먼은 1949년 1월에 취임연설을 했다.

"미국의 경제제도는 민주적인 토대 위에 세워져야 하며, 국가의 부는 국민 모두의 복지를 위한 것이어야 한다."

트루먼은 그간 중단되었던 사회개혁을 다시 시작했다. 그의 새로운 개혁 정책에 '페어딜'이라는 명칭이 붙었다. 이것은 트루먼의 다음과 같은 말에서 비롯된 것이다.

트루먼의 대통령 선거 유세 1948년 선거유세 중의 트루먼. 트루먼은 적극적인 선거 운동으로 재선 대통령이 되었다.

"모든 집단과 개인은 정부로부터 공정한 대우를 받을 권리가 있다."

트루먼 행정부는 농민의 소득을 올려주기 위해 보조금을 제공하는 브래넌 계획과 의무적으로 건강보험을 실시하려는 계획을 세웠다. 그러나 의회와 미국의사협회가 사회주의적인 계획이라고 반대했기 때문에 실패로 돌아갔다.

또한 트루먼은 노동자에게 불리한 '태프트—하틀리법'을 폐지하고, 교육과 중간 소득층을 위한 주택건설에 정부보조금을 지급하려 하였으나 의회의 반대로 실패하였다. 이렇듯 트루먼의 개혁시도는 의회의 동의를 얻어낸 몇 가지 문제를 제외하고는 결국 민주·공화 양 세력의 보수파들의 저지로 사실상 거의 묵살되고 말았다.

냉전의 시작

트루먼 독트린과 마셜 플랜이 발동되자 미·소 간의 대립은 냉전의 단계로 접어들었다. 미국은 냉전에 대처하기 위하여 1947년 7월에 국가 안전보안법을 제정하여 육·해·공군을 통합하는 국방총성, 통합 참모본부, 중앙정보국(CIA)을 신설하였고, 이듬해 6월에 평시징병법을 발표하였다.

한편 1947년 3월에는 반공체제를 강화할 목적으로 충성심사국을 설치하여 연방정부 직원의 충성도를 조사하였다. 그 결과 1952년까지 660만 명에 달하는 정부직원들이 조사받았고, 이중 5천900명이 사임하고 490명이 해직되었다. 이러한 조치는 자유주의적인 입장에 있는 사람들로부터 비난을 받았다. 그러나 적색분자 색출을 원하는 국민들은 더 강력한 것을 요구했다.

    이러한 가운데 정부 전복을 예방하는 스미스법 위반 혐의로 11명의 미국 공산당 지도자들이 유죄 판결을 받았고, 국무성의 고급 관리 히스가 소련의 스파이라는 혐의로 고발당했다.

    그런가 하면 주립학교 및 대학의 교직원들에게 충성선서를 요구하는 법을 제정한 주들도 있었다. 한국 전쟁이 일어나자 9월 의회는 국내 치안유지를 목적으로 공산주의 단체 등록제를 실시하고, 공산주의자들의 입국을 금지하는 법도 제정하였다.

냉전의 격화

미국 내에서 반공체제가 강화되는 동안 베를린에서는 중대한 사태가 전개되었다. 미국·영국·프랑스가 베를린을 비롯한 독일 내 그들의 점령 지역을 통합시킨 것이다. 그리고 서부 유럽과의 밀접한 관계로 이끌기 위해 통화개혁을 발표하자 소련은 처음에 베를린과 서부 독일 사이의 도로 및 철도 교통을 통제하는 정도로 맞서다가 결국 전면적인 봉쇄 조치를 취함으로써 보복하였다.

    이러한 소련측의 조치에 대한 미·영측은 베를린 공수로 대답했다. 1948년 여름부터 시작하여 거의 1년 동안 미국과 영국의 항공기가 200만 톤 이상의 식량, 연료, 약품 및 그 밖의 필수품들을 서베를린 시민들에게 수송하였다. 얼마 후인 1949년 5월에 소련은 봉쇄 조치를 해제하였다.

    소련의 동유럽에서의 세력 팽창과 그리스, 터키에 대한 위협에 이어 일어난 베를린 위기로 미국을 포함한 서구 제국들은 장차 발생할지도 모를 소련의 침공에 대비하기로 했다.

1949년 4월에 상호방위조약인 북대서양 조약을 체결하고, 가맹국들의 군대를 통합하는 '북대서양 조약기구NATO'를 창설하였다. 이들 가맹국들은 가맹국 중 어느 한 나라에 대한 무력 공격도 전체에 대한 공격으로 간주한다는 데 합의하였다. 1950년 12월에 아이젠하워 장군을 나토군 최고 사령관으로 임명하였다.

나토 창설 나토의 초대 최고 사령관으로 아이젠하워 장군이 임명되었다.

트루먼의 임기 중에 미국이 참여한 국제 문제는 유럽에만 국한되지 않았다. 1948년에 미국은 21개 라틴아메리카 국가들과 함께 미주기구OAS 형성에 참여하였다. 이 기구는 미주 국가들 사이에 발생될지도 모를 분쟁의 평화적 해결을 보장하고, 라틴 아메리카의 경제, 사회개발을 촉진시키며 동시에 공동의 방위를 제공하는 데 목적이 있었다.

한편, 중동에서는 1948년 5월에 신생 독립 국가인 이스라엘이 발족되면서 주변 아랍 국가들과의 전쟁에 휘말렸다. 이때 유엔 휴전위원단은 이들이 상호 간 휴전을 이룩하도록 노력했고, 미국은 이를 뒷받침했다. 이 휴전위원단의 단장으로 활동한 미국 흑인 노예의 손자인 랠프 번치Ralph Bunche 박사는 공로를 인정받아 1950년 노벨평화상을 수상하였다.

한국 전쟁

한국 전쟁은 냉전이 낳은 결과 중의 하나였다. 제2차 세계대전 후 일본군을 무장해제시키기 위해 북위 38도선을 경계로 하여 남과 북으로 진주했던 미군과 소련군은 1949년에 각자의 점령 지역으로부터 철수하기로 합의하였다.

이때 미군은 남한의 이승만 정부가 북쪽으로 진격하여 무력

통일을 꾀할지도 모른다는 우려에서 탱크나 대포 같은 공격용 무기들을 모조리 철수시켰다. 이에 반해, 북한의 소련군은 잘 훈련되고 중화기로 무장된 군대를 양성한 다음 철수하였다.

철수한 지 얼마 후 1950년 6월 25일 새벽에 북한의 공산군이 38도선을 넘어 남쪽을 침략하였다. 다음날 남한 정부는 서울을 급히 떠났다. 이쯤 되자, 미국 정부는 한국군 단독으로 북한 공산군의 침략을 저지할 수 없을 것이라고 판단해 남한의 방어를 위해 미군을 투입하기로 결정하였다. 또한 대한민국 정부는 국제연합의 감시하에 실시된 선거에 의하여 탄생하였으므로 국제연합군도 이 전쟁에 개입하게 되었다.

이때 연합군 사령관에는 더글러스 맥아더 장군이 임명되었다. 반격에 들어간 연합군은 1950년 10월 평양을 점령하고 북쪽으로 진격을 계속하였다.

그러나 그해 11월 중공군이 투입되어 국제연합군과 한국군은 다시 후퇴하였다. 이로 인하여 전쟁터에 있는 야전군 지휘관들과 워싱턴 행정부 사이에서 이번 전쟁의 목표를 둘러싸고 의견 대립이 일어났다. 야전군 총사령관인 맥아더 장군은 주장했다.

"미국이 이 전쟁에 개입한 이상 반드시 승리를 쟁취해야 한다. 이번 기회에 전면 전쟁을 해서라도 중공의 코를 납작하게 해주자."

트루먼 대통령은 맥아더와 의견이 달랐다.

"한국 전쟁은 제한된 목적을 가진 제한 전쟁일 뿐이다. 중공과의 전면 전쟁은 피하고 대신 남한의 영토를 보존하는 정도로 전쟁을 한정시키자."

트루먼 대통령은 1951년 3월 맥아더 사령관에게 알려왔다.

한국 전쟁 16개국의 UN군은 한국 전쟁에 참전해 공산측과 싸웠다. 냉전 시대를 잘 보여주는 예이다.

"미국은 공산측과 협상할 의사가 있다."

그러나 맥아더는 공산측의 항복을 공공연하게 요구하면서 트루먼 행정부의 정책을 비판하는 편지를 의회에 제출하였다. 트루먼은 한 달 후인 4월 맥아더 장군을 해임시켰다. 이에 대해 미국 내 여론이 심한 반발을 일으켰다. 해임 직후 실시된 어떤 여론조사에서는 69퍼센트가 맥아더를 지지하고 29퍼센트가 트루먼을 지지하는 것으로 나타났다. 미국민들은 해임된 후 귀국하는 맥아더를 개선장군처럼 환영하였다. 맥아더는 상·하 양원 합동의회에서 옛 군가의 일절을 인용하면서 그 입장을 밝혔다.

"노병은 죽지 않는다. 그저 사라질 뿐이다."

이때 맥아더에 대한 국민의 동정은 절정에 이르렀다. 그러나 상원위원회는 트루먼의 입장을 지지했고 아이젠하워가 대통령에 당선된 직후인 6월에 한반도는 남북으로 분단된 채 휴전이 성립되었다.

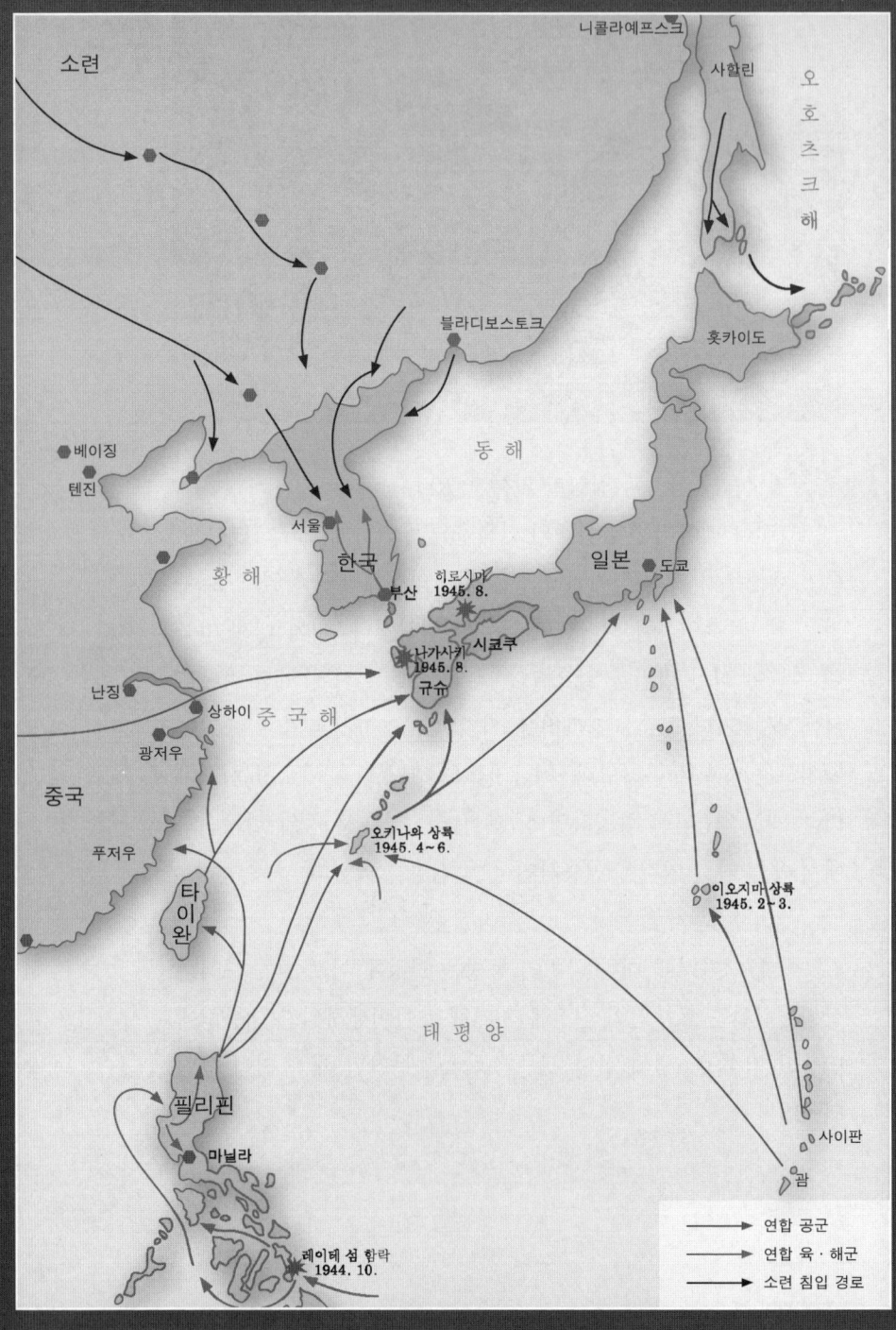

아이젠하워 시대

공화당의 20년 만의 부활

한국 전쟁이 막바지에 있던 1952년은 미국에서 대통령 선거가 치러진 해였다. 이 선거에서 집권당인 민주당은 트루먼이 불출마의사를 밝혔기 때문에 그 대신 일리노이 주지사 애들라이 스티븐슨을 대통령 후보로 내세웠고, 공화당은 아이젠하워를 후보로 내세웠다.

민주당의 스티븐슨은 풍부한 교양과 지식, 재치, 그리고 세련된 웅변 덕분에 많은 진보주의자와 지식인들로부터 대대적인 지원을 받았다. 그들은 전에 트루먼 대통령에게는 하지 않았던 헌신적인 노력을 스티븐슨에게는 기울였다. 그러나 공화당의 아이젠하워도 그리 만만한 상대는 결코 아니었다. 그는 군사영웅이자, 전 나토군 사령관이었고, 선거전 당시 뉴욕의 콜럼비아 대학 총장이었다. 그는 공화당 내의 쟁쟁한 인물들인 로버트 태프트와 더글러스 맥아더를 당당하게 뿌리치고 1차 투표에서 지명된 저력 있는 인물이었다.

아이젠하워는 캘리포니아 출신의 젊은 상원의원 리처드 닉슨을 러닝 메이트로 택했다. 이 두 사람의 결합은 아주 적절한 것이었다. 아이젠하워는 국가 경영에 대한 자신의 의지를 시사함은 물론 한국 전쟁의 해결 등 정치가다운 공략으로 지지를 얻었다.

"미국 국민은 한국 전쟁의 종결을 원하고 있다.… 그들은 국비를 낭비치 않는 검소한 정부를 바라고 있다. 그들은 세금이 부단히 높아지는 데 대해 종지부를 찍기를 원하고 있다.… 미국 국민은 우리 정부나 사회에서 공산주의자들을 뿌리 뽑자고 결의하고 있다."

닉슨은 미국 내의 반공산주의 문제를 교묘하게 이용하여 또 다른 지지 기반을 다졌다. 닉슨은 민주당의 비겁함, 배신행위 등을 들춰내면서 민주당을 가리켜 '공산주의를 몰아내겠다는 명목 하에 겁쟁이들만을 모아 놓은 힘없는 집단'이라고 비난하였다. 또한 부정부패의 일소라는 구호를 외치며 민주당의 재정적 부정행위를 폭로하기도 했다.

선거전의 열기가 한창 무르익어 가고 있을 무렵 기묘한 사건이 발생했다. 그것은 닉슨 개인에 관한 문제이자 부정부패 일소를 목표로 내걸고 싸우는 공화당에게는 불리한 문제였다. 민주당계 신문인 〈뉴욕 포스트〉가 비난한 것이다.

"공화당의 부통령 후보 닉슨은 캘리포니아의 백만장자클럽에서 선거 비용으로 몰래 1만 8천000달러를 받았다."

닉슨 자신은 나쁜 일을 했다고 추호도 생각하지 않았다. 그 돈을 포스터, 통신비, 비서를 고용하는 데 충당했기 때문이다. 그러나 닉슨의 퇴진을 요구하는 소리는 높아갔다. 이 일로 아이젠하워는 무척 화가 났다.

"만약에 닉슨이 그의 신변을 완전하게 깨끗이 하지 않는다면 그를 지지하지 않을 것이다."

공화당의 전국위원회는 닉슨이 미국 국민 앞에서 자기 자신을 변명하기 위해 TV방송 시간을 사도록 결정하였다. TV에서 닉슨은 엄숙한 표정으로 말을 하기 시작했다.

"나는 현재 두 명의 어린 딸의 아버지이고, 여기 옆에 있는 처의 남편입니다. 나는 태평양 전쟁에 참가한 바 있고, 재산은 나의 자동차와 4천 달러에 달하는 생명보험뿐입니다. 그리고 나의 집은 저당잡혀 있습니다. 이번 돈에 관해서 얘기한다면 그중 단 1달러도 개인적으로 사용한 적이 없습니다. 내가 받은 선물이 있다면 그것은 어린 딸들을 위해 받은 애완용 개 한 마리뿐입니다. 나는 다시 다음 이야기를 덧붙이지 않으면 안 되겠습니다. 내 아내 팻은 밍크외투도 없습니다. 그러나 그녀는 공화당이라는 훌륭한 외투를 갖고 있지요. 나는 언제나 그녀에게 '당신은 어떤 외투를 입어도 예쁠 것'이라고 말해왔습니다."

차분한 그의 연설이 끝나자 모든 미국인들이 울었다. 그 속에는 아이젠하워 부인도 포함되어 있었다. 아이젠하워는 닉슨에게 축전을 보냈다. 아이젠하워는 닉슨을 만나자 두 팔로 포옹했다.

"당신은 단순히 명예 있는 인간으로서 자신의 결백을 입증했을 뿐만 아니라, 인간으로서도 지금보다 훨씬 커졌습니다."

이렇게 위기를 벗어난 아이젠하워와 닉슨은 계속해서 절약을 강조했다. 특히 아이젠하워는 국방비 예산의 절약과 워싱턴 정가의 혼잡을 일소하겠다고 되풀이해 공약하였다.

투표 결과는 놀랄 만한 것이었다. 아이젠하워는 일반 국민투표와 선거인단 투표에서 압승을 거두었다. 일반 투표에서는 스티븐슨이 44퍼센트를, 아이젠하워는 55퍼센트를 얻었다. 선거인단 투표에서는 스티븐슨이 89표를 얻은 데 반해 아이젠하워는 442표를 얻었다. 그리고 공화당이 상하 양원을 과반이나 차지함으로써 마침내 20년간에 걸친 민주당의 지배를 종식시켰다.

당파를 초월한 정치

아이젠하워는 대통령에 당선된 후 공약대로 한국전선을 시찰하고 전쟁의 종결에 전력하겠다는 성의를 보였다. 그리고 취임연설에서 국민 앞에 다짐하였다.

"평화의 유지를 위하여 모든 국가들과 협력하겠다."

그의 이 연설은 당시 미국 국민들로부터 열렬한 환영을 받았다. 1929년 이래로 대공황, 제2차 세계대전, 냉전, 한국 전쟁이라는 시련을 겪느라고 한시도 긴장을 풀 수 없었기 때문이다. 미국민들은 그 어느 때보다도 미국이 정상 상태로 돌아가기를 열망하고 있었다. 아이젠하워라면 국민의 이러한 기대에 충분히 보답하리라고 믿었던 것이다.

국내 정치에서 아이젠하워는 중도주의를 지향하여 당파를 초월한 입장을 취했다. 그는 민주당의 전임 대통령들과는 달리 행정, 입법의 양면에서 대통령으로서의 권한을 적극적으로 사용하지 않았다. 대통령으로서의 업무를 수행하는 데에는 참모장격인 대통령 보좌관을 임명하여 그에게 많은 권한을 위임하였다.

내각 구성에도 8명의 백만장자와 1명의 연관공으로 구성했다는 평을 들을 정도였다. 국방장관으로 임명된 제너럴 모터스의 사장을 비롯한 실업계의 거물들을 각료로 등용했다.

아이젠하워는 친기업적이었다. 그는 경비지출의 삭감, 감세, 정부사업의 축소, 규제의 완화 등 연방정부의 활동을 줄이는 방향으로 정책을 이끌었다. 동시에 그는 지방정부, 개인기업의 활동을 권장하였다. 그러나 '뉴딜', '페어딜'의 정책 및 그 정신을 계승하여 사회보장 및 실업보험을 확충하고 각종 복지시설에 대한 연방정부의 지원을 증가시키고 주택건설도 촉진시켰다. 1953년 그의 정치는 사회복지 정책에 관한 한 과거 민주당 정권과 별다른 차이가 없다는 것을 보여 주었다.

매카시 선풍

아이젠하워 대통령의 첫 임기 중인 1953년 10월 정부는 사상이 좋지 못한 1천456명의 인물들을 숙청한다고 발표했다. 이에 대해 민주당은 항의했다.

"정부의 그러한 발표는 전임 대통령인 트루먼이 관청을 스파이의 소굴로 만들었다는 인상을 주려는 정부의 조작이다."

항상 공정하려고 노력하던 아이젠하워도 발표된 숫자에 대해서는 놀라워하며 불만을 표시했다. 그러나 상원의원인 조셉 매카시와 공화당의 우파에 속하는 그의 친구들은 만족하지 않았다. 그들은 유명한 물리학자이고 많은 사람들로부터 존경을 받던 오펜하이머를 과거에 공산주의자 친구들과 잘 어울렸다는 구실로 추방했다.

얼마 후 매카시는 미국의 소리나 재외 미국도서관 같은 해외 선전기관에 관한 조사를 시작했다. 그는 그의 앞잡이로 로이 코온과 데비드 샤인을 뽑아 유럽을 일주하게 하였고, 주요 도시들에 체류하면서 국가 전복의 음모가 있는지 탐지하게 하였다.

그들은 사상을 검토할 목적으로 도서관에서 공산주의 성향을 가진 저자들의 서적을 몰수했다. 이때 일부 도서관장들은 이를 미리 알아차리고 대출이 금지된 서적들을 불살라 버리기도 했다. 이러한 사실을 알게 된 아이젠하워는 격노해 다트머드 대학에서 학생들을 향해 말했다.

조셉 R. 매카시 매카시의 극단적인 반공주의 탓에 후에 매카시즘(mccarthyism)이란 단어가 만들어지기까지 했다.

"제군들은 서적을 불사르는 무리에 가담해서는 안 된다. 제군들은 증거를 파괴함으로써 과실을 감추려고 해서는 안 된다. 그것이 어떤 것인지, 그것이 무엇을 가리키고 있는지 그리고 무슨 까닭으로 그것이 사람들로 하여금 관심을 갖게 하고 있는지를 알지 못하고서 어떻게 공산주의를 극복할 수 있겠는가?"

그러면서도 아이젠하워와 의회는 지나치다고 할 수 있을 정도의 매카시의 조사 활동에 대해서는 여전히 침묵을 지켰다. 미국에서 공산주의를 추방시키려는 활동을 굳이 막을 필요는 없다고 생각했기 때문이었다.

그러나 한국 전쟁이 끝나고 휴전이 가져다준 좌절감이 어느 정도 가라앉자 매카시의 지나친 조사 활동에 대하여 국민과 의회 그리고 정부도 차츰 비판적으로 되어갔다. 그러던 어느 날 매카시가 고위급 군의관에 대한 조사 과정에서 육군을 모욕하는 발언을 했고, 거꾸로 그 자신이 조사 대상이 되고 말았다. 이때 군대측 법률 고문은 보스턴의 대변호사 웰치였다. 매카시는 웰치의 신용을 떨어뜨리고자 비난하였다.

"웰치는 오래 전부터 의심스러운 기관인 변호사 동업조합 소속의 젊은 변호사 피셔를 고용하고 있다."

이 말에 웰치는 격분했다.

"피셔는 빛나는 재능을 가진 충성스러운 청년입니다. 의원 여러분! 이 젊고 유능한 변호사에 대한 이 같은 암살 행위는 더 이상 지속되면 안 됩니다. 매카시는 정말로 아무런 예의 감각도 없는 암살자로 변해 있습니다… 매카시의 이러한 암살 행위는 마땅히 그 죄 값을 물어야 합니다."

웰치의 말이 끝나고 나서도 한참 동안 많은 의원들의 박수 소리가 계속되었다. 웰치의 제안에 환영의 뜻을 표한 것이다. 매카시는 투덜거렸다.

"내가 도대체 무슨 잘못을 했다는 거야?"

사실 매카시는 자신의 잘못을 인식할 수 없었다. 그는 그의 행동이 지나친 것이라고 생각하지 않았다. 그는 1954년 12월 상원에서 징벌을 받았다. 이때부터 매카시는 술에 빠지기 시작했고 1957년 5월 간염으로 사망했다.

이 같은 매카시 선풍은 선동적인 반공산주의의 산물이었다. 당시 미국의 일반 대중이 공산주의를 얼마나 두려워했는지를 보여준 하나의 징표이기도 했다.

흑백 차별을 철폐하라

"공립학교에서 흑인과 백인의 공학을 금지하는 남부의 법령은 위헌이다."

매카시 선풍으로 물의가 빚어지고 있던 1954년 5월 연방대법원은 흑인의 민권 문제에 이 같은 판결을 내렸다.

이것은 "흑인과 백인을 분리시키되 쌍방에게 평등한 시설을 제공한다면 헌법이 규정하는 법 앞의 평등에 위배되지 않는다."고 판결한 1896년 대법원 판결을 뒤집어엎는 것이었다.

로자 파크스 흑백 차별 폐지 운동은 1955년 앨라배마에서 로자 파크스라는 흑인 여성으로부터 시작되었다. 그녀는 버스 백인 전용석에서 일어날 것을 요구받았으나 거절했다는 이유로 경찰에 체포되었다. 사진은 체포 후 지문 날인을 하고 있는 모습이다.

1954년의 연방대법원의 판결은 남부 중에서도 심남부(Deep South)에 속하는 주에 있는 백인들을 크게 흥분시켰다.

"이런 어처구니없는 일이 또 어디 있단 말인가?"

그들은 선언했다.

"우리는 모든 합법적인 수단을 사용하여 흑백 차별 금지 판결에 저항하겠다."

한편 대법원의 판결은 흑인들에게 커다란 용기를 북돋워주었

마틴 루터 킹 침례교 목사였던 마틴 루터 킹은 흑백 차별 폐지 운동을 비폭력·평화 운동으로 주도했다.

다. 흑인들은 자체적으로 흑백 차별 폐지 운동을 일으켰다. 마틴 루터 킹이 1955년 12월에 버스 승차 거부 운동을 시작했다.

"흑인과 백인을 갈라놓는 버스는 절대로 타지 맙시다."

이 운동은 1년여에 걸쳐 꾸준히 전개되었다. 그 결과 버스 승차에 있어서 흑백 차별을 폐지하는 데 성공하였다. 마틴 루터 킹은 일약 흑인들의 지지를 한 몸에 받는 인물이 되었다.

이와 같은 상황 속에서 미국인들은 1956년 대통령 선거를 맞왔다. 이 선거에서 아이젠하워는 민주당 후보로 나서 스티븐슨을 또다시 침몰시켰다.

아이젠하워 대통령의 제2차 임기 중에도 흑인 문제는 계속되었다. 그 예로 1957년 9월에 일어난 흑인 학생의 입학 문제를 들 수 있다. 1954년의 대법원 판결에 따라 9명의 흑인 학생이 아칸소 주의 리틀록시에 있는 백인들만 취학하는 고등학교에 입학신청을 하였다. 시교육위원회는 이들의 입학을 허가하려 했다. 그러나 주 재판소에서는 그들의 입학을 중지시키는 명령을 내렸다. 이때 연방순회 재판소가 주 재판소의 명령이 무효라는 판결을 내렸다. 이에 머리끝까지 화가 난 주지사가 9명의 흑인 학생들이 등교하는 것을 민병대를 투입하여 저지하였다. 그러자 아이젠하워 대통령이 "주지사는 주 민병대를 즉시 철수토록 하시오."라고 지시하였으나 지사가 불복하였다.

아이젠하워 대통령은 1천 명의 낙하산 부대를 리틀록에 투입하여 그 학생들을 보호했다. 무장한 군인들이 흑인 학생을 교실까지 호위하고 한 학기 동안 운동장을 순시하였다. 이후 남부에서의 인종차별은 조금씩 철폐되어 가기는 하였으나 큰 변화는 쉽게 오지 않았다.

덜레스 외교와 대량보복

아이젠하워 대통령은 대외 정책에 관한 한 국무장관인 덜레스에게 전적으로 의지하였다. 공산주의를 배격하고 신앙심이 깊었던 덜레스는 마르크스주의의 무신론적 교의를 싫어하였다. 또한 미국의 금융계와 밀접한 유대관계를 맺고 있던 그는 세계 여러 나라의 자유기업에 대한 공산주의의 도전을 두려워하였다.

"트루먼 시대의 봉쇄 정책은 너무도 수동적인 정책이었다.… 미국은 보다 적극적인 해방 정책을 추구해야만 하고 이 정책은 머지않아 공산주의의 팽창을 공산주의의 수축으로 바꾸어 놓을 것이다."

그의 해방 정책은 세계 도처의 반공 세력들로 하여금 현존하는 공산주의 세력에 대해 적극적인 공세를 취하도록 격려하는 것이었다.

그는 아이젠하워 대통령의 온건한 입장에도 불구하고, 강력한 행동을 취하였다. 그중 가장 두드러진 것은 1954년 초에 그가 발표한 대량보복의 정책이었다.

"이제 미국은 동맹국에 대한 공산주의의 위협에 대해 재래식 군대와 무기 사용을 중지하고, 즉각적이고 완전하게 보복하는 강력한 수단으로 전쟁을 저지하는 방향으로 나아갈 것이다."

여기서 그가 구상한 보복조치는 핵무기의 사용을 의미하는 것이었다. 그의 이러한 대량보복의 이면에는 경제적인 고려가 있었다. 정부 안팎에서 군사적 지출을 삭감하라는 압력이 증가함에 따라 몇몇 주요 인물들이 언급한 것처럼 핵무기에 좀 더 의존하는 것이 '최소의 비용으로 더 많은 공격력을 갖게 된다.'는 것을 약속하는 것처럼 보였다. 게다가 상당수의 사람들이 '소형 전술 핵무기는 국지전에서도 재래식 군대를 충분히 대신할 수 있을 것'이라고 주장하였다.

미국의 방위 정책에 있어서 이러한 새로운 전망은 처음엔 거의 모든 사람들을 만족시키는 것처럼 보였다. 덜레스는 모든 비공산세계를 하나의 상호 방위 협정 체제로 통합시키려고 하였던 트

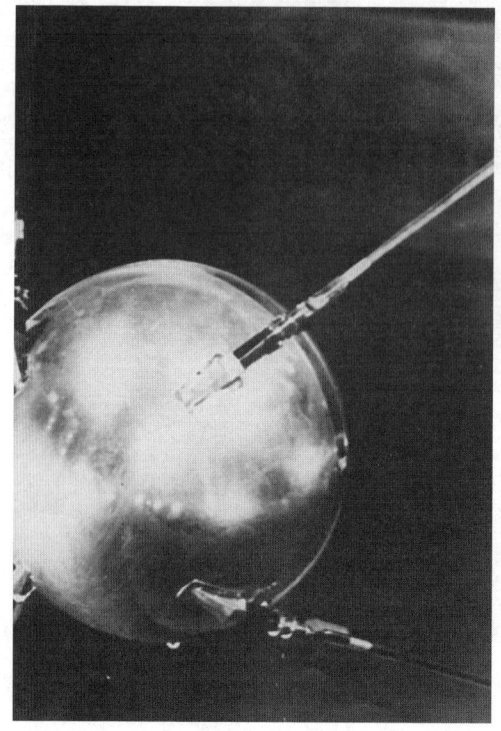

스푸트니크 1957년 소련이 최초로 발사한 인공위성.

스푸트니 기념우표

루먼의 정책을 좀 더 강화시켰다. 그는 대만의 장제스 정부에게 본토 수복을 위해 노력하라고 격려하였고, 1954년에는 독일군을 재무장시켜 나토군에 편입시켰다. 같은 해에 베트남에서 공산주의자들의 공격으로 프랑스가 쫓겨나 동남아시아 전역이 공산화의 위협에 놓이게 되자, 미국은 유럽의 나토를 모방하여 동남아시아 조약기구(SEATO)를 조직하였다. 그리고 1955년에는 중동조약기구(CENTO)로 알려진 바그다드 협약을 체결하였다.

그러나 시간이 지날수록 덜레스의 적극적인 해방 정책은 다시 소극적인 포위 정책으로 되돌아가고 있었다. 국제 정세는 점차 냉전 시대로부터 해빙의 시대로 옮겨가는 듯했다. 1953년에 소련이 수소폭탄을 보유하게 됨으로써 미국의 소련에 대한 대량보복의 위협도 크게 약화되었다. 뿐만 아니라 헝가리에서 혁명이 발발했을 때 소련군의 무력 진압에도 미국은 이렇다할 만한 조치를 강구하지 못함으로써 국제적 위신이 떨어졌다.

이즈음 미국에 결정타를 가한 것은 1957년에 소련이 최초의 인공위성인 스푸트니크 1호를 발사한 사건이었다. 4개월 후에 미국도 조그마한 인공위성을 발사하기는 했지만, 이 사건은 과학과 생활 수준에 있어서 지금까지 세계 제일이라고 자부해왔던 미국인들에게 큰 충격을 주었다.

해빙의 조짐

소련의 인공위성 발사로 충격을 받은 미국인들이 과학의 연구와 교육에 관심을 쏟는 동안 소련에도 변화가 일었다. 1958년 수상 겸 공산당 서기장이 된 흐루시초프가 자유진영과 공산진영 사이의 평화공존을 역설하면서 냉전의 해빙에 박차를 가했다.

1959년에는 소련 부수상이 미국을 방문하여 매우 우호적인 태도를 보여주었다. 그는 은행가에게도 구두닦이에게도 농담하고 악수를 청하면서 말했다.

"어째서 우리는 서로를 이해할 수 없는가?"

이때 아이젠하워는 그에게 말했다.

"우리는 서로 무거운 짐을 지는 데 지쳤으므로, 이러한 궁지에서 벗어나기 위한 방법을 발견하고 싶소."

이후 미국과 소련은 서로 박람회를 개최했다. 화해 무드가 싹트는 것 같았다. 그러나 정작 닉슨 부통령이 모스크바에 갔을 때

미·소 정상 회담
1959년 캠프 데이비드 회담에서의 아이젠하워 흐루시초프, 그리고 영부인들.

그곳 분위기는 너무도 엄중했다. 닉슨은 그의 부인 팻 닉슨, 의사인 밀턴 아이젠하워 그리고 릭코버 해군대장을 대동했다. 그는 공항에서 어린이들에게 껌과 초콜릿을 나눠주고 소련말로 평화만세를 외치며 좀 더 부드러운 인상을 주려고 애썼으나, 영접 분위기는 냉랭하다 못해 살벌하기까지 했다.

닉슨이 소련에 도착한 후 행해진 공식 행사들이 끝나갈 무렵, 흐루시초프와 닉슨 두 사람이 소련에서 개최된 미국 박람회를 구경할 기회가 있었다. 자동차, 수퍼마켓, 모델하우스 등을 구경하던 중 흐루시초프가 닉슨에게 물었다.

"소련의 새로운 주택들은 지금 당장이라도 이런 가정용구들을 전부 비치할 수 있습니다. 그런데도 당신들이 우리를 보고 공산주의의 노예라고 말하는 것은 무슨 이유입니까?"

닉슨이 이에 답변했다.

"우리에게는 그 무엇보다도 선택의 권리가 있다는 것이 중요하지요."

그는 소련 내에서의 보이지 않는 구속을 꼬집은 것이다. 흐루시초프는 화제를 돌려 말했다.

"정치 문제에 관한 한 우리는 영원히 이해하지 못할 것 같아요."

"우리가 귀국 사람들과 회담의 자리를 같이 할 때는 언제나 서로 단 하나의 방향을 향해 나아가리라 생각하지는 않는답니다. 그 이유는 하나의 진영에서 다른 진영을 향해 최후 통첩을 말할 수는 없는 것이기 때문입니다."

닉슨은 이렇게 말하며 그간에 몇 차례에 걸쳐 행해진 소련의 일방적인 입장표명을 나무랬다. 그러자 흐루시초프가 발끈했다.

"누가 최후통첩을 냈다고 그러시는 겁니까?"

"그것에 관해서는 후에 논의하도록 하시죠."

닉슨은 화제를 돌리려 했다. 그러자 흐루시초프는 불만에 가득 차서 말하였다.

"당신이 먼저 문제를 제기해 놓고서 왜 다들 듣고 있는 이곳에서는 그것을 토론하지 않으려 하십니까?"

두 사람 사이에 오고간 대화는 맹렬하기 이를 데 없었다. 그러나 사실 적의가 있었던 것은 아니었고 오히려 두 사람은 흥겨운 분위기를 만끽하고 있었다.

닉슨 부통령의 소련 방문이 있은 후, 이에 대한 답례로 흐루시초프가 이례적으로 미국을 방문했다. 밝은 표정으로 미국에 도착한 흐루시초프는 메릴랜드의 캠프 데이비드에서 아이젠하워와 만났다.

일찍이 미·소 양국의 공존이 이 이상으로 평화적으로 보였던 일은 없었다. 양국 정상회담이 시작되었고, 미국측은 소련이 요구한 핵실험 금지 회담 개최에 동의하였다. 소련측은 서방측이 6개월 내에 베를린에서 철수하여 베를린을 비무장화한 자유도시로 만들자는 요구 가운데에서 시한조항을 포기하였다. 이른바 '캠프 데이비드 정신'으로 표현되는 화해정신이 양분된 세계를 평화 속으로 이끌어가는 것처럼 보였다.

해빙무드의 와해

1959년 9월에 미·소 정상이 캠프 데이비드에서 만났을 때만 해도 세계는 평화의 타협점을 찾아가는 듯했다. 그러나 양 정상이 만난 지 채 1년도 못되어 이러한 분위기에 찬물을 끼얹는 사건이 발생했다. 1960년에 일어난 U-2기 사건이 바로 그것이었다.

미·소 정상이 캠프 데이비드 회담에서 약속한 파리 정상회담이 열리기 직전인 1960년 5월, 미국의 초고공 정찰기인 U-2기가 정찰 도중 소련의 영공에서 격추되는 불상사가 일어났다. 이 때문에 회담은 3시간 만에 끝나고 캠프 데이비드 정신은 또다시 냉랭한 대결로 전락했다.

한편 미국은 라틴 아메리카 문제, 특히 쿠바 위기로 곤경에 빠져들었다. 1958년 쿠바에서는 독재적인 군사정권에 대항해 혁명이 일어나 대학교수 출신의 젊은 혁명가인 피델 카스트로가 정권을 잡았다. 이때 미국은 그 혁명에 호의적이었고, 1959년에는 카스트로를 미국에 초청하여 극진한 환대를 베풀어 주었다. 그러

피델 카스트로 피델 카스트로는 쿠바의 공산 혁명을 이끌고 공산 정부를 수립하였다.

나 쿠바에서 계속 사회 혁명이 진행되는 동안 반대파에 대한 대대적인 처형이 이루어졌고, 이때 많은 미국인들의 재산이 몰수됨에 따라 양국 관계는 악화일로에 놓이게 되었다.

1960년 초에 이르기까지 카스트로 정권에 의해 몰수된 미국인들의 재산은 10억 달러에 이르렀다. 수많은 쿠바인들이 쿠바 내부의 소요와 혼란을 피해 미국 마이애미로 몰려들었다. 카스트로는 소련 쪽으로 기울어져 소련·쿠바 통상조약을 체결하였다.

이에 대한 보복으로 미국은 쿠바와의 모든 경제 관계를 중단하는 한편, 쿠바로부터 설탕 수입을 95퍼센트나 줄였다. 이러한 조치로 큰 타격을 받은 카스트로는 미국에 대해 더욱 적대감을 갖게 되었다. 카스트로는 점점 라틴 아메리카에서 가난으로 찌들은 노동자, 농민, 지식인들 사이에 영웅으로 떠올랐다. 미국은 서반구의 통일을 유지하기가 더욱 더 어려워졌다.

존 F. 케네디와 린든 B. 존슨 시대

야망을 꿈꾸는 케네디

세계적으로 다시 긴장감이 감도는 가운데 미국은 1960년 대통령 선거를 맞이하고 있었다. 이때 공화당의 닉슨 후보에 맞서 민주당의 대통령 후보로 등장한 인물이 바로 존 F. 케네디였다. 그는 매사추세츠 브루클린의 상류층 집안에서 태어났다.

그는 처음에 프린스턴에서 공부를 시작했으나 병으로 학업을 중단하고, 1936년에 다시 하버드 대학 정치학과에 들어갔다. 그는 대학 시절 동안에 영국을 자주 여행했는데, 당시 그의 아버지가 영국 주재 대사로 있었기 때문이었다.

하버드를 졸업하고 나서 얼마 후 제2차 세계대전이 발발하자 그는 미 해군에 입대하였다. 1943년에 남태평양에서 그가 지휘하던 배가 일본 잠수함의 공격으로 반동강이 난 적이 있었다. 그때 그는 부상당한 부하들과 다른 생존자들을 인솔하고 파도가 몰아치는 바다를 5시간 동안이나 헤엄쳐 빠져나왔다. 그로부터 나흘 뒤에 뉴질랜드 보병 순찰대의 도움으로 모두 살 수 있었다. 이러한 공로가 인정되어 그는 해군과 해병대로부터 메달과 훈장을 수여받았다.

케네디와 존슨 존 F. 케네디는 린든 B. 존슨 상원의원과 러닝메이트를 이루어 대통령 선거에 출마하였다.

　1945년에 해군 복무를 마친 케네디는 통신기자가 되어 샌프란시스코의 유엔 창립회의와 포츠담 회담을 취재하였다. 이듬해인 1946년에 그는 29세밖에 안 되었지만 그의 외할아버지 존 F. 피츠제럴드가 전에 차지했던 매사추세츠 제11선거구에서 민주당 하원의원에 당선되었다. 그 후에도 두 번이나 재선되었다.

　1953년에 케네디는 재클린 리 부비에와 결혼했다. 그녀는 로드 아일랜드에서 사회적 명성을 날리고 있던 집안의 딸이었다.

　학창시절에 축구를 하다가 다친 끈질긴 척추통을 치료하기 위하여 그는 1954년에 수술을 받았는데, 병원에서《용기있는 사람들》이라는 책을 썼다. 이 책은 미국 의회에서 역사상 뛰어난 일을 한 의원들의 이야기를 그린 것으로, 1957년 전기 부분에서 풀리처상을 받았다.

1956년에는 39세의 젊은 나이로 시카고의 민주당 전당대회에서 애들라이 스티븐슨의 지명 연설을 하였다. 그 후 부통령 후보에 오르내렸으나 그 당시에는 후보로 지명되지는 못했다. 이때부터 그는 1960년의 대통령 후보지명을 받기 위하여 착실히 준비했고, 마침내 1960년 7월 로스앤젤레스에서 열린 민주당 전당대회에서 1차 투표로 대통령 후보에 지명되었다.

케네디의 승리
1960년에 민주당의 대통령 후보로 지명된 존 F. 케네디는 텍사스 출신의 린든 B. 존슨 상원의원을 러닝메이트로 선출하였다. 이에 집권당인 공화당은 당시 부통령인 리처드 닉슨과 유엔 대사인 헨리 케봇 로지를 각각 대통령과 부통령 후보로 내세웠다.

케네디와 닉슨 간에 치열한 선거전이 벌어졌다. 선거전 초기에 케네디가 제기한 문제들은 명확성이 다소 결여되어 있었다. 케네디는 아이젠하워 정권의 나약함과 만용, 허세 등을 꼬집었다.

"아이젠하워 시대에 와서 미국의 위신이 급격하게 추락했다. … 루스벨트는 굵은 곤봉을 손에 쥐고 부드럽게 이야기 했으나, 닉슨이 부통령으로 있는 현 아이젠하워 정권은 이쑤시개를 손에 쥐고 있음에도 난폭하게 이야기한다는 인상이 짙다. … 현재 미국 경제를 보건대, 국방, 노동, 교육 및 기타 복지 분야에 대해 보다 많은 지출이 요구되고 있다. 아이젠하워 행정부의 덜레스 외교로 인하여 미국은 여러 나라들로부터 미움을 샀고, 그 결과 그들 나라 안에서는 우리가 미워해야 할 독재자들의 가슴에 훈장을 달아 주는 결과가 초래됐다."

이에 맞서 닉슨은 말했다.

"케네디는 U-2기 사건이 일어났을 때, 그것에 대해 소련에게 사죄할 것을 주장했다. 케네디는 외교 정책에 있어서는 너무도 나약한 점이 많다."

10월에 이르러 선거전은 최고조에 달했다. 케네디와 닉슨은 둘 다 미개발 지역에 대한 잉여 농산물의 무상 배급, 농업 노동자의 재전환 등과 같은 유사한 강령들을 내세워 팽팽한 접전을 거듭했다. 그러나 팽팽했던 선거전은 TV토론으로 인하여 그 양상이 바뀌기 시작했다.

케네디는 아이젠하워 행정부의 민권 문제에 관한 윤리적 지도력의 부족, 미국 내에서 혜택받지 못한 지방에 대한 원조 부족, 라틴아메리카에 대해 너무 무지하다는 점 등을 들면서 비판했다.

닉슨은 케네디가 1950년대 말기 미국의 위신 하락에 관해 지나치게 과장하고 있다고 반박했다.

1억 명의 TV 시청자가 두 젊은 정치가를 지켜보았다. 그들은 여러 가지 중요한 문제에 관해 진지하게 논의하였다. 닉슨은 병에서 회복 중이었다는 이유가 있긴 했지만, 확실히 케네디보다는 초췌했고 다소 흥분한 상태에서 자주 신경질적인 면을 드러냈다. 이에 반해 케네디는 냉정하고도 순발력 있는 견해를 피력하면서 여유를 보여주었다.

선거 결과는 아주 근소한 차이로 케네디가 대통령에 당선되었고, 대통령 취임식에서 말했다.

케네디와 닉슨의 TV 토론 1960년의 대통령 선거에서 케네디와 닉슨은 최초로 TV 선거전을 벌였다. TV 토론 이후 상황은 케네디에게 유리하게 전환되었다.

"전 세계의 모든 사람들이여, 미국이 여러분을 위해 무엇을 할 것인가를 묻지 말고, 우리가 함께 인류의 자유를 위해 무엇을 할 수 있는가를 물어 봅시다."

그의 연설이 끝나자 우레와 같은 박수 소리가 나왔다. 케네디는 전 세계로부터 주목받는 대통령이 되었다.

뉴 프런티어 정책

케네디는 선거 운동 중에 자주 '뉴 프런티어'를 말했다. 이것은 국내외에서 미국이 당면한 문제들에 대하여 새롭게 접근하는 것을 뜻한다고 그는 설명했다.

먼저 케네디 행정부는 미국 내 풍요의 이면에 자리 잡은 빈곤 문제를 해결하고자 했다. 당시 미국 내에 만연되어 있는 빈곤은 1890년대와 1930년대의 빈곤같이 이민과 실업으로 인한 일시적인 빈곤이 아니라 빈곤을 당연한 것으로 받아들여 체념 상태에 빠져 있는 구조적인 빈곤이었다.

마이클 해링턴은 이 숨겨진 빈곤을 《미국의 다른 측면》이라는 저서에서 적나라하게 파헤쳤다.

그는 '기본적인 필수품, 즉 의식주는 더 이상 국가적인 문제가 되지 못한다.'는 주장에 대해 반발하면서 '바로 이 순간에 수천만 명의 미국인이 인간적인 품위를 지킬 수 없는 수준 이하의 상태에서 살면서 정신적으로나 육체적으로 불구자가 되는 것이 현실이다.'라고 썼다.

해링턴이 빈민으로 생각한 사람들은 애팔래치아 지방의 빈민들, 도시 빈곤 지역의 실업자들 및 가난한 노인들이었다. 해링턴의 이러한 고발은 케네디 행정부의 경제심의회 의장인 월터 헬러에 의해 보고서 형태로 케네디 대통령에게 전해졌다.

케네디는 1961년에 지역개발법을 제정하여 펜실베이니아로부터 앨라배마에 이르는 11개 주를 연결하는 '애팔래치아 빈곤지대'를 개발하려 하였다. 특히 켄터키 동부와 웨스트버지니아의 개발에 주력하고자 했다.

1863년에는 빈민을 돕기 위해 연방정부가 교육을 보조하고, 사회보장 제도를 통해 노인 의료보험을 실시하는 법안을 의회에 제출하였다. 그러나 공화당과 남부 민주당이 결탁한 보수적인 의회가 개혁안을 부결시키는 바람에 제동이 걸리고 말았다.

흑·백 그 두꺼운 벽
케네디의 개혁 의지는 민권 운동에서도 잘 나타났다. 케네디 대통령과 그의 동생 로버트 케네디 법무장관은 주 사이를 연결하는 교통수단에서 인종차별을 철폐하고, 흑인의 투표권을 보장해주려 하였다.

1962년 10월에는 제임스 메레데스라는 한 흑인 청년이 미시시피주의 옥스퍼드에 있는 미시시피 대학에 입학하려 하였다. 연방법원은 그의 입학을 허가하도록 대학 당국에 명령했다. 그렇지만 철저한 인종차별주의자인 주지사 로스 바네트는 명령 시행을 거부했다. 그곳의 백인들 또한 법원의 명령에 반발하여 폭동을 일으켰다. 케네디는 질서를 되찾고 메레데스의 대학 강의 수강을 보호하기 위하여 그 도시에 연방군을 파견했다.

1963년 4월에는 마틴 루터 킹 2세 목사가 앨라배마주 버밍햄에서 심한 인종 차별에 반발하여 광범위한 비폭력 시위를 시작했다. 그러자 그곳 경찰국장 유진코너가 개인적으로 명령을 내려 공격용 개와 최루탄, 전기막대, 살수기 등을 사용하여 킹 목사의 평화 행진을 저지하였다. 행진 중인 어린아이들도 여기저기 쓰러졌다. 수많은 시청자들이 이 장면을 TV로 시청하고 있는 가운데 시위군중들이 마구 체포되었다.

케네디에게 이 사건은 충격이었다. 그는 이것을 경고로 받아들였다. 더 이상 인종 문제를 회피할 수 없었던 것이다. 사건이 있던 날 저녁 그는 TV 회견에서 미국이 현재 처해 있는 도덕적 문제를 말하였다.

"만약 어떤 미국인이 그의 피부색이 검다는 이유 때문에 우리 모두가 원하는 넉넉하고 자유로운 삶을 영위할 수 없다면, 우리들 가운데 누가 그의 피부색을 만족스럽게 바꾸어주고 자기가 할 일을 다시 할 것인가?"

우리는 입학 차별에 반대한다. 학교 측의 인종 차별 정책 때문에 흑인들은 평등한 교육 기회조차 받지 못했다. 인권의식이 높아지면서 흑인들은 이에 대해 항의하기 시작했다.

이 연설이 있고 난 며칠 후 케네디는 공공시설, 가게, 식당, 극장, 호텔 등에서 인종에 따른 차별대우 및 차별고용을 금지하였다. 또한 학교 통합에 대한 정부의 권한을 강화하는 일련의 법안을 제출하였다.

케네디의 새로운 제안에 의회의 반발이 거셌다. 끈기 있는 투쟁만이 법안의 승인을 얻어내는 길이었다. 흑인들 자신도 그들의 권리를 쟁취하기 위해 끊임없이 노력했다. 1963년 8월에 20만 이상의 시위자들이 워싱턴 D.C.의 말Mall가에서 가두 행진을 시작하였다. 시민권 보장을 위해 역사상 가장 큰 시위가 링컨 기념관 앞에서 벌어진 것이다.

이 집회의 지휘자는 마틴 루터 킹 목사였다.

"나는 꿈이 있습니다."

그는 반복되는 구절로 시작되는 탄원조 기도로 인종차별이 없는 사회의 건설을 호소했다. 군중들 역시 새로운 사회에 대한 열망이 가슴 가득 차올랐다.

"마침내 자유를 얻었네. 마침내 자유를 얻었네. 전능하신 하나님 감사합니다. 마침내 우리는 자유를 얻었습니다."

마틴 루터 킹 목사가 흑인 영가로 연설을 끝맺자 그곳에 있던 모든 군중들이 '우리는 이기리라'는 찬송가를 합창하였다.

이 집회에 대해 처음에 케네디 대통령은 시위를 만류하는 입장을 취했으나 나중에는 공공연하게 지원을 해주었다. 따라서 이 집회는 쓰라린 인종투쟁의 의미보다는 시민권 보호에 대한 새로운 국가적 공약의 탄생을 의미하는 것처럼 보였다.

케네디 대통령은 당시 미국 내의 흑인들의 처지에 대해 동정심을 갖고 그들의 인권신장을 위한 노력을 아끼지 않았다. 그러나 뿌리 깊이 박혀 있는 인종차별의 관습을 없애는 데는 아직도 더 많은 시간이 요구되었다.

케네디의 대외 정책

케네디는 대외 정책에서도 활발한 움직임을 보였다.

"세계는 너무도 다양한 집단들이 모여 있다. 이들 나라들이 자유 민주주의적인 방향으로 나아가기 위해서는 무엇보다도 그들 나라들이 공산화되는 것을 방지해야 한다. 특히, 저개발 국가들이 안고 있는 빈곤이야말로 공산주의가 파고들 수 있는 가장 큰 허점이다."

그는 그러한 나라들의 빈곤을 없애려는 의도에서 1961년 3월에 평화봉사단을 창설하였다. 미국의 젊은이들을 저개발국에 파견하여 교육, 기술개발, 의료 등 각 분야에서 활동할 수 있게 함으로써 국내외로부터 호평을 받았다.

또한 케네디는 여지껏 등한시해온 라틴 아메리카 제국들에 대해서도 눈을 돌렸다. 진보를 위한 동맹을 제안하여 이들 나라의 사회, 경제적 개혁을 원조하는 비용으로 미국이 100억 달러를 부담할 용의가 있다고 밝혔다.

케네디의 이런 계획에 대해 쿠바의 카스트로는 '새로운 형태의 경제적 제국주의'라고 비난했고, 원조를 받는 나라에서도 미국이 내정 간섭을 하지나 않을까 우려했다.

케네디의 대외 정책은 쿠바 침공작전의 실패로 어려움에 직면했다. 1961년 4월에 케네디는 중앙정보부가 비밀리에 계획한 쿠바 침공작전을 시행하도록 허가하였다.

이것은 쿠바에서 미국으로 망명한 사람들로 구성된 1천500명의 특공대가 카스트로 정권을 몰아내기 위하여 쿠바의 피그즈만으로 상륙하여 기습공격을 펼치는 작전이었다.

작전이 시작된 후 쿠바에 상륙한 특공대는 순식간에 거의 다 섬멸되어 버렸고, 예상했던 반카스트로의 인민봉기도 일어나지 않았다. 쿠바 침공계획을 주도하고, 케네디 대통령에게 그 계획의 성공을 장담한 중앙정보부의 알렌 덜레스는 사임하였다. 계획의 실행을 명령한 케네디도 비난의 소용돌이 속으로 빠지게 되었다. 라틴 아메리카 국가들은 분노를 일으켰고, 미국의 위신은 크게 추락하였다.

그러나 다행히도 소련이 쿠바에 설치한 미사일 기지 철거 문제로 미국의 위신이 회복되는 계기가 마련되었다. 쿠바에 소련 미사일 기지가 설치되었다는 정보를 얻어낸 케네디는 소련에 강력하게 항의하였고, 쿠바를 공격하기 위한 부대를 플로리다에 집결시키도록 하였다. 미사일을 실은 소련 선박이 쿠바로 향하자 그는 쿠바에 대한 해상 봉쇄명령을 내리고 경고했다.

"만약에 봉쇄선 안으로 소련 선박이 들어올 경우 무조건 격침시켜 버리겠다."

미·소 양국 간의 직접적인 충돌은 피할 수 없는 듯 보였다. 그러나 진통 끝에 미국이 터키에 있는 기지를 철수하고, 소련은 그 대가로 쿠바 기지를 철수하겠다는 협상이 이루어졌다. 이후 양국에는 타협의 분위기가 조성되어, 1963년 여름에는 핵실험 금지 조약이 체결되었다. 또한 워싱턴과 모스크바 사이에 핫라인Hot Line 이라고 불려진 직통전화가 가설되었다. 이는 우발적으로 전쟁이 일어나는 것을 방지하려는 것이었다.

아까운 죽음

미국은 확실히 활기를 찾은 듯이 보였다. 젊고 이상주의적인 대통령은 우주를 개발하려는 야심찬 계획을 세우고 있었다. 1961년 4월에 소련이 유리 가가린을 태운 최초의 유인 우주선을 쏘아 올린 데 자극받아 케네디는 아폴로 계획을 발표하였다. 유인원이 아니

닐 암스트롱 1969년 우주비행선 아폴로 호에 탑승한 암스트롱은 최초로 달을 밟은 우주 비행사가 되었다.

라 인간이 달에 가는 것이었다. 이러한 그의 계획은 훨씬 후인 1969년에 가서야 이루어졌지만 그것은 당시의 미국인들에게 꿈을 주었다. 새롭고 무한한 세계를 향해 도전적인 자세를 갖게 하는 데 기여하였다. 케네디의 인기는 절정을 향하여 치솟았다.

그러나 남부 지역에서만은 예외였다. 흑인의 인권신장에 대한 그의 적극적인 자세가 남부인들로 하여금 반감을 불러일으켰다. 따라서 케네디는 1964년 대통령 선거에 대비하려면 남부 민주당을 더욱 결속시켜야 했다. 그 목적으로 남부에서의 연설여행을 계획하였고, 1963년 11월 21일 텍사스의 달라스로 떠났다. 도착한 다음날 아침 케네디는 보슬비가 내리는 텍사스 호텔 앞에서 포트워드 시민들에게 농담기 섞인 연설을 한 후 포트워드 상공회의소 조찬회에 참석하여 또 한 번 연설하였다. 그리고 나서 텍사스 호텔로 돌아온 그는 재클린과 케네스 오도넬과 더불어 정부 비밀기관의 역할에 관하여 잡담하였다. 케네디는 말했다.

"그들이 할 수 있는 일은 제어하기 어려운 군중들로부터 대통령을 지키는 것뿐이다. 그러나 만일 누군가가 대통령을 죽이려고 마음먹는다면 그것은 그렇게 어렵지 않다. 망원경이 붙은 총을 가지고 높은 빌딩에서 겨눈다면 어떤 사람도 대통령의 생명을 방어할 수가 없다."

얼마 후 케네디가 라브필드 공항에 도착했을 때, 헨리 곤잘레스 의원이 농담을 했다.

"자, 모험해볼까요? 나는 아직 방탄조끼를 입지 않았어요."

비행기에서 내린 케네디 대통령은 곧 햇볕이 내리쬐는 광장을 가로질러 군중에게로 다가갔다. 그들과 악수한 후 케네디는 자동차에 몸을 실은 채 시의 중심부로 향했다. 거리의 사람들은 적의를 품은 모습도 아니고, 지나치게 열광적이지도 않았다. 그들은 손을 흔들었다. 그 태도는 소극적인 것 같았다.

케네디가 타고 있는 차가 시내로 들어감에 따라 군중의 수는 늘어났다. 그들은 소란스럽지 않으면서도 비교적 즐거운 표정들을 하고 있었다. 달라스의 다운타운에 들어서자 군중의 열기가 그 전과는 비교가 안 될 정도로 높아졌다. 차는 메인스트리트를 돌았다. 케네디는 행복한 듯이 손을 흔들었다. 코넬리 부인이 케네디와 그 옆에 앉아 있는 재클린을 바라보며 말했다.

"달라스 사람들이 당신들을 지나치게 환영하지 않았다는 말은 이제 못하겠지요."

차는 에름스트리트로 돌아서 비탈길을 내려가 교과서 창고 옆을 지났다. 그때였다. 날카로운 총소리가 자동차 행렬의 소음을 뚫고 울려 나왔다. 케네디 대통령의 얼굴에 기묘한 표정이 감돌더니 앞으로 쓰러졌다. 재클린이 울부짖었다.

"오오! 노우… 아! 하나님, 그들이 내 남편을 쏘았습니다."

케네디의 암살은 미국뿐만 아니라 전 세계에도 커다란 충격이었다. 곧 워렌 대법원장을 위원장으로 한 조사위원회가 조직되었다. 위원회의 보고에 의하면, 불만에 가득찬 공산주의자 리 하비 오스왈드가 단독으로 범행했다는 것이다. 그러나 범인과 그 배후에 관해서는 상당한 논란이 일었다.

오스왈드는 재판을 받으러 가는 도중 술집 주인인 잭 루비에 의해 살해되었고, 사건의 진상을 정확히 파헤치는 것이 불가능해졌다. 의욕에 넘치고 미국에 새로운 희망을 준 케네디의 시대는 1천 일 만에 끝이 났다.

케네디 암살을 보도하는 신문 케네디의 암살을 보도하는 〈데일리 미러〉지. 케네디의 사망 소식은 미국 전 국민들을 충격으로 몰아넣었다.

전용기 안에서의 취임 선서

전 세계가 케네디의 죽음을 애도하는 가운데 부통령인 린든 B. 존슨이 대통령직을 승계하였다. 1908년에 텍사스의 존슨시티 근처에서 태어난 그는 케네디와는 전혀 다른 성장 환경과 경력을 가진 인물이었다.

그의 아버지는 교사직을 겸하면서 농사를 지어 생활이 그리 넉넉하지 못했다. 그는 어린 시절부터 이발소에서 구두를 닦으며 돈을 벌었다. 공립학교와 존슨시티 고등학교에 다니는 동안에도 공부에만 전념할 수 있는 여건은 아니었다. 그럼에도 향학열은 보통 사람을 넘는 수준이었다. 그는 텍사스 산마르코스에 있는 사우스웨스트 주립 사범대학에 들어가 1903년에 졸업하였다. 이후 공부에 대한 미련을 버리지 못해 조지타운 대학에서 법률공부도 하였다.

그는 텍사스 휴스턴에 있는 공립학교에서 역사를 가르친 적이 있었다. 이때 그는 버드 부인으로 더 잘 알려진 클라우디테일러와 결혼하였다.

존슨은 1932년에 리처드 클레버그 하원의원의 비서가 되었다. 이때 그는 후에 하원의장이 된 샘 레이번과 친해졌고, 프랭클린 루스벨트 대통령의 관심을 끌어 1935년에는 청년관리국의 텍사스 책임자로 임명되었다. 1937년에 존슨은 임기가 만료되지 않은 하원의원 제임스 P. 뷰캐넌의 의석을 채우기 위한 보궐선거에 출마하였다. 그 선거에서 민주당 후보로 승리하였다. 그 선거 이후 그는 하원의원에 다섯 번이나 재선되었다. 2차 세계대전 중에는 해군 예비군으로 근무했고, 1948년에 텍사스의 상원의원에 선출되었다. 1953년에는 양대 정당의 총무직을 번갈아 수행해가며

린든 B. 존슨의 대통령 취임 갑작스런 케네디 암살로 대통령직을 계승한 린든 B. 존슨이 대통령 전용기에서 취임선서를 하고 있다.

가장 영향력 있는 인물로 인정받았다.

1955년은 그에게 고통스러운 해였다. 심장마비 증세가 그의 밝은 앞날을 위협하였다. 많은 사람들이 그의 정치적 생애가 끝나는 줄 알았으나, 다행스럽게 곧 회복되어 상원의원직을 계속할 수 있었다.

케네디 대통령 밑에서 그는 역사상 가장 활동적인 부통령이었다. 케네디 대통령의 목적과 이상을 따라 사절로서 널리 외국을 방문했다. 케네디 대통령의 평등고용 기회위원회 위원장직과 국가 우주 개발위원회 의장직, 그리고 평화군단 고문회의 의장직까지 맡아 입법과 외교 문제에 관한 최고위 정책 토론자의 역할을 다했다.

1963년 11월 케네디 대통령이 암살된 지 1시간 뒤에 대통령의 유해를 워싱턴으로 가져가기 위한 전용기 안에서 그는 대통령 취임 선서를 했다. 그 선서는 미국 역사상 처음으로 여성이 사회를 보았는데 그 여성은 달라스의 연방판사인 사라 T. 휴즈 여사였다.

위대한 사회

존슨은 비행기 안에서 대통령이 되어 워싱턴으로 돌아온 즉시 미국인들을 향하여 말했다.

"나는 전임 대통령인 존 F. 케네디가 계획했던 일들을 계속해 나갈 것이다."

이후 그는 1964년 5월 국내 정책 전반에 관한 계획 이른바 '위대한 사회'를 발표하였고, 이듬해에 연두교서에서 다음과 같이 말함으로써 '빈곤에 대한 무조건 전쟁'을 선언하였다.

"내가 말한 '위대한 사회'란 양적인 면뿐만 아니라 질적인 면을, 부를 창조하는 방법뿐만 아니라 그것을 사용하는 방법을, 그리고 얼마나 빨리 가고 있는가 뿐만 아니라 어디를 향하여 가고 있는가에 대한 해답을 요구한다."

그는 이것을 실현하기 위한 첫 단계로 8월에 경제기회법을 제정하였다. 이 법은 빈곤의 주된 원인이 일자리 부족보다는 교육과 기술 훈련의 부족에 있다고 보고 선진 사회가 요구하는 고도의 기술을 실업자들이 가질 수 있도록 재교육하려고 하였다.

존슨은 1964년 8월에 애틀랜틱 시티의 민주당 전당대회에서 허버트 험프리 상원의원을 러닝메이트로 하여 대통령 후보로 지명되었다. 같은 해 7월에 공화당 후보로 지명된 배리 골드 워터에게 압도적인 표 차이로 승리하였다. 이는 1936년의 루스벨트의 기록을 깨뜨린 것이었다. 그의 득표율은 61퍼센트였고 단 여섯 개 주를 제외한 모든 주에서 이겨 486표의 선거인단표를 획득하였다. 골드워터는 52표를 얻었을 뿐이었다.

빈곤과의 전쟁

1964년 11월 선거에서 대통령에 당선된 존슨은 이듬해 3월에 개인적 목표를 천명하였다.

"나는 제국을 건설했거나, 웅대한 꿈을 추구했거나, 영토를 확장했던 대통령이 되고 싶지 않다. 나는 굶주린 사람들을 먹여주고, 그들의 세금을 먹고 사는 사람이 아니라 세금을 내는 사람이 되도록 힘쓴 대통령이 되고 싶다. 나는 가난한 사람들이 자립의 길을 찾도록 돕고, 모든 시민이 모든 선거에서 투표권을 행사하도

노인 의료보험법 제정
1965년 노인 의료보험법을 입안시키고 있는 린든 B. 존슨 대통령.

록 보호한 대통령이 되고 싶다. 그리고 나는 동포들끼리 증오하는 일이 없도록 힘쓰고 모든 인종, 모든 종교, 모든 정당에 속하는 사람들 사이에 사랑을 북돋아준 대통령이 되고, 전쟁을 없애는 데 힘쓴 대통령이 되고 싶다."

본격적으로 빈곤을 추방하기 위한 존슨의 개혁 정책이 실시되었다. 그는 우선 애팔래치아 지대의 가난한 농민들을 돕기 위해 11억 달러를 투입하였고, 낙후된 도시경제를 개발하기 위해 33억 달러를 배정하였다. 1965년에는 개인 주택에 세들어 살고 있는 저소득층을 돕기 위해 집세 보조금을 주었다. 같은 해에 사회보장 제도를 통해 65세 이상의 노인에게 혜택을 주는 노인 의료보험법을 제정하였다.

또한 존슨 행정부는 교육의 발전을 위하여 연방정부 자금을 배정하였다. 1964년에는 국방교육법을 제정하여 대학에 과학 교육은 물론, 인문과학 교육에 대해서도 연방정부가 적극적으로 보조하도록 하였다.

1965년에는 초·중등교육법을 제정하여 교회와 국가의 분리 원칙을 위반했다는 이유로 정부의 보조를 받을 수 없었던 가톨릭 교회의 학생들에게도 연방정부의 보조금을 주었다. 같은 해에 제정된 고등교육법은 대학 진학을 원하는 청년들에게 장학금을 주도록 하였는데 이것은 제대 장병들에게 대학교육의 기회를 부여해 준 1944년의 제대장병법과 더불어 연방정부가 대학교육을 활성화시키려 했던 중요한 노력이었다.

존슨 행정부의 이러한 노력과 더불어 가장 두드러졌던 것은 경제기회법에 따른 경제기회청의 활동이었다. 경제기회청 안에는 직업훈련단, 청소년인보단, 국가봉사단이 설치되어 있었다. 직업

훈련단은 학업을 중도에서 포기한 청소년들에게 직업을 가질 수 있도록 기술을 가르치는 활동을 했고, 청소년인보단은 10대 나이에 있는 청소년 실업자들을 보호하는 활동을 했다. 국가봉사단은 평화봉사단의 국내판이었다.

또한 경제기회청에서는 어린이를 위한 조기교육 계획, 특별히 뛰어난 아이를 대학에 보내기 위한 특수교육 계획, 그리고 빈민들 자식을 참여시켜 빈곤을 추방하려는 지역 사회활동 계획 등을 수립하여 추진하였다. 그 결과 미국 내 빈민은 1959년과 1969년 사이에 전체 인구의 22.4퍼센트에서 12.2퍼센트로 줄었다.

베트남전과 빈곤퇴치 사업

빈곤퇴치 사업이 추진되고 있을 즈음에 미국은 동남아시아에서 일어난 전쟁에 말려 들어가 많은 국가재원이 소요되었다. 그에 따라 빈곤퇴치 사업에 대한 기대가 적어지고 그 정열도 식기 시작하였다. 특히 큰 영향을 미친 것이 베트남전이었다. 큰 비중이 없던 베트남 사태가 존슨 행정부 출범 초기에 갑자기 악화되었다.

1965년 초반기에 북베트남의 거센 공격으로 남베트남 정부군의 패색이 짙어갔다. 공산주의가 동남아시아로 팽창되어 갈 것을 우려한 존슨은 미 구축함 매독스 호가 북베트남군의 공격을 받은 사건을 계기로 월맹의 군사기지와 보급기지에 대한 폭격명령을 하달하였다. 1965년 말부터는 수십만 명의 지

베트남 전쟁 1955~1975년 동안 남·북베트남 사이에서 일어난 전쟁으로 미국은 1963년 '통킹만 결의안'을 통과시키면서 전면적으로 베트남전에 개입하였다.

상군도 파견하였다.

　　미국은 베트남전에 본격적으로 개입하였고, 이 전쟁에 연간 200억 달러의 전비가 지출되었다. 이런 사정으로 빈곤퇴치 사업의 추진은 사실상 불가능하였다. 1966년에 존슨 대통령은 이 사실을 인정하였다.

　　"번영을 누리고 있는 국가에서조차도 이 목표를 당장 실현할 수는 없는 것이다. … 새 계획의 진행속도는 어려움이 적었던 시기에 추진시키려고 했던 속도보다는 확실히 느려졌다."

　　미국 내에서는 베트남 전쟁을 반대하는 물결이 거세게 일었고 국론마저 분열되었다.

청년들의 반항

"현 체제는 너무도 인위적이고 위선적이다."

　　1950년대와는 달리 1960년대의 대학생들은 체제에 거부하는 반응을 보이기 시작했다. 1964년에 캘리포니아 대학에서 학생시위가 벌어졌을 때 표어를 보면 젊은이들의 반항의 분위기가 충분히 느껴진다.

　　"30세 이상의 사람들은 그 누구도 믿지 말라."

　　결국 그해에 캘리포니아 대학 학생들의 자유언론 운동이 일어났다. 캘리포니아 대학 당국이 학생들의 교외 활동을 금지하려 한 데 대한 항의로 시작되어 학생 운동이 본격화되었다. 꼬리에 꼬리를 물고 격렬한 시위가 일어났다. 학교건물 점거, 대대적인 체포, 동맹휴학이 잇따라 일어났다.

　　1965년에 미국이 베트남전에 적극 개입하게 되자 베트남전

반전 시위 1967년 10월 21일 버지니아에서 열린 베트남전 반대 시위. 시위 참가자가 경찰에게 꽃을 주고 있다.

에 반대하는 토론회가 자주 열렸다. 점차 전쟁 참여 반대의 분위기가 무르익더니 마침내 민주학생연합Students for a Democratic Society, SDS의 주도하에 워싱턴에서 학생시위가 벌어졌다.

1962년에 이미 사회적 결정에 개인의 적극적인 참여를 보장하는 참여 민주주의를 요구했던 민주학생연합은 이때까지 뚜렷한 이데올로기나 정책을 밝히지는 못했다. 그러나 엘리트주의, 중앙집권화, 반인간적인 관료제도 등과 같은 전통적 가치와 제도를 거부했고, 분권화, 자발주의, 자결론 등을 주장함으로써 무정부주의적인 성격을 보여주었다.

베트남전이 가열되면서 학생들의 반항은 더욱더 격렬해졌다. 분노에 찬 학생들은 학도 군사 훈련단을 공격하였고, 중앙정보부와 군수산업체에 취직하는 것을 비난하였다.

히피족 히피족은 옷차림과 생활방식으로 그들의 신념을 표현하고자 했다.

"지성의 전당인 대학이 전쟁에 협력하다니!"

또한 그들은 대학교수들이 무기 제작을 돕기 위해 국방성이나 중앙정보부로부터 연구비를 보조받는 데 대해 거칠게 항의하였다. 병역법의 개정으로 학생들의 병역면제 혜택이 줄어들자 반항은 더욱 거세졌다. 1968년과 1969년 사이에 시위를 벌이다가 체포된 학생이 4천여 명이나 되었다.

한편 체제를 타도하기 위해 혁명에 호소하려는 경향이 강해졌다. 학생들의 반항이 점점 더 과격해지면서 신좌파로 알려진 급진주의 세력이 형성되었다. 신좌파의 실질적인 핵심체인 민주학생연합은 도시 게릴라 창설을 선언하였고, 미국의 기존 질서와 가치에 전면적인 도전을 시도하였다.

그러나 이 시기의 미국의 청년 학생들이 모두가 정치적 활동에 참여한 것은 아니었다. 사회로부터 이탈하여 기존 체제에 반항하는 뜻을 나타내는 층도 있었다. 이른바 히피족이다. 이들은 일반학생에 비해 교육 수준도 낮고, 사회에서도 하층 계급에 속했다. 머리와 수염을 길게 기르고 목걸이와 팔찌를 하고 그들끼리만 공동체 생활을 하였다. 그들은 외관상 불결하고 미국 사회 불건전성의 표본같이 보였다. 그러나 히피족은 인생을 목적으로서가 아니라 하나의 사건으로 인식했다. 미국과 같이 고도로 발전한 기술 문명 사회 속에서 인공과 가식이 없는 자연 발생적인 진선미를 추구하여 만족감을 얻으려는 새로운 계층이었다.

닉슨과 포드 시대

승리가 안겨준 문제

1960년대 중반 이후부터 한창 고조되어 오던 반항적 분위기는 1968년의 대통령 선거를 계기로 점차 수그러들기 시작하였다.

존슨 대통령은 베트남전에 개입한 문제로 자신의 인기가 급격히 떨어졌다는 사실을 인식한 때문인지 대통령 선거에 불출마 의사를 밝혔다. 민주당은 부통령인 휴버트 험프리를 대통령 후보로 지명하고자 했다. 지식인과 청년들 사이에서는 로버트 케네디가 지지받고 있었다. 유진 매카시도 이번 기회를 놓칠 수 없다는 듯 도전장을 냈다.

그러나 로버트 케네디가 캘리포니아 예비 선거에서 승리한 그날 밤, 팔레스타인에 의해 암살당함으로써 민주당 내 대통령 후보 지명은 험프리와 매카시로 압축되었다. 그 결과 험프리가 후보로 지명되었다.

리처드 M. 닉슨 1969 ~1974년 동안 대통령으로 재임한 닉슨 대통령은 미국 역사상 최초로 탄핵을 이유로 대통령직을 사임한 대통령이다.

이에 맞서 공화당은 리처드 닉슨을 대통령 후보로 지명하였다. 선거 결과를 쉽사리 예측할 수 없었다. 베트남전으로 민주당의 인기가 떨어지긴 했지만 선거 직전인 11월에 존슨 대통령이 북베트남에 대한 폭격을 전면적으로 정지시켰기 때문이었다. 그러나 결과는 예상보다 높은 투표율 속에서 50만 표 차이로 닉슨이 승리하였다.

이렇게 대통령에 당선된 닉슨은 1969년 1월에 대통령에 취임한 이후 우선 베트남 전쟁의 해결에 착수하였다. 당시 대다수의 미국인들이 새롭고 보다 평온한 사회 질서가 확립되기를 바랐고, 이러한 미국인들의 희망에 부응하기 위해서는 무엇보다도 먼저 베트남에서의 교착상태를 해결해야 한다고 믿었기 때문이었다.

닉슨의 정책은 군사적으로는 이른바 베트남화 계획을 지향했다. 즉, 베트남에서 미국을 단계적으로 철수시켜 베트남 전쟁 자체를 월남인들에게 맡기겠다는 것이다. 닉슨은 1969년 6월 미드웨이 섬에서 티우 남베트남 대통령과 회담한 후 베트남에서의 미군 철수 계획을 발표하였고, 곧바로 단계적인 미군 철수가 이루어졌다.

외교적으로는 1968년 5월부터 시작됐지만, 별다른 진전을 보지 못한 파리 평화회담을 타결하고자 했다. 이를 위해 닉슨은 하버드 대학의 국제정치학 교수인 헨리 키신저를 대통령 안보담당 특별보좌관으로 임명하였고, 비밀리에 여러 차례 파리를 오가게 하면서 북베트남 대표부와의 교섭을 진행시켰다. 그러면서 같은 해 7월에 괌에서 이른바 '닉슨 독트린'이라 불리는 새로운 아시아 정책을 발표하였다.

"아시아의 여러 우방 국가들은 서둘러 자주국방과 자립경제를 이룩할 만한 힘을 길러야 한다. 그리고 미국은 아시아 여러 국가들이 자립 능력을 갖게 하기 위해 아낌없는 원조를 하겠지만, 문제가 발생했을 경우에는 베트남 전쟁에서 보았듯이 직접적인 군사적 개입은 가능한 한 삼가할 것이다."

되살아난 반전의 열기

닉슨이 베트남 주둔 미군을 단계적으로 철수시키는 가운데 반전 운동은 잠시 잠잠해지는 듯했다. 그러나 키신저의 노력에도 파리 평화회담은 별다른 성과를 거두지 못한 채 시간만 질질 끌고 있었다. 1968년 9월에 북베트남의 호치민이 사망함으로써 북베트남과의 평화교섭에 차질이 생겨 조기타결의 전망이 어두워졌다. 그러자 같은 해 10월 15일에 베트남의 모라토리엄 위원회는 전국적으로 주요 도시에서 일대 반전 운동을 일으켰고, 이날 반전 시위에 참가한 군중의 수는 수백만에 이르렀다.

이후 닉슨은 1970년 4월에 캄보디아에서 정변이 일어난 것을 계기로 그 영내의 공산군 성역을 소탕한다는 명목을 내세워 캄보디아 공격을 명령하였다. 이러한 사실이 알려지자 반전 운동이 더욱 불붙기 시작하더니 5월 초순에는 이제까지의 시위 가운데 가

반전 운동 미국 민주학생연합(SDS)이 집회하는 정치 모임을 알리는 전단지

장 광범위하고 격렬한 반전 시위가 벌어졌다. 수십만의 항의자들이 워싱턴에 모여 닉슨 정책을 비난하였다. 그리고 전국 약 2천5백여 개 대학 중 거의 반에 달하는 대학에서 150만 명의 대학생들이 반전 시위를 벌였다.

반전 시위의 열기는 많은 급진주의자들이 진정한 혁명이 임박하였다고 착각할 정도로 최고조에 달했다. 마침내 오하이오주의 켄트 주립대학에서 시위 중인 학생들과 진압을 위해 출동한 주민병대 사이에 충돌이 일어나 학생 4명이 죽고 10명이 부상당하는 사건이 일어났다. 며칠 후에는 미시시피의 잭슨 주립대학에서 2명의 흑인 청년이 경찰에 의해 살해되었다. 그리고 베트남 전선에서는 병사들이 항의의 표시로 장교들에게 수류탄을 던지는 사건들이 자주 일어나는 등 군대나 국민의 사기는 최악의 상황으로 치달았다.

화해의 시대

닉슨의 안보담당 보좌관인 키신저에 의해 주도된 미국의 대외 정책은 덜레스 시대의 이데올로기적 편견이나 도덕적 관점보다는

핑퐁 외교 "핑퐁 외교 뒤에는 무엇이 있는가?"를 제목으로 삼은 1971년 10월 《레지온》지. 닉슨의 대중공 정책에 대한 기사를 싣고 있다.

세력균형이나 국익의 관점에 중점이 두어졌다. 이에 따라 미·소 관계는 대결양상에서 점차 협상을 모색하는 방향으로 바뀌었다.

1971년 초 닉슨 대통령은 공식석상에서 중공에 대하여 '중화인민 공화국'이라는 명칭을 처음 사용하여 미국의 대중공 정책이 변화하고 있음을 암시하였다. 7월에는 키신저가 비밀사절로 북경에 파견되었고, 1972년에는 닉슨의 중공 방문이 이루어졌다. 미국의 TV 방송은 거의 20여 년간 장막에 가리워졌던 중공의 곳곳을 소개하며 닉슨과 저우언라이, 마오쩌둥과의 회담, 만찬장에서의 미·중 수뇌의 우호적인 건배 모습 등을 생생한 화면으로 방영하였다.

닉슨의 중공 방문 일정이 끝나고 귀국길에 오르기 직전에 양국의 공동성명이 발표되었다.

"자유 중국이 차지하고 있는 대만이 중국의 일부이다.
대만 주둔 미군은 언젠가 철수한다.
대만 문제는 중국인 자신의 해결에 맡긴다."

이와 거의 동시에 닉슨 행정부는 소련과도 수년간 협의해오던 전략무기 제한협정(SALT I)을 완결지었는데, 이 협정의 골자는 공격용 전략 미사일의 수를 동결하고 각국의 방어 미사일(ABM)망을 2개로 제한한 것이었다. 또 이것은 소련은 미사일 수와 파괴력에 있어서 우세하고, 미국은 탄두 수에 있어서 우세하다는 것을 양국이 서로 인정한 것이었다. 뒤이어 닉슨—브레즈네프 선언이 발표됨으로써, 냉전이 종식된 것은 아니었지만 그간의 긴장 상태가 상당히 완화된 듯한 느낌을 주었다.

유럽 문제에 있어서도 미국과 소련은 대체로 현상을 유지하자는 데 합의하였다. 1972년에 서독이 소련·폴란드와 맺은 조약을 비준함으로써 영토 문제가 해결되었다. 그리고 서베를린의 지위에 관한 4개국 협정도 이루어져 20여 년 간 계속되어 온 소련과 서방간의 긴장관계가 완화되었다. 이로써 이른바 '데탕트 detente'의 토대가 마련된 것이다.

베트남전의 종결

1972년 대통령 선거를 앞두고 반전 운동과 관련한 사건들로 미국 내 분위기가 전반적으로 침체 국면으로 들어갔다. 초조해진 닉슨은 또다시 키신저를 내세워 베트남 문제 해결을 위한 협상을 시도하였다.

1972년 7월 키신저가 파리에서 북베트남의 외무장관인 레둑토를 비밀리에 만났다는, 정전이 곧 성립될 것이라는 소문이 나돌았다. 그리고 대통령 선거 며칠 전인 10월 26일에 키신저는 성명을 발표하였다.

"평화가 눈앞에 와 있습니다."

그러나 협상은 몇 주 후 다시 한 번 결렬되었다. 비록 미국과 북베트남 정부 모두가 휴전을 위한 키신저-레둑토 계획을 받아들일 준비가 되어 있었지만, 베트남의 티우 대통령은 계속해서 그의 주장을 굽히지 않았다.

"베트남에서 북베트남군의 완전한 철수가 전제되지 않는 협상은 있을 수 없다."

키신저는 티우의 반대를 무마하기 위해 공산주의자들로부터 추가적인 양보를 얻어내려 하였으나, 키신저의 그러한 노력은 회담의 결렬로 허사가 되었다.

이에 대해 미국은 어떤 사전 발표도 없이 베트남전 사상 가장 파괴적인 공습으로 북베트남의 여러 도시들을 강타하였다. 이제까지 미국은 민간 목표물에 대한 공습은 가급적 피했었다. 그러나 이번의 집중 폭격에서는 그러한 사항을 고려하지 않았다. 물론 이때 미 국방성은 "이번 공습은 항만, 공항, 철도조차장, 발전소와 같은 시설들을 폭파하기 위한 것입니다."라고 발표하였다.

그러나 그러한 목표들은 사실상 인구 밀집 지역의 한복판에 있었다. 약 2주에 걸쳐 미국의 B-52 폭격기들은 북베트남에 대한 무서운 폭격을 감행하였다. 그러다가 12월 30일에는 처음에 폭격을 시작할 때 만큼이나 빨리 크리스마스 폭격을 끝냈다.

마침내 1973년 1월에 북베트남이 협상 테이블로 다시 돌아왔고, 미국, 베트남, 민족해방전선과 더불어 4자 협상이 이루어졌다. 그 결과 '베트남에서 전쟁을 종결하고 평화를 회복하자.'는 파리 조약이 조인되었다.

이로써 전투는 중지되고, 미군은 베트남에서 철수하였다. 그렇지만 이후에도 북베트남과 베트남 사이에는 전투가 계속되었고, 마침내 1975년 4월에 이르러 북베트남의 총공격으로 월남이 항복하였다.

그 결과 미국은 아무런 보람도 없이 엄청난 전비 지출과 인명 손실만을 입은 채 월남전에서 손을 뗀 꼴이 되었고, 국제 사회에서 위신이 떨어지는 치명적인 손해를 보았다.

워터게이트 사건

베트남전이 끝나기 약 6개월 전이자 1972년의 대통령 선거전이 한창 열기를 뿜고 있던 1972년 6월 17일 아침, 경찰은 워싱턴 D.C.에 있는 워터게이트 사무소 건물에 위치한 민주당 전국위원회 사무실에서 카메라와 전자 도청 장치를 휴대하고 침입한 5명의 괴한을 체포하였다. 이들 침입자들 중 한 명은 닉슨 재선위원회의 수석 경호원이었고, 또 한 명은 백악관에서 일하던 사람이었다. 게다가 이들은 〈워싱턴 포스트〉지 기자들이 조사한 바에 의하면 재선위원회의 비밀자금, 즉 백악관 참모진이 관리하는 자금의 지원을 받고 있었다. 기자들의 조사가 확대될수록 이 사건이 닉슨 행정부와 관련 있다는 인상이 짙어졌다.

따라서 현 공화당 정권에 맞서 열띤 선거전을 벌이고 있던 민주당은 이 문제를 정치 문제로 삼으려 하였다. 불구하고 이 사건은 사실상 선거 결과에는 거의 영향을 미치지 못했다.

그러나 닉슨이 재선된 다음 1973년 봄부터 열린 재판에서 이 사건에 닉슨 대통령의 측근인 할데만과 엘리히만이 관련된 것으로 밝혀지고, 이 사건을 은폐하기 위하여 백악관이 상당한 공작을 하였음이 드러나게 되었다. 그럼에도 닉슨은 사건과의 관련을 부인하였고, 한 기자 회견에서는 이렇게 선언까지 하였다.

"나는 결코 부정직한 사람이 아니다."

문제가 발생한 기간에 대통령 집무실에서 행해진 모든 대화를 기록한 백악관 녹음 시스템이 상원 청문회에서 폭로되지 않았더라면 진상은 밝혀지지 않을 수도 있었다.

그러나 조사 과정에서 대통령의 통화내용이 녹음되었다는 것이 밝혀지고 녹음된 테이프마저 공개되자 닉슨이 거짓말을 했다는 것이 분명히 드러났다. 그 때문에 민주당이 우세한 하원에서는

닉슨 포스터 뉴욕의 그리니지 빌레이지에서 닉슨 대통령의 '워터게이트 사건'을 풍자한 포스터가 많이 팔렸다.

백악관을 떠나는 닉슨 대통령 닉슨 대통령은 워터게이트 사건의 잘못을 시인하고 대통령직을 사임했다.

닉슨을 탄핵할 준비를 하고 있었다.

 이젠 닉슨이 할 수 있는 일은 오직 한 가지뿐이었다. 결국 닉슨은 1974년 8월 8일 빗발치는 비난 속에 행해진 연설을 통해 사임을 발표하였다.

음울한 출발

닉슨이 사임한 후 새로 대통령에 취임한 제럴드 포드는 음울한 분위기 속에서 집무를 시작했다.

그는 워터게이트 사건으로 고조된 국민들의 냉소주의와 경제적 쇠퇴에 직면하였다. 국민들의 두려움은 커져갔다. 그러므로 그의 우선 과제는 대통령직에 대한 신뢰를 회복하고, 나아가 미국의 안정된 번영을 되찾는 것이었다.

처음에 포드는 닉슨으로부터 물려받은 참모진과 각료들을 통해서 업무를 수행하였다. 그러나 서서히 행정부를 자신이 선택한 인물들로 채우기 시작하였다. 그 과정에서 공화당의 좌우파 양 진영을 포용함으로써 그간에 한쪽으로만 편중되었던 정치 기반을 새로이 구축하려 하였다. 그는 공석으로 있던 부통령직에 수년 동안 공화당 내의 두드러진 진보파로 활동한 전직 뉴욕지사 넬슨 록펠러를 임명하였다. 또한 그는 국민들에 대한 대표권을 광범위하게 부여하기 위하여 대학총장, 교수, 흑인 여성에 이르기까지 폭 넓은 관리 인선을 시도하였다.

포드 대통령 워터게이트 사건으로 사임하게 된 닉슨 대통령의 후임으로 1974년 8월에 부통령인 포드가 승격되었다. 오른쪽은 키신저 국무장관

닉슨의 사면 제럴드 포드 대통령은 대통령에 취임한지 한 달 만에 닉슨의 모든 죄를 사면해 여론의 비난을 받았다.

포드는 자신을 정직과 성실의 상징으로 부각시키려고 노력하였다. 그러나 취임한 지 한 달 만에 갑자기 심각한 좌절감을 맛보게 되었다. 그 이유는 닉슨의 모든 과실을 대통령 재임 기간에 너그러이 용서했기 때문이었다. 이에 대해 포드는 다음과 같이 설명하였다.

"미국이 수년 동안에 치르게 되는 시련을 앞으로는 겪지 않도록 하고, 나아가 닉슨 자신이 더 이상 고통을 겪지 않도록 하기 위한 것입니다."

그러나 당시 대부분의 미국인들은 잘못된 판단이거나 전직 대통령과 비밀 거래가 있었다고 판단하였다. 많은 미국인들은 닉슨이 자신의 과오를 진심으로 인정할 때까지 계속해서 고통받아야 마땅하다고 생각했다. 이에 포드의 행동은 자신의 인기를 떨어뜨리는 원인만 제공했다.

국제적 안정의 추구

포드 행정부의 외교 정책은 처음에는 닉슨 행정부와 거의 다를 바가 없는 것처럼 보였다. 포드는 국무장관으로 헨리 키신저를 유임시켰으며, 계속해서 소련·중공과의 화해를 모색하였고, 중동에서의 안정을 추구하는 정책도 고수하였다. 그리고 한동안은 모든 분야에서 결과들이 나타났다. 특히 소련과의 또 다른 무기 제한 협정을 체결하기 위한 노력에 커다란 진전이 이루어진 것처럼 보였다.

포드는 1974년 말에 시베리아의 블라디보스토크에서 브레즈네프를 만나 SALT II 협정의 토대가 될 만한 협정을 체결하였다. 그리고 이듬해 여름, 핀란드의 헬싱키에서 열린 유럽안보회의에서도 화해 무드를 더욱 고조시킬 만한 협정이 체결되었다. 즉, 소련과 서방 국가들은 2차 세계대전의 종전과 더불어 형성된 유럽 각국의 국경선들을 인정하여 상호 간에 평등한 주권을 존중하고, 또 그들 자신의 국민들과 여타 국가의 국민들을 위해 인권을 중시해 나가겠다고 서약하였다.

한편 중동에서 키신저의 지칠 줄 모르는 노력은 몇 가지 중요한 결과를 낳았다. 카이로와 텔아비브를 몇 차례 왕래한 그는 이스라엘이 이집트로부터 빼앗은 시나이 반도의 대부분을 반환하고, 나아가 앞으로는 두 국가가 무력으로 어떤 문제를 해결하지는 않기로 합의하는 새로운 협정을 발표하였다. 그리고 1976년에 중공의 마오쩌둥이 사망했을 때에는 미국과의 유대 관계 확대를 열망하는 보다 새롭고 온건한 정부가 권력을 장악하도록 적지 않은 영향력을 발휘하였다.

그러나 이러한 성과들은 그 후에 전개된 상황 변화들 때문에 제대로 빛을 발하지는 못했다. 즉 소련과의 새로운 관계는 1975년대에 들어서자 서서히 시들어갔다. 그리고 적지 않은 비판 세력들이 다음과 같이 주장하고 나섰다.

"블라디보스토크에서 이루어진 협정은 무기 제한의 상한선을 너무 높게 책정하여 사실상 무의미하다."

게다가 상당수의 의원들은 소

포드와 브레즈네프
1974년 블라디보스토크에서 포드와 브레즈네프는 국제 정세를 안정시킬 협정을 맺었으나 실효를 거두지는 못했다.

련 내부에서 행해지고 있는 반체제 인사나 유태인들에 대한 탄압 정책을 맹렬히 비난하였다. 아프리카와 라틴 아메리카에 대한 소련의 개입에 대해서도 적지 않은 우려를 표시하였다.

화해 무드 조성을 위해 포드 행정부는 부단히 노력했으나 정책에 대한 미국인들의 지지는 급격히 떨어졌다.

경기 회복을 위한 포드의 안간힘

포드 대통령은 국제적으로 화해 무드를 정착시키고 미 행정부에 대한 국민의 신뢰를 회복하기 위해 노력하는 한편, 미국이 당면한 경제 문제에 대해서도 지대한 관심을 기울였다.

그는 1975년 1월에 첫 연두교서에서 국민들에게 솔직하게 말하였다.

"미국의 현 상태는 매우 좋지 못하다."

그는 이러한 위기를 타개할 새로운 진로를 구상하였다. 그리하여 실업자를 줄이고, 인플레이션을 극복하기 위하여 경제 활동을 좀 더 활성화하였다. 미국의 외국 에너지원에 대한 의존도를 줄일 수 있는 광범위한 경제 계획의 수립에 의회가 좀 더 적극적으로 협조해 줄 것을 촉구하였다. 또 이렇게 주장하며 정부지출을 삭감하기 위한 의회와의 투쟁에 뛰어들었다.

"미국 내 경제 활동에 대해서 가능한 한 정부 간섭을 줄여야 한다. 민주당이 우위에 있는 현 의회는 낭비벽이 너무 심하다."

예를 들면, 그는 1975년에 교육진흥을 위하여 79억 달러를 보조하기로 결정한 의회의 법안을 인플레이션을 일으킬 것이라는 이유를 들어 거부하였다. 또한 정부가 그간 버스와 트럭 산업에 대해 가했던 각종 규제를 없애기 위한 법안을 의회에 제출하였다. 그리고 기업의 여러 경제 활동을 규제하는 각종 위원회에 친기업적인 보수주의자들을 위원으로 임명하였다. 그런가 하면 1975년 3월에는 경제 활동을 좀 더 활성화하기 위해 부유층의 세금부담을 크게 줄여주는 세금인하 정책을 단행함으로써 자유주의자들이 우세한 의회와 충돌하였다. 뿐만 아니라 그는 의회가 실업자들이 일할 수 있는 일자리를 만들기 위해 53억 달러를 배정하려는 한 법안과 농민들의 애로사항을 줄여주기 위해 농산물 가격을 인상하려는 법안에 대해서도 거부권을 행사하였다.

그 결과 다음 대통령 선거가 있었던 1976년 11월에 이르러서는 '내가 대통령에 취임할 당시에 비해서는 미국 경제가 상당히 호전되었다.'고 주장할 수 있을 정도가 되었다.

그러나 그러한 노력들은 대다수의 미국인들을 만족시키기에는 미흡하였고, 결국 1976년 대통령 선거에서 미국인들은 포드에 맞서 민주당의 대통령 후보로 나선 지미 카터에게 승리를 안겨 주었다.

새로운 출발을 추구하는 미국

미국 정계의 새 얼굴
지미 카터가 미국의 민주당 대통령 후보로 지명되었을 때 미국 국민은 물론 세계 대다수의 사람들이 "지미 카터라는 사람이 도대체 누구지?"라고 의문을 표시했었다. 그만큼 그는 정계에 알려지지 않은 인물이었다.

    그러나 그는 많은 이변을 일으키며 백악관의 새 주인이 되었다. 그가 정계에 투신한 이래 주 상원의원 선거나 주지사 선거에서 적지 않은 어려움을 겪은 바 있었으나, 대통령 선거에서만은 첫 도전에서 기적의 승리를 거두었다. 그는 1962년에 조지아주 상원의원에 당선되어 정계에 얼굴을 내민 이래 불과 14년 만에 정계의 정상을 정복했다.

    1924년에 조지아주 플레인즈에서 땅콩 농장주의 아들로 태어난 그는 침례교 신앙의 경건하고 근면한 분위기 속에서 성장하였다. 1942년에 해군사관학교를 졸업하고 해군장교가 되고 나서부터는 해군제독이 되는 것을 최고의 이상으로 생각했다. 그러나 이를 포기하고 해군에서 제대하여 아주 평범한 농부가 되었다. 그는 10여 년 동안 그저 아이들을 기르며 땅콩 농사를 짓는 생활을 했다. 그러므로 당시만 해도 그는 정치에는 별 관심이 없는 듯했다. 이러던 그가 1962년에 주위 사람들을 놀라게 하였다. 당시 37세의 나이로 조지아주 상원의원에 출마한 것이다.

    첫 번째 선거에서 그는 패배의 쓴 잔을 마셨다. 그러나 운명의 여신은 그에게 미소를 잊지 않았다. 그 선거가 부정선거였음이 드러나 재선거 결과 당선되어 마침내 정계에 진출할 수 있었다.

    이후 정치 생활 중 수차례 좌절과 불운한 공백기를 거치면서도 해군장교 시절 제독에게 들었던 'Why not the best?'라는 말을 되뇌며 10여 년간 꾸준히 정치적 기반을 다졌다. 그 결과 마침내 39대 대통령에 오르게 되었다.

    대통령 후보로 지명되기 직전까지도 거의 베일 속에 가려져 있던 그가 당당하게 대통령에 당선되었다는 사실은 많은 미국인

지미 카터 지미 카터 대통령은 국내 경제 정책에서 국민들에게 실망을 안겨주었을 뿐 아니라 집권 말기에는 외교 문제에 있어서도 비판을 면치 못했다.

들을 흥분시켰다. 그뿐만 아니라 근면 검소함과 소박함이 몸에 밴 그는 미국 정치의 중심 세력에서 벗어나 있는 사람들에게 호소력을 가졌고, 수많은 연설과 집회를 통해 그들에게 용기와 희망을 불어넣어 주었다.

"소외된 사람들을 워싱턴으로 보내주십시오."

카터의 종교적 신념 또한 많은 미국인들에게 신선함으로 다가왔다. 그리고 사실, 카터는 여태까지 백악관을 거쳐간 사람들 가운데서 가장 지적이고 재치 있는 사람들 중의 한 사람이라고 할 수 있었다.

그러나 카터의 가장 큰 문제는 그의 인간성이나 능력이 아니라 대통령으로서 그가 갖고 있는 미국의 미래관이었다. 그는 미국의 미래에 관해 특별한 계획을 갖고 있지 않은 것처럼 보였다.

목표 부재

카터 대통령은 일관성 있는 추진력이 부족하였다. 때로는 전적으로 상징물만 사용하여 통치하고자 하는 것처럼 보였다. 그는 취임식이 거행되던 날 전통적인 리무진 승용차를 마다하고 가족과 함께 국회의사당에서 백악관에 이르는 펜실베이니아 거리를 걸어내려갔다. 이후 몇 달 동안 그는 자신이 국민과 가깝게 있다는 것을 과시할 만한 기회를 놓치지 않았다.

새로운 정책을 설명하기 위해서 TV 노변담화 방식을 사용했으며, 카디건 스웨터를 입은 채 이글거리는 불 옆에 놓인 안락의자에 앉아서 국민들에게 자신의 의견을 발표하였다. 또한 대중과 읍민대회를 하기 위하여 보통 수준의 여러 마을들을 방문하였고, 때때로 대통령과 자유로운 전화대담을 할 수 있는 라디오 프로그램에 참가하여 많은 국민들과 대화를 나누었다.

카터 대통령의 이러한 처세는 한동안 국민들의 폭넓은 지지를 끌어모았다. 그러나 시간이 지날수록 다수 국민들은 그러한 상징적 행위에 회의를 가지게 되었다. 혹시 그것이 국가 정책에 어떤 좋지 못한 영향을 미치지나 않을까 걱정했다.

카터 대통령에 대한 의구심은 공공 정책을 펼칠 때 그때그때의 정치적 이해관계에 쉽게 영향을 받는다는 인식이 싹트면서 더욱더 강해졌다. 카터 행정부는 의사결정 방법으로 광범위한 여론조사를 매일 사용하다시피 한 최초의 행정부였다.

그 결과는 좋은 점도 있었지만, 대개 정책 노선이 일관성을 잃고 혼란을 일으켰다. 몇몇 비판자들이 말한 대로 카터 대통령은 위기에서 위기로 비틀거리며 걷는다는 인상을 받게 하였다. 따라서 카터는 점차 거의 모든 분야에서 비판의 표적이 되었다.

석유의 횡포

카터는 행정부 출범시부터 어려워지기만 하는 경제 문제를 해결해야 하는 부담을 안고 있었다. 그런데 당시의 미국 경제가 그토록 어려워진 가장 직접적인 원인은 1973년 아랍 국가들이 석유 수출 금지 조약을 한 데 있었다.

즉 1970년까지 미국은 국내 전체 석유 수요의 약 1/5에 해당하는 340만 배럴의 석유를 매일 수입하고 있었다. 석유 수요는 계속 늘어났다. 이러한 상황 속에서 1973년에 아랍 국가들이 석유 금수조치를 단행했고, 석유값을 인상하기 시작하였다. 미국의 석유수입 비용은 1970년에 29억 달러에서 1973년에는 46억 달러로 늘어났다. 계속된 석유값 인상과 함께 카터 행정부 출범 초기인 1977년에는 4년 전 석유 수입 비용의 거의 10배나 되는 450억 달러를 지불해야 했다. 따라서 미국 내에서는 석유 관련 산업을 비롯한 여러 산업들의 생산비가 증가하여 급격한 물가 상승이 초래되었다.

석유가격 인상으로 가장 큰 타격을 받은 것은 자동차 산업이었다. 경영난에 부딪힌 디트로이트의 제너럴 모터스 자동차 회사는 3만 8천 명의 노동자를 무기한 해고하고, 4만 8천 명의 노동자를 10일간 휴직시켰다. 그 이유는 미국 내 자동차 소비자들이 에너지가 적게 드는 외국 자동차로 몰렸기 때문이었다.

이 밖에도 화학산업, 의약품산업, 비료산업 등과 같은 석유를 원료로 하는 산업들이 석유가격 인상으로 심한 타격을 받았다. 물론, 일반 가정에서까지도 연료와 전력소비를 줄여야 할 지경에 이르렀다.

이쯤 되자 카터 행정부는 서둘러 에너지 문제를 해결하기 위한 노력을 기울였고, 그 과정에서 특히 천연가스와 국내 매장 석유에 대한 가격규제 완화를 둘러싸고 격렬한 투쟁이 벌어졌다. 카터 대통령은 이렇게 주장하였다.

오일 쇼크 1979년의 오일 쇼크 때문에 주유소 앞에 길게 늘어선 차들

"국민들의 에너지 절약을 계속 고무시키고, 동시에 천연가스나 국내 매장석유 생산량을 증가시켜 가격 인상을 피하도록 이와 관련된 규제를 풀어주어야 한다."

이런 카터의 주장에 반대하는 세력들은 가격인상에 깊은 우려를 표하였다.

"만약에 그렇게 한다면 물가가 상승하여 가난한 사람들에게 큰 부담을 주게 될 것이다. 나아가 정부의 규제 조치는 계속 유지되어야 한다."

그리고 나서 얼마 후인 1979년 여름에 이르러 에너지 투쟁은 새로운 국면으로 접어들었다. 중동사정이 더욱 악화되면서 또 한 차례의 석유가격 인상이 발표되었고, 미국의 경제 전망은 더욱더 어두워져만 갔다. 예를 들면 미국의 운전자들은 주유소에서 오랫동안 줄을 서서 기다려야 했고 기업, 산업체 그리고 주택 소유자들에게까지 문제가 발생했다.

어려움에 직면한 카터 대통령은 메릴랜드 산맥에 있는 대통령 전용별장 캠프 데이비드에서 새로운 계획에 관한 것뿐만 아니라 행정부에 다시 활력을 불어 넣고자 몇몇 전문가들을 초청하여 조언을 구했다.

10일 후 그는 TV 연설을 통해 미국 정신의 위기와 미국을 혼란과 좌절로 전락시킨 국가적 불안을 개탄하면서 에너지 계획에 대한 새롭고 중요한 공약을 제안하였다. 에너지 절약과 생산을 위한 보다 큰 세금 장려, 연료가 많이 드는 자동차에 대한 징벌세, 석탄의 사용 확대, 태양열과 풍력에 대한 연구 등이 그것이었다.

이에 따라 카터 행정부는 우선 석유에 대신할 수 있는 대체에너지 개발을 촉진하기 위해 합성연료공사를 설립하였다. 그리고 에너지 위기의 사회적 충격을 줄이기 위해 석유회사들의 지나친 이익에 대해 특별세를 부과하고 빈민과 노인에게 연료비를 보조하였다.

카터의 사면초가

카터 대통령은 대외 정책에 있어서는 인권 정책을 내세웠다. 그는 세계 여러 독재 국가들 내에서 핍박받고 있는 양심수들을 지지하면서 그들 정부에 항의 섞인 압력을 가하였다. 그리고 1979년에 소련이 친공산정권을 지원하려는 목적으로 아프가니스탄을 침공하자 그에 대한 항의의 표시로 카터는 1980년의 모스크바 올림픽 참가를 거부하였다.

그러나 카터의 그러한 노력에도 그에 대한 미국 국민들의 신뢰는 극히 낮았다. 정치경험상 초심자일 수밖에 없었던 그는 의회와도 노동조합과도 원만한 관계를 유지하지 못했다.

더욱이 그는 사실, 실업 문제보다 물가상승에 대해 더 촉각을 곤두세웠으므로 가능한 한 연방정부의 지출을 줄여보려고 했던 것인데, 이로 인하여 그는 민주당의 자유주의자들로부터 겁많은 보수주의자라는 소리를 듣게 되었다.

이렇듯 정권을 잡고 있는 대통령이 자신이 속해 있는 당의 지지마저 받지 못하고 있었으므로 대통령으로서의 강력한 권한 행사를 하기 어려웠다. 이에 따라 권력의 중심이 자연히 대통령에서 의회로 넘어갔다. 그뿐만 아니라 국회의사당 주변에 경제협회, 회사, 노동조합 등과 같은 수많은 이익집단들의 로비스트들이 들끓어 소란스러운 분위기가 야기되었다. 1980년에 이르렀을 때 미국 물가는 12.4퍼센트나 상승하였고, 실업률도 무려 7.5퍼센트에 달했다.

여기에 1979년 11월의 인질사건, 즉 이란 혁명파에 의해 이란 주재 미국대사관 직원 65명이 인질로 잡혀 미국의 대외적 위신을 엉망으로 만들어버린 사건까지 작용하여 카터 행정부에 대한 미국 국민들의 신뢰는 땅바닥으로 떨어졌다.

1980년 선거

미국의 국제적 위신의 하락과 계속되는 국내경제의 침체로 카터 행정부가 곤경에 처한 가운데 1980년 대통령 선거전이 벌어졌다. 집권당인 민주당은 카터를 다시 대통령 후보로 지명하였다.

공화당에서는 캘리포니아 출신의 초보수주의자 도널드 레이건이 후보로 지명되었다. 선거 중에 레이건은 보수주의자로서 '공급 측면의 경제학'을 약속했다. 즉, 기업의 투자를 장려하기 위한 세금인하와 연방정부의 지출삭감을 약속하였다. 또한 그는 소득세를 내리고 국방비를 대폭적으로 늘리겠다고 주장함으로써 전통적인 정치적 보수주의자들의 지지도 받았다.

선거일은 이란에서 인질사건이 난 지 1주년 되는 날이었고, 언론과 국민들은 이 사실을 대부분 잊지 않고 있었다.

선거 결과는 레이건의 압도적인 승리로 나타났다. 그는 일반 투표에서 총 투표자의 51퍼센트를 얻었고, 선거인단 투표에서 카터가 49표를 얻은 것과 대조적으로 489표를 얻어 거의 전 지역을 휩쓰는 압도적인 승리를 거두었다. 게다가 더욱더 놀라운 것은 의회 선거에서도 공화당이 승리를 거두어 1950년 이래 처음으로 상원의 지배권을 장악한 것이다.

로널드 레이건

1980년 선거에서 압도적인 승리를 거둔 레이건은 1912년 12월에 일리노이 주의 조그만 마을인 탐피코에서 태어났다. 이후 유년 시절의 대부분을 일리노이 주의 딕슨에서 보냈다. 그는 어렵게 자라면서도 마치 뚱뚱한 네덜란드 사람처럼 통통하게 살이 쪘기 때문에 그의 아버지인 존 에드워드 레이건으로부터 '더치맨Dutch man' 이라는 애칭을 부여받았다. 이때부터 대통령 후보가 될 때까지 거의 일생을 통하여 그에게는 '더치맨' 이라는 별명이 따라 다녔다.

레이건이 성장한 마을은 그리 크지도 않은 작은 마을로 1천 명 정도의 주민들이 살고 있었다. 자연 조건 또한 수풀 우거진 작은 야산과 낚시질을 즐길 수 있는 맑은 개울물이 흐르는 온화하고 정이 넘치는 곳이었다. 그 때문인지 레이건은 중년이 되어가면서도 유년 시절의 그 마을 이야기를 자주 하였다.

"그때는 비록 주위 사람들이 가난했지만 단순히 정부의 구호만을 기다리지 않고 나름대로 열심히 일하면서 서로의 어려움을 도와가는 정이 있었다."

그러면서 그는 "열심히 일하여 스스로 가난을 퇴치하려는 정신이 바로 내가 유년 시절에 보고 배운 미국적 가치이다."라고 말하였다.

레이건이 1932년 일리노이 주의 한 작은 대학인 유레카 대학을 졸업할 당시는 대공황이 전 세계를 휩쓸고 있던 때다. 그는 경제적 공황이 얼마나 무서운 것인가를 몸으로 체험할 수 있었고, 이를 해결하고자 노력했던 프랭클린 루스벨트가 자연히 그의 마음속의 영웅으로 자리 잡게 되었다. 결국 레이건은 어린 시절의 가난했던 생활, 그리고 얼마 후 국가적인 경제난국을 겪으면서 어려운 가운데서도 남을 도울 수 있는 휴머니즘과 청교도적인 개척 정신의 가치를 중요하게 생각하게 되었다.

그의 결혼 생활은 그렇게 평탄하지 않았다. 1940년에 영화배우인 제인 와이만과 결혼하여 모우린과 마이클 두 남매를 두었지만 서로 간의 갈등을 해결하지 못해 결국 이혼하였다. 1952년에

로널드 레이건 1980년 대통령 선거에서 레이건은 압도적인 표차로 당선되었다.

낸시 데이비스와 재혼하여 역시 패트리샤와 로널드 두 남매를 두게 되었다.

그는 이미 고등학교와 대학 시절부터 무대에 자주 서서 청중과 대화하고 그들을 사로잡는 기술을 터득했다. 대학을 졸업한 후 1966년까지 그는 헐리우드의 영화배우로 활약하면서 라디오의 스포츠 담당 아나운서 역할도 겸하는 등 매스컴 시대의 지도자로서 자질을 키웠다. 그리고 이 같은 경험이 그를 역대 대통령 중 국민과 가장 효과적으로 대화를 나누는 '위대한 커뮤니케이터'라는 칭호를 받게 한 밑거름이 되었다.

제2차 세계대전 당시에 그는 미 육군 항공대의 대위로 복무했고, 종전과 더불어 배우로 복귀했다. 그 후 1947년부터 1952년 사이에 미국 영화배우협회 회장직을 맡아가며 전후 미국 노조에 침투해 들어왔던 공산주의자들과 격렬한 투쟁도 벌였다. 이것은 그가 강력한 반공주의자가 된 배경이 되었다.

레이건이 본격적으로 정치와 인연을 맺게 된 시기는 1964년 당시 골드워터 상원의원의 대통령 선거전 참모로 일하게 되면서부터였다. 골드워터는 1960년대 미국 공화당의 보수 세력을 대표하는 인물로서 정치적 신조가 레이건과 일치했다. 따라서 레이건은 골드워터를 중심으로 하는 보수파 정치 세력에 합세하게 된 것이고, 그것이 곧 그의 커다란 정치적 기반이 되었다.

1967년과 1974년 사이에 캘리포니아 주지사로 선출되면서 그의 본격적인 공직 생활이 열렸고, 주지사 재임 중 적자 상태인 주 예산을 흑자로 전환시키는 수완을 보여주었다. 그뿐만 아니라 당시 베트남전에 대한 반대 시위로 대학 캠퍼스가 극도의 혼란 상태로 빠져들고 있을 때 캘리포니아 주립대학에 대한 주 정부의 재정지원을 대폭적으로 축소시켜 학생 운동을 저지하는 초강경 보수 정책도 펼쳐보였다.

그리고 성공적인 주지사 경력을 배경으로 백악관으로의 야심을 불태우면서 전국적인 이미지 부각을 위해 시사해설가로, 사업가로 활동하면서 명성과 재정적 기반을 구축하였다. 이후 1976년 공화당의 대통령 후보 지명전에서 현직 대통령이었던 포드에게 쓰라린 패배를 맛보기도 했지만, 결국 1980년에 재기하여 공화당 후보로서 민주당의 카터 후보를 압도적으로 물리치고 백악관에 발을 들여놓게 되었다.

화려한 출발

레이건은 1981년 1월 20일에 미국 역사상 가장 화려한 취임식을 갖고 새로운 시대의 개막을 공식 선포했다.

보수강경의 기치를 들고 등장한 레이건은 취임사에서 부흥의 시대를 예고하고 우방과의 호혜 관계를 다짐했다.

"국가 부흥에 다같이 앞장서서 우리의 결의와 힘을 새롭게 다지고 우리의 충성과 희망을 되살립시다. 그리고 자유에 대한 이상을 함께 하고 있는 이웃과 우방을 위해 우리는 그들과의 유대를 강화하고 지지와 확고한 공약을 다짐할 것입니다."

미국 정신을 고무하고 국민의 신뢰감 회복을 다짐한 레이건 대통령의 취임에 거는 미국민들의 기대는 크기만 했다. 그러나 화려한 취임식을 갖고 멋지게 출발하는 레이건 대통령은 사실상 미국 역사상 보기드문 광범위한 문제들을 해결해야 하는 입장에 있었다.

그중에서도 특히 국내적으로는 미국 역사상 가장 혹독한 인플레이션으로 인하여 야기된 실업 문제, 서민들의 생활고 문제 등 난국을 극복해야 했다. 또한 수십 년간 거듭되어 온 적자재정 문제를 장기적인 안목으로 풀어가야 했다. 밖으로는 힘의 우위를 통해 소련의 팽창주의를 저지하고 세계 평화를 유지해야 하는 주체국이 되어야 했다.

레이건 암살 미수 사건

레이건이 대통령에 취임한 후 70일이 된 1981년 3월 30일, 레이건 대통령은 오후에 AFL-CIO의 건축업 부문 전국회의에서 연설한 후 하원 세입위원회의 공화당 위원과 회담하기로 되어 있었다.

그러나 이날 오후 2시 30분경에 레이건 대통령이 연설을 마치고 백악관으로 돌아오려던 길목에서 수발의 총성이 터져나왔다. 존 W. 힝클리라는 정신착란 환자가 레이건 대통령을 향해 권총을 발사한 것이었다.

순간 레이건을 수행하던 백악관 공보비서 짐 브래디가 쓰러졌고, 동시에 레이건 대통령도 입가에 피를 흘리며 비스듬히 넘어지는 자세로 곧바로 경호원들에 의해 리무진 속으로 밀려 들어갔다. 레이건을 태운 리무진은 곧바로 워싱턴 대학병원으로 향했고 대통령은 즉시 응급실로 옮겨졌다. 그리고 나서 5분 후 의사들이 대변인에게 전했다.

"레이건 대통령이 출혈이 심하여 사망할 것 같고, 아직 정확한 상처부위를 찾지 못해 출혈 원인을 모르고 있으며 혈압이 급격히 떨어졌고 심장박동이 부정기적이다."

사태가 위급하기 이를 데 없었다. 이후 몇 분인가 더 지났을까 응급실에서 누군가가 나오더니 이렇게 말했다.

"대통령이 총에 맞았습니다. 왼쪽 팔밑의 가슴부위가 뚫렸습니다."

충격적이고도 어두운 소식이었다. 일단 사태를 파악한 의사들은 수혈과 정맥주사로 레이건의 상태를 안정시켰다.

그런데 놀라운 것은 레이건 대통령은 의식이 있었고 농담까지 하고 있었던 것이다. 그의 셔츠는 벗겨져 있었고 셔츠를 입지 않은 그의 신체는 70세 나이에 걸맞지 않게 탄력 있어 보였다.

한참 후에 레이건 대통령은 외과 수술을 받기 위해 응급실에서 실려나갔다. 이때 레이건 옆에는 낸시 여사가 그의 손을 잡은

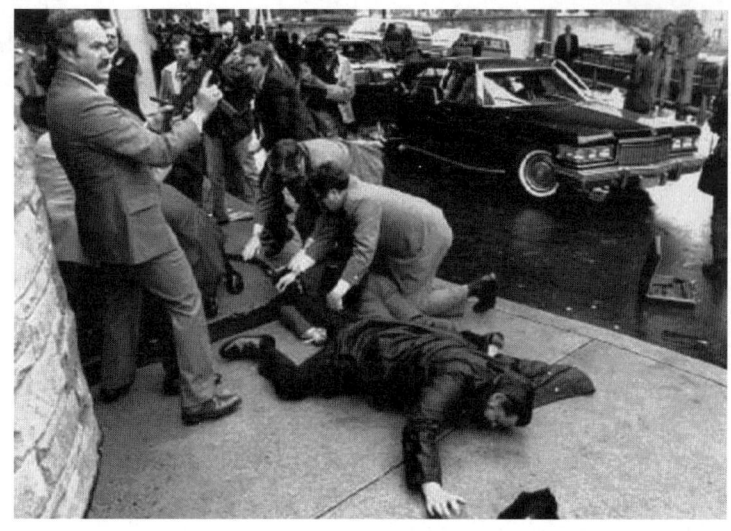

암살 미수 사건 레이건 대통령은 워싱턴 D.C.의 힐튼 호텔에서 연설을 마친 뒤 호텔을 나서는 도중 힝클리의 저격을 받았다.

채 무엇인가 얘기하고 있었다. 그중 분명하게 들린 한마디는 레이건 대통령이 "여보, 내가 몸을 날렵하게 피하는 것을 잊었소."라고 우스갯소리를 하는 것이었다.

한편, 백악관 상황실에서는 구름같이 모여든 기자들 틈에서 대변인이 이번 사건 내용을 발표하려 하고 있었다.

이때 한 기자가 질문을 던졌다.

"미군이 비상사태에 돌입했습니까?"

"내가 아는 바로는 아직 아닙니다."

이어 또 다른 기자가 물었다.

"그렇다면 현재 누가 정부를 이끌고 있습니까?"

이와 동시에 누군가가 소리쳤다.

"대통령이 수술을 받고 마취상태에 들어가면 현재 텍사스에서 워싱턴으로 오고 있는 부시 부통령이 즉시 권한 대행을 하는 것입니까?"

그러나 저격사건 이후의 흥분상태에서 누구도 이를 고려하지 않았기 때문에 대변인 자신도 대답할 수가 없었다.

"이 시점에서는 그 질문에 대답할 수 없습니다."

상황실 내에서 극적인 사건은 이날 오후 내내 계속되었다. 대통령직 계승에 대한 25차 헌법개정조항에 관한 토론이 벌어졌고, 한편으로는 텍사스 주에서 미 공군 2호기로 돌아오고 있는 부통령 부시와 계속 연락을 취하고 있었다.

이때 토론의 결론은 '25차 헌법개정조항에 의거한 조치는 정식으로 발동하지 않기로 했다.'는 것이었다.

그 이유는 그렇게 되면 미국 국민과 미국의 동맹국들에게 경계심을 불러일으켜 대통령이 매우 위독한 것이 아니냐고 생각하게 될까 염려해서였다.

부시 부통령은 오후 6시 30분 워싱턴 교외에 있는 앤드루스 공군기지에 착륙했다. 백악관에 도착하자마자 그는 책상머리에 앉아 위기대책회의를 주재했다.

부시가 이날 밤 즉시 지휘권을 장악하는 모습은 그 주위에 있던 사람들에게 그간 느껴보지 못했던 강하고 깊은 인상을 주었다. 이때 국무회의와 국회지도자 회의를 다음날 개최한다고 발표한 후 부시는 다음과 같이 선언했다.

"사태가 정상으로 돌아가면 더욱 좋겠습니다. 대통령의 상태가 고무적이라면, 정국이 될 수 있는 한 정상적으로 운영되길 바랍니다. 모두 각자의 맡은 바 직무에 충실해야 할 것입니다."

얼마 후, 좋은 소식이 전해졌다.

"대통령의 상태가 호전되고 있어 빨리 회복될 것이다."

그리하여 이날 밤 10시 이후부터는 사태가 빠른 속도로 진정되어 갔다. 그리고 다음날 백악관 대변인으로부터 "레이건 대통령은 낙농업 지원 법안에 직접 서명하였고 이것이 그 복사본입니다."라는 보고가 있었다.

마침내 레이건 대통령은 기적적으로 회복되었다. 부상당한 지 약 12시간 후인 3월 31일 오전 일찍 그는 의식을 회복했고 의사들과 간호원들과 농담을 주고받았다. 몇 시간 후에 그는 중환자실에서 특실로 옮겨졌다. 그날 밤 레이건 대통령은 저격 사건 때문에 24시간 연기되었던 아카데미상 시상식을 보기 위하여 늦게까지 자지 않고 있었다. 그리고 암살기도 12일 후인 4월 11일에 레이건은 백악관으로 돌아와 기자들에게 말했다.

"내 건강 상태는 좋다."

강력한 미국을 만들기 위하여

레이건 행정부는 많은 난제를 안은 채 출범했음에도 강력한 미국을 만들겠다는 '아메리카 제1주의' 노선을 굳건히 지켜 나갔다. 레이건 대통령은 국방비를 제외하고는 거의 전부문의 예산을 대폭 삭감했다. 그 결과 정권인수 직전 13퍼센트까지 올라갔던 인플레율이 얼마 후 8퍼센트 선으로 낮아졌고, 20억 달러에 상당하는 낭비가 제거되었다. 그러나 이러한 변화가 미국인들의 피부에 와 닿기까지는 여전히 시간이 더 필요한 것처럼 보였다.

즉, 미국 국민들은 과반수 이상이 "요즈음 생활 형편이 그럭저럭 현상유지는 되는 것 같다."고 말하는 정도였고, "소련에 밀려 왔던 카터 행정부와는 달리 레이건 행정부 아래서 미국이 군사적으로 강력해질 것 같다."고 말하기도 했다.

어쨌든 레이건이 주로 국내 문제에 중점을 두다보니 자연히 외교를 뒷전으로 미룬 듯한 인상을 받을 수밖에 없었다. 그러나 그것은 그가 외교를 뒤로 미뤘다기보다는 경제 회복이 이루어져 외교의 뒷받침이 될 때까지는 강력한 외교가 나올 수 없다고 믿은 것이었다. 그리고 실제로 이러한 정책 노선의 실천을 배경으로 펼쳐낸 레이건 행정부의 대외 정책은 결국 '대소 강경 정책'으로 나타났다.

그는 소련의 팽창주의를 저지하기 위하여 국방비 지출을 바탕으로 한 강력한 군사력의 재건을 시도하였다. 그는 강력한 미국을 만들기 위해 1986년까지 1조 5천억 달러를 군사비로 쓸 수 있도록 의회에 요구했다. 이것은 카터 행정부 당시 5년간 군사력 증강비보다 14퍼센트나 더 많은 것이었다.

이에 따라 미국 내 전략 미사일 수가 증가하였다. 특수장비를 추가 도입하여 소련 지도자들이 거주하는 지역에 대한 파괴 · 지휘 계통 통신망을 보강하였다. 그뿐만 아니라 유사시 소련을 공격하기 위한 B-52 장거리 폭격기들의 운항 시간도 길어졌다. 그 밖의 소련측 초고성능 폭격기 공격에 대비하여 핵탑재가 가능한 수 개의 비행중대의 장비 및 인력 보강도 이루어졌다.

레이거노믹스

레이건 행정부의 최대 과제였던 인플레이션 문제는 중앙은행장인 볼커가 선봉장이 되어 검토하였다. 그를 중심으로 한 대책마련 팀은 당시의 인플레이션 억제를 위해서는 무엇보다도 통화공급을 대폭 줄이고, 투자를 위축시키면서 고금리 정책을 밀고 나가는 것이

레이거노믹스 레이거노믹스 실시 이후 미국은 높은 실업율을 겪기도 했다. 사진은 실직된 노동자가 실업자 사무실에서 실업 수당 확인을 기다리고 있는 모습이다.

최선이라는 결론을 내렸고, 레이건도 이 위험한 결정의 시기에 인플레이션 억제를 확신했고 볼커를 배후에서 적극 지원했다.

이런 점에서 레이건은 전임 대통령인 카터보다는 결단성이 있었다. 또 하나의 예는 1981년 8월에 임금 인상을 요구하는 1만 1천여 명의 항공 통제사들이 노동법상 파업을 할 수 없게 되어 있는 규정을 무시하고 불법파업에 들어갔을 때 이들을 과감하게 해고한 것이다. 인플레이션 해결을 위해서는 고용주들이 피고용인들의 요구에 무조건 따르는 일이 없어야 한다는 견해를 행동으로 옮김으로써 비타협적인 결단성을 과시한 것이었다.

그 결과 10여 년이 지나야 회복될 것으로 예상되던 인플레율이 집권 3년 만인 1983년에 4.1퍼센트로 내려갔다. 누가 뭐라고 해도 레이건의 판단력과 결단성의 승리임이 명백했다. 이를 바탕으로 물가는 안정되고 경제는 지속적인 성장을 이루었다.

레이건의 완강한 고집은 감세 정책에도 적용되었다. 그는 집권하면서 '레이거노믹스'를 들고 나왔다. 시민들의 소득세를 줄여 경제를 활성화하겠다는 신념이었다. 이에 대해 당시 공화당 내 경쟁자였던 조지 부시도 이를 '주술(마법)경제'라고 말하며 우려를 표했다. 그 밖의 측근들도 조롱섞인 반대 의사를 나타냈지만 레이건의 확신은 변하지 않았다.

　조세삭감이 일시적으로는 세입과 세출을 줄이지만 궁극적으로는 경제 활성화가 세금 삭감을 벌충하고도 남는다고 믿었던 것이다. 그리고 사실, 레이건의 감세 정책은 1980년대 중반까지는 경제 성장을 촉진하였다. 그러나 그것이 어느 정도 지속될 수 있는가에 대하여는 개인에 대한 소득세 삭감이 기업의 투자 감소라는 부담으로 작용한다는 측면에서 회의적이었다. 게다가 무제한의 국방비 지출, 펜타곤의 비효과적 국방비 예산 사용 등까지 겹쳐진다면 국가 재정 관리의 차원에서 그 적자 규모가 어떻게 변할는지 우려할 수밖에 없는 문제가 도사리고 있었다.

제네바 정상회담

레이건 대통령의 군사력 증강을 수반한 강력한 반소·반공주의에도 불구하고 1984년 선거의 승리로 이어진 레이건의 제2기 대소 정책은 극적인 변화를 일으켰다.

　1985년 11월 9일부터 21일까지 있었던 제네바 정상회담이 많은 사람들의 예측을 뒤엎는 중대한 결과를 낳았다.

　이 회담이 이루어지기 얼마 전까지, 아니 회담이 진행되는 동안에도 주위의 많은 사람들은 미국측이 준비한 경제 문제, 인권 문제, 군축 문제 등을 비롯한 여러 문제들에 대해 뚜렷한 해결점을 찾으리라고는 기대하지 않았다. 게다가 사실 그 자리는 레이건으로서는 소련의 우두머리와 처음 대면하는 자리였다.

　그러나 회담 결과는 의외였다. 며칠 안 되는 기간의 회담 과정에서 적지 않은 우여곡절이 있었음에도 마침내 두 지도자들은

레이건과 고르바초프
제네바 정상 회담에서 레이건과 고르바초프 두 지도자는 군축협상에 대해 긍정적인 결론을 도출했다.

무엇보다도 군축 협상의 가속화를 촉구하는 내용의 공동성명을 발표하기로 합의했으며, 상호 방문에 대해서도 합의했다. 이것은 대소 강경 노선을 유지해온 레이건 행정부로서는 큰 변화이자 성과였다.

제네바 정상회담이 끝난 후, 뉴욕 타임즈가 보도했듯 미국과 소련의 관리들은 이를 레이건의 승리로 보았다. 왜냐하면, 레이건은 이때 고르바초프를 가늠해보고 앞으로의 군축 협상을 위한 조그만한 기반만 마련되어도 다행일 것이라고 생각하였다. 이 점에서 고르바초프는 패배한 것이었다. 그는 군축 문제에 큰 타결을 볼 것으로 기대했지만 레이건은 전혀 기대하지 않았던 것이다.

승리의 기분으로 귀국하는 비행기에서 레이건은 수행원들에게 말했다.

"소련의 새로운 인물이 어떻게 생겼는지 우리는 보았다. 이제 그와 어떻게 협상해야 될지도 알 것 같다."

이것은 두 사람이 서로 거래를 할 수 있는 사이가 되었다는 것을 말하는 것이었고 1987년 12월에 워싱턴에서 있을 군축 문제 합의를 위한 터전을 닦은 것이었다.

핵 감축의 시대 열리다

레이건·고르바초프 간의 1985년 제네바 회담 이후 1986년 레이캬비크 회담은 기대가 실망으로 변했다. 그렇지만 이후 1987년에 열린 워싱턴 회담에서 역사상 또 하나의 최초를 기록하는 문서가 작성되었다.

이 문서는 미·소 중거리 및 단거리 미사일 제거 협정(INF 협정), 즉 전문 17조 3개 부칙으로 되어 있는 69쪽의 문서로 미·소 간에 핵무기 폐기에 관한 최초의 약정이었다. 이에 대해 〈US 뉴스〉는 레이건 대통령의 고집과 고르바초프 서기장의 담력의 합작품이라고 평했고, 〈뉴욕 타임즈〉는 적시적재의 적절한 협정이라고 호평했다.

이 협정이 백악관의 조인 테이블에 오르기까지 6년 반 동안 기복 많았던 레이건·고르바초프 협상은 대결과 공존으로 점철되어 온 강대국의 2차 대전 후 역사의 축도라고 할 수 있었다.

이 협정에 따라 지상에서 자취를 감추게 된 미사일은 미국측에서는 퍼싱2 108기, 크루즈미사일 240기, 퍼싱 1 A 탄두 72개이고, 소련측에서는 SS20 441기, SS4 112기, 기타 단거리 마사일 150여 기 등이었다. 미소는 이 협정이 위반되는 것을 방지하기 위해 협정 후 13년 간 현장 감시반을 상주시키고, 의심 지역에 대해 불시 점검을 하는 등 상호 확인을 보장하도록 했다.

INF 협정 레이건과 고르바초프가 INF 협정서에 사인하고 있다.

이러한 INF 협정은 미·소 양국 전체 핵무기의 4퍼센트 정도를 대상으로 했을 뿐이었고, 미·소 간에 신뢰를 시험하는 시험대를 만들어 놓았을 뿐이었지만, 역사상 처음으로 미·소간의 핵 감축 시대를 열어 놓았다는 점에서 큰 의의가 있었다.

레이건이 남긴 것들

레이건은 한마디로 집권 8년 동안 국방·외교 정책에는 성공했지만 경제·국내 문제에는 참패를 면치 못했다고 할 수 있다. 즉, 힘을 통한 평화 구축이라는 레이건 대통령의 외교 정책은 어느 정도 빛을 본 것으로 드러났다. 대소 협상에서 강경입장을 보이면서도 INF(중거리 핵무기) 폐기협정 조약을 체결했으며 페르시아 만의 해군력 강화로 이란—이라크전 종전에 일조하기도 했다.

그런가 하면 레이건의 힘을 바탕으로 한 평화추구 정책은 강자의 논리라는 비난도 받았지만, 레이건 취임 당시의 상황으로 봐서는 어쩔 수 없었다는 여론도 적지 않았다. 레이건이 1980년에 취임할 당시에는 소련이 팽창 정책을 추구했기 때문에 사실 세계 도처에서 불안감을 느끼던 상황이었던 것이다. 그뿐만 아니라 국내적으로는 베트남전의 패배 기운이 채 가시기도 전이었고 카터 행정부의 이란 인질 석방작전 실패가 수치로 받아들여지는 지극히 침체된 분위기였던 것이다. 따라서 레이건은 국민들의 사기 진작과 강대국으로서의 위상을 확고히 하기 위해 우선 국방비에 막대한 예산을 쏟아 부었다.

그 결과 퇴임 직전까지의 국방비 지출은 무려 2조 달러에 이르렀고, 덕분에 국민 사기 진작이라는 본래의 목표는 달성했다. 그야말로 미국의 군사력은 역사상 전례 없는 수준에까지 올랐다. 그리고 레이건의 이러한 정책은 국내 문제로 진통을 거듭하던 소련에 상당한 도전이 되었다. 이에 따라 소련의 팽창주의 노선도 크게 위축되었다.

반면, 레이건은 국내 정책에서는 뉴딜 정책이나 위대한 사회를 희망한 우파들에게조차도 커다란 실망을 안겨주었다. 특히 레이거노믹스의 결과는 상당한 경제 부흥의 가능성, 그 이면으로 미국을 세계 최대의 채무국으로 전락시키는 커다란 문제를 남기고 말았다. 그리고 이것은 미국으로 하여금 외채 원금 및 이자 지불의 부담을 갖게 함으로써 상당 기간 달러 구매력을 감소시키고, 미국민의 생활수준도 적지 않게 하락시킬 것이었다.

1988년 대통령 선거

레이건 대통령은 1988년 8월에 열린 뉴올리언즈 공화당 전당대회에서 고별연설을 하였다.

"조지 부시 부통령은 우리가 이룩한 모든 것에서 중요한 역할을 했다. 또한 그는 대통령직을 백악관 내부에서 보좌했기 때문에 무엇이 진정한 문제인가를 알고 있으며 불길이 닥칠 때 냉정하게 잡을 수 있는 인물이다."

이처럼 그는 고별연설에서 그의 후계자로 지명된 조지 부시 후보를 강력히 지원했다. 이에 맞서 민주당은 진보주의자인 마이클 듀카키스를 후보로 내세웠다.

당초 예상했던 대로 두 후보의 첫 번째 TV 토론이 있은 후 듀카키스가 이긴 것으로 반응이 나왔으나 그 폭이 너무나 근소해서 여론조사의 오차를 감안하면 '비겼다'는 쪽으로 결론이 났다.

그러나 1988년 10월에 접어들자 서부 지역을 중심으로 조지 부시가 우세를 보이더니 같은 달 중순경의 여론조사에서는 부시가 듀카키스를 훨씬 앞선 것으로 나타났다. 부시는 거의 모든 주에서 우세를 보였으며 특히 중요한 주였던 플로리다와 텍사스에서 결정적인 우세를 보였다.

그러나 이때까지만 해도 부시가 마음을 놓을 만한 정도는 결코 아니었다. 왜냐하면 아직도 이번 선거에 결정적인 영향을 미칠 두 번째이자 마지막 TV 토론이 남아 있었기 때문이었다.

부시와 그의 참모들은 그간의 우세를 지켜나가고 더 나아가 듀카키스의 맹추격에 쐐기를 박기 위해 막바지 준비에서도 조금도 긴장을 풀지 않았다. 그들은 부시의 외모, 목소리, 버릇에서부터 피해야 할 화제, 써먹을 수 있는 농담 등에 이르기까지 완벽하다고 할 만큼 주도면밀한 검토와 논의를 거듭했다.

반면 듀카키스 진영은 그간의 열세에 지친 듯한 인상을 받지 않을 수 없었다. 막바지 박차를 가해야 할 시기였음에도 두드러진 적극성을 나타내지 못했다. 마침내 로스앤젤레스의 캘리포니아 주립대학에서 2차 TV 토론이 시작되었다.

차분한 분위기 속에 토론은 진행되었다. 그런데 그간의 각종 여론조사에서 1~3퍼센트의 열세를 보였던 듀카키스는 그 열세를 의식했기 때문인지 표정이 굳어 있었고, 시간이 지날수록 부시를 효과적으로 공략하기는커녕 오히려 기회를 무산시키고 있다는 느낌이 점점 더 강해졌다.

레이건과 부시 레이건 전 대통령의 지지와 노련한 선거유세로 부시는 여유 있게 당선될 수 있었다.

그는 전반적인 토론과정에서 자신이 급격한 진보주의자가 아니라는 인상을 심으려고 애썼으나 긍정적인 반응을 얻어내지 못했다. 뿐만 아니라 연방정부의 역할 증대, 사회복지의 강화, 낙태 찬성, 국방 외교 문제에 대한 깊이 없는 견해 표명 등 미국의 주류를 벗어나는 정강들을 남발하였다.

이에 비해 부시는 듀카키스의 공세에 당황하지 않고 미소를 띤 채 경제 번영과 미·소 핵 감축협상 등을 자신만이 잘할 수 있다고 강조하면서 듀카키스가 지나친 진보주의자라고 공격했다. 토론 직후 여론 조사 결과는 부시 후보의 압도적인 승리로 나타났다.

이러한 결과들로 미루어 이미 어느 정도 예상되었듯 선거 결과는 압도적인 차이로 부시 후보가 제41대 대통령에 당선되었다. 이로써 미 공화당은 40년 만에 연속 3기를 집권하게 되었다.

조지 허버드 워커 부시

제41대 대통령으로 당선된 조지 허버드 워커 부시는 1924년 6월 매사추세츠 주 넬턴에서 태어났다. 이후 그는 무엇 하나 부족한 것이 없는 가정의 엄한 양친 밑에서 그야말로 귀족적인 유년 시절을 보냈으며 앤도버 스쿨을 5년 동안 다녔다. 그는 앤도버 스쿨 시절 학교 야구팀에서 멋쟁이 1루수였고, 축구팀에서는 날렵하기로 소문난 센터였다.

10대 초반에는 유행성 감기를 심하게 앓아 오랫동안 집에서 쉬기도 했지만, 어쨌든 이때까지도 그의 인생항로는 평탄하기만 했다. 그러던 중 부시에게 최초의 충격이라고 할 수 있는 사건, 제2차 세계대전이 발발했고, 그는 18세 생일을 맞는 날 군에 입대했다. 그의 꿈은 조종사가 되는 것이었다. 그리고 자기 뜻대로 미 해군의 최연소 조종사가 되었다.

그는 태평양 지역의 함대에 배속되어 모두 57회의 출격 경험을 쌓았다. 그러던 어느 날 그에게 일본군 통신시설을 파괴하라는 명령이 떨어졌다. 임무수행 중 일본군 대공포에 격추되어 치명적인 부상을 입은 채로 바다 위에서 2시간여를 표류하다 잠수함의 구조로 목숨을 건졌다.

 이후 그는 전쟁 영웅이 되어 돌아와 예일 대학 경제학과에 입학했다. 그러나 공부보다는 명문 자제들이 모여 만든 친목 클럽 '해골단' 활동에 더 열중했다. 그 시기에 매콜 출판사 사장의 딸인 바바라를 만나 결혼했다. 이후 부시는 대학을 졸업하고 나서 가족들이 경영하던 월스트리트의 투자회사 입사를 거절하고, 석유 사업에 뛰어들기 위해 먼지나는 텍사스 주로 갔다.

조지 허버트 워커 부시 조지 허버트 워커 부시는 1989~91년간 대통령을 역임하였다. 현대 국제 정치에 많은 영향을 끼쳤다.

 그는 휴스턴 시에서 거의 20년을 보내며 석유 탐사 회사를 설립하는 등 사업에 성공하여 계속 안락한 생활을 할 수 있었다. 그러던 중 부시는 1964년에 뒤늦게 정치무대에 발을 들여 놓았다. 석유 사업을 통해 닦아 놓은 터전을 토대로 텍사스 주 상원의원에 입후보했다. 그러나 그는 민주당의 진보파였던 랠프 야보로 의원에게 무릎을 꿇었다.

 이후 부시는 1966년에 하원으로 무대를 바꿔 재도전하여 마침내 정계 입문의 꿈을 이루었다. 그는 초선이었지만 초선답지 않았다. 그는 젊은 의원들 사이에서 단연 돋보이는 존재였다. 다선 의원, 대사, 대법원 판사들과 곧잘 어울리는 부시는 부친과 함께 비중 있는 정치적 친목 모임을 주도하기도 했다. 이렇게 하여 정계 거물급들과 얼굴을 익힌 부시는 1970년에 상원에 재출마했다. 그러나 그는 민주당의 로이드 벤슨에게 또다시 패하고 말았다.

그러나 다행스럽게도 닉슨 대통령의 눈에 띄어 새로운 정치 경력을 쌓기 시작했다. 닉슨은 그를 유엔 주재 미국 대사로 임명했다. 대사직을 그만둔 다음인 1974년부터 공화당 전국위원회 위원장직을 맡다가 포드 대통령 시절에 북경 연락 사무소장과 미 중앙정보부 국장을 역임했으며, 레이건 행정부에서 부통령직까지 수행했다.

외교 우선주의

부시는 레이건을 포함한 대개의 다른 대통령들이 취임 첫 해에는 주로 내정에 역점을 두었던 것과는 반대로 취임 직후부터 활발한 외교 활동을 펼쳤다.

그는 취임 후 한 달 만에 한국·중국·일본 등 아시아 3국을 순방하여 일본과는 대소 정책과 관련된 긴밀한 협력을 다짐했고, 중국과는 군축 문제 등에서 중국의 이익이나 미·중 관계를 적극 존중하겠다고 약속했다. 또한 한국과는 주한미군 존속 등 안보협력 관계의 강화를 천명했다.

역사적인 중·소 정상회담 개최와 한국의 대소접근 등으로 상징되는 이 지역 정세변화에 적극적으로 대응, 동북아 3개국과의 우호관계를 다짐으로써 미국의 전략적 이익을 수호하겠다는 의지를 과시한 것이었다.

이후 부시는 1989년 4월 폴란드에 대한 대규모 경제원조를 제공하겠다고 발표하고 7월에 곧바로 폴란드를 방문하였다. 연이어 헝가리까지 방문했다.

이 같은 부시의 폴란드·헝가리 방문은 그동안 미국 외교의 불모지였던 동구에 그것도 소련의 뒷마당격인 폴란드와 헝가리에서 동구권과의 관계 강화를 위한 교두보를 확보하였다. 이것은 미·소가 묵시적으로 합의한 바 있는 유럽일가 구성에 있어 가장의 자리를 차지하려는 장기적인 전략의 일환이었다.

또한 부시는 헝가리 방문 약 4개월 후인 1989년 12월에 지중해의 몰타에서 소련 공산당 서기장 고르바초프를 만났다. 그는 거기서 동구의 변혁, 미·소 군축, 미국의 대소 경제협력, 남미·중동의 지역 분쟁 해소 문제 등 광범위한 문제를 논의하였다. 미·소가 대결의 냉전 시대를 종결하고 화해와 타협의 '신뢰의 시대'를 여는 역사적 전기의 출발점을 마련했다. 1990년 5월에는 워싱턴에서의 미·소 정상회담을 시발로 전략핵 및 화학무기 감축 등에 획기적인 기틀을 다졌다.

이 밖에도 부시는 3차례의 유럽여행, 2차례의 캐나다 방문 등 미주여행뿐만 아니라 프랑스의 미테랑 대통령을 주말에 메인 주의 자기 별장으로 초청한다거나, 이집트의 무바라크 대통령을 야구장에 대동하는 등 세련된 외교 기술을 보였다. 또 천안문 사태 이후에도 중국에 2차례나 밀사를 파견하는 등 대외 부문에 정책의 우선순위를 부여했다.

걸프 전쟁

부시 행정부가 대외 부문에서 활기를 보임과 동시에 국내 여러 문제들에 대한 해결책 강구에 부심하던 1990년 8월에 이라크군이 쿠웨이트를 침공하는 사건이 터졌다. 이 사건이 바로 걸프 전쟁의 불씨가 되었다.

이라크의 쿠웨이트 침공 이후 약 5개월 사이에 미국의 베이커 국무장관과 소련의 셰바르드나제 외무장관이 전 세계 국가에 이라크에 대한 무기 공급을 중단할 것을 촉구하는 공동선언을 발표했다. 이를 필두로 유엔 안전보장이사회에서는 대이라크 경제제재 조치를 결의했다. 또한 부시 대통령은 사우디아라비아에 군대를 파견했으며, 고르바초프와의 헬싱키 정상회담을 거쳐 걸프 해역에 병력 증파를 선언하였다. 동시에 유엔 안전보장이사회에서는 이라크군이 1991년 1월 15일까지 쿠웨이트에서 철수하지 않을 경우 무력사용을 승인한다는 결정이 내려졌다.

이런 상황에서 이라크의 후세인은 다음과 같이 경고하였다.

"전쟁이 발발하면 우리는 이스라엘부터 쳐부수고 말겠다."

이후 약 2주간에 걸친 미국·유엔·이라크 간의 걸프 사태 해결 노력마저 허사가 되자 걸프 해역에는 일촉즉발의 위기감이 감돌았다. 아니, 사실상 공격 준비가 완료된 다국적군에 공격 명령이 떨어지는 일만 남았다.

마침내 부시는 1991년 1월 16일 오후 '사막의 폭풍작전'이라는 표제가 붙은 서류에 미합중국 대통령 이름으로 사인했다.

다음날 새벽 2시부터 4시간 동안 이라크의 바그다드에 무려 1만 8천 톤에 달하는 폭탄이 퍼부어졌다. 이라크군의 반격은 실로 미미했다. 간헐적으로 대공포가 발사될 뿐이었다. 이후 2차례에 걸쳐 다국적군의 공습이 추가되었다. 바그다드의 주요 군사시설들이 사라졌다.

1월 18일부터 감행된 후세인의 반격 작전에도 불구하고 1월 24일에 다국적군의 상륙 부대는 걸프 해역에 집결, 마침내 지상전에 돌입하였다. 5일 후인 1월 29일에는 개전 이래 최대의 지상전

걸프 전쟁 1991년 미국은 이라크와 쿠웨이트 사이에 일어난 영토 분쟁에 나토 연합군과 함께 개입하였다. 이 전쟁으로 미국은 중동 지역에 미국의 입지를 확고히 할 수 있었다.

인 바스라와 카르쿠크 전투가 벌어졌다.

다국적군은 공중과 지상의 입체 작전을 펼쳤고, 전쟁은 점차 하늘에서 지상으로 옮겨져 지하까지 파고들었다. 이런 와중에 부시는 연례 연두교서에서 걸프전 후 세계질서 재편을 강조하였고, 후세인은 미 동맹국과의 단교를 선언했다. 그리고 곧바로 이라크의 50여 개 유정 방화 사건이 발생했다.

이에 3일 후인 2월 13일에 소련 특사 프리마코프가 바그다드를 방문하였다. 이틀 후인 2월 15일에 이라크 혁명평의회는 쿠웨이트에서의 조건부 철군 용의를 표명했다.

그러나 부시 대통령을 비롯한 다국적군 참가국들은 이라크의 이 같은 발표를 즉각 거부했다. 그뿐만 아니라 부시는 소련·이라크 간의 회담을 거쳐 제시된 소련의 평화중재안도 거부했다. 그러자 후세인은 2월 22일 바그다드 라디오방송을 통해 '계속항전'을 선언했다. 얼마 후 부시는 24일 오전 2시까지 이라크가 무조건 철수하지 않을 경우 전면적인 지상공격을 하겠다는 최후통첩을 내렸다. 다음날 개시된 다국적군의 전면적인 지상공격은 결국 이라크로 하여금 '쿠웨이트에서의 즉각 철수'를 시행케 하였다.

마침내 2월 27일 쿠웨이트가 해방됨과 더불어 부시 대통령이 군사행동 중지선언을 함으로써 사실상 걸프전은 대단원의 막을 내렸다.

이렇게 끝난 걸프전을 통해 전 세계는 현대과학 문명이 만들어낸 최첨단 과학무기의 위력에 새삼 놀라게 되었고, 미국이 갖고 있는 거대한 힘을 다시 한 번 인식하게 되었다.

부시·옐친 정상회담

1991년 8월에 소련에서 쿠데타가 일어나자 옐친을 적극 지지했던 부시와 이후 공산주의의 종주국 역할을 해왔던 구소련의 실세인 러시아의 대통령이 된 옐친과의 정상회담이 1992년 6월 워싱턴에서 열렸다.

회담은 2개의 주요 의제를 놓고 진행되었다. 전략 핵무기 감축과 러시아의 민주화 시장경제 이행작업에 대한 미국의 경제 지원이 그것이었다.

회담 결과 양국 정상은 7개의 주요 합의문건을 만들어냈다. 그 내용은 다음과 같았다.

"2003년까지 미국은 핵탄두 3천5백 개, 러시아는 3천 개 규모로 전략 핵탄두를 대폭적으로 감축한다. 공동 군사 훈련과 분쟁 지역에 공동

보리스 옐친 부시와 옐친, 두 정상의 회담으로 70여년 간의 냉전 시대는 종결을 알렸다.

파병까지도 가능하게 한 미·러시아 간 동반자 및 우호 관계를 위한 헌장, 전략 핵탄두의 대폭적인 감축을 위한 공동 이행서, 지구보호 체제를 위한 미·러시아 협약, 우주 협력 협약, 소득세 이중과세 방지를 위한 미·러시아 조약, 상호투자 조약 등을 체결한다."

이 같은 양 정상 간의 전격적인 합의로 지난 70여 년 동안 얼어붙었던 미·러시아 관계가 하루아침에 봇물 터지듯 풀어졌다. 이것은 곧 실질적인 냉전 시대의 청산을 의미한다는 점에서 큰 의의를 담고 있었다.

1992년 대통령 선거

걸프전과 미·러 정상회담에 따른 탈냉전의 환희 속에 묻혀 있던 국내 문제들이 고개를 들기 시작하였다. 내리막길로 접어든 부시 행정부가 고민에 휩싸인 가운데 본격화된 1992년 대통령 선거전은 공화당의 부시 후보가 민주당의 빌 클린턴 후보를 과연 뒤집을 것인가에 초점이 맞춰지고 있었다.

7월 중순에 뉴욕에서 열린 전당대회에서 민주당의 클린턴 후보는 세대교체를 토대로 한 변화를 대국민 메시지로 내걸었다. 그러자 이에 자극을 받은 공화당의 부시 후보는 마침내 '나를 믿으라.'는 대응 메시지를 방어 전략으로 내세웠다. 결과는 전당대회 여파를 몰아 새로운 스타일의 버스 유세여행을 시도한 클린턴이 무려 20퍼센트를 넘는 지지도 차이로 부시를 앞서 나갔다.

이후 한달 여 동안에도 양 후보 간의 지지도 차이는 좀처럼 좁혀지질 않았다. 이렇듯 악전고투를 거듭하면서도 부시는 좀처럼

빌 클린턴 제42대 대통령 빌 클린턴은 소탈하고 친근한 인상으로 젊은 층에게 많은 지지를 받았다.

희망을 버리지 않았다. 그 이유는 후보 결정을 망설이고 있는 유권자가 상당수 있었기 때문이었다.

문제는 그간 국민들을 실망시켜 온 국내 문제에 어떻게 설득력 있는 해결책을 제시하느냐에 달려 있는 듯했다. 이에 부시는 8월 하순에 세기적 사건들을 세련된 솜씨로 처리한 바 있는 베이커 국무장관을 선거전 사령탑으로 임명하였다. 또한 구체적인 선거 공약으로 재정적자 감축, 국방비 삭감, 기업에 대한 과도한 규제 조치 철폐, 개인소득세 인하 등을 내걸었다. 그러나 이 같은 노력과 저항 후보 로스 페로의 재출마 선풍에도 불구하고 부시에게 승산의 기미는 보이지 않았다. 게다가 3차에 걸친 TV 토론에서마저도 부시는 막판 역전을 위한 결정타를 때리지 못했다. 압도적 다수의 유권자들이 클린턴의 세대교체론과 방위비 3분의 1 이상의 삭감, 중산층에 대한 조세 인하, 외국 기업에 대한 조세 인상, 연구개발사업에 대한 영구세제 공제 제도 실시 등과 같은 공약 쪽으로 이미 눈길을 돌려버린 것이었다.

선거 결과는 클린턴의 압도적인 승리로 끝났다. 게다가 상하원 선거 결과도 민주당이 상원 100석 중 58석, 하원 485석 중 259석을 차지했다. 이제 미국은 민주당이 행정부와 의회 모두를 장악한 정치구도 속에서 2000년대를 향한 새로운 도전을 하게 되었다.

미국의 역대 대통령과 부통령

	대통령	취임 년도	퇴임 년도	소속 정당	부통령
1	조지 워싱턴	1789	1797	무소속	존 애덤스
2	존 애덤스	1797	1801	연방당	토머스 제퍼슨
3	토머스 제퍼슨	1801	1809	민주공화당	에런 버 / 조지 클린턴 [1]
4	제임스 매디슨	1809	1817	민주공화당	엘브리지 게리 [1]
5	제임스 먼로	1717	1825	민주공화당	다니엘 톰킨스
6	존 퀸시 애덤스	1825	1829	민주공화당	존 칼훈
7	앤드루 잭슨	1829	1837	민주당	존 칼훈 [2] / 마틴 밴 뷰런
8	마틴 밴 뷰런	1837	1841	민주당	리처드 존슨
9	윌리엄 헨리 해리슨 [3]	1841	1841	휘그당	존 타일러
10	존 타일러	1841	1845	휘그당 [4]	
11	제임스 포크	1845	1849	민주당	조지 댈러스
12	재커리 테일러 [3]	1849	1850	휘그당	밀러드 필모어
13	밀라드 필모어	1850	1853	공화당	
14	프랭클린 피어스	1853	1857	민주당	윌리엄 킹 [7]
15	제임스 뷰캐넌	1857	1861	민주당	존 브레킨리지

미국의 역대 대통령과 부통령

	대통령	취임 년도	퇴임 년도	소속 정당	부통령
16	에이브러햄 링컨 [6]	1861	1865	공화당	한니발 햄린 / 앤드루 존슨
17	앤드루 존슨	1865	1869	공화당	
18	율리시스 그랜트	1869	1877	공화당	쉴러 클팩스 / 헨리 윌슨 [5]
19	러더포드 헤이스	1877	1881	공화당	윌리엄 휠러
20	제임스 가필드 [6]	1881	1885	공화당	체스터 아서
21	체스터 알랜 아서	1881	1885	공화당	
22	그로버 클리블랜드	1885	1889	민주당	토마스 헨드릭스 [5]
23	벤저민 해리슨	1889	1893	공화당	레비 모턴
24	그로버 클리블랜드	1893	1897	민주당	애들라이 스티븐슨
25	윌리엄 매킨리 [6]	1897	1901	공화당	개럿 호바트 [5] / 시어도어 루스벨트
26	시어도어 루스벨트	1901	1909	공화당	찰스 페어뱅크스
27	윌리엄 하워드 태프트	1909	1913	공화당	제임스 셔먼 [5]
28	우드로 윌슨	1913	1921	민주당	토마스 마셜
29	워런 하딩 [3]	1921	1923	공화당	캘빈 쿨리지
30	캘빈 쿨리지	1923	1929	공화당	찰스 도스

미국의 역대 대통령과 부통령

	대통령	취임 년도	퇴임 년도	소속 정당	부통령
31	허버트 후버	1929	1933	공화당	찰스 커티스
32	프랭클린 루스벨트 [3]	1933	1945	민주당	존 가너 / 헨리 월리스 / 해리 트루먼
33	해리 트루먼	1945	1953	민주당	앨번 바클리
34	드와이트 아이젠하워	1953	1961	공화당	리처드 닉슨
35	존 캐네디 [6]	1961	1963	민주당	린든 존슨
36	린든 존슨	1963	1969	민주당	허버트 험프리
37	리처드 닉슨 [8]	1969	1974	공화당	스피로 애그뉴 [2] / 제럴드 포드
38	제럴드 포드	1974	1976	공화당	넬슨 록펠러
39	지미 카터	1976	1980	민주당	월터 먼데일
40	로널드 레이건	1980	1989	공화당	조지 부시
41	조지 허버트 워커 부시	1989	1992	공화당	제임스 퀘일
42	빌 클린턴	1993	2001	민주당	앨버트 고어
43	조지 워커 부시	2001	현재	공화당	리처드 체니

참고
1) 부통령 재임 중 사망
2) 부통령 재임 중 사직
3) 재임 중 사망
4) 민주당 표에 휘그당
5) 부통령 재임 중 사망했으나, 새로 임명하지 않음
6) 재임 중 암살당함
7) 민주당 후 공화당
8) 재임 중 사직

찾아보기

가

강도짓을 하는 귀족의 시대 352
개인 소득 부가세 427
거부권 행사 98, 243, 324, 501
건조농법 339
게티즈버그 전투 272
결승문자 48
경제기회법 548, 550
경제기회청 550, 551
경화통용법 250
고등교육법 550
고별사 192
고율관세 정책 347
골드러시 334
골드스보로 306
공립학교제도 221
공신력에 관한 보고서 180
공화파 192, 199
과도 이윤세 427
광부들의 파업 500
광산 거리 336
광산붐 336
구세군 375
구스타부스에프 스위프트 365
국가 노동관계 이사회 467
국가 노동관계법 466
국가봉사단 551
국가 부흥청 460
국가 산업부흥법 7조 a항 466
국민공화파 228, 247
국방 총성 508
국방교육법 550

국제연합 선언 481
국제연맹 규약 제10조 415
국채의 상환 392
군대 민박법 119
귀화법 198
그라베 66
그랜드 드래곤 325
그랜드 위저드 325
그렌빌 조약 193
그로버 클리블랜드 371
그린백지폐 369
금본위제법 373
금연 운동 79
금주법 426, 438, 457
금주 운동 438, 443
기업의 새로운 시대 428
길버트 경 70

나

나르바에스 59
나체즈족 22
남부 민주당 276
남부연합 277, 281
남북 전쟁 273
냉동기술의 발전 362
냉전 497, 508
넬슨 록펠러 565
노동기사단 358
노동조합 운동 360, 466
노동조합주의 466
노령보험 445, 465

610

노르망디 상륙작전 485, 490
노변담화 454, 475
노예 매매 77, 263
노예제 76, 157
노예주 216, 263
노예해방 288, 292
노인 의료보험 454
노인 의료보험법 550
노조 가입 붐 466
농민공제조합 368
농민연합 369
농업바퀴 369
농업조정법 461
농업조정청 458
〈뉴욕 저널〉 221
뉴 프런티어 536
니콜라 사코 421
닉슨 독트린 557
닉슨 – 브레즈네프 선언 560

다

다니엘 셰이스 160
다니엘 웹스터 240, 247
담배농사 75
대공황 446, 463
대량보복의 정책 525
대륙횡단철도 267, 348
대륙협정 120
대통령 탄핵 소동 326
대통령의 임기 171, 193, 215
더글러스 맥아더 451, 512

데바카 59
도금 시대 371
도널드 워스터 462
도망노예 단속법 263
도시 게릴라 554
〈도시의 수치〉 376
도오즈 개별토지소유법 345
독립선언 131
독립선언서 132, 134
독립 전쟁 134, 141, 151
동남아시아 조약기구 526
동인도회사 72, 116
드레드 스콧 판결 270, 273
드빌리아농 65
딘 애치슨 504
딩글리 관세법 373

라

라로시 66
러더퍼드 헤이스 371
런던 회사 72
레이거노믹스 588, 594
로널드 레이건 581
로드니엘 65
로드아일랜드 86, 94, 165, 220
로버트 리 95, 286, 313
로버트 헤인 240
로베르발 64
로빈 무어 호 478
로샹보 백작 143
로아녹 섬 71

로이얼 항 66
로저 윌리엄스 85
루이지애나 매입 207
루스벨트의 노동 정책 381
루퍼스 킹 215
리처드 닉슨 515, 556
리치먼드 공략 작전 302
리프 에릭슨 19
리 하비 오스왈드 545
린든 B. 존슨 532, 546
링컨의 암살자 315

마

마르틴 뮐러 57
마베리 대 매디슨 204
마셜 플랜 504
마야 문명 29, 33
마야족 30
마야족의 피라미드 30
마이클 듀카키스 594
마크 트웨인 352
마티마 45
마틴 루터 킹 523
마틴 반 뷰렌 248, 250
망코 카팍 43
매디슨 대연회 209
매디슨 행정부 208
매사추세츠 식민지 84
매사추세츠 정부법 119
매카시 선풍 519
매코믹 하베스터 농기구 회사 352

매킨리 관세법 372
메릴랜드 73, 80, 100
메이플라워 서약 83
메이플라워호 82
멕시코 전쟁 252, 261
면화왕 266
명철한 부통령 179
모고욘 문화 25
몬테주마 60
몽골로이드계의 인종 17
무기 대여법 476
미ㆍ영 전쟁 208
미국 노동 총연맹 360
미국 최초의 소득세 391
전국노동연합 359
미국으로 건너온 이민자 357
미국의 철도망 350
미드웨이 해전 481
미주기구 511
미주리 타협 217, 268
미합중국 철강회사 381
믹스코아틀 35
민주당 247, 266, 270, 303, 372, 389
민주주의를 지키기 위한 무기고 482
민주학생연합 553, 558
밀러드 필모어 270

바

바구니 문화 26
바그다드 협약 526
바르톨로메오 반제티 421

바이킹족 19
바인랜드 20
바하마 군도 55
반 뷰렌 233
반연방주의자 172
반전 운동 557
발보아 57
백악관 211
100일간의 입법 457
버지니아 71, 76, 92
버지니아 권리선언 155, 156
버지니아 안 167
버지니아 하원 79
법인소득세 427
베르사유 조약 413, 471
베를린 공수 509
베이컨의 반란 93
베트남 전쟁 552
벤저민 프랭클린 105, 115, 167
벤저민 해리슨 372
벨라스코 조약 257
보난자 335
보너스 군대 451
보스턴 차 파티 사건 116
보스턴 학살사건 114
보스턴 항구법 118
보안법 198
북대서양 조약기구 511
북미의 황야 329
북부 민주당 267, 276
북부 연합 206
북부 증권회사 381
북아메리카의 인디언 29

불량자 단속법 320
브래넌 계획 508
브루클린 136
블랙케틀 341
블랙피트족 332
블랙호크 전쟁 274
비라코차 47
빈곤에 대한 무조건 전쟁 548
빨갱이 소동 420

사

사라예보 사건 401
사라 T. 휴즈 여사 548
사막개발법 333
사법부 개편법 203
4선 대통령 489
사회보장법 465
사회복음의 교리 375
사회정의 운동 375
산림청 386
산살바도르 55
산업 노조주의 468
산업조직위원회 468
산타마리아호 53
산토아구스틴 요새 56
3국 동맹 399
3국 협상 399
삼권분립 169
상업의 부활 51
상호불간섭의 원리 219
새로운 토지법 334

생각하는 육체 184
생존자 보험 465
샤이안족 332, 341
샹플랭 66
서인도제도 17, 55, 93
선박세 179
설탕법 106, 109
섬터 요새 279
센트럴 퍼시픽 철도회사 348
셔먼 트러스트 금지법 380
셔우드 앤더슨 437
셰이스의 반란 161
소작인 제도 322
SALT II 협정 567
쇼뱅 66
수정헌법 173, 324, 347
스무트 홀리 관세법 449
스미스법 509
스콥스 재판 441
스탠다드 오일 사 354, 376
스탠다드 오일 트러스트 354
스터즈 터걸 456
스티븐 더글러스 267
스푸트니크 1호 527
승리 없는 평화 413
시정부 개혁 운동 377
시민권 법안 322
시어도어 루스벨트 379
시팅 불 342
식량청 407
식목법 333
식민지 의회 92, 109, 120
식육검사법 386

식품·의약규제법 385
신국민주의 388
신앙자유법 156
신자유 389
신좌파 554
신치 로카 44
14차 헌법 수정안 324
싱클레어 루이스 437

아

아나사지 문화 26
아라파호족 341
아메리고 베스푸치 56
아메리카 연초회사 352
아메리카 제1주의 586
아메리카 제당회사 352
아스틀란 38
아야르 카치 43
아이다 엠타벨 376
INF(중거리 핵무기) 폐기 협정 593
아이젠하워 481, 515, 524
아이티 56
아즈텍 문명 34, 41, 56
아즈텍족 22, 35, 40
아파치족 332, 344
아폴로 계획 543
알렉산더 해밀턴 160, 180, 185
알 카포네 439
알톤 파커 383
알프레드 스미스 443
앤드루 멜론 427

앤드루 잭슨 212, 225, 234
앤드루 존슨 303, 371
앤드루 카네기 352, 354
앨버트 갤러틴 202, 213
얄타 회담 490
양심적인 휘그 266
어두운 목요일 446
업톤 싱클레어 386
에드몽 쥬네 190
에르난도 데 소토 61, 63
에르난 코르테스 59
에이브러햄 링컨 273, 291, 313
XYZ사건 197
여성 참정권 379
연락위원회 116, 122, 159
연방 전력 규제위원회 427
연방 통상 규제위원회 427
연방 긴급구호법 457
연방소득세 391
연방주의자 172, 180
연방 지불준비법 393
연방통상규제위원회 394
연방파 192, 198, 206
연방헌법 165, 175
연합광산노조 466
연합헌장 158
엽관제 246
영국상품 불매 운동 97, 112, 120
영토확장론자 187
올멕족 29
올버니 계획 100
와배시 사건 368
왕당파 134, 151

왕령 식민지 90, 94, 98
외인법 198
우드랜드 문화 28
우드로 윌슨 379, 389
우이칠로포치틀리 39
워렌 하딩 418, 424
워싱턴 글래든 375
워싱턴 요새 135, 137
워커 관세법 266
워터게이트 사건 562
원자폭탄 494
원호법 372
월터 라우셴 부시 375
웬델 윌키 474
위그노 전쟁 66
위대한 사회 548, 593
위스키 반란 184
윌리엄 매킨리 373
윌리엄 실비스 358
윌리엄 워드 215
윌리엄 제닝스 브라이언 373, 388
윌리엄 크로포드 215, 249
윌리엄 펜 87
윌리엄 하워드 태프트 387
윌리엄 해리슨 251
윌슨의 14개조 원칙 410
유니언 퍼시픽 철도회사 348
유럽부흥법 506
유진 매카시 555
U-2기 사건 530
유혈의 캔자스 268
은화 자유주조 운동 335
이로쿼이족 21

이튼 말라리아 239
인권 정책 577
인두권제도 74, 78
인디언 보호구역 105
인디언 평화위원회 342
인민당 369, 372
인지세법 106, 116
일반조사법 220
입헌통일당 276
잉카문명 41, 43

자

자영농지법 273
자원보존 정책 386
자유당 112, 253
자유언론 운동 552
자유의 딸들 112
자유의 아들들 109, 116, 122
자유주 216, 264
자작농지법 333
작은 마술사 233, 250
장리보 65
재건금융공사 450
재규어 숭배 29
재규어 신 30
재판운영법 119
잭 루비 545
잭슨의 혁명 235
전국노동연합 358
전국농민동맹 369
전략무기 제한협정(SALT I) 560

전시공채 408
전시산업 이사회 407
《정글(The jungle)》 386
정치개혁 운동 376
제1차 불런 전투 283
제1 합중국 은행 214
제2차 불런 전투 287
제2차 세계대전 470
제2 합중국 은행 214
제1차 세계대전 399
제네바 정상회담 589
제럴드 포드 565
제로니모 345
제이 구드 351
제이의 조약 192, 196
제인 애덤스 375
제임스 가필드 371
제임스 매디슨 166, 172, 210
제임스 먼로 196, 205, 216
제임스 뷰캐넌 270
제임스 콕 418
제임스 포크 253
제임스 힐 351, 380
제임스타운 94
제퍼슨 데이비스 277, 304
제퍼슨의 업적 204
제퍼슨파 186, 193
제헌회의 165, 171, 174
조면기(繰綿機)의 발명 222
조셉 매카시 519
조지 마셜 504
조지 매클랜 285, 287
조지 부시 589, 594

조지 암스트롱 카스터 393
조지 오웰 455
조지 워싱턴 95, 105, 176
조지 캘버트 80
존 데이비슨 록펠러 352
존 롤프 74, 79
존 루이스 468, 500
존 바고인 139
존 스미스 73
존 애덤스 129, 135, 194
존 F. 케네디 532
존 칼훈 210, 219, 233
존 캐봇 68
존 퀸시 애덤스 214, 222, 229
존 타일러 252, 256
존슨의 개혁 정책 550
주간 통상법 385
주간통상위원회 385
주방내각 236
중동조약기구(CENTO) 526
중립법 471
중립 선언 186
중립 정책 193, 196
중앙정보부(CIA) 541
증오의 관세법 239
지미 카터 570
지역개발법 537
지퍼드 핀초 386, 388
직업훈련단 551
진보당 506
진주만 공습 480
징병제 407

차

차세법 116
차스키 45
찰스 린드버그 429
찰스 핀크니 196
채무 인수 법안 182
1800년의 혁명 199
1828년의 관세법 228
1844년 선거 253
1850년의 타협 261
1856년의 선거 269
1980년 대통령 선거 578
초·중등교육법 550
최초의 3선 대통령 474
최초의 유전 353
출항금지법 208
충성선서 509
충성심사국 508
치머만 각서 405
치치멕 34

카

카나리아 제도 52
카네기 스틸 철강회사 356
카르티에 64
카스터 연대 343
캐롤라인 버드 455
캔자스·네브래스카법 267
캘빈 쿨리지 426
캠프 데이비드 정신 530

케넌 503
케찰코아틀 35
코네티컷 기본법 86
코넬리어스 벤더빌트 351
코만치족 332
코치스 문화 23
콜럼버스 17, 51
쿠바 530, 542
쿠바 침공 작전 541
쿠스코 42
쿠아우테목 60
퀘이커교 88, 94
큐클럭스클랜(Ku Klux Klans) 325
크레디트 모빌리에 부정 사건 351
크리스마스 폭격 562
클레이턴 트러스트 금지법 394
클로비스 석기 24
키신저 – 레둑토 계획 561

토머스 핀크니 194
토머스 후커 86
토파 잉카 45
토필진 35
톨텍족 34
《톰 아저씨의 오두막》 265
통상금지법 208
통조림 산업 364
통합 참모본부 508
툴라 34
트러스트 351, 379
트루먼 독트린 503, 508
티페카누 전투 251
T형 자동차 434

타

타운센드 플랜 463
타운센드법 112
담보 45
태프트 – 하틀리법 501, 508
테네시 계곡 개발공사 458
테노치티틀란 40, 59
테렌스 파우더리 359
테스카틀리포카 36
텍사스 합병 252, 258
토머스 제퍼슨 115, 132, 201
토머스 페인의 '상식' 129

파

파리 평화회담 556
파리 조약 562
파머 습격단 420
파올로 토스카넬리 52
파이크스피크 334
파차쿠티 44
퍼싱 408
페기 이튼 사건 237
패트릭 헨리 109, 121
펜실베이니아 식민지 87, 90
펫은행 244
평시징병법 508
평화봉사단 541
포드의 999호 433
폰티악 103

푸른 독수리 459
푸에블로 문화 27
풀만 차고회사 361
프란시스코 피사로 61
프랜시스 드레이크 69
프랜시스 타운센드 464
프랭클린 루스벨트 451
프랭클린 피어스 266
프런티어 189, 329
프런티어의 소멸 346
프렌치 – 인디언 전쟁 100
프로몬토리 포인트 350
플리머스 72, 80
《플리머스 식민사》 83
피네다 59
피라미드 신전 31
피로 물든 여름 424
핀타호 53
필그림 81
필립 디 아머 365

하

하우 장군 134
하우스 대령 399, 410
한국 전쟁 509, 511
한사법 157
합동재건위원회 324
합성연료공사 577
핫라인 542
항해조례 93
해롤드 스턴스 437

해리 트루먼 492
해리먼 351
해밀턴파 193
해방노예 관리국 322
핵실험 금지조약 542
허버트 후버 407, 427, 444
헌법 초안 171
헌법의 비준 172, 175
헐 하우스 375
헤이마켓 광장 사건 359
헨리 케봇 로지 534
헨리 클레이 210, 244
헨리 클린턴 경 142
헨리 키신저 557, 567
헨리 포드 430
헨리 녹스 152, 179
헵번 철도 규제법 385
혁신주의 운동 374
현금작물 365
현대판 KKK단 440
호프웰 28
후버 깃발 450
후버 담요 450
후버 촌 450
휘그당 247, 251
휴버트 험프리 555
흐루시초프 527
흑백 차별 폐지 운동 523
흑인 단속법 321
흑인 학생의 입학 문제 523
히피족 555
힘찬 개인주의 446